KB271368

몽골의 관습과 법

원제 : FUNDAMENTAL PRINCIPLES OF MONGOL LAW

서병국

    연세대학교 문과대학 사학과 졸업
    연세대학교 대학원 사학과 석사과정 졸업
    동국대학교 대학원 문학박사
    관동대, 수원대 교수 역임
    현재, 대진대학교 사학과 교수
    저서 :『선조시대 여진교섭사연구』(1970),『발해 발해인』(1990),
        『거란 거란인』(1992)
    역서 :『이민족의 중국통치사』(1991),『명치유신』(1994)

몽골의 관습과 법

V. A. 랴자노프스키 지음
서병국 옮김

초판 1쇄 인쇄 · 1996년 4월 10일
초판 1쇄 발행 · 1996년 4월 15일

발행처 · 도서출판 혜안
발행인 · 오일주
등록번호 · 제21 - 471호
등록일자 · 1993년 7월 30일
137 - 030 서울 서초구 잠원동 43 - 4
전화 · 511 - 8651, 8652
팩시밀리 · 511 - 8650

값 14,000원
ISBN 89 - 85905 - 21 - X 03910

몽골의 관습과 법

V. A. 랴자노프스키 지음
서 병 국 옮김

도서출판 혜안

역자 서문

　몽골제국은 당시 알려진 세계의 절반을 지배한 영광의 역사를 간직하고 있어 아시아 · 유럽 · 아메리카 대륙에 거주하고 있는 여러 민족의 법률과 역사 발전에 큰 영향을 주었다. 정주 농경생활에 기초를 두고 있는 중국법과 더불어 동아시아법의 양대 산맥을 이루고 있는 몽골 민족의 법은 비교법학상 흥미를 자아낼 수 있는 요소를 많이 가지고 있는 것이 특징이다.

　예로부터 몽골 고원에 터전을 잡은 유목민족은 그 남쪽에서 정주 농경사회를 이룬 중국의 漢族과 여러 면에서 다른 생활을 영위해 왔다. 이들은 주어진 환경에 적응하기 위해 유목생활을 유지한 관계로 한족과는 의식주를 달리하고 사회의 역사발전 과정이나 방법도 다를 수밖에 없었으며, 오랫동안 문자를 보존하지 못한 데다 거의 이를 사용하지 않았다.

　결국 이들의 손으로 된 문헌은 매우 적어 예로부터 이룩해 온 사회와 역사가 완전하다고 할 수 있음에도 불구하고 다른 나라에 남아 있는 기록에 의존하지 않으면 이를 파악할 길이 없다. 이들에 관한 기록을 가장 많이 남기고 있는 것은 그들 주변에 자리잡아 교섭이 가장 빈번했던 중국이며 그 다음이 시베리아 등이다.

　그러나 한족은 농경문화를 이루고 있었으므로 아무래도 이들을 보는 시각이 왜곡되어 있고 기록 자체 또한 많지 않다. 이러한 사정으로 몽골 유목민족의 사회생활을 연구하기란 매우 힘들었던 것이 사실이다. 그런 와중에도 세계 각국, 특히 좋은 연구환경을 가진 러시아에서 몽골을 연구하기 시작하면서 감춰졌던 몽골 사회의 모습이 점차 드러나기 시작하였다.

　우리나라의 경우 몽골의 침략을 받았던 고려가 멸망한 이래 몽골과는 거의 교류가 없다가 근래 북방정책의 확대와 함께 몽골에 대한 관심이 높아지고는 있지만 연구수준은 여전히 황무지나 다름없다.

일찌감치 몽골 연구에서 선두주자로 나선 러시아의 경우, 많은 학자들이 다방면으로 몽골법을 연구하였으나 본격적인 학술저작은 랴자노프스키의 등장에 의해서였다. 그는 몽골법의 학술적 저작이 나와 있지 않은 현실에 고무되어 연구에 매진하게 되어 몽골법 연구에서 세계적 최고 권위자로 그 명성을 인정받았다. 이 번역서의 원저인 *Fundamental Principles of Mongol Law*(Indiana Univ. pub., Uralic and Altaic Series, vol. 43)는 그 대표적 저서이다.

저자는 1922년 이후 몽골법·중국법·유목민의 법을 연구하였는데, 몽골법은 1937년에 앞의 *Fundamental Principles of Mongol Law*(영문판)로, 중국법은 1938년 *Chinese Civil Law*로, 시베리아 유목민의 법은 같은 해 *Customary Law of the Nomadic Tribes of Siberia*(이 책은 『시베리아 유목부족의 관습법』이라는 이름으로 번역되어 있다)로 발표되었다. 저자의 주요 연구서와 논문은 그 자신이 쓴 서문의 끝부분에 실려 있다.

서문과 참고문헌을 보면 알 수 있겠지만 저자의 몽골법 연구논저는 매우 많다. 그 중 유명한 것으로는 *Customary of the Mongol Tribes*(1929), *Mongol Law, with Special Reference to Customary Law*(1931), *Fundamental Principles of Mongol Law*(1937)를 들 수 있다.

첫번째 책은 두번째 책에 비해 역사적 연구를 더 주로 하고 있고, 몽골 본토의 몽골 민족뿐 아니라 그 분파인 부랴트인과 칼묵인 등까지 폭넓게 다루고 있다. *Fundamental Principles of Mongol Law*는 앞의 두 책과 비교하면 새로 발견된 칼카 지롬의 별사본을 근거로 한 것으로 내용이 참신하다. 특히 이 책은 두 책에서 많은 부분을 차지한 부랴트인과 칼묵인을 제외하고 몽골 본토에 거주하고 있는 몽골 민족의 법에 중점을 두었는데 제3장 법의 원류와 제4장 기본제도는 분명 새로운 연구에 속한다.

그런데 조금만 주의를 기울이면 제3장과 제4장도 *Mongol Law, with Special Reference to Customary Law*에서 다뤄진 내용이 중복되고 있음을 알 수 있다. 결국 *Customary of the Mongol Tribes*는 저자의 제1차 연

구집성이고, *Mongol Law, with Special Reference to Customary Law*는 그 개정판이며 *Fundamental Principles of Mongol Law*는 두번째 책의 개정판 또는 결정판이라고 할 수 있을 것이다.

어쨌든 랴자노프스키 교수가 오랜 세월에 걸쳐 연구해 온 몽골법의 비교연구는 몽골 본토의 주변 각지에 흩어져 살고 있는 몽골인까지 포함한 전체 몽골인의 법생활·사회·풍속 그리고 역사 등을 바르게 이해하는 데 지대한 공헌을 했다고 해야 할 것이다.

역자가 이 책을 주저없이 선택한 것은 이 때문이다. 우리나라에서는 거의 미지의 학문이라고 할 몽골법에 대한 랴자노프스키의 연구는 크게 보아 우리의 세계사 인식의 지평을 넓혀 줄 것이다. 그러나 보다 직접적으로는 아직도 분명하지 않은 우리의 고대사 이해에 중요한 도움을 줄 수 있을 것이다. 몽골인의 씨족제도가 아시아에서 가장 오래 된 기초적인 것 중의 하나임을 고려한다면 일정하게 우리 민족의 오랜 생활과 풍속 등의 근원을 밝혀 줄 수 있을 것이기 때문이다. 게다가 고려가 몽골에 침략당한 후 우리 사회가 몽골 풍습의 영향을 상당히 받았다는 점을 고려한다면 중세 이래 형성된 우리 문화의 분석에도 시사하는 바 적지 않을 것이다.

이 책은 랴자노프스키가 모국어가 아닌 외국어인 영어로 쓴 것이라 영어 자체에 모호한 부분이 없지는 않지만 이 책이 자료의 성격도 아울러 갖고 있음을 고려하여 가능한 한 원저에 충실하고자 했다. 이 점 독자의 양해를 바란다. 단 한문 자료를 영어로 번역한 것 중 어색하거나 명확히 잘못 해석된 부분은 아오키 도미타로(靑木富太郞)의 일역본(『蒙古法の基本原理』, 生活社, 1943)을 참조하여 바로잡았고 역주로 표시하여 랴자노프스키의 주와 구별하였다. 그러나 번역과 그 외의 모든 오류는 전적으로 역자의 책임임을 밝혀둔다.

옮긴이

저자 약력

　발렌틴 알렉산드로비치 랴자노프스키(Valentin A. Riasanovsky)는 1884년 1월 1일 러시아 코스트로마(Kostroma)에서 출생하여 1903년 코스트로마 고전 중등학교를 졸업하고 모스크바 대학 법학부에 입학했다. 대학에서는 법철학, 민법, 민사소송 등을 공부하고 1908년 봄, 대학 졸업에 즈음해서 네페데프 교수로부터 교수 자격의 취득 준비를 위해 대학에 남을 것을 제의받았다. 그러나 건강이 좋지 못했기 때문에 이 제의를 거절하고 니주니노브고로트(Nizhnii Novgorod)에 거주하면서 법정실무에 종사하였다. 그러면서도 교수들과는 연락을 취하며 교수 자격 취득을 위한 준비로서 민법 연구를 계속했다.

　건강이 회복되자 학술 연구를 목적으로 1911년 독일로 갔다. 수년 후 카잔 대학에서 학사 시험에 합격한 그는 1914년 가을 블룸스와 타리의 소개로 야로슬라블(Jaroslavl')의 데미도프(Demidov) 법률전문학교의 강의를 의뢰받아 1915~17년 사이에 조교수로 근무하면서 민사소송과 민법을 강의했다. 1917년에는 돈(Don) 대학에 민법 학사 학위논문을 제출했다.

　1918년 가을 톰스크 대학의 민법 및 민사소송 강좌 정교수로 선발되어 1919년까지 강의했다. 1919~20년에는 이르쿠츠크 대학에서, 1920~21년 및 1921~22년에는 극동대학에서 같은 강좌를 담당했다. 1921년 가을부터는 하얼빈 시 법과대학의 초청을 받아 민법 및 소송에 관련된 강좌를 담당하였는데 여기에 12년 동안이나 몸을 담게 된다. 5개의 고등교육기관에 강의를 나가면서 법학부 비서(톰스크), 학부장(이르쿠츠크·하얼빈), 시험위원회 위원 및 동회 의장(톰스크·블라디보스토크·하얼빈) 등을 겸했다.

　1929년 3월 학부장에서 물러난 후에는 교수단에 의해 하얼빈 법과대학 명예교수가 되었다.

이런 교수활동 외에도 계속 법률실무 분야에 종사하여 법정서기·변호사(니주니 노브고로트에서), 관구재판소 차장(야로슬라블·톰스크에서), 공소원 민사부장(블라디보스토크), 동중국철도 법률부장 및 그 변호사로 활동했다.

한편 그는 학술활동에도 전념하여 학술적 노작을 많이 남겼다. 그의 노작은 ① 실제 민법과 관련된 것 ② 소송에 관한 것 ③ 몽골 관습법에 관한 것 ④ 중국 민법에 관한 것 등 넷으로 나눌 수 있다.

학술활동 초기에는 러시아 상속법에 대한 논저를 많이 저술했다(*Succession by Husband and Wife in Russian Law*, 1914 ; *Succession along the Ascending Line in Russian Law*, 1915 ; *Inheritance by Brothers and Sisters Fully Related by Blood*, 1916). 이 저작들은 심리기관에 대한 역사적, 단독적 연구라는 성질을 띤 것으로 전문가들로부터 주목을 받았다. 민법 분야에서 중요한 것으로는 *Lektsii po grazhdanskomu*(Lectures on Civil Law : 1922~24, 전 5권, 약 500쪽)가 있고, *Edinstvo protsessa*(The Unity of Procedure : 1924)란 글을 통해서는 소송학 분야에 대한 그의 해박한 지식을 유감없이 보여주었다.

그 사이에 그는 시베리아 및 극동 연구를 위한 자료를 계속 발굴해냈고, 몽골 관습법 및 중국 민법에 관한 저술을 펴냈다. 그 중 가장 주목할 만한 것은 1923~24년 잡지 *Vestnik Azii*에 실린 "Obychnoe pravo mongol' skikh plemen"(Customary Law of the Mongol Tribes : 여기에 여러 장을 추가한 영역본 *Customary Law of the Mongol Tribes*, 1929 및 주로 관습법을 다룬 단행본 *Mongol Law*, 1931가 있다)이다. 비교연구법을 이용한 그의 몽골법 연구는 학술비평가들로부터 크게 호평을 받았다. 특히 그의 연구물들은 몽골법에 관한 1차 및 2차 자료를 소개하고 있을 뿐 아니라 이 분야에 대한 제가의 연구나 견해에 대한 자신의 견해를 곁들이고 있어 학술 자료로서의 가치도 높다.

또한 당시 유럽에 알려진 바가 별로 없던 중국법 분야에도 적잖은 업적을 남겨 현대 중국의 민법을 유럽어로 계통화시킨 최초의 학자로 평가받기도 한다. 중국 민법에 관한 저술 중 중요한 것으로는 "Osnovnye instituty kitaiskogo grazhdanskogo prava"(Fundamental Institutions of Chinese Civil Law), *Vestnik Man'chzhurii*, 5 - 6, 1926 ; *Sovremennoe grazhadnskoe pravo Kitaja*(Modern Civil Law of China), 1928 ; *Osnovnye nachula zemil'nogo, gornogo I lesnogo prava Kitaja*(The Fundamental Principles of the Land, Mining, and Forest Law of China), 1928 등이 있다.

저자 서문

　몽골법 연구는 역사적 관점, 즉 법률사적 관점에서 대단히 학술적 흥미를 끄는 분야이다. 몽골법은 지나간 영광의 역사를 간직하고 있으며 3대륙에 거주하고 있는 여러 민족의 역사적 발전에, 그리고 이들 민족의 법에 한 번은 심대한 영향을 미친 민족의 법률 창조성의 한 표현이다.

　몽골 민족의 법은 유목민의 문화 위에 기초를 두고 있는데, 동아시아법의 제2의 체계를 대표한다. 제1은 중국법으로서 정주 농경생활에 기초를 둔 것이다. 뿐만 아니라 이것과는 별도로 몽골법 연구는 비교법학상으로도 흥미를 끈다. 우리는 몽골 민족의 생활 속에서 유럽과 아메리카의 여러 민족에게서는 이미 사라진(단 두세 가지 예외는 있다) 법적 구조의 한 표현을 발견할 수 있다. 게다가 그것은 비교연구에 많은 자료를 제공한다.

　필자는 15년 이상 몽골법 연구에 종사했다. 필자의 초기 논문 중 하나는 1921년 러시아어로 간행된 *Obychnoe pravo buriat*(부랴트인의 관습법)이라는 개설이었다. 그 후 계속 몽골법을 연구하면서, 다방면에 걸친 선배들의 연구와 필자의 연구를 토대로 하여 종래 학술적 저작으로서 자리매김하지 못했던 몽골 민족의 법개설을 역사적 발전이라는 틀 속에서 서술할 수 있게 되었다. 이에 대한 첫번째 시도는 하얼빈의 러시아어 공간물(*Vestnik Azii*)에 1923~24년에 걸쳐 발표한 "Obychnoe pravo Mongolskikh plemen - Mongolov, Buriat, Kalmykov"(몽골족의 관습법 - 몽골인, 부랴트인, 칼묵인)이라는 개설이었다. 이것은 1929년 *Customary Law of the Mongol Tribes*(몽골 민족의 관습법)이라는 제목의 영역 단행본으로 간행되었다. 이어 필자는 이를 개정 증보하여 1931년 러시아어로 *Mongolskoie pravo, preimuschestvenno obychnoe*(몽골법, 특히 관습법)을 간행했다. 이후 몽골법의 여러 문제에 대한 연구에 몰두하여 이번 저작을 준비하였다.

12

이 역사적 저작에서 몽골법 개설과 각론은 1924년까지를 대상으로 하여 서술했다.[1] 현대(1924~1936) 몽골법에 관한 간단한 기록은 서설에서 서술하였다.

끝으로 북몽골의 법전 '칼카 지롬' 사본을 이용하게 해준 잠차라노(Ts. J. Jamtsarano)의 호의에 감사를 전한다. 덕분에 필자는 이 법학적 기록들을 본서와 이 법전과 관련된 다른 특수논문에 이용할 수 있었다.

본서의 번역을 도와준 엡스테인(I. Epstein)에게도 고마움을 전한다.

다음에 소개하는 필자의 논저는 본서의 저술에 이용된 것들이다.

Customary Law of the Mongol Tribes, 1929.

"Dva Pamiatnika obychnogo prava mongolskikh plemen"(Two Records of the Customary Law of the Mongol Tribes), *Vestnik Mandjurii*, 1930 - 1.

"O vlianii mongolskoi kultury i prava na russkuiu kultura i prlvo"(On the Influence of Mongol Culture and Law on Russian Culture and Law), Graduatio Day Speech, in the Memoirs of the Faculty of Law in Harbin, Vol. IX, 1931.

Mongolskoie pravo, preimuschestvenno obychnoe(*Mongol Law, with Special Reference to Customary Law*), 1931.

"The Influence of Cheinese Law upon the Mongol Law", *Chinese*

---

1) 본서(제2장)에서는 몽골법 기록 내용을 다시 서술하였다. 이들 기록 중 일부(이를테면 칼카 지롬과 자치몽골법 등)가 이전에 발표한 *Customary Law of the Mongol Tribes*에 포함되어 있지 않기 때문이다. 칭기즈 칸 격언 같은 일부 기록은 보다 완전한 형태로 실었으며, 대야사나 구 차진 비치크 등은 이전의 번역에 약간의 수정을 가했다. 이 때문에 본서 제2장에서 몽골법 기록 내용을 다시 서술한 것이다. 부랴트법과 칼묵법에 관해서는 그 내용을 이미 *Customary Law of the Mongol Tribes*에 상세히 기술하였고(또한 이후 나온 *Mongolskoe pravo*에서도), 이전에 기술한 역사적 개관을 보충하거나 고칠 필요를 느끼지 못하므로 그 내용은 이 책에서 생략했다.

Social and Political Science Review, 1931, No. 3.

"Nekotorye cherty obychnogo prava altaev i teleutov"(Some Features of the Customary Law of the Altais and Teleuts), *Monitor of Chinese Law*, Harbin, 1931, No. 3.

"Mongol Law and Comparative Jurisprudence", a paper submitted to the 1st International Congress of Comparative Jurisprudence, 1932.

"Les Monuments de droit mongol", *Bulletin de la Société de Legislation Comparaéé*, 1932, No. 7 - 12.

Iavliaetsia li mongolskoie pravo provom obychnym?(Is Monglo Law Customary Law?), a sketch, 1932.

"Velikaia Yassa Chingis - hana"(The Great Yassa of Jenghiz Khan), an outline, 1933.

"Mongol Law and Chinese Law in the Yüan Dynasty", *Chinese Social and Political Science Review*, 1936, No. 2.

"The Code of Northern Mongolia, Khalkha - Djirom", Report submitted to the annual (1936) meeting of International Academy of Comparative Law, *Ibidem*, 1936, No. 3.

"The Fundamental Institutions of Chinese Civil Law", 1926

The Modern Civil Law of China, Part Ⅰ · Ⅱ, 1927 · 1928.

중국, 천진

1937년 3월 1일

랴자노프스키

차 례

제2장 몽골법의 기록내용　112

서 설

1. 역사적 배경

몽골인의 기원은 정확히 알려져 있지 않다. 그들이 세계사에 등장한 것은 12세기 후반, 즉 위대한 지도자이며 조직자인 타이주트(泰赤兀惕)[1] 종족의 유명한 테무친 - 칭기즈 칸으로 잘 알려져 있다 - 이 동아시아에 분산된 몽골 민족 가운데서 나타난 때부터이다.

세계의 절반을 정복한 칭기즈 칸(1155~1227)[2]은 피정복민인 위구르인과 중국인의 도움을 받으며 방대한 대몽골제국을 창조했는데, 그 영역은 몽골·남시베리아·대부분의 북중국·탕구트(Tangut)·부하라(Bokhara)·사마르칸트(Samarkand)·코라산(Khorassan)·코오히스탄(Koohistan) 등을 포함하고 있었다. 그 후계자 오고타이 칸(재위 1229~1241), 구유크 칸(재위 1246~1248), 만구 칸(재위 1251~1259)은 전 북중국, 남중국의 대부

---

1) 역주 : 칭기즈 칸은 타이주트 종족 출신이 아니다. 그는 키얀(또는 키야트)이거나 보르지긴일 것이다.

2) 역주 : 칭기즈 칸의 출생 연대에 대해서는 여러 설이 있다. 이 책의 저자가 1155년이라고 한 것은 라시드의 설을 따른 것이다. 『몽골원류』에는 1162년으로 되어 있고 1161년으로 되어 있는 것도 있다.

분,3) 조선, 우수리(Ussuri) 및 아무르(Amur), 아르메니아(Armenia), 그루지아(Georgia), 아제르바이잔(Azerbaijan), 대불가리아, 러시아, 페르시아, 시베리아, 메소포타미아, 티베트, 인도 일부를 정복하여 제국의 강역을 크게 확장하였다.

쿠빌라이 칸(재위 1260~1294)은 남중국·티베트·인도4) 정복을 완성하여 거처를 북경5)에 마련하고 1271년 중국에 몽골 왕조(元)를 건설했다.6) 대몽골제국이 붕괴하기 시작한 것은 그가 합법적으로 소집된 쿠룰타이(Kurultai)를 거치지 않고 스스로 대 칸임을 선언한 때부터였다.

판도가 방대하고 인종이 다양했으며 게다가 이 나라를 구성하는 종족·주민과 지방 간에 아무런 경제적·문화적 유대가 없었기 때문에 몽골인의 세계제국은 통일국가로서 오래 존속할 수 없었다. 쿠빌라이 칸 때 이미 제국의 붕괴가 시작되었는데 건설자 칭기즈 칸이 사망한 지 겨우 40년밖에 안 된 때였다.

처음에 중국과 그 인접지방은 칭기즈 칸 왕조의 지배기초를 이루었다. 그러나 결국 서방에서 독립국가가 출현하기 시작했다. 즉 이란에는 페르시아, 투르케스탄(Turkestan)에는 자가타이(Djagatai) 칸국, 서부 시베리아의 광야와 동유럽에 金帳(Golden Horade) 칸의 킵차크(Kipchak) 칸국이 그것인데 이들 국가는 모두 오래 지속되지 못하였다.

중국 내의 몽골 왕조는 1271년부터 1368년까지 존속하였다. 그 최후의 해에 칭기즈 칸 왕조의 마지막 황제 토곤 테무르(Toghon Temur)7)는 중국에서 몽골 변경으로 퇴각해야만 했다. 페르시아에서는 몽골 왕조가 1256

---

3) 역주 : 이 시대 남중국 대부분이 정복된 적이 없다. '일부분'이라 해야 한다.
4) 역주 : 인도는 몽골제국에게 정복된 적이 없으므로 인도는 제외해야 한다.
5) 역주 : 원저에 kambalu로 되어 있다. 당시에는 북경(大都)을 칸 발리크(Khan
   -balik), 즉 칸의 거성이라고도 칭했는데 이 칸 발리크가 와전된 듯하다.
6) 역주 : 이 해, 즉 至元 8년 11월 몽골은 국호를 원으로 정했다. 정확히 말
   해 원조는 이때 시작되었으며, 그 이전의 몽골을 원조로 칭해서는 안 된다.
7) 역주 : 惠宗(명나라측에서 말하는 順帝)을 말한다.

년부터 1344년까지 통일국가로서 통치를 하고, 1380년까지 여러 소영토를
다스렸으나 결국 타메를라네(Tamerlane)에게 정복당했다. 부하라와 투르
케스탄은 몽골인이 1242년부터 1370년까지 지배하였다. 킵차크 칸국은
1380년 러시아인 때문에 결정적 패배를 맛보고 그 결과 여러 나라로 분열
되어(Crimea·Kazan·Astra Khan 등) 15세기 중엽에는 러시아에 대한
권력을 상실하고 1500년경에는 국가로서의 존립이 불가능해졌다.

그 후 몽골사는 한편으로는 중국과의 끝없는 투쟁, 다른 한편으로는 몽
골 제 종족 상호간의 내부투쟁으로 얼룩졌다. 몽골인은 북몽골(Khalkha)·
남몽골(내몽골)·서몽골(준가리아) 등 3부분으로 나뉘어져 각각 적대관계
에 빠져들었고 게다가 그 내부에서조차 결속이 이뤄지지 못하였다.

서몽골인은 주로 준가리아에 살고 있었는데 그들은 14세기 말경 정치적
동맹(Oirat)을 형성했다. 그 주요 성원은 초로스(Choros)·토르고드
(Torgod)·코슈트(Khoshout)·코이트(Khoit) 4종족이었다(Derben Oirat
혹은 4부동맹). 14세기 말 오이라트의 호전적인 쿤 타이지(칸)인 마흐무드
(Mahmud), 토곤(Toghon), 특히 에쎈(Essen 혹은 Yissun)은 전 몽골을 복
속시켜 통일에 성공하고, 종종 중국을 참패시켰다. 그러나 에쎈의 사망
(1453) 후 오이라트 동맹은 붕괴하고 패권은 동몽골로 넘어갔다. 16세기
전반 다얀 칸(Dayan Khan)은 중국인의 침략에 맞서 승리를 거뒀을 뿐 아
니라 거듭된 교전에서 침략자를 철저하게 패배시키고 전 몽골을 통일했다.
그의 사망(1544)[8] 후 이 지방은 다시 분열했고 두 번 다시 완전한 통일을
보지 못했다. 다얀 칸은 몽골을 11개의 봉토로 나누어 그 아들들에게 분배
했다. 남몽골은 장자에게, 칼카의 13오토크는 막내인 게레센자(Gheres-
cenza)의 몫으로 주어졌다.

처음에 패권을 장악한 것은 다얀 칸 장자의 자손이 다스린 남몽골이었
다. 여기에서는 투메드(Tumed)의 알탄 칸(Altan Khan : 1585년 사망)[9]과

---

8) 역주 :『몽골원류』에 의하면 다얀 칸(達延汗 : 巴岡夢克)은 계묘년(嘉靖 22)
즉 1543년에 사망했다. 이 책에서 1544년을 사망 연대로 본 것은 잘못이다.

차하르(Chahar)의 링단 칸(Lingdan Khan, Lekdan Khan : 1634년 사망) 같은 유명한 지도자들이 배출되었다. 그러나 만주인 세력이 부상하면서 많은 남몽골 종족은 종속적 지위로 격하되어 버렸다. 그리고 만주인이 중국을 정복했을 즈음에는 남몽골은 만주인에게 완전히 종속되었다. 링단 칸의 저항은 칠지한 패배로 끝나고(1633), 이후 남몽골은 완전히 중국인의 세력 하에 들어가 후에는 중국 영토에 (내몽골로서) 병합되었다.

북몽골(칼카)은 현재 칼카 왕공의 선조인 게레센자 씨족(1천 키비트카 이상. 키비트카는 가족, 戶)의 막영지이며 목지였다. 죽기 전에 게레센자는 그 봉토를 7호슌(Hoshun : 旗)으로 나누어 그 아들들에게 분배했다.

이후 칼카에서 나타난 걸출한 인물은 모두 게레센자의 아들인 아시하이(Ashihay)·누누후(Nunuhu)·아민(Amin)의 자손들이었다. 아시하이의 증손 수부디(Subudi)는 자사크투 칸(Djasaktu Khan)이란 칭호를 달라이 라마(Dalai Lama)로부터 받았고, 누누후의 증손 곰보(Gombo)는 투셰투 칸(Tushetu Khan)이란 칭호를, 아민의 증손 숄로이(Sholoi)는 체첸 칸(Tsetsen Khan)이란 칭호를 받았다. 이들 유력한 군주의 주위에는 종족의 보다 작은 호슌의 왕공이 모여 있었다. 이리하여 북몽골(칼카)은 자사크투 칸·투셰투 칸·체첸 칸의 3아이막으로 나누어졌다.

서몽골에서는 16세기 초에 초로스의 활력 넘치는 지도자 하라(Khara)=쿨라(Khula)와 그 아들 바투르(Batur)가 다시 오이라트의 여러 종족을 종속시켰다. 그 결과 몇몇 저명한 타이샤(Taisha)가 씨족을 이끌고 준가리아를 떠나 여러 곳으로 이주했다. 그 중 한 명인 코 우를루크(Kho - urluk)는 처음에 동시베리아로 갔다가 다시 볼가강 하류의 스텝으로 달아나 러시아=칼묵인의 정주의 기초를 마련하였다.

만주 세력의 증대와 남몽골에서의 링단 칸의 패배, 이로 인한 그 영토의 점령 그리고 북몽골에 대한 정복자의 끊임없이 증대되는 압력으로 인해 일

---

9) 역주 : 알탄 칸은 歸化城에서 萬曆 9년(1581)에 사망했다. 1585년은 1581년의 오류이다.

부가 인접한 여러 지방으로 이주하게 되고 그 결과 오이라트는 쇠퇴했다. 이러한 사정으로 서·북몽골의 왕공들은 내부 평화를 확립하고 외적을 방어하는 데 힘썼다. 1649년 북·서몽골, 靑海, 다시 러시아의 왕공은 몽골 44종족회의를 열었다. 그 결과 바투르 칸(Batur khan)의 강력한 영향하에 새로운 동맹이 결성되어 이른바 '1640년 몽골 오이라트 법전'이 입안되어 승인을 받았다. 이렇게 해서 몽골 오이라트 동맹이 조직되었으나 이 동맹이 만들어 낸 내부 평화는 오래 계속되지 못하고 겨우 40년 만에 깨졌다.

바투르 쿤 타이지(Batur Khun - Taidji)는 1654년에 사망했다. 그에게는 11명의 아들이 있었는데 그 중 9명은 같은 처의 아들이고 2명(Senghe와 Galdan)은 다른 처의 아들이었다.

이 중 유력한 갈단(Galdan)은 오이라트인을 거느리고(1677~1678) 동투르케스탄을 복속시켰다. 그리고 다시 전 몽골을 통일하기 위해 칼카까지 밀고 나갔다. 마지막으로 그는 1688년 칼카 왕공을 원정하여 이들을 완전히 패배시켰다. 갈단 칸은 전국을 황폐화시켰고 그 결과 일부 북몽골인(약 1천 호에 달함)은 전 가족과 함께 북방으로 이주하여 러시아의 셀렝가(Selenga) 강변에 거처를 정하였다. 이들은 이후 셀렝가 부랴트(Buriat)족으로 불리게 되었다. 그러나 약 20만 호에 달하는 대부분의 주민은 남쪽으로 이주하여 중국의 지배하에 들어갔다. 18세기 중엽(1757~1758) 준가리아는 격렬한 혈투 끝에 중국인에게 정복당했다.

전 몽골을 정복한 후 중국인은 점차 이를 몇 개의 행정단위로 조직했다. 전국을 내몽골(남몽골)과 외몽골(북몽골과 서몽골)로 나누고 군사상 원칙에 따라 재조직하였다. 이 둘은 모두 아이막(Aimak : 部)과 호슌(준가리아 왕공의 영지)10)으로 나눠졌다. 내몽골은 24아이막과 49호슌을 포함하여 6盟(Jerim)·조소투(Josotu)·주 우다(Ju Uda)·실린 골(Silin gol)·울란 차브(Ulan Tsab)·예케 츠(Yeke Tsu) 등으로 정리되고 호슌은 각기 소문

---

10) 역주 : 호슌은 자사크라고 하지 않는다. 호슌을 관할하는 자가 자사크이다. 아이막을 province, 즉 部라고 한 이상 자사크는 banner라고 고쳐 써야 한다.

(somun)으로 나뉘었다. 기타 일부 몽골 민족, 즉 바르구트(Bargut) · 차하르 · 투메드 같은 경우는 특별 행정조직에 포함되었다. 군사적으로 내몽골의 자사크는 6개 군단, 즉 출한(Chulhan : 盟의 수와 일치)을 포함하여 각 호슌당 1개, 즉 49分團(Gussa)을 가지고 있었다. 외몽골은 4아이막, 즉 자사크투 칸(札薩克圖汗) · 투셰투 칸(土謝圖汗) · 체첸 칸(車臣汗) · 사인 노욘 칸(三音諾顔汗)으로 구성되고 86봉토(왕공령, 호슌)로 나뉘었다. 이들은 아이막의 수와 일치하는 4개의 맹(Khan Ula, Bara khoto, Tsetserlik, Binduria Nor)으로 편성되었다. 이 밖에 후빌간(Hubilgan)의 영토가 있었다. 행정 방면을 보면 靑海 · 일리(Ili) · 알타이(Altai) 방면은 외몽골에 편입되었다. 군사적으로 보면 외몽골의 자사크는 7군단으로 나뉘었다. 이 중 4개는 칼카의 4아이막에서 충당되었고 靑海와 일리에서 각각 1개씩 나왔다. 마지막 하나는 알타이 지방의 종족으로 구성되었다. 이들 7군단은 149분단으로 나뉘어져 있었다.

울리아스타이(Uliassutai)의 투춘(Tuchun)[11] 및 코브도(Kobdo)와 우르가(Urga)의 암반(Amban) 관할하에 있던 내정은 (1727년 이후) 盟 내의 왕공이나 管旗왕공 중에서 문무 재능에 따라 선발된 맹장에게 장악되었다.

2. 20세기의 몽골

20세기 초 몽골은 유럽과 아시아 여러 민족 사이에 놓여 있어 기묘한 시대착오적 현상을 보여주고 있었다. 사유재산이 크게 발달한 때에도 몽골은

---

11) 역주 : 원서에 Tuchun이라고 되어 있다. 청나라 관제로서 울리아스타이에 해당되는 것은 코브도와 우르가의 암반에 비정할 수 있는 定边左副將軍, 그 밑의 定边參贊大臣과 鳥里雅蘇台參贊大臣이다. 또 그 몽골 이름을 보아도 Tuchunan에 해당하는 것은 없다. Tuchun은 아마 都統의 와전으로서, 당시 열하 · 수원 · 차하르에 설치된 도통을 잘못 쓴 것인 듯하다.

아직 부동산의 사유를 알지 못했다. 융성한 공업, 사회적 위기, 금융자본의 시대에 이 지방은 공업, 노동문제, 국민적 화폐제도 등을 찾아볼 수 없었다. 다른 곳에서는 촌락에서 도시로의 인구이동이 현저했는데도 몽골에는 어떤 도시도 없었다. 점차 생겨난 두세 개의 도시는 주로 외국인에 의해 이뤄진 것이었다. 심지어 몽골에서는 가옥마저 알려져 있지 않았다. 주민들은 1천 년 전과 똑같이 농업과 정주생활에 대한 관념이 거의 없는 유목민이었다. 그나마 발전한 무역도 외국인에게 장악되어 있었다. 일찍이 그 군사적 용감성으로 세계의 절반을 정복하여 이름을 떨친 민족이 외국의 주권하에 수동적이고 미약하며 통일성이 없는 생활을 하고 있었다. 군대도, 현대무기에 관한 지식과 공격 및 방어 방법도 가지고 있지 않은 150개의 小王公領 - 이 소왕공령은 종속민에게 중세적 권력을 휘두르는 세습왕공 밑에 있다 - 은 이를 분할한 외국영토에 종속되어 있었고 수많은 라마(Lama)를 부양하고 있었다. 이들 왕공 라마를 유지하기 위해서는 많은 물납과세를 납입해야 했고(게다가 내몽골의 경우 중국인의 이민으로 초원이 더욱 오지로 밀려났다), 이들 몽골인은 칭기즈 칸 시대와 똑같이 소목축인으로 만족하는 생활을 계속하는 등 전체적으로 보면 지난날과 마찬가지로 문화와 지식 모두가 뒤떨어져 있었다.

몽골의 불안한 경제상태와 1911년 중국 혁명을 배경으로 같은 해 우르가를 중심으로 한 북몽골에서 반란이 일어났다. 그 결과 북몽골은 우르가의 법왕 보그도 게겐 후투크투(Bogdo Gegen Khutukhtu)의 절대적 권위하에 독립을 선언했다. 1912년 혁명은 외몽골 전체와 만주의 일부(바르구트인)12)로도 파급되고 다시 흥안령에서 알타이에 이르는 지역에까지 미쳤다. 울리아스타이와 코브도에 있는 중국인 요새가 함락되고 중국의 대관(투춘과 암반)은 칼카에서 쫓겨나고 여기에 민중정부가 수립되었다. 중국에서 만주 조정이 전복된 것은 바로 이 때이고, 남몽골의 일부(실린 골·울란 차브·예케츠 맹)와 바르가13)에 의해 우르가의 후투크투는 그 권위를 승인

---

12) 역주 : Barguts 즉 바르가인. 브룬베이르 지방에 거주한다.

받게 되었다.

러시아는 1912년 몽골의 자치를 승인했다. 1913년에는 몽골에 관한 러·중조약이 서명되고 이어 1915년 3국(러·중·몽)협정이 체결되었다. 이 조약으로 외몽골(내몽골과 바르가는 포함되지 않는다)은 중국의 종주권하에 있으면서 러시아의 보호하에 놓인 자치국이 되었다. 중국은 외몽골의 내정 문제에 대해 간섭할 권리와 군대를 주둔할 권리를 갖지 못했으나 우르가의 都護使, 코브도·울리아스타이·마이마첸(Maimachen)의 도호부사 임면권을 보유했다. 외몽골은 칼카(4아이막)와 코브도(2아이막)로 구성되었다.

국가의 최고권력은 우르가의 보그도 게겐 후투크투가 장악하고, 그는 수상과 외무·내무·재정·군사·사법 등 각 대신으로 이뤄지는 대신회의의 보좌를 받았다. 그 밖에 특별한 샤빈(Shabin) 省(大衙門)이 있었다. 중대 안건은 관기왕공의 대회인 후랄단[14]에 의해 결정되었다. 후랄단과 각의의 결정은 국가원수의 인가를 필요로 했다. 지방행정은 관기왕공과 맹장이 담당하지만 한편으로는 먼 지방(코브도)에는 정부의 특별대표가 임명되었다. 대체적으로 혁명은 중국 세력을 종결시키고 승려와 왕공의 권력을 증대시켰으나 몽골 민중의 생활상태를 개선하는 데는 그다지 공헌하지 못했다.

국민의 경제상태는 대단히 곤란했다.[15] 몽골인으로 농경에 종사하는 경우는 극히 적은 범위에 지나지 않았고, 그 대부분은 모두 러시아인과 중국

---

13) 역주 : 바르가(Barga) 즉 브룬베이르 지방으로 지금의 만주국 興安北省.

14) 역주 : 원문에는 Huruldan으로 되어 있는데 Khuraldan, Khoradan, Khuroldan 이라고도 쓴다(이하는 후랄단으로 한다). 몽골인민공화국 성립 후에도 의회는 이 이름으로 불린다. 몽골어로서 집회·의회·국회라는 의미를 갖고 있다. 몽골제국 시대의 쿠룰타이와 같은 성질의 것으로, 후랄단은 쿠룰타이의 와전이다.

15) 여기에 언급한 정세와 자치외몽골의 국민경제에 관한 자료는 Maisky, *Modern Mongolia*, 1921에 의한다(pp. 123~126, 221, 225, 284~285, 307 등 참조). 이는 1918년 외몽골에서 행해진 인구와 가축의 국세조사(국세조사의 자료는 앞의 마이스키가 지은 저서에 부록으로 실려 있다)와 1919~1920년 사이에 행해진 특별조사에 기초하고 있다.

인의 식민지에 가까운 변경지역에 국한되어 있었다. 1917년 보그도 게겐은 곡물의 강제 파종에 관한 성명을 발포했으나 큰 효과를 보지는 못했다. 중국인은 농경을 위해 토지를 임차했고, 포스드네에프(Posdneev)에 의하면 1911년 12월 혁명 이전에는 약 7만 데시야틴(미터법 이전의 러시아에서 사용된 지적 단위로 1데시야틴=1.092헥타르)에 걸쳐 작물을 파종했다. 그러나 자치몽골 시대에는 파종 면적이 반 이상 감소하는 등 몽골인이 소유한 경작 면적은 크게 증가하지 않았다.

공업의 발달은 극히 미약했다. 날라이호(Nalaiho)에는 국립채탄소가 있어 1년에 약 10만 푸드(pood : 16.38kg)의 무연탄을 생산했고 기타 호수에서는 원시적 방법으로 소금 채취가 행해지고 있었다. 러시아인은 다수의 작은 가죽제품 공장, 상자 제조공장, 동물기름 공장, 러시아로의 수출 양모를 위한 작은 洗毛공장 약 100개를 건설했다. 크기가 중간 정도 되는 회사는 3개가 있는데 광업 발전에 힘쓰고 있으며 그 최대 회사(몽골, 1907년 창립)는 금 캐는 일에 종사하고 있다. 수공업은 거의 중국인이 장악하여 약 300개의 제조공장(양가죽·가죽·목공·단철 등)을 가지고 있으며 합계 4천 명의 직공을 고용하고 있다. 몽골인은 거의 상업에 종사하지 않고 있다. 상업은 고대부터 중국인이 장악하고 있었다. 1911년 12월 혁명 이후 이 상권의 대부분은 러시아 상인에게 넘어갔으나, 제1차 세계대전은 다시 중국 상사회사들을 위해 그 문을 개방하였다. 상업거래액은 연 4~5천 만 루블에 이른다. 호슌과 그 성원의 연대책임제 아래서는 몽골인이 외국상인에게 진 부채가 많았고 원주민에게 가해지는 착취 또한 극심하였다.

수송은 대단히 원시적이다. 교통을 편리하게 하기 위한, 국가 또는 공공단체에 의해 유지되는 철도와 도로가 전혀 없다. 자치외몽골에는 가장 원시적인 교통로만이 존재한다. 그것은 단순한 '방향'일 뿐이다. 여름철에는 사람들이 이를 따라 騎行하며, 화물은 따뜻한 계절에는 牛車, 겨울에는 낙타로 운반된다. 이 길에는 다리 따위란 없다(1919년에 자치몽골을 통틀어 다리는 겨우 10개밖에 없었다). 교통을 유지하기 위해 일종의 무거운 과세인 우르톤(urton)이 부과되었다. 이것에는 국가적인 의미의 것(주요 도로)과 지방적 의미의 것(호슌 내)이 있는데, 그 의무는 각 호슌 내에서 지정된 가족이 지며 이들은 우르톤 역내에 거주한다. 이들 가족은 우르톤의 편의를 이용할 권리를 가진 여행자에게 말·양·낙타를 필요한 만큼 제공할 의무를 지고 있다. 사적인 용무로 여행하는 자는 자신의,. 또는 빌린 말과 낙타를 이용하며 화물은 대상(낙타 또는 소)에 의해 수송된다.

몽골 자체의 통화라는 것은 존재하지 않았다. 1911년 12월 혁명 전에는 중국의 은 중량단위인 兩이 화폐 역할을 했으나 그 후 대략 러시아의 은 루불, 이어 지폐 루불이 이를 대신했다. 1917년 러시아 혁명 후 중국의 은 달러(멕시코 달러)와 중국 지폐가 러시아의 그것을 대신했다. 그러나 이러한 화폐는 부족했기 때문에 특히 국내에서는 양과 磚茶 등이 통화로 사용되었다.

몽골인의 주요 생활수단은 목축이며 수렵으로 이를 보충한다. 중요한 가축은 말·소·낙타·양·염소이다. 몽골에서 행해지는 목축은 광범위하고 원시적이라는 특징을 갖고 있다. 가축은 일년 내내 감독없이도 푸른 하늘 아래 목초지에 방목되어 스스로 먹이를 찾아다녀야만 한다. 가축류(특히 새끼)는 추위와 굶주림, 폭풍우, 이리, 전염병 때문에 수만 마리가 죽어 간다. 다만 일부 지역에서는 러시아인의 영향으로 겨울철 사료용으로서 푸른 풀을 베어 마른풀로 저장해 두며 겨울철 피난축사(Hashan)도 건축하고 있다. 초원의 개량이란 고려된 적이 없으며 전염병 예방 따위는 전혀 이뤄지지 않고 있다. 그러므로 가축의 자연증가는 대단히 적다.

1918년의 국세조사를 기초로 마이스키(Maisky)는 외몽골의 가축 수를 다음과 같이 계산하였다.

말	1,500,000
낙타	300,000
뿔있는 가축	1,400,000

양과 염소	9,000,000
합계	12,700,000

이 중 77.5%는 종속계급의 것이며 19.1%는 사원에 속하고 3.4%는 왕공과 세습귀족의 것이다. 평균하면 한 귀족이 2,370마리, 사원이 662마리, 종속계급은 60마리의 가축을 소유하는 셈이다. 여기서 인용한 통계로 보아 몽골은 분명 소규모의 유목경제가 주를 이룬다.

일반적으로 몽골인 사이에 수렵은 그다지 발전하지 못했다. 이 때문에 중요한 수출품은 타라바간(tarabagan), 즉 모르모트의 가죽이다. 어업은 전혀 행해지지 않는다.

자치몽골의 국민세입은 마이스키에 의하면 7,450만 루불로 추산된다. 가축에 의한 수입이 1,400만 루불, 가축 생산물로부터의 수입 4,250만 루불, 화물운반 수입 1천 만 루불, 석탄과 소금 500만 루불, 개인노동 250만 루불, 포획물 50만 루불이다. 세출은 7,350만 루불(식료품 5,100만, 의료품 850만, 주택 및 가정용 집기 550만, 업무용 비품 200만, 종교용품 150만, 국가용품 500만)이다. 그는 전 몽골의 富를 2억 5천 만 루불로 계산하고 있다(광업 자원을 포함하지 않음). 요컨대 국민 1인당 부는 461루불, 1인당 수입은 137루불, 1인당 지출은 135루불이다.

중앙정부의 수입은 200만 루불에 못 미치며 주로 간접세 수입이다. 한편 세출예산은 200만 루불을 조금 넘는다. 이 차액은 러시아 정부의 대부로 보충되고 있다(전부 500만 루불).

아이막과 호슌 정부의 년 예산액은 합계 500만 루불에 달하며 주로 아르바, 즉 인민에게 부과된 부과와 조세로 조달된다. 호슌이 중국인에게 지고 있는 빚은 매우 많아서 약 1,500만 루불이나 된다.

이상의 자료로 보건대 몽골 지방의 경제적 후진성과 인민의 능력이 분명해진다.16)

---

16) 1918년 국세조사 통계에 의하면 외몽골 인구는 약 55만에 달한다. 이 통계

1917년 러시아혁명과 1918년부터 1920년에 이르는 내란으로 자치몽골은 외국의 원조를 받지 못하게 되었으며 그 직접적인 결과로 중국군(徐樹錚 휘하)은 1919년 다시 우르가를 침입했다. 무력적 탄압으로 자치는 정식으로 방기되었다(1919년 11월 20일자 중국공화국 대통령령에 의해). 일부 몽골 왕공과 라마는 이를 묵인했다. 1920년 1월 1일부터 徐樹錚은 외몽골 善後事宜督辦에 임명되어 3청(兵衛廳·財計廳·總務廳) 위에 군림하였다. 외몽골의 행정에 관계가 있는 비종교적 법제(1920년 말 발포)에 따라 선후사의독판은 행정을 장악하였고, 그 밑에는 울리아스타이·코브도 및 우리얀하이 지방의 암반이 있었다. 이 모든 개혁은 애초부터 건전한 기초 위에 세워진 것도 아니며 물론 개혁이 수행되지도 않았다. 그리하여 1921년 초 외몽골은 다시 우르가 게겐의 주도하에 독립을 선언했다(러시아 백군 Ungern Sternberg가 이끄는 支隊의 원조를 받았다). 여러 차례의 전투 끝에 중국군은 결국 이 지방에서 퇴각할 수밖에 없었다.

1919년 몽골인민당이 정치무대에 등장하였다. 이 당은 1921년 3월 13일 보그도를 수반으로 하는 임시인민정부를 수립하고 소비에트에게 도움을 요청했다. 러시아 백군 지대는 곧 소비에트군에게 패하고(1921.7) 인민정부는 권력을 장악했다. 높은 종교적 권위를 가지고 있었기 때문에 보그도 게겐 후투크투는 국가원수직에 머물렀다(단 거부권은 제한). 이리하여 이 나라는 외형상 입헌군주국의 형태를 취하였다. 이때 외몽골은 중국으로부터 독립한다는 뜻을 밝혔다. 1921년 소비에트 러시아와의 사이에 협약이 체결되어 러시아는 제정시대의 모든 특권을 정식으로 방기하고 몽골을 (또 거꾸로 몽골이 러시아를) 독립국가로 승인했다(1921.11.5).[17]

임시인민정부는 우르가 게겐의 재임중에도 중요한 개혁을 많이 단행했다. 예를 들면 종속관계(노예제도)의 폐지, 왕공의 세습권 폐지, 종교와 국

에 덧붙여 둘 것은 러시아인이 설립한 2개의 학교 외에 몽골에는 비종교적 학교가 전혀 존재하지 않다는 점이다. 또한 비종교적 의사도 없다.

17) 1924년 5월 31일 중국과 체결한 북경조약에서 소비에트 러시아는 몽골을 중국의 일부로 승인했고 같은 해에 비준되었다.

가의 분리, 고문 및 신체형의 폐지, 상비군의 제정 등이다. 1924년 5월 우르가 게겐이 입적하자 임시인민정부는 1924년 6월 13일 몽골에 공화제를 실시할 것을 발표했다. 같은 해 11월 몽골 지방의 인민 후랄단 즉 후랄(Hural : 유권자대회)이 개최되어 몽골 신헌법이 채택되었다.

1921년 이래, 특히 1924년부터 1936년 말까지 몽골은 제2혁명을 거쳤는데 이는 1911년부터 12년 사이의 혁명보다도 심각했다.

지배자인 인민혁명당은 제3회와 제4회 대회(1924, 1925)에서 정부 및 당의 정책을 다음과 같이 발표했다. ① 봉건제도의 잔재를 일소한다 ② 국토의 생산력 발전을 촉진한다 ③ 정치·금융·경제 활동을 국가가 장악한다 ④ 사회관계 안에 공산질서를 종국적으로 수립한다는 관점에서 비자본주의적 길로 이행하기 위해 국토를 준비한다.

이것이 몽골인민공화국의 입법 내용과 정부가 행한 기획의 성격에 영향을 미친 것은 당연하다. 1924년 11월 대후랄(Great Hural)은 외몽골의 신헌법을 채택했다.

몽골은 독립인민공화국(대통령은 없다)이 되고, 전 권력은 근로민중에게 부여되며 이는 대인민 후랄단과 이를 모체로 구성된 정부를 통해 행사되었다. 대후랄단의 폐회중에는 소후랄단이 최고권력을 행사하고, 소후랄의 폐회중에는 후랄 간부회와 정부(대신회의)가 행사하였다. 토지·수리·광산·식물 자원은 국유화되어 토지사유는 부정되었다. 외국무역의 독점은 충분하지 않았다. 사원과 정치는 분리되었다. 계급·특권·칸이나 왕공 등의 칭호는 폐지되었다. 선거권(대소 두 후랄단과 지방 후랄단)은 스스로 생계를 꾸릴 수 있는 18세 이상의 자나 인민혁명군 병사에게 주어졌다.

몽골 지역은 종래의 아이막에 따라 나눠지고, 명칭은 다음과 같이 변경되었다. 투셰투 칸 바그다 칸 울라(Tushetu Khan - Bagda Khan - Ula), 체첸 칸 투 테이 울라(Tsetsen Khan - Tu - Tei - Ula), 자사크투 칸 나이 인네르 울라(Djasaktu Khan - Nai - Inner - Ula), 사인 노욘 체체르리크 만달론(Sain Noyon - Tsetserlik Mandalon). 샤빈 관구(후투크투에 종속)는 특

별한 아이막으로 재편성되고 코브도(코브도 지구)는 2아이막으로 나눠졌다(이는 후의 일이다). 기타 여러 개의 호슌이 공화국 영역에 포함되었다.

이 시기에 정부가 기획한 것 중 염두에 둘 필요가 있는 것으로는 다음과 같은 것이 있다.

1925년 말 대샤빈 관구가 폐지되고 선거기관(라마로 구성)이 사원행정을 위해 설치되는 한편 종래 사원에 대해 寺領民이 지불하던 과세는 폐지되었다. 정치와 종교의 분리가 달성되어 후빌간(Hubilgan), 후투크투 등의 칭호는 1926년에 폐지되었다. 다시 사원재산도 과세대상이 되고 사원은 18세 이하의 자를 (라마 또는 견습승으로서) 수용하지 못하게 되었다. 1934년 새로운 사원의 건축 및 사원매매가 금지되고 48세 이하의 라마는 특별군사세를 납입해야 했다. 1936년에는 몽골인 장남과 차남의 출가가 금지되었다.

1925~1926년에는 재판소 개혁이 행해져 새로운 재판소 구성법이 만들어졌다(재판소에 관한 입법). 다음 해 민법, 형법 및 필요한 수속법이 발포되었다. 국립은행은 1925년에 창립되어 1926년에는 幣制改革이 포고되고 화폐가치로는 국민적 단위인 투흐릭(Tuhrik : 1투흐릭은 100Mungro)이 채용되었다. 마지막으로 1928년 화폐는 은본위에서 금본위로 바뀌었다. 통일적인 국고와 외국무역의 독점은 충분한 조직을 갖게 되고 정부의 세제 기초가 변하였다. 국내의 관습적 의무와 물납세는 폐지되었다.

1930년 호슌과 호린(Horin)은 폐지되고, 국내는 12개의 아이막, 309개의 소문(Somun), 2,930개의 바크(Bak)로 나뉘었다.

몽골인민혁명당 제7회 대회와 제5회 대후랄(1929) - 좌익이 우세 - 이후 '봉건적 존재'에 속해 있던 가축이 모두 몰수되었다(1929~1931).[18] 같은 기간 내에 집단농장화의 실현을 위해 개인의 가축경제에 강력한 압력이 가

---

18) 1936년 7월의 소후랄 제21회 회의 의장의 보고에 따르면 1927년 현재 427개의 샤먼교 사원재산과 302개의 라마교 사원재산이 몰수되었다. 1931~1932년에는 205개의 라마교 사원재산과 620개의 샤먼교 사원재산이 몰수되었다. *Tikhi Okean*(The Pacific Ocean), 1936, No. 3(9), p. 87.

해졌다. 이는 사영상업과 운반(화물차 운수) 분야에도 마찬가지였다. 그러나 1932년 소후랄은 이 정책의 오류를 인정하고 중지했다.

그런데 정부는 외국무역, 일부 국내상업, 대부분의 공업, 신용제도, 일부 운수(자동차 운수) 독점권을 보류했다. 대부분의 소매상업과 일부 공업은 구매조합의 수중에 있었다. 개인의 사유와 관리는 대부분의 목축경제, 대부분의 운수(화물차 운수), 일부 상업에서 여전히 우세를 점했다.

1934년에 열린 제7회 대후랄에서는 "사적 경제는 대단히 우세한 지위를 점하고 있으며 전 지방적 기초 위에 가로놓여 있다"라고 성명하였다.

국민경제(농업·건초수확소·목축·수렵·구매조합·국민적 공업·운수), 의술, 가축학, 민중교육(학교·국민극장·신문 인쇄) 등의 발전을 위해 여러 가지 노력이 뒤따랐음도 부가해 둘 필요가 있다.

1925년 소비에트군이 외몽골에서 철수한 이래 몽골군이 조직되기는 했지만 몽골인민공화국과 소비에트연방과의 결합, 소비에트연방의 몽골인민공화국에 대한 세력은 결코 약화되지 않았다. 1936년 3월 12일, 양국 사이에 제3국의 공격을 받을 경우 상호원조한다는 조약(유효기간 10년)이 체결되었다.

외몽골의 국민경제 상황에 관한 통계를 살펴보기로 하자.[19]

1924년의 가축 수는 다음과 같다.

말	1,350,000
낙타	275,000
뿔있는 가축	1,512,000
양과 염소	10,649,000

---

19) 이들 통계수치와 다른 일부 자료는 주로 Ryzhik, "Economic and Cultural Construction in the Mongol People's Republic", *Planovoe Hojiaistvo*(Planned Economy), 1936, No. 6 ; "Lesson of 15 years of the Revolution"(Report by the chairman of the 21st session of the Lesser Hural), *Tikhi Okean*, 1936, No. 3(9) 에서 얻었다.

합계	13,776,000

1935년의 가축 수는 다음과 같다.

말	1,773,200
낙타	557,320
뿔있는 가축	2,351,220
양과 염소	17,693,650
합계	22,375,480

경작 면적은 1924년 4,383헥타르가 1935년에는 24,000헥타르로 늘고 저장용으로 쓰일 건초 植付 면적은 1924년 1,551헥타르에서 1935년 81,660헥타르로 증가했다.

1935년 원료품의 마무리와 가공 공업소 하나가 1,300명의 직공을 고용하고 있었다. 이 공업소는 부드러운 가죽 공장, 구두공장, 양가죽 제복공장, 펠트공장, 蒸氣洗毛공장, 발전소, 노동자 주택으로 구성되어 있었다. 이 밖에 많은 소규모 공장이 들어섰다. 그 합계를 보면 국영공업에 종사하는 공업노동자의 수는 1935년에 3,500명(90%가 몽골인)이었다. 그 밖에 규모가 보다 작은 구매조합공업(노동자 약 1천 명)과 전문공업이 있었다.

부드러운 털을 가진 동물의 수렵도 발전하였는데 타라바간(모르모트)·다람쥐·곰·여우·이리 등은 그 중요한 포획물이었다. 1935년 부드러운 털과 모피는 이 나라 수출의 15%를 차지했다.

소비에트연방과의 무역액은 1932년 6,067만 3천 투흐릭에 달했고 구매조합의 무역액은 1934년에 4천만 투흐릭을 넘었다.

운수 방면을 보면 자동차에 의한 우편선과 여객선이 도로의 복귀와 교량 구축 등으로 중요 지점에 정비되었다. 화물수송도 일부 화물자동차로 행해지고 있으나 대부분은 아직 짐차로 운반되고 있다. 항공사업은 우편항공을 포함하여 인구가 집중된 중요 지점 간에 행해지고 있으며 선박운행은 셀렝가(Selenga)·오르콘(Orkhon) 강과 코소골(Kosogol) 호수에서 행해지고 있다.

1934년의 국가예산은 3,511만 7천 투흐릭이며 그 중 약 1천 만 투흐릭은 국민경제의 경비에, 500만 투흐릭은 문화적 비용에 할당되었다.

문화적 방면을 보면, 1935년에는 문맹퇴치에 초점을 맞추고 그 위에 국민학교 70, 중학교 6, 기타 특수학교로서 의학교·獸醫학교·사범학교·기술학교 각 1개교 등이 있었다. 1924년에 7명의 의학박사와 훈련받은 조수가 있었으며 도합 88명이 주민의 의학적 수요를 충족시켜 주었다. 같은 해 수의사로서는 24명의 외과의사와 훈련받은 조수가 종사하고 있었다. 1935년 현재 이 지방에는 139명의 박사와 훈련받은 조수가 있으며 의사는 총 753명, 수의사는 52개소에 91명이 있다.[20]

3. 내몽골

내몽골은 실린 골(10호슌), 울란 차브(6호슌), 제림(10호슌), 조 소투(5호슌), 에케 츠(11호슌)의 각 盟과 차하르(8호슌), 투메트(12호슌)로 이루어져 있다. 중국인은 내몽골 이주 금지령이 1878년[21]에 폐지된 이래 현저히 늘어나 많은 중국인이 이 지역에 정주했다.[22] 몽골인은 점차 내몽골 북부로

---

20) 1930년 통계에 의하면 외몽골인은 약 70만이며 그 중 2%는 귀족계급, 13%는 승려, 85%는 農牧에 종사하는 아라트(대중)였다(*Concise Soviet Encyclopaedia*, vol V, 1931, pp. 336, 338). 최근 자료(1936)에 의하면 몽골인민공화국 성내에는 국민학교 75, 중학교 8, 의학상의 敎授 및 處置를 위한 양성소는 73개가 있다.

21) 역주 : 1878년은 청나라 光緖 4년에 해당하는 해로서, 이러한 슈이 발포된 적이 없다. 청나라 조정은 광서 말 이후 각지의 封禁을 폐지하기 시작했으나 이는 말하자면 묵인 형식, 현상을 승인하는 형식으로 행해졌으며 정식으로 금령을 철폐한 것은 아니다. 그러므로 광서 초기에 이 봉금이 정식으로 또한 전반적으로 폐지된 적은 없다. 봉금이 정식으로 폐지된 것은 宣統 2년(1910) 8월이다.

쫓겨나고 그 대부분을 중국인이 점거했다. 중국인은 여기에 중국식 행정과 행정구획을 함께 가지고 들어왔다.

1914년 내몽골은 熱河, 차하르(察哈爾), 綏遠 등 3특별구역과 奉天省(遼寧省)의 洮昌道로 나뉘어졌다. 1928년 이들 지방은 열하, 차하르, 수원, 알라샨(Alashan : 寧夏)의 각 성과 조창도에 포함되고, 다수의 몽골인이 길림성과 흑룡강성에 살고 있었다. 이들 각 성은 다른 중국의 각 성과 마찬가지 상태에 놓여 있었고 같은 행정조직(督卓·道臺·知縣 기타 관청)을 두었다. 그러나 유목 몽골인이 거주하는 이들 성의 일부에는 盟·호순으로 나눠진 구역이 세습왕공인 자사크(Djassak)와 마찬가지로 여전히 존재하고 있었다. 과거나 현재나 최고의 행정기관은 南京 국민정부의 蒙藏委員會이다. 이렇듯 내몽골은 하나의 단위를 이루지 못하고 여러 개의 성과 특별행정구(차하르와 투메트)로 나뉘어져 있다.

1932년 일본의 영향하에 만주에 새로운 국가기구, 즉 만주국이 출현한 이래 이 구역은 다시 세분화되었다. 만주의 3성과 열하의 몽골인은 새로운 국가에 포함되고, 1935년에는 차하르 6현의 몽골인도 이 곳으로 들어왔다.

1932년 중국 정부는 차하르, 수원 2성의 몽골인을 대상으로 내몽골 자치 정무위원회를 조직했다. 이는 몽골 왕공으로 구성되었으며 몽장위원회에 종속되어 있다.[23]

이들 몽골인의 일부는 정주생활로 이행하여 농업에 종사하거나 도시에 거주하는 등 중국화했다(이를테면 하라친 몽골인 및 투메트 몽골인). 그러나 대부분은 아직 유목생활을 영위하거나 호순 왕공의 지배하에서 목축에 종사하고 있다. 행정권은 호순의 왕공 타무가에게 집중되어 있는 등 종래와 마찬가지로 중세적 성격을 유지하고 있다. 몽골인이 지고 있는 부담은

---

22) 스카치코프(Skachkov)의 추정에 의하면 내몽골 인구는 1,100~1,200만에 달하고, 그 중 150만이 몽골인이다(*Inner Mongolia*, 1933, p. 12).

23) 1936년 綏遠省境 자치정무위원회가 여기에서 분리했다.
   역주 : 내몽골 자치정무위원회가 몽장위원회에 직속하였다고 본 것은 오류이고 사실은 행정원에 직속되어 있었다.

대단히 크다.

4. 러시아(소비에트연방)의 몽골인

러시아인은 17세기 전반 태평양으로 진출하는 도중에 시베리아의 부랴트인을 정복했다. 부랴트인은 안가라 강 계곡에 거주하는 부라하트족(Bulahat), 레나(Lena) 강변에 거주하는 에히리트족(Echirite), 트란스바이칼(Transbaikal) 호수 건너편 지방의 호리족(Horin, 또는 호린족)을 말한다. 트란스바이칼 지방에는 또한 셀렝가 강을 따라 거주하는 일족(몽골에서 온 이주민), 즉 셀렝가 부랴트족이 있다. 북부랴트인을 이루는 부라하트와 에히리트는 이전의 이르쿠츠크 주에 있으며, 호리족과 셀렝가족은 트란스바이칼 관구에 있었다. 12세기 초의 부랴트인은 30만 정도였을 것으로 추정되며 그 대부분은 유목경제를 영위하고 있었다. 그들은 현재(1923년 이래) 부랴트 몽골 자치 소비에트 사회주의공화국으로 조직되어 있으며, 수도는 베르크네 우딘스크(Verkhne Udinsk)에 있다.

17세기 전반, 많은 타이샤(Taisha)들은 자기 종족과 일족을 이끌고 준가리아에서 티베트, 靑海, 시베리아로 이주했다. 1630년경 투르고트족의 타이샤 코 우를루크(Kho - Urluk)는 5만 키비트카(20만~25만 명)를 이끌고 우랄을 넘어 볼가 강 하류, 아스트라칸(Astrakhan)으로부터 사마라(Samara)에 이르는 지방에 거주하며 러시아 칼묵이 되었다. 코 우를루크의 아들 수쿠르 다이친(Shukur - Daichin)은 처음에는 러시아에게 셰르트(Shert : 충성)를 서약했으나 이 서약은 거듭 깨졌다. 그러다가 그의 호전적인 아들 푼추크(Puntzuk)와 손자 아유카(Ayuka)가 다시 그 서약을 승인했다. 아유카는 달라이 라마로부터 칸의 칭호를 받아 칼묵의 여러 칸 중에 가장 유력했다. 1724년 그의 사망 후 칼묵인은 드디어 러시아의 지배를 승인했다. 1771년 칸 우바시(Khan Ubashi)를 수장으로 추대한 일대 집단(그 중에는 4만 키비트카, 즉 17만 5천 명이 포함되어 있었다)은 고난을 무릅쓰고 칼묵인의 조상의 땅 준가리아로 이주하는 데 성공했다. 준가리아에 도달한 이들 칼묵인은 중국인의 주권을 승인했다.

칼묵인 중에 약 1만 5천 키비트카는 러시아에 잔류했는데 주로 아스트라칸 주(칼묵 초원)와 돈 코사크 지방에 집중했다. 20세기 초 러시아에는 18만 명의 칼묵인이 있었고 유목생활을 하고 있었다. 현재 이들은 칼묵 자치 소비에트 사회주의공화국을 형성하고 있다.

부랴트인이건 칼묵인이건 모두 내부 생활에서는 공통적으로 몽골에서 기원하는 법의 지도를 받았다는 사실에 주의해야 한다. 그러나 이 두 분파에는 서로 다른 특징이 있다. 부랴트법은 칼묵법보다 고립적이다. 부랴트인은 몽골의 근원에서 일찍 떨어져 나와 법습관을 따로 발전시켰다. 물론이 법습관은 공통된 유목제도와 부권 씨족제적 구성에 기초를 두었다. 그들은 그들 자신의 법전과 법령을 창조했고 이것은 그들의 법관습을 집대성한 것이었다. 한편 칼묵인은 훨씬 후대(17세기)에 몽골의 근원에서 떨어져 나왔고 그보다 훨씬 후까지 몽골인과 밀접한 관계를 유지하였다. 그들은 상당히 발달한 법과 관습을 갖고 남러시아에 등장했는데, 그 지도적 위치를 점한 법이 1640년 몽골 오이라트 법전이었다. 그 후 나타난 칼묵법에는 모두 이 종족의 완만한 생활상의 변화와 함께 수용된 법전 각 조문의 변화만이 보일 뿐이다.

제1장 몽골법의 기록 (해설)

제1절 칭기즈 칸과 그 후계자 시대의 일반법

1. 칭기즈 칸의 대야사

칭기즈 칸의 대야사(Great Yassa)는 몽골법 기록 중 가장 유명하며 현재 전해지는 것 중 가장 오래 된 것이다. 그 연원을 살펴보면 다음과 같다.

처음에 분열되어 있던 몽골 민족의 내부 생활은 지방적 관습에 의해 규정을 받고 있었다. 13세기 초 칭기즈 칸의 주도하에 몽골 민족의 통일이 달성되자 몽골 관습법이 통일되고 범몽골적 성문법, 즉 칭기즈 칸의 대야사가 제정되었다.

'야사'는 '금령'이나 '규칙' 또는 '법'이라는 뜻으로 풀이할 수 있다. 13~14세기의 연대기 작자의 증언에 기초한 통설에 의하면 대야사는 칭기즈 칸이 발포한 성문법인 입법문서이다. '大'라는 글자를 앞에 붙인 것은 전 몽골 민족에게 공통된 법이기 때문이며, 대야사와는 별도로 또는 아마 그것

과 같은 시대에 존재한 작은 또는 종족적 여러 야사와 구별하기 위해서였
을 것이다.

그러나 대야사의 전편은 원본은 고사하고 사본조차도 전해지지 않는다.
우리가 알고 있는 것은 고대 아라비아·페르시아·아르메니아의 역사가,
즉 마크리지(Makrizi)·미르혼드(Mirhond)·이븐 바투타(Ibn Batuta)·바
르탕(Vartang)·마하키아(Mahakia) 등이 전하는 야사의 단편뿐이다. 야사
를 입법문서로 보는 이 견해는 역사학자들 사이에서 우세를 점하지만 또
다른 의견도 있다.

예컨대 러시아의 저명한 중국학자이자 학사원 회원 바실리예프(Vasili-
ev)는 야사를 법의 집대성으로 볼 수 없다고 주장한다. 즉 야사는 입법문
서가 아니라 중국 황제의 격언처럼 칭기즈 칸의 격언을 집대성한 것에 지
나지 않으며 그의 사후에 공표된 것(康熙帝의 격언처럼)이라는 것이다.[1]

또 다른 다른 중국학자 포포프(Popov)도 입법기록으로서의 야사를 부정
한다. 만약 야사가 존재했다면 그것은 칭기즈 칸 왕조의 직접 후계자에 의
해 건설된 몽골 왕조인 元의 입법기록 안에 포함되었어야 한다고 지적했
다. 동시에 포포프는 1320년에 발포된 원나라 법전[2] 중 칭기즈 칸의 대야
사를 준용한 곳은 3군데에 지나지 않으며 그 중 단 하나만이 마크리지가
전하는 단편과 합치한다는 것을 발견했다. 그래서 포포프는 야사란 칭기즈
칸의 훈령에 지나지 않고, 게다가 성문 형태로 존재한 것이 아니라 전승된
것에 불과하며 아라비아의 연대기 작자가 이를 잘못 전한 것이라고 생각했
다.[3]

야사가 성문법 또는 입법적 규정의 집대성으로서 존재한 것이 아니라는
이러한 견해는 몽골인·아라비아인·페르시아인·아르메이니아인·러시

---

1) *Proceedings of the Oriental Section of the Russian Archeol. Society*, vol. Ⅳ,
   381.
2) 역주 : '元典章'을 의미한다.
3) *Proceedings of the Oriental Section of the Russian Archeol. Society*, vol. ⅩⅦ,
   sect Ⅳ, p. 0151∼2.

아인·중국인이 남겨 놓은 많은 역사적 기록과 모순된다.

몽골측의 한 기록에는 다음과 같은 기술이 있다.[4]

> 중국의 알탄 칸(Altan khan : 金의 황제)을 정복하여 중국인, 티베트인, 몽골인의 대부분이 자기 권력에 복속하자 대왕국의 지배자가 된 칭기즈 칸은 중국인의 법률이 확고·정교하며 불변한 것을 보고 중국으로부터 위대한 문자의 스승과 그 현명한 제자 18명을 불러들여 자신을 따르는 자에게 평화와 안녕을 가져다 줄 법(요손), 특히 자신의 통치를 유지하는 데 도움을 줄 법전 쿨리 예소누 비치크(Khuli - Yessonu - bichik)의 편찬을 명했다. 법이 편찬되고 칭기즈 칸이 이를 조사한 후 자신의 생각과 일치하자 칸은 편찬에 종사한 자에게 위계와 恩賞을 수여했다.

이 전설은 앞의 문제제기에 대한 적절한 답을 담고 있으며 그 일반적 경향 때문에 흥미를 끈다(이것은 야사에 대한 중국의 영향을 보여준다).

이 문제에 관한 정확한 기록은 아라비아와 페르시아의 역사가에 의해 제시되고 있다.

통일 몽골제국 시대에 이곳을 한 번 방문한 적이 있던 양심적인 아라비아 연대기 작자 쥬베이니(Djuveini)는 그의 저서 *History of the World - Conquerors*(『세계 정복자의 역사』, 1260)에서 다음과 같이 기술하였다. "야사의 법은 종이에 기록되어 중요 왕공의 비밀창고에 보존되었다. 특히 중요한 일이 있을 때는 이 종이 조각은 운반되어져 이를 토대로 사건이 裁決되었다."[5]

라시드 에딘(Rashid Ed - din)의 기록(1318)은 특별히 주목을 끈다. 라시

---

4) Cindamani - yin - erike · Golstounsky, *Mongol - Oirat Laws of 1640*, p. 11, 103.
5) Barthold, *Turkestan at the Time of the Mongolian Invasion*, Ⅱ, p. 42(영역본이 있다) ; P. Pelliot, "Notes sur le Turkestan de M. Barthold", *T'oung Pao*, ⅩⅩⅦ, 1930.

드 에딘은 페르시아의 홀라기드(Hulagid) 왕조(칭기즈 칸 직계) 시대에 재
상으로 있으면서 가잔 칸(Ghazan khan)으로부터 몽골사를 쓰라는 칙명을
받고 많은 公私 자료와 口碑를 이용했다. 그는 당시까지 신중하게 구전으
로 전해져 오던 칭기즈 칸의 빌리크(bilig : 격언)와 명령에 대한 지식을 갖
고 있었으므로 그 내용을 상세히 번역했다. 그런데 그는 이것을 야사와 구
별하여 야사를 성문화된 입법기록으로 생각했다

　　라시드 에딘은 칭기즈 칸이 왕 칸(Wang khan, 王罕)과의 싸움에서 승
리(1206)한 후 "대집회를 소집하고, 그의 대성공에 대한 하늘의 도움에 감
사하기 위해 현명하고 확고한 야사크(Yassk)를 제정하고 위풍당당하게 칸
의 자리에 올랐다" *History of the Jenghis Khan*(『칭기즈 칸 사』1 - 47)라
고 기록하고 있다. "토끼해 - 이는 回曆 614년(1218) 12월에 해당한다 - 에
칭기즈 칸은 대집회를 개최하고 쿠룰타이를 조직하여 혁신과 옛 규칙으로
이뤄진 야사크의 기초를 세우고 코레즘샤(khoresmshah)라는 나라에 대한
원정을 계획했다"(위의 책, 2 - 42). 두번째의 예를 보면 법에 대한 언급, 아
니 보다 정확히 말하면 옛 규정과 칭기즈 칸이 새로 채용한 혁신적인 것들
로 이뤄진 법령집이 편찬되었으며 그것은 쿠룰타이의 승인을 얻었음이 분
명하다. 법령집의 발포 결의가 우선 1206년에 채택되었고 그 기본적 규칙
이 1218년의 쿠룰타이에 의해 결정되었다는 것은 사실일 것이다.6)

　　제3의 저자로는 이집트의 아라비아인 역사가 마크리지(1441년 사망)가
있다. 러시아의 학사원 회원 크림스키(Krimsky)의 설에 의하면 그의 기사
가 가장 정확하다고 하는데 마크리지는 다음과 같이 기록하고 있다.

　　동방 여러 나라에 타르타르7) 세력을 세운 시조 칭기즈 칸은 왕 칸을

---

6) "칭기즈 칸의 성공을 알게 되었을 때 그들(몽골인)은 그의 권력하에 들어
　　갔고, 그는 확고하게 수립된 야사크로 이들을 다스렸다"(ibid., 121 ; 77, 97
　　등).

7)　역주 : Tartar. 타타르(Tatar)와 같은 뜻으로서 여기에서는 몽골인을 의미한
　　다. 타타르部 즉 金代의 소위 韃靼部 세력이 강대해졌기 때문에 한때 몽골

정복하여 최고권력을 장악한 후, 약간의 기본적 규정과 처벌 규정을 제정하고 그 개요를 한 책에 기록했다. 그 본래 명칭은 '야사'이며 '야사크'라고도 했다. 책의 편찬이 끝난 후 그는 이 법을 철판 위에 새기고 이를 국민의 법전으로 생각하라고 명했다. 이 상태는 신이 이 국민을 전멸시키기까지 계속되었다. 그의 자손은 야사를 범해서는 안 되는 것으로 보고 이 명령에 조금도 위배하지 않았다.[8]

14세기의 셈술 문 쉬(Shemsul-mun-shi) 문서를 살펴보면, 페르시아에서는 적어도 몽골인 간에 일어난 분쟁 중 일부는 몽골인 재판관이 재판하며 야사에 따라 판결을 내리는 기사[9]가 나타난다. 또한 마크리지는 이집트와 시리아에서도 같은 양상이 나타난다는 것을 지적하고 있다.[10]

아르메니아의 저술가 바르탕과 마하키아도 칭기즈 칸의 야사를 입법기록이라고 생각하였다.[11] 야사에 관한 이러한 기사는 러시아와 중국의 기록(史書 등)에서도 발견된다.

킵차크 칸국(金帳汗國)의 여러 칸이 교회 방위와 보호에 대해 러시아교회의 대주교에게 부여한 '야르리크(Yarlik)'에도 칭기즈 칸의 야사에 대한 언급이 보인다. 야르리크라면 문케 티무르(Munke-Timur)·우즈베크(Uzbek)·베르디벡(Berdibeg)·툴룬벡(Tulunbeg : Atuliak)의 여러 칸의 야르리크와 칸의 妃 타이둘라(Taidula)의 3야르리크가 알려져 있다. 자니벡(Janibeg)의 야르리크는 오늘날 전해지지 않으나 타이둘라의 야르리크에

인을 타타르라고 칭했던 적이 있다. 이것이 서방으로 전해져 와전되어 타르타르가 된 것이다.

8) Berezin, "Outline of the Inner Organization of the Ooloos of Juchi", p. 23(러시아어).

9) Melioransky, "About the Koudatkou Bilig of Jenghiz Khan", *The Proceedings of the Or. S*, XIII, 1019.

10) Berezin, "Outline of the Inner Organization of the Ooloos of Juchi", *Works of the Or. S*, 1863, 421.

11) Patkanov, *The History of the Mongols Based on the Armenian Annals.*

언급되어 있으므로 알려져 있는 야르리크는 총 7개라고 할 수 있다.

문케 티무르의 첫 야르리크(분명 1279년 것)에는 다음과 같은 聲名이 있다. "이전의 여러 왕이 승려, 수도승, 모든 빈민을 보호했듯이 우리도 그들의 특권을 바꿀 생각은 없다. 그들의 것을 훔친 자가 이를테면 바스카크(Baskak)나 왕공의 서기, 集稅吏, 稅關吏라면 용서받지 못할 것이다. 대야사에 따라 죽음으로써 처벌받을 것이다."12) 우즈베크 칸이나 다른 칸들도 '최초의, 또한 이전의 여러 왕의' 야르리크에 대해 언급하고 있다.

이를테면 그리고리에프(Grigoriev)13)처럼 이들 야르리크의 진위에 관한 모든 의문을 받아들이지는 않는다 하더라도 야사에 대한 이러한 언급은 다음과 같은 사실을 명확히 확인시켜 준다. ① 주치 울루스(Juchi Ooloos) 내에서 야사가 효력을 발휘하였다. ② 그 운용은 口傳의 규정으로서가 아니라 위반을 사형으로 다스린 일반적 공통법이었다.

야사에 대한 언급은 중국의 사서에도 보인다. 원나라 법전 '元典章'(1320)의 연구가 포포프는 이 법전에서는 칭기즈 칸의 야사를 3군데서 언급하고 있으며 그 하나는 마크리지가 전한 단편과 일치함을 지적했다.14)

乾隆帝 초기에 공간된 중국 서적『續文獻通考』에는 "원의 태조(칭기즈 칸의 묘호)15)가 중요한 범죄에 관한 규칙을 공포했다. 이에 의하면 매우 중요한 범죄만을 사형에 처하고 다른 것은 사정에 따라 笞刑을 부과했

---

12) 학사원 회원 골루빈스키(Golubinsky)는 이 '이전의 여러 왕'을 칭기즈 칸과 그와 가까운 후계자들로 풀이한다(*The History of the Russian Church* vol. Ⅱ, sec. Ⅰ, 1900, 33). 칭기즈 칸은 야사에서 종교에 대해 관대한 태도로 임하여 종교 관계자에게 면세를 해준 점으로 보아 그러한 상상은 타당할 것이다.

13) *On the Authenticity of the Yarliks, given by the Khans of the Golden Horde to the Russian clergy*, 1842. 야르리크 원문도 여기에 제시되어 있다. 그의 또 다른 저서 *Russia and Asia* 참조.

14) Popov, "The Yassa of Jenghiz Khan and the Code of the Yuan dynasty, Yuan C'hao Tien Chang", *Proceedings of the Orient. Sect. of the Russian Archeol. Society*, vol. XⅦ, Ⅳ, 0150~0163 참조. Palladius 러역, *The Secret Chronicle of Jenghiz Khan*, 주 576의 지적과 비교.

15) 쿠빌라이 칸은 세조로 칭해졌다.

다"[16]라는 기록이 나온다. 이는 예로부터 중국인이 칭기즈 칸의 형법전이 발포된 사실을 알고 있었음을 증명한다.

1920년 國史館의 柯劭忞이 옛 기록을 토대로 『원사』를 완전하게 하기 위해 편찬한 『新元史』에는 다음과 같은 기사가 나온다. "태조(칭기즈 칸) 즉위 6년, 몽골인은 烏沙堡에서 금나라 사람과 싸워 이를 깨뜨렸다. 금나라 군사령관 郭寶玉이 항복했다. 그는 태조에게 신국가 건설에 즈음하여 적절한 新令을 발포하라고 건의했다. 태조는 이를 따랐다. 그 결과 規則(條畵) 5장이 공포되었다. 그 중에는 이를테면, 출정중에 무고한 사람을 사형에 처할 수 없으며 중죄자만을 사형에 처하고 다른 잡범은 죄의 경중에 따라 태형을 내린다는 내용이 들어 있다. 이는 이 왕조의 최초의 입법을 대표한다."[17]

이 책도 칭기즈 칸의 법전 반포를 기술하고 있으며 거기에 중국의 영향이 있었음을 보여주고 있다.

야사의 원문 전부가 현존하지 않고 있는 것은 일반적으로 당시 인쇄술이 존재하지 않았던 데다가 특히 쓰거나 베끼기 위한 몽골 문자가 존재하지 않았기 때문이다.[18] 대야사가 원나라에서 편찬된 법전에 포함되지 않은

---

16) 『속문헌통고』, 권135, p. 28 참조.

17) 『新元史』, 권102, p. 1 참조.
  역주 : 원문은 다음과 같다.
  太祖六年 敗金人於烏沙堡 得金降將郭寶玉 寶玉上言 建國之始 宜頒新令 帝從之 於是頒條五章 如出軍不得妄殺 刑獄惟重處死 其餘雜犯 量情笞決 是也 是爲一代制法之始

18) 당시 몽골인은 위구르 문자와 한자를 사용했다. 1269년부터 方形문자(파스파 문자)를 사용했고, 현재의 문자를 사용하기 시작한 것은 1911년부터이다. Laufer, *Outline of Mongolian Literature*, 1927, p. 19 참조.
  역주 : 방형문자는 원대에 사용되다 사라지고 이후에는 다시 위구르 문자만 사용되었다. 현대의 몽골 문자도 위구르 문자를 약간 고친 것에 불과하며 저자가 원대 이후 1911년까지 방형문자가 사용된 것으로 본 것은 잘못이다. 더욱이 1911년부터 현재의 문자를 사용하기 시작했다고 본 것도 잘못으로서, 이 해에 그와 관계된 개혁이 행해진 적이 전혀 없다. 종래의 문자가 계

것은 칭기즈 칸이 중국 황제가 아니며 또한 중국 황제였던 적도 없었으며 야사가 중국법의 집대성이 아니었기 때문이다. 결국 야사가 외국인 저술가의 글에서 보인다는 것은 다음과 같은 사정 때문일 것이다. 인쇄술이 발달하지 않아 기록은 구전으로 전해지고, 이러하기 두세 차례 하다 점차 야사의 복사만이 국가의 공문서 보존소나 왕공의 기록소에 보존되게 되었다. 그러나 그 장소는 보통 쉽게 접근하기 어려우며 또한 외국인은 전혀 접근할 수 없는 장소였다.[19]

앞에서 언급했듯이 야사의 많은 단편은 아무래도 구전에 의한 훈령이라고만 간주할 수 없음을 덧붙여야 한다. 후술하겠지만 대부분의 야사 규정은 몽골인의 관습과 관습법의 산물이다. 이러한 산물은 원시적 법전 속에서만 충분히 이해될 수 있는 것으로서, 구전되는 훈령으로는 부적절한 것이었을 것이다.

이를테면 말 1마리를 훔친 자는 말 9마리로 갚아야 한다. 몽골인은 처를 여러 명 가질 수 있으며 그 중 한 명을 정부인으로 삼는다. 자식 중 연소자가 가재도구를 상속한다. 이러한 관습이 예로부터 내려온 몽골 공통법의 원리라면 무엇 때문에 칭기즈 칸이 그 실행에 관해 특별훈령을 발한 것일까. 이에 반해 관습법 규정이 입법적인 법으로 전화했다는 견지에서 본다면, 관습법 규정의 이러한 광범위한 재현은 쉽게 이해할 수 있으며 또한 타당하기도 하다.

칭기즈 칸은 약간의 구전 훈령과 명령(Bilig)을 자손에게 남겼는데 이는 조정의 기록소에 보존되어 원나라 황제의 祭儀 때 낭독되었다.[20] 이는 틀림없다. 이것들은 주로 라시드 에딘에 의해 오늘날 전해지고 있다. 그러나 이를 야사 규정과 혼동해서는 안 된다. '야사'라는 말의 의미는 금령, 규칙 또는 법이며 훈령이나 격언(Bilig)이 아니다. 이들 격언 속에서는 야사를

속 그대로 사용되었다.

19) 보통 몽골인은 법전이란 지식을 가진 사람에게만 공개되고 대중에게는 숨겨야 하는 것으로 생각했다(그 예로서 칼카 지롬을 보라).

20) Palladius, "Secret Chronicle", *Works*, Ⅳ, 주 576.

특히 비준된 규정으로서 언급하고 있다(격언 제23 참조).[21] 이를 단순한 구전의 훈령이라고 할 수 없다. 마찬가지로 야사의 준수 감시를 자가타이에게 위임한 것으로 보아 이를 구전된 훈령이라고 보기보다 공개적으로 비준된 규정이라고 생각하는 쪽이 타당하다.

아라비아와 페르시아 등의 저술가들은 우연하게 칭기즈 칸의 격언과 야사를 혼동할 수 있는 근거를 제공했다. 이를테면 라시드 에딘은 滿醉에 관한 조목을 격언이라고 했고(격언 제20), 한편 다른 저술가들은 같은 글을 야사에 속하는 것(단편 제30조)이라고 했다.

이러한 혼동은 바르탕과 마하키아의 저서(단편 제30조와 31조)나 다른 많은 경우에도 나타나며(후술 참조) 바실리예프와 포포프도 같은 잘못을 범하였다.

앞서 기술한 아라비아 · 페르시아 · 아르메니아 · 러시아 · 중국의 자료에서 보이는 증명 기사와 앞에서 언급한 이유로 보건대, 칭기즈 칸의 야사는 입법문서이며 구전되는 훈령을 집대성한 것이 아님을 알 수 있다.

다시 말하지만 오늘날 야사는 단편만으로 전해지며 이는 대부분 아라비아와 페르시아의 저술가가 전한 것이다. 가장 많은 단편은 마크리지에 의해 인용되었다.

현존하는 단편과 고대 저술가가 전하는 야사 기록을 비교 고찰한 저작은 다음과 같다. 함머 푸르크쉬탈(Hammer-Purgstall)의 *Geschichte der Golden Horde in Kiptschak*(『킵차크 칸국사』, 1840), 에르트만(Erdmann)의 *Temudschin der Unerschutterliche*(『칭기즈 칸 전』, 1862), 호워스(Howorth)의 *History of the Mongols*(『몽골사』, 1876 이후), 러시아어로 된 것으로 베레진의 *Outline of the Inner Organization of the Ooloos of Juchi*(『주치 울루스의 내부조직 개설』). 본서에서는 베레진이 채용한 야사의 원문을 사용하기로 한다.[22]

---

21) 앞에서 라시드 에딘에 의해 인용된 글 참조.
22) 야사의 프랑스어 번역으로는 de Sacy, *Chrestomathie Arabe*, Ⅱ, 1828이 있다.

여러 저술가들이 인용한 단편으로 이루어진 야사 원문은 완전한 것이 아님을 우선 염두에 둘 필요가 있다. 그것은 다음과 같은 이유 때문이다.

단편 제29조에는 말 1마리를 훔친 자에 대한 처벌이 규정되어 있으나 일반 절도에 대해서는 전혀 언급이 없다. 한편 바르탕과 마하키아의 저술에 보이는 야사(야사 제30조와 31조 참조)에 대한 간단한 설명 속에는 야사가 보통 절도를 금한다는 점이 얘기되고 있다. 플라노 카르피니(Plano - Carpini)는 사형을 절도와 공공연한 절취에 대한 處刑으로 전하고 있으며23) 루브루크(Rubruquis)는 무거운 절도에 대해 死刑을 부과한다(가벼운 절도에는 발바닥 태형)고 전하고 있다.24) 마르코 폴로도 절도에 대한 형벌로서 발바닥 태형을 들고 있다.25) 분명 야사의 이 문구에 상당하는 것은 전해지지 않거나 혹은 그 전문이 나타나 있지 않다. 단편 제28조는 살인 사건에 대해 속죄금을 허가한다고 되어 있으며 마르코 폴로도 절도에 대한 속죄금 제도가 있음을 전하고 있다.26) 칭기즈 칸의 격언 제23조에는 약간의 형벌, 즉 유형과 쇠사슬로 묶지 않고 감옥에 보내는 것이 나와 있는데 현재 전하는 단편 중에는 그런 내용이 보이지 않는다. 플라노 카르피니도 채찍형에 대해 기록하고 있다.27) 현존하는 야사 단편 중에는 신체훼손형, 즉 상처를 입히거나 불구로 만드는 것에 대한 기록은 전혀 보이지 않는다. 플라노 카르피니28)와 루브루크29)는 수많은 범죄와 이에 대한 엄벌을 언급하고 있으나 현존하는 야사 단편에는 아무것도 나와 있지 않다. 같은 기사는 다른 저서에서도 발견된다.30) 확실히 대야사는 모든 범죄를 예상하지

또한 야사에 대해 기록한 아라비아와 페르시아의 저술을 프랑스어로 번역한 것도 있다.

23) *History of Mongols*, 1911, p. 15(러시아어).
24) *A Voyage to the Orient*, 1911, p. 79(러시아어).
25) Minayev 러역, *The Journey of Marco Polo*, 1902, 91.
26) Ibid..
27) Ibid., p 15.
28) Ibid., 9, 10, 15.
29) Ibid., 79.

못했으며 그 일부는 관습법으로 처리되었다. 그러나 일부 관습법이 지금은 현존하지 않는 야사의 단편에 받아들여졌음은 야사의 단편 제29·30·31 각 조의 비교를 통해 알 수 있다.

칭기즈 칸의 격언(Bilig)은 야사를 보충하는 것이다. 격언은 칭기즈 칸의 입법에 대한 일반정신을 설명하여 법전의 빈틈을 채워넣었다. 이 격언을 가장 많이 인용한 사람이 라시드 에딘이며 여기에서는 그의 기록을 인용할 것이다.[31] 몽골인에 대한 기록을 남긴 당대인의 증언도 보조자료로 이용할 것이다.[32]

이제 야사가 발포된 시기와 그 적용범위 및 시기문제로 되돌아가자.

역사가의 의견에 따르면 야사는 왕 칸과의 싸움에서 승리를 거둔 이후의 시기, 즉 테무친이 몽골 민족과 몽골국에 가담한 중앙아시아 유목민의 칸에 올랐을 때 만들어졌다고 한다. 즉 1206년의 쿠룰타이 때[33]이다. 그러나 그것은 야사가 1206년 쿠룰타이에서 반드시 승인을 받았다는 것을 의미하지는 않는다. 칭기즈 칸이 대칸에 오른 때부터 야사가 발포된 때까지는 수년이 경과했을 것이고 그 사이에 야사가 준비되었을 것이다. 마크리지가 기술하고 있듯이(앞의 인용 참조) 칭기즈 칸은 공식적으로 대칸에 오른 후 비로소 국가의 조직과 법전 작성에 착수했다고 보는 것이 옳을 것이다.

앞서 인용한 라시드 에딘의 기사에 따라 대야사의 작성 시기는 대개 1206년에서 1218년 사이로 잡는 것이 타당할 듯하다. 동시에 단편 제23조에 따라 야사는 쿠룰타이의 비준을 받았다고 추정할 수 있다(앞서 언급한 내용과 라시드 에딘의 기사 참조).

---

30) Grum‐Grzimailo, *Western Mongolia and Country of Uriankhai*, 1926, p. 439 참조.

31) History of J. Kh, Ⅱ, 120 sqq.(*Works of the East Sect. of the Rus. Arch. Society*, vol. ⅩⅤ).

32) 특히 盟珙(『蒙韃備錄』의 찬자. 이하 맹공으로만 표기한 것은 모두 『몽달비록』 기사), 플라노 카르피니, 루브루크, 마르코 폴로, 라시드 에딘 등 참조.

33) Palladius 러역, "Yuan‐Ch'ao‐Mi‐Shih(몽골비사)", *The Works of the members of Russian Orthodox Mission in Peking*, Ⅳ, p. 55의 주 430 등 참조.

그 내용으로 보건대, 대야사는 유목 몽골 민족의 생활 및 몽골인에 가담하여 당시 몽골제국의 일부를 구성한 투르크인과 퉁구스인 등의 생활을 규정할 목적에서 제정되었다. 그러므로 그것은 중국, 페르시아, 아르메니아, 러시아 등과 같이 높은 문화를 지닌 지역이 몽골제국에 편입된 시기에 이 제국을 이끌어 나갈 법으로서 만들어진 것이 아니었다. 문화의 차이는 완전한 통합을 방해했다. 이는 몽골 민족에게, 부동산과 토지 사유권(임대·차지·저당 등)이 존재하지 않으며 농업이 행해지지 않고 또한 생활이 이동적인 경우 등에 적용될 법이었다. 이런 모든 정황 때문에 야사는 정주 농경지역에는 적용될 수 없었다. 이것이 바로 몽골인이 중국에서는 중국법, 페르시아에서는 페르시아법, 러시아에서는 러시아법의 효력을 인정한 이유였다.

동시에 한 마디 해 둘 것은 칭기즈 칸의 대야사가 다른 원시법전과 똑같이 유목 몽골 민족의 생활을 전면적으로 규정한 것은 아니었다는 점이다. 즉 주로 칭기즈 칸의 왕국을 구성하는 동맹몽골 제 종족 간의 관계를 원활히 하고, 일부 종족의 관습의 일반적 특징을 통하여, 이것을 공통법 속에 융합시키려는 데 목적이 있었던 듯하다. 즉 족내적 관습법에 대해서는 광범한 지배력을 인정하였고 따라서 대야사와 함께 소야사도 존재할 수 있었던 것이다. 칭기즈 칸이 지배한 시대에 소야사가 존재한 것은 틀림없다. 적어도 이는 팔라스나 라시드 에딘에 관한 레온토비치(Leontovich)의 설[34]이다.

전 민족에 대해 일반적으로 강제력을 가진 법전으로서 대야사는 그 효력을 오래 유지하지 못했다. 13세기 말에 그 중요성은 감소하기 시작했으며, 이 과정은 몽골 국가의 붕괴 및 그 후 몽골 민족 일부가 불교 또는 이슬람교를 신봉함으로써 더욱 촉진되었다. 그러나 몽골 민족 사이에서는 공통 관습이 오래 잔존하였고 칭기즈 칸의 권위가 매우 두드러졌기 때문에 대야사는 그 의의를 전혀 상실하지 않았다. 따라서 대몽골제국의 붕괴 후

---

34) Leontovich, op. cit., 198~199와 비교.

에도 오랫동안 유목민족의 입법에 일정하게 영향을 주었다.

대야사의 근본적 원류는 몽골 민족의 관습법이며, 보조적 원류는 칭기즈 칸의 입법 규정(입법상의 혁신)과 중국법이었다.

야사는 그 규정상 크게 보아 5가지로 나눠진다. 즉 ① 비군사적 제도와 내부행정(국가 및 행정법) 관계 규칙 ② 군사적 성질의 규정(조직과 군사의 운용) ③ 형법 규정 ④ 사법 규정 ⑤ 스텝 관습에 관한 특별규칙이 그것이다.

야사는 칭기즈 칸의 절대적 권력을 확인하고 있다. 구유크(Guyuk) 칸의 "짐의 뜻을 행하는데, 부르면 오고, 명하면 행하며, 짐이 지명한 자는 모두 死刑에 처하라"는 격언은 여기에 해당하는 야사의 규정 속에서 전폭적인 지지를 받는다. 이를테면 단편 제23조에 칸이 처벌을 내리기 위하여 사자를 보낼 경우, 사자의 신분이 가장 천하고 또 그 처벌이 죽음이라 할지라도 최고위의 황족도 그 집행을 달갑게 받으라고 명하고 있다. 단편 제21조는 몽골인은 매년 모든 처녀를 칸 앞에 내놓고 칸 및 그의 자식이 선택하게 할 것을 규정하고 있다. 단편 제26조는 칭기즈 칸의 여러 아들 중 가장 엄격한 자가타이(Jagatai)에게 특히 야사의 준수 여부를 감시하라고 명하고 있다. 야사를 위반한 자는 엄벌에 처해지며 칸과 그 일족도 예외는 아니었다(격언 제23).

당시 플라노 카르피니는 1246년부터 여러 해에 걸쳐 몽골제국을 여행하였는데 그는 칸의 권위에 대해 다음과 같이 기록하고 있다.

타타르인(Tatars : 몽골인)의 황제는 만민에 대해 놀라울 정도의 힘을 가지고 있다. 황제가 명하지 않은 나라에는 아무도 머물 수 없다. 황제는 군단장 등에게 어느 땅에서 거주할 것인지를 명하고, 군단장은 千戸의 거주할 땅을 정하며, 천호는 百戸, 백호는 十戸가 거주할 땅을 정한다. 황제가 명령한 것은 일의 여하, 때와 장소, 전시와 생사의 때를 불문하고 누구도 이의없이 복종한다.

야사는 異敎에 대해 관용의 원칙을 유지하여(단편 제11조) 종교에 우열을 두는 것을 금하고 있다. 또한 물건을 깨끗한 것과 더러운 것으로 나누는 것을 금하며(단편 제16조), 조세를 부과하고(단편 제20조), 이교의 성직자와 학자에게 조세를 면제해 주며(단편 제10조), 상설 역전제도를 창설(단편 제25조)했다.

병제 및 행정 관계 규정은 야사의 7개 조 단편과 일부 격언에 포함되어 있다. 다음에서 이에 대해 살펴보겠다. 단편 제22조는 군대조직과 그 십인조(十戶), 백인조(百戶), 천인조(千戶)의 구분에 대해 설명하고 있다. 격언 제3 등도 군대를 1만 명의 隊(tumen)로 구분하는 것을 설명하고 있다. 격언 제24는 백인조·천인조·투멘의 베크(Bek)에게 그 군의 질서를 유지하고 전쟁에 대비하여 원정준비를 충분히 갖추고 있도록 명하고 있다. 단편 제18조는 칭기즈 칸의 후계자들에게 출정 전에 친히 그 군대를 검열하라고 명하고 있다. 단편 제19조는 종군한 부녀에게 남편이 전장에서 물러났을 때 남편의 군무를 대행할 것을 명하고 있다. 단편 제9조는 전투중에 상호부조를 규정하고 있다. 단편 제24조는 허가 없이 자기의 職을 바꾸는 것을 금하며 위반자에게 사형을 내리고 있다. 단편 제27조는 병사의 태만에 대해 처벌을 명하고 있다. 제7조에는 구금자의 허락 없이 피구금자에게 먹을 것을 주는 행위를 금하고 있다. 격언 제17은 누가 베크에 임명될 자격이 있고 어떤 자가 임명될 자격이 없는지를 지적하고 있다. 격언 제6은 베크와 그 처자는 자신의 관할하에 있는 군중의 질서유지에 책임을 져야 한다는 것을 기술하고 있다. 격언 제18은 자제에게 활쏘고 말타는 기술을 습득시킬 것을 명하고 있다.

야사의 대부분의 규정은 형벌적 의미를 가지고 있다. 여기에서 다른 범주에 속하는 규정의 대부분도 마찬가지로 형벌을 규정한 것이다. 그러므로 야사는 형법기록으로서 하나의 시원적인 형법전이라고 할 수 있다. 그런데 이 야사는 私的인 성질의 범죄 또는 엄격한 의미에서의 재산범, 즉 살인·간통·위증·절도 등을 대상으로 하는 범죄를 많이 포함하고 있지 않다.

즉 야사의 대부분의 형법 규정은 칸의 명령 실행, 야사의 준수 감시, 군령의 실행, 몽골 관습의 유지 등의 확보를 목적으로 했던 것이다.

엄격한 형벌 규정은 오늘날 남아 있는 대야사 단편의 대부분을 이루고 있다. 현존하는 36개 조 중 14개 조는 일련의 범죄에 대해 사형을 내리고 있다(제1~9, 24, 27, 29, 31, 32조 참조). 사형은 간통, 고의적 거짓말, 마법, 타인의 행동 정찰, 서로 싸우는 두 사람 중 한 사람을 일방적으로 도와주는 일, 물 속에서 또는 불탄 재에 방뇨하는 일, 3차례 파산, 포로에게 베풀어주는 일(구금자의 허락 없이 옷과 음식을 주는 것), 노예 또는 도망하는 피구금자를 숨겨 주거나 그 소유자 또는 구금자에게 되돌려 주지 않는 일, 정해진 방법에 의하지 않고 이슬람교도의 방식대로 동물을 도살하는 일, 전투중에 원조를 하지 않는 일, 에미르(Emir : 領侯)가 군주 이외의 사람에게 말을 거는 일, 허가 없이 그 직을 떠나는 일, 병사와 사냥꾼의 태만, 규정된 재산형을 지불할 정도의 재산도 없고 이에 대신해서 노예로서 차출할 수 있는 처자도 없는 사람이 말을 훔친 경우, 절도, 위증, 반역, 윗사람과 가난한 사람에 대한 경애의 결여, 많이 먹는 것, 군사령관의 천막 문지방을 밟는 것 등에 대해 내려졌다. 여기서 기술한 몇 가지 범죄는 매우 특징적인 것으로 민중의 생활양식이 잘 묘사되어 있다. 이를테면 고의적인 거짓말, 위증, 절도, 경애의 결여, 많이 먹는 것에 대해 死刑을 적용한 것은 당시 몽골인의 생활이 간단하고 절제된 것임을 보여준다. 물과 불에 오줌을 누는 자를 처벌한 것은 샤먼교의 종교적 미신을 반영한 것이며 이슬람교도의 방법에 따라 동물을 도살한 사람을 처벌하는 것은 이교에 대한 관용과 함께 공존한 일종의 광신과 미신을 특징짓는 것이다.

사형은 매우 광범하게 행해져 때로 매우 가벼운 죄로 보이는 것에까지 적용되고 있다. 인간의 생명은 가축보다 가치가 없는 것으로 간주되었다. 예를 들면 (절도에 대한) 가축 벌을 지불할 수 없을 때 죄인의 아들은 노예가 되며 그 아들까지 없으면 야사는 죄인을 양처럼 도살하라고 명하고 있다(단편 제29조). 이 모두는 호전적인 유목민족, 약탈을 좋아하는 목축민족의 생생한 특징을 보여준다.

사형 이외에 야사에는 보다 가벼운 범죄에 대한 형벌, 즉 태형이 나와 있다(단편 제27조 참조). 또한 귀양가는 죄와 금고에 대해서도 언급하고 있다(격언 제23). 플라노 카르피니도 태형에 대해 기록하고 있다.

나아가 야사는 처벌방법이 기록되어 있지 않은 금지적 성질의 규정을 포함하고 있다. 이를테면, 제공자가 먼저 음식물에 독이 있는지 없는지 조사하지 않았는데 음식물을 먹는 일, 식사를 권하지 않았는데 그 사람 앞에서 식사를 하는 일, 조리에 사용하는 불과 음식물이 담긴 쟁반 위를 넘는 일, 손을 물 속에 담그는 일, 의복을 세탁하는 것 등이 금지되어 있다(단편 제12~15, 17조). 분명 이같은 범죄에 대해서는 여러 가지 형벌이 가해졌으며 그것은 이에 부속된 법제의 일반적 정신과 유명한 역사적 사실에 의해 암시되고 있다. 그러나 이러한 경우에 적용되는 형벌은 사형이 아니라 태형과 채찍형이었다.

칭기즈 칸의 격언 제6은 성원 한 명이 저지른 범죄에 대한 전 가족의 연대책임을 인정하고 있다.

야사는 사형을 대신하는 身代金의 지불을 허락하였는데(단편 제28조), 마르코 폴로에 따르면(*Travels of Marco Polo*, 91쪽 ; 단편 제29조 참조) 똑같은 관행이 절도에도 행해졌다.

당시인이 기술한 것 가운데 형법과 관련된 몽골인의 법과 관습에 대해 다음과 같은 기사가 보인다.

플라노 카르피니(1246)가 이르기를, "나아가 간통하던 중에 붙잡힌 남녀를 죽이는 것은 법이나 관습으로 되어 있다. 몰래 정을 통한 처녀는 단독으로, 또는 남자와 함께 살해된다. 그들(몽골인)은 국내에서 강도·절도를 현장에서 붙잡으면 용서 없이 살해한다. 계획을 누설한 자, 특히 전쟁에 나가는 때 이를 누설할 경우에는 농부가 큰 곤봉으로 때리는 정도의 강한 타격을 1백 번 그의 등에 가한다. 젊은이가 남을 모욕하면 윗사람은 용서 없이 엄히 채찍질한다"[35]고 했다.

루브루크(1253~1256)에 따르면, "살인은 남의 여자와의 동거와 마찬가지로 사형을 받는다. 남의 여자라는 말에는 처와 하녀도 포함된다. 이들을 여자노예처럼 어떻게 대하든 상관이 없기 때문이다. 대개의 절도범에게는 사형이 내려진다. 작은 절도, 이를테면 양 1마리를 절취한 범인에게는 무거운 태형이 내려지는데, 百打刑 선고는 바로 범인을 매로 100대 친다는 것을 의미한다."36)

중국에 20년(1272~1292) 동안 체재한 마르코 폴로는 다음과 같은 기사를 남겼다. "그들의 재판은 다음과 같은 방법으로 행해진다. 사소한 것을 훔친 자도 笞 7, 17, 27, 37 등에 처해지는데, 이는 훔친 물건의 많고 적음에 따라 10씩 늘어나며 최고는 307이다. 이 태형으로 사망자가 나오기도 한다. 말 1마리 또는 그것과 같은 가치를 가진 것을 훔친 자는 사형에 처해지는데 칼로 베어진다. 그러나 훔친 물건 가격의 10배의 신대금(어느 譯本에는 9배)을 지불하는 자는 살해되지 않는다."37)

현존하는 야사의 단편 중에는 私法 규정이 많지 않다. 단편 제5조에서도 알 수 있듯이 칭기즈 칸 시대에 상업관계는 충분히 발전하고 있었다. 이 단편은 상인의 세번째 파산을 대상으로 한 것이다(역시 격언 제18조 참조).

야사는 친족법 영역에서 유목민의 특질인 일부다처제와 축첩제를 허용하고 있다(성서시대 부권제하의 생활 참조). 첩에게서 난 아들도 적법하게 인정되었다. 아버지 사후에 아들은 생모를 제외한 아버지의 처를 자유로이 처분할 수 있었다. 자식들의 순위는 생모의 지위에 따라 정해지며 죽은 아버지와 처음 결혼한 처가 항상 높은 지위를 점했다. 상속에 관해 야사는 다음과 같은 규정을 두고 있다. 죽은 아버지의 유산은 연장자가 연하자보다 많이 취하며38) 단 막내아들은 아버지의 가재도구를 상속하였다(고대

---

35) Op. cit., p. 15.
36) Op. cit., p. 79.
37) Minayev 러역, *Travels of Marco Polo*, 1902, p. 91(러시아어).
38) 옛 몽골속담에 '연상의 사람에게 10, 연하의 사람에게 4'라는 것이 있다(라

러시아의 법전 'Ruskaya Pravda'에 있는 똑같은 규정 참조). 첩의 아들도 아버지의 지시(또는 관습)에 따라 상속분을 받는다. 사망한 자의 모든 소유품은 상속인만이 사용할 수 있었다.

부수적인 기록은 플라노 카르피니(1246), 루브루크, 마르코 폴로의 저술 가운데서 보인다. 루브루크는 1253년부터 1256년에 걸쳐 몽골제국을 방문하고 마르코 폴로는 약 1272년부터 1292년까지 중국에 머물렀다.

플라노 카르피니는 당시 몽골의 결혼풍습을 이렇게 기록하고 있다. "몽골인은 누구나 부양할 수 있는 한 많은 처를 소유하는데 어떤 사람은 100명, 어떤 사람은 50명을 소유하고 이보다 많은 사람과 적은 사람도 있다. 생모, 딸, 생모의 자매를 제외하고는 친족 중 어떤 여자와도 결혼할 수 있다. 형제의 사후에는 그 처와 결혼할 의무가 있다. 이들을 제외한 여자라면 몽골인은 아무 구별 없이 결혼하며 또한 매우 비싼 대금을 지불하고 여자를 양친으로부터 매수한다. 남편의 사후 재혼하는 것은 용이하지 않으며 보통은 그 아들이 계모와의 결혼을 희망한다."39)

루브루크는 다음과 같이 말한다. "결혼에 대해 살펴보면, 누구든 처를 사야 하며 양친은 딸을 팔 때까지 바로 가까이에 둔다. 그 결과 많은 처녀들이 결혼 이전에 성숙기에 달해 버린다. 그들은 一等親 二等親은 인정하지만 인척관계에 의한 어떤 친족도 인정하지 않는다. 이를테면 2명의 자매와 연속적으로 또는 동시에 결혼할 수 있다. 여자는 자기가 현세에서 섬긴 자를 사후에도 섬기며 따라서 과부는 사후에 항상 첫 남편에게 돌아간다고 믿는다. 그래서 과부는 결코 재혼하지 않는다. 때문에 아들이 자기 생모를 제외한 아버지의 모든 처와 결혼한다는 수치스러운 관습을 갖게 되었다. 아버지의 가재도구와 어머니는 항상 막내아들에게 돌아가므로 막내아들은 아버지의 모든 가재도구와 그의 것이 된 아버지의 모든 처를 처분해야 한다. 그리하여 아버지의 처를 자신의 처로 삼게 되는데 비록 사후에 처가

시드 에딘).

39) Plano Carpini, p. 78.

아버지 곁으로 돌아가더라도 그에게는 아무 해도 없다고 생각하기 때문이다."[40]

마르코 폴로는 이르기를, "남자는 갖고 싶은 대로 처를 얻을 자유를 갖고 있다. 처를 부양하는 비용이 그다지 많이 들지 않고, 남자는 늘 분주하기 때문에 처의 지식과 노동으로 보는 이익은 항상 크다. 처를 맞아들일 때 그 모친에게 상당한 대가를 지불하는 것은 이 때문이다. 첫번째로 결혼한 처가 처로서는 가장 큰 권리를 가지며 또한 가장 정당하다고 인정받기 때문에 그녀가 낳은 아들 또한 그 권리를 갖는다. 이렇듯 처의 수가 무제한이므로 낳은 자식의 수도 어느 곳보다도 많다. 아버지가 죽으면 자식들은 자신의 생모를 제외한 아버지의 모든 처를 아내로 삼을 수 있다. 같은 피를 이어받은 자매와의 결혼은 금지되어 있으나 형제가 죽으면 그 처를 인계하는 것은 허락된다. 모든 결혼은 엄숙한 의식에 따라 거행된다."[41]

라시드 에딘에 따르면, "몽골 관습에서는 연하의 자식은 집에 머무르며 에드겐(Edgen)으로 불린다. 재산과 토지, 가재도구는 그에게 주어진다."[42]

이상의 인용문을 통해 다음과 같은 사실을 확인할 수 있다. 몽골인 간에는 일부다처제가 널리 행해지고 결혼은 아내의 구매를 통해 성립한다. 또한 모권제의 잔재가 몽골 관습 속에서 쉽게 발견되며(결혼에 관해 모계를 통한 친족관계의 등급 인지, 계모와의 결혼), 嫂婚制(죽은 형제의 처와의 결혼)도 행해졌다.

말이 나온 김에 초원생활과 관계되는 여러 가지 금지 규정이 있음을 지적해 둘 필요가 있다. 그 중에 주인 스스로 음식물에 독이 있나 없나를 맛보지 않았는데 음식물을 먹어서는 안 되며, 사람의 면전에서 식사를 권하지 않고 먹어서는 안 되며, 동석자보다 많이 먹어서는 안 되며, 취사하는 불과 음식물이 가득 담긴 그릇 위를 넘지 말며(제12조), 물에 손을 담그고

---

40) Rubruquis, *A Journey to the Oriental Countries*, pp. 78~79.
41) Komroff 판, *The Travels of Marco Polo*, 1918, pp. 91~92.
42) *Proceedings of the O. S. A. S.*, vol. XIV, p. 207.

손바닥으로 물을 떠마셔서는 안 되며(제14조), 오래 사용하여 낡아 너덜너덜해지기 전에 의복을 세탁해서는 안 된다(제15조) 등의 규정이 있다.

대체로 야사의 내용은 빈약한데, 그것은 유목 몽골인의 원시생활을 묘사한 것이기 때문이다. 법전의 기본적 부분은 원시적 또는 미신적이며 때로는 잔혹한 몽골 관습의 요약을 보여준다.

때로 야사가 너무 잔혹하다고 보는 사람도 있고 어떤 학자는 다른 법전들보다 훨씬 잔혹하다[43]고 보는데 이는 과장이다.

야사가 잔혹한 것임은 틀림없다. 현재까지 발견된 36개 조 가운데 14개 조가 사형을 규정하고 있다. 그러나 이 엄형주의는 동방의 다른 여러 나라(중국·바빌로니아·유대·회교권)[44]의 법전이나 중세 유럽의 형법전보다 엄한 것은 아니다.

2. 칭기즈 칸의 제도가 된 법전 '쿠다트쿠 빌리크'의 문제

일부 학자는 법률적 처치에 관한 법의 특수한 集成인 쿠다트쿠 빌리크(Koudatkou Bilig)가 칭기즈 칸 시대에 편찬되었다고 말한다. 최초로 함머 푸르크쉬탈은 셈술 문 쉬(Shemsul - mun - shi)라는 별명을 가진 마호메트 힌두 샤(Mahomet - Hindu - Shah)가 저술한 14세기 후반의 전기 페르시아 문헌을 인용하여 비로소 이 법전의 존재를 분명히 했다. 이 문제에 관심을 가진 러시아의 멜리오란스키(Melioransky)는 라이덴(Leyden) 판의 셈술 문 쉬의 문헌을 연구하고 이를 대영 박물관에 있는 같은 문서와 비교했다. 그리하여 칭기즈 칸의 야사 이외에 또 다른 문서 쿠다트쿠 빌리크(칙어)가 존재했으며 이는 심리와 법률적 처치에 관한 법제를 포함하고 있으며 칭기

---

43) 이를테면, Telberg의 견해(*Proceedings of the Harbin Faculty of Law*, Harbin, 1931, vol. IX, p. 279[러시아어]에 게재) 참조.
44) Riasanovsky, *The Great Yassa of Jenghiz Khan*(러시아어), p. 22.

즈 칸이나 혹은 어느 동맹자가 만든 것이라는 결론을 내렸다.[45]

함머 푸르크쉬탈과 멜리오란스키가 자신의 주장을 뒷받침할 근거로 삼은 인용문을 살펴보고 나아가 다른 여러 사실을 고려해 보면, 위 두 연구자의 설은 잘못된 것이다. 쿠다트쿠 빌리크라는 그런 특별한 법전은 칭기즈 칸 시대에 제정되지 않았던 것이다.

셈술 문 쉬의 문헌 제2부에는 14세기 후반 페르시아의 일 칸 朝에 존재한 관청에 대한 간결한 기사가 나온다. 여기에 칭기즈 칸의 쿠다트쿠 빌리크에 관한 3개의 인용문이 있다. 다음은 멜리오란스키가 페르시아어를 러시아어로 번역한 각 단편을 인용한 것이다.

제1단편은 다음과 같다.

넘쳐흐르는 듯한 재능, 활동력, 몽골의 술탄과 에미르(領侯)의 관습 및 법에 관한 지식, 그들의 자사크(Jassaks : 處置)와 토레(tore : 관습법의 규범)에 관한 깊은 지식 등에서 에미르 바얀은 모든 에미르보다 우수하여, 에미르 이 야르구(emir - i - yargu)의 맡은 바 임무 수행과 그 성질상 몽골인에게 고유한 여러 사건의 심리가 바얀에게 위임되었다. 그것은 바얀으로 하여금 칭기즈 칸의 쿠다트쿠 빌리크 속에서 보고 읽고, 나아가 대 야르구치(Yargutch : 재판관) 사이에서 (실제로) 본 실례에 따라 몽골인 간의 분쟁을 심리케 한 것이다. 동시에 그는 조금도 공정(의 원칙)을 범해서는 안 되며 야사크의 규칙을 기초로 양 당사자 간의 사건에 판결을 내려야 한다. 한쪽이 바르다는 것이 증명되면 그는 '야르구 나메(yargu name : 판결의 定書. 정서는 바름을 인정한 칙허장)'를 주어 정녕 보존케 한다. 그리고 상대방(패소자)이 (재판관에게) 다시 불평을 할 때는 재판관은 (먼저 부여된) '야르구 나메'에 기초한 해결방법을 주장하며 또한 이 (원고)의 이의를 거부한 것이 올바르다는 것을 알게 해야 한다. 이런 까닭으로 이번 법령이 발포되었다. 따라서 금일 이후 그(에미르 바

---

45) *Proceedings of the O. S. Russ. Arch. Soc.*, vol. ⅩⅢ, Ⅰ, p. 015~023.

얀)는 수도의 야르구치(emir - i - yargu - i - hordu - i - muazzam)로 간주
될 것이다. 그의 권한에 속하는 것은 반드시 그에게 제출해야 하며 그의
의지와 판결에 반대해서는 안 된다. 그가 (한번) 심리하고 또한 칭기즈
칸의 야사와 야사크(및 쿠다트쿠 빌리크?[46])를 기초로 하여 판결한 사건
을 몽골의 에미르가 뒤엎고 심리할 권리가 없다. 야르구의 법정에 출석한
소송 관계자는 그(재판관), 그의 보좌(종자) 및 야르구 나메 기초자의 심
문에 대해 모두 답변해야 한다. 이리하여 비로소 그는 만족스럽게 모든
것을 처리하여 (즉 모든 증거와 증인의 증언을 고려하여) 사건에 대해 판
결을 내릴 수 있다.

다음 제2의 단편도 이 문제를 해결하는 데 실마리를 제공하고 있다.

몽골의 전 군인에게 바얀 테무르 바흐시(Bayan - temur Bahshi)를 수
도의 야르구치로 생각하게 하라. 그리고 자기 사건을 그에게 위탁하고자
하는 몽골인에 관해서는, 그들로 하여금 그가 쿠다트쿠 빌리크의 법에 기
초하여 (내린) 의견 및 판결에 대해 반대하지 못하게 하라(러시아에 있는
문헌에는 '칭기즈 칸의 법과 칸 - 즉 오고타이 - 의 칙령에 기초하여'로 되
어 있다). 그리고 다른 어떤 사람도 (법률적 처치에) 간여하려(그 권리를
갖으려) 하거나 그것에 대해 논쟁하려 하지 못하게 하라.

제3의 단편은 다음과 같다.

옛날에 셰이크 알리(Sheik Ali)가 몽골의 에미르 및 야르구치와 의논
하여 이를 알게 되고, 그리고 실제로 야르구치의 규칙에 대해 잘 알고 칭
기즈 칸의 쿠다트쿠 빌리크와 칸(오고타이)의 칙령을 배운 것처럼.

---

46) 멜리오란스키가 제출한 의문.

앞서 언급한 두 연구자가 칭기즈 칸 법령 안에 재판수속을 다룬 특별법전이 존재한다는 결론을 내리는 데 뒷받침이 된 인용문은 이상이 전부이다. 필자의 의견으로는 여기에 인용된 단편은 위의 주장에 대해 확실한 근거를 제공하지 못한다.

쿠다트쿠 빌리크라는 말은 멜리오란스키가 말한 것처럼 '왕의 지식'이나 '왕의 과학'이라고 번역해서는 안 된다. '왕의 빌리크' 즉, '왕의 격언', 다시 말해 칭기즈 칸의 격언을 의미한다. 주지하듯이 몽골인들은 칭기즈 칸의 야사뿐 아니라 그의 격언도 존중하였다. 이들 격언은 문서로 작성되어 비밀창고 속에 비장되었다가 이따금씩 원나라의 여러 황제가 제사를 지낼 때 낭독되었다.

그 저자가 말하는 야사, 야사크 및 쿠다트쿠 빌리크(즉 왕의 빌리크)는 분명 칭기즈 칸의 야사와 격언을 빗대서 말한 것이다. 에미르 바얀이 에미르 이 야르구 직에 임명되었다는 것은 에미르 바얀이 (페르시아의) 재판장에 임명되었음을 뜻한다. 재판장직을 창설한 것은 칭기즈 칸이다. 따라서 직무를 수행할 때 에미르 바얀은 칭기즈 칸의 야사와 격언, 관습, 선임 재판관의 판례에 따라야 했다.

나아가 다음과 같은 사실도 염두에 두어야 한다. 즉 만약 특수법전인 쿠다트쿠 빌리크를 칭기즈 칸이 제정했다면, 적어도 그것은 13세기에 칭기즈 칸의 야사와 격언(Bilig) 이상으로 알려져 있어야 한다. 그리고 칭기즈 칸으로부터 나온 것은 모두 몽골인에게 존숭을 받기 때문에 그 단편만이라도 전해질 것이다. 그러나 앞서 보았듯이 현재 쿠다트쿠 빌리크는 14세기 후반의 문헌에만 나와 있다. 이러한 생략은 생각하기 어렵다. 그 밖에도 칭기즈 칸 시대에는 재판제도의 발달이 미약했음을 감안한다면 여기에 든 특수법전 같은 것은 필요가 없었을 것이다.[47] 동시대의 인물 플라노 카르피니는 "이곳에서는 번거로운 법률수속을 거치지 않고 모든 것은 황제의 의지에 따라 수행된다"고 증언하고 있다.

---

47) 제4장 참조.

이처럼 법전 필요성의 결여, 칭기즈 칸과 그 후계자의 사적을 일반적으로 잘 알고 있던 저술가(라시드 에딘, 쥬베이니, 마크리지 등)의 침묵, 그 내용이 완전히 모호하다는 점, 셈술 문 쉬의 문헌에서 인용한 단편이 역사적 사실과 일치한다는 점 등은 법률수속에 관한 특수법전 쿠다트쿠 빌리크가 칭기즈 칸에 의해 만들어졌다는 설에 반대하는 필자의 견해를 뒷받침해 준다.

3. 야르리크 · 데프테르 · 파이체

당시 政令 중 지금까지 전해지는 것으로 가장 중요한 것은 야르리크(Yarlik)와 데프테르(Defter), 파이체(Pai - tze : 牌췝)이다.

야르리크는 행정과 입법 방면에서 어떤 문제에 대해 최고의 권력자인 칸이 자기 의지를 표명하는 칙서로서, 입법명령 또는 최고지배자의 명령으로서 반드시 공포되었다. 공포 방법상, 야르리크는 宣과 諭로 구분된다. 전자가 구두로 공포된 데 반해 후자는 칸의 친서 형태로 공포되었는데 널빤지나 작은 돌판 또는 종이(처음에는 종려나무 잎)에 기록되거나 바위나 낭떠러지에 새겨졌다. 야르리크를 공시할 경우 보통 제국을 형성하는 각 민족의 언어로 기록되었으므로 칸의 궁정에는 특별서기가 있었다. 國璽를 대신하여 칸의 탐가(tamga : 紋章)가 붙어 있었다. 야르리크는 내용별로 ① 입법적 성질을 띤 조서, 칸이 발포한 법 ② 행정명령과 諭 ③ 특권 수여, 임관 등의 명령으로 구분된다.

칭기즈 칸이 道士(丘神仙) 長春에게 부여한 다음의 勅은 그 하나의 예이다. "聖令. 칭기즈 칸은 각지 장관에게 명한다. 낮과 밤에 성경을 외우고 읽으며 하늘에 기도하여 황제의 만세를 기도하는 丘神仙의 隱捷院에 대해서는, 크고 작은 모든 부역과 조세를 면제하며 丘神仙에 속하는 각지의 僧院에도 부역과 조세를 면제해 준다. 불법적인 구실을 대고 승려를 잠칭하여 징세를 면하는 자는 관에 보고하여 신문한 후 이를 처벌해야 한다. 본 명령을 받은 자는 하나도 변경하지 말 것이며 또한 이에 위반해서는 안 된다. 후일을 위하여 본증(本證)을 교부한다.……"[48]

야르리크의 경우, 이를 공고할 자에게 칸의 의지와 야르리크의 참되고 올바름을 확인하는 특수칙서가 부여되었다. 이를테면 베르디벡 칸(Berdi-beg Khan : 킵차크 칸국의 칸)이 러시아의 알렉세이 대승정에게 부여한 조서에는, "너의 그것(임명)을 확인하기 위해 붉은 도장을 찍은 파이체와 야르리크를 준다"[49]고 되어 있다.

파이체는 ① 칸의 야르리크의 확증물 ② 사신, 조신, 시중드는 자의 위계의 표시물 ③ 칸에게 종속된 자의 보호물로 사용되었다.[50]

데프테르(Defter : 卷物)는 행정·재정상(이를테면 징세관계)의 문제를 다룬 칸의 명령문서로서 공표되지는 않았다. 이는 바스카크(Baskak : 集稅吏)에게, 후에는 러시아 諸公에게, 칸국에 대한 貢稅 징수를 위해 부여되었다.

---

48) Palladius 역, "Description of a Journey to the West or Hsi Yu Tze, by the monk Chan Chun", *Works of the Russ. Orth. Mission*, vol. Ⅳ, pp. 375~6(러시아어).
  역주 : 원문은 다음과 같으며 왕국유본에 의한다.
  聖旨 成吉思皇帝聖旨道 興諸處官員每 邱神仙應有底修行底院舍等 係逐日念誦經文 告天底人每興皇帝祝壽萬萬歲者所 據大小差發賦稅 都休敎著者 據邱神仙底應係出家門人等隨處院舍 都敎免了差發稅賦者 其外詐推出家隱占差發底人每 告到官司 治罪斷案主者 奏到如此不得違錯 須至給付照用者 右付邱神仙門下收執……

49) *Bulletin of the Siberian Sect. of the Russ. Geog. Soc.* vol. Ⅴ, p. 89(러시아어)

50) 맹공 저, Vasiliev 역, op. cit., p. 229 ; Rashid Ed‑din, op. cit., vol. Ⅱ, p. 128, No. 24, 26 참조.

제2절 몽골의 지방법

1. 서몽골, 즉 준가리아

1) 구(舊) 차진 비치크

14세기 말 오이라트 동맹이 결성되자 곧 가맹종족 간의 관계를 규정하는 범종족적 법전을 편찬할 필요가 생겼다. 오이라트 동맹에 이러한 구 법전이 있었다는 것은 학사원 회원 팔라스에 의해 세상에 알려졌으나 유감스럽게도 상세하지 않다.[51] 분명 팔라스는 이 차진 비치크(Tsaadjin - Bichik)라는 구 법전의 사본 1부를 소지하고 있었다(부분적인지 전부인지 분명하지 않다). 왜냐하면 그는 이 법전에서 자신의 註釋文으로서가 아니라 원본의 글자를 그대로 옮겨 베낀 많은 단편도 인용하고 있기 때문이다. 이 법전은 내용상 칭기즈 칸의 야사와 다르며 1640년 오이라트 법전과도 다르다. 팔라스는 구 차진 비치크를 그와 동시대 서몽골인(칼묵인)의 관습법의 기초가 된 몽골 민족의 법으로서, 단순히 한 종족의 법전이 아니라 서몽골 전 종족의 법전으로 생각했다. 레온토비치는 충분한 근거에 기초하여 구 몽골법전이 출현한 시기를 오이라트 동맹이 결성된 초기로 보고, 이 법전은 (그 후 편찬된 1640년의 차진 비치크가 몽골 44종족 등 광범위한 동맹의 법적 상징이었듯이) 4부 오이라트 동맹의 기초를 이룬 정치적 타협의 상징이라고 생각하였다. 이 결론은 구법전에 대한 연구성과에 의거한 것이다. 이 법전의 제1조에는 승려(팔라스는 이를 神官이라 불렀다)의 간통을 벌하지 않는다고 기술되어 있다. 그런데 16세기 후반 몽골에 전래된 라마교는 라마에게 엄격한 정조를 요구하고 파계자에 대한 처벌을 요구했다. 그러므로 구 차진 비치크는 몽골과 준가리아에서 불교가 흥륭하기 이전, 즉 16세기 전반 이전에 이루어진 것으로 보아야 한다. 레온토비치는 그

---

51) *Sammlungen historicher Nachrichten*, Ⅰ, 192 sqq.

성립기를 15세기로 잡고 있다.

구 차진 비치크는 전부 전해지고 있지는 않으나 여덟 개의 단편이 팔라스의 *Collection of Historical Data on the Mongol Peoples*(『몽골민족의 역사자료집』 제1, 193쪽 이하)에 독일어로 인용되고 있다. 러시아어 번역은 이굼노프(Igoumnoff)의 논문 「몽골 개관」[52]의 부록으로서 스파스키(Spassky)에 의해 발표되었고, 구르란트(Gourland)가 「고대부터 17세기까지의 스텝법」[53]이라는 논문에 재수록하였다.

구 오이라트 법전의 단편은 간통(제1~4조), 자식에 대한 재산분배(제5조), 모욕행위(제6조), 부인의 지위(제7·8조)에 관한 것으로 되어 있다.[54]

이 구 법전은 대야사와 큰 차이를 보인다. 간통과 이에 대한 관대한 형벌을 규정하고 있는 이 법의 처음 4개 조와 야사의 같은 규정(간통에 사형 규정)을 비교해 보자. 구 차진 비치크는 야사의 일부도 아니고 또한 야사를 기초로 한 것도 아닌 다른 (관습법의) 집성임이 분명히 드러난다. 일반적으로 차진 비치크의 처벌 규정은 야사보다 훨씬 관대하다(단편 제1~4조 참조). 현존하는 법전의 이 부분은 더욱 인도주의적 원칙으로 일관하고 있으며 이는 全集成에 대해서도 일종의 암시를 준다. 차진 비치크에서 부인에 대한 취급 규정에는 특징이 있다. 부인은 존경받는 한 가정의 주부로서 불가침 대상이며, 부인에게 모욕을 가하면 특히 엄벌에 처해졌다(제7·8조).

---

52) "A Survey of Mongolia", *Siberian Messenger*, 1819, vol. V.

53) "Legislation of the Steppes from Ancient Times to the XVIIth Century", *Journal of the Society for Archaeology, History and Ethnography at the University of Kazan*, XX, pp. 79~98, 1904.

54) 덧붙여 말하자면 학사원 회원 블라디미르초프(Vladimirtzov)는 팔라스에 의해 알려진 구 차진 비치크에 대한 기사는 그의 오해에서 비롯된 것으로 생각하였다. 즉 팔라스는 몽골어와 오이라트어도 알지 못했으며 문제가 된 부분의 원 근거를 들지 않았다는 것이다(*Social Organization of the Mongols*, p. 177 참조). 그러나 팔라스가 중대한 오류를 범했다는 분명한 증거는 없다. 더욱이 1640년 법전에는 구법에 대한 언급이 있어(para. 142) 팔라스가 18세기에 구법의 단편을 발견했다고 할 수 있다. 그리고 그 내용도 팔라스의 주장과 모순되지 않는다.

차진 비치크의 규정 중에는 또 하나 더욱 주의해야 할 것이 있다. 즉 성인이 되어 스스로 독립생활을 영위할 수 있는 자식은 아버지에게 재산분배를 요구하고, 독립된 한 가정을 이룰 수 있다는 규정이다(제5조).

관습법이야말로 구 차진 비치크의 기본적 원류라고 생각할 수 있다.

2) 1640년 몽골 오이라트 법전

대몽골제국이 붕괴하고 4오이라트 동맹이 결성된 후에도 몽골에서는 내분이 끊이지 않았다. 그러나 17세기 전반 동서 몽골의 여러 왕공들은 외부의 침략을 막고 내부의 치명적 투쟁을 종결시키기 위해서는 내부의 평화를 확립하고 몽골 민족 간에 확고한 통일을 완성시킬 필요를 깨닫기에 이르렀다. 1640년 칼카·준가리아·靑海·시베리아와 볼가 초원에 있던 몽골의 모든 왕공과 타이샤들은 세임(seim), 즉 집회를 열었다. 이는 분명 준가리아에서 행해졌다. 이 집회에서 바투르 칸(Batur khan)의 영향하에 새로운 동맹이 결성되고, 새로운 몽골 오이라트(Mongol - Oirat) 법전이 제정된 것은 확실한 것으로 보인다. 준가리아의 여러 종족뿐 아니라 북몽골과 靑海, 러시아의 여러 종족까지 모두 44종족을 포함한 이 대동맹은 여러 종족 내의 평화 확립과 외적에 대한 방어를 목적으로 했다. 이러한 목적은 법전의 내용에도 영향을 주었다.

따라서 1640년 법전은 전 몽골 민족의 법전은 아니라고 해도(이를테면 내몽골에서는 효력을 갖지 못했다), 확실히 대부분의 몽골 민족에게 효력을 발휘할 수 있었으며, 칭기즈 칸의 대야사 이후 순수하게 몽골에 기원을 갖는 가장 일반적인 몽골법전이었다.

그러나 여기서 한 가지 염두에 둘 것이 있다. 1640년 법전은 분명 러시아의 칼묵인을 포함한 서몽골인 사이에서 장기간 효력을 발휘했다. 그러나 북몽골에 끼친 영향의 범위를 보면, 그 효력은 오래 지속되지 못하고 큰 자취를 남기지 못했다는 점을 인정해야 한다. 이는 같은 시기에 북몽골에는 고유한 법전, 즉 7호순 대법전과 칼카 지롬이 있었던 데서 기인한다. 몽

골 오이라트 동맹은 오래지 않아 해체되어 버렸다.[55]

1640년 몽골 오이라트 법전의 칼묵어 원문은 골스툰스키(Golstounsky)에 의해 *Mongol - Oirat Laws of 1640*(『1640년 몽골 오이라트법』, 1880)이라는 제목으로 발표되었다.[56] 독일어 번역은 학사원 회원 팔라스의 『몽골 민족의 역사자료집』(제1, 194쪽 이하)에 수록되었으며 레온토비치의 *The Mongol - kalmuck or Oirat Regulations on Punishment*(『고대 몽골 칼묵 또는 오이라트 형법전』, 1879, 65쪽 이하)에 재수록되었다. 법전의 러시아어 번역도 두세 개 있다. 이 최초의 판본은 세레메티예프(Sheremetieff)의 사본에 의해 *Essays of the Private Russian Society at Moscow Univ.*(『모스크바대학 사립 러시아협회 논총』) 제3부에 "Translation of the Laws of the Mongol and Kalmuck Peoples"(「몽골과 칼묵 민족법의 번역」)으로서 공간(1776)되었다. 제2의 번역은 *Northern Archives*(『북방문고』)와 *Son of the Fatherland*(『조국의 아들』)이라는 잡지에 "Laws of the Mongols and Kalmucks"(「몽골과 칼묵법」)으로 발표(1828)되었다. 제3의 번역은 레온토비치의 저서 『고대 몽골 칼묵 또는 오이라트 형법전』(1879)에, 제4의 번역은 골스툰스키의 저서 『1640년 몽골 오이라트법』(1880)에 실려 있다.

팔라스판본에서는, 1640년 법전(보충칙령을 포함하지 않음)이 130개 조를 포함하고, 레온토비치판본에서는 150개 조, 골스툰스키판본에서는 121개 조를 수록하고 있다. 골스툰스키의 러시아어판은 칼묵어를 직접 번역하고 검토하여 주석을 붙인 것인 데 반해, 레온토비치판본과 팔라스판본의 원본은 명확하지 않기 때문에 이 책은 골스툰스키판본을 따랐다(레온토비

---

55) 칼카 몽골인의 1640년 법전에 대한 태도에 관해서는 Pozdneyev, *The Mongol Annals, Erdemjin Erihe*, pp. 131~137 참조.

56) 1640년 법전의 몽골어 원문은 현재 알려져 있지 않다. 법전의 칼묵어 사본과 이 번역에 대해서는 Kotvich, "Russian Archive - Records Concerning Intercourse with the Oirat in the ⅩⅦth and ⅩⅧth Centuries", *Memoirs of the Russian Academy of Sciences*, 1919, pp. 795~797 참조.

치판본을 약간 참고).

1640년 법전을 제정한 세임(집회)의 장소는 준가리아 혹은 칼카라고 생각할 수 있다. 결코 몇몇 학자(Kostenkov, Rovinsky, Mulov)가 생각하는 것처럼 러시아는 아니다. 당시 러시아에는 일부 토르구트인(Torgut)과 코우를루크(Kho - Urluk) 종족만이 유목을 하고 있었다. 다른 종족은 전부 다른 나라에 있었으며 법전의 입안자인 바투르 쿤 타이지(Batur Khun - Taidji)나, 이 법전의 보충칙령의 입안자인 그의 아들 갈단도 아직 러시아 영토에 발자취를 남기지 않고 있었다.

자야 판디타(Zaya - Pandita) 傳에 의하면 세임의 장소로서 칼카의 자사크투 칸(Djasaktu Khan)의 아이막(Aimak)이 언급되고 있다.[57] 그러나 내용상, 법전은 서몽골 여러 종족의 생활에 관한 것이다. 사실 법전은 오랫동안 서몽골인(오이라트인과 칼묵인) 사이에서는 효력을 발휘하였으나 칼카인 사이에서는 효력을 가지고 있지 않았다. 이 점에서 법전의 입안자는 오이라트인이며 세임은 확실히 준가리아에서 열렸다고 할 수 있다.

법전의 기본적 목적은 처음 몇 가지 조목만 보아도 분명해진다. 즉 종족 간의 동맹을 강화하고 동맹 내의 안녕질서를 유지하여 외적의 공격에 대비하고 방위를 조직하는 데 있었다. 이러한 목적은 법전의 前文에 실려 있기 때문에 우선 법전이 몽골의 여러 종족 간의 관계에 관한 것임은 당연하다. 여기서 보이는 일련의 규정들은 동맹군의 성질을 보여주고 공격·방어의 관계를 정하고 있다. 두번째 규정들은 몽골 사회의 사회구성을 대체적으로 정한 것이며 세번째 규정들은 몽골인의 중요한 생업 - 목축과 수렵 - 에 관한 것들이다. 약 30개 조는 사법의 범주에 속하며 그 밖의 다수(전체의 약 절반)는 형법 규정을 포함하고 있다.

1640년 법전은 몽골 여러 종족의 씨족생활과 씨족제도를 기초로 하고 있다. 각 가족은 일정한 장소에서 아울(Aoul), 호톤(Khoton), 아이막

---

57) Vladimirtzov, *Social Organization of the Mongols*, 1934, p. 177, 각주 2(러시아어) 참조.

(Aimak)과 오토크(Otok)를 이루어 막영을 하며 여기서 가깝거나 혹은 먼 친족이 사는 곳으로 이동을 해서는 안 되었다. 이들 단위는 십호장, 술렝가(Sulengas), 뎀치(Demchis), 자이산(Zaisans), 오토크의 長, 종족의 왕공 등의 지배를 받았다. 그러나 이 시대에는 씨족적 생활양식에도 이미 상당한 변화가 일어나고 있었다. 원시적 씨족공동체 대신 가축과 도구에 대한 동산사유제(가족의 공동소유뿐 아니라 개인적인 것)가 강한 사회분화와 함께 나타났다.

법전을 통해 보건대 몽골인은 귀족과 평민 또는 상층, 중층, 하층으로 구분되어 있었다. 귀족, 즉 '白骨'에 속하는 존재는 다음 셋이다. ① 왕공(제10·11·20·21·26·35조). 이는 다시 제1등 왕공(칸, 쿤 타이지, 타이샤), 제2등 왕공(울루스의 수장으로서의 왕공 관리, 왕공 타부난), 제3등 왕공(開散王公·노욘)의 3계급으로 구분된다. 이들 왕공은 인민으로부터 납세(현물)를 받으며(제26조), 또한 (적어도 그들 가운데 관리는) 재판수수료도 받는다(제128조). 이들의 불가침성은 엄벌로써 보장되고 있다(제20·59조). ② 타부난(왕공이 아닌 자)과 (행정 방면의) 관리(제10·11조). ③ 행정관, 씨족장, 자이산, 朝臣(제10·11·20·21·25조). 중층계급은 뎀치·술렝가·타르칸(Tarkhans : 면세자) 등의 소씨족장, 旗手, 군인으로 구성된다(제11·20·55조). 하층계급에 속하는 사람은 상인, 목축민, 농부, 노예이다(제11·15·39·59·44·46·69·100조).

하층계급은 모든 경우에 중층계급보다 낮게 평가받았으며, 중층계급은 상층계급보다 마찬가지로 낮게 평가받았다. 이를테면 그들은 신대금과 재산형도 적게 지불하고, 모욕에 대한 형벌도 덜 엄했으며 법정의 증언도 비중이 낮았다. 일반적으로 그들의 법률적 가치는 그 사회적 지위에 상응했던 것이다. 노예는 사회적 지위가 가장 낮았는데 대부분 전쟁포로로 구성되었다. 그러나 이 노예들에게 어떤 법적 권리도 없었던 것은 아니다. 이를테면 자기 소유의 남자노예를 죽인 자는 벌 9의[58] 5배, 여자노예를 죽인

---

58) 역주 : 벌 9라는 것은 소, 양 등 9마리의 가축이 한 조로 이뤄진 재산형의

자는 벌 9의 3배라는 중형에 처해졌다(제32조). 장물을 제출한 여자노예는 법정에서 증인이 될 수 있으며(제101조), 남자노예는 장물을 제출하지 않아도 증인이 될 수 있었다. 여자노예를 강간하면 말 1마리의 재산형에 처해졌다(제69조) 등. 일반적으로 노예의 수는 많지 않았다.

부동산 소유권은 알려져 있지 않으나 동산의 사유는 존재하였다. 채권관계는 아직 충분히 발달하지 않았다. 가족은 부권적 성질을 유지하며 가장(남편과 아버지)의 권력이 컸다. 일부다처제가 존재하였고 혼인은 신부집에 칼림(kalim : 신대금)을 제공함으로써 이루어졌다.

형벌체계는 주로 가축 9마리(즉 벌 9)를 단위로 하는 재산형을 기초로 했다. 형벌은 개개 사건에 대응하게 되어 있었고 관습적 성질을 띠었다. 이 법전에는 형벌 외에 위험과 필요한 경우에 제공된 원조에 대한 포상체계도 존재하였다.

1640년 법전은 칭기즈 칸의 대야사와는 완전히 동떨어져 있다. 이를테면 종교에 대한 태도를 보면, 야사는 이교 관용주의를 취해 모든 종교를 존숭해야 한다고 훈계하고 종교의 우열을 가리는 것을 금하고 있다. 이에 반해 이 법전은 라마교가 진정 지배적 종교임을 밝히고 샤먼교를 박해하고 있다. 풍기 방면을 보면, 야사가 간통에 사형을 내리고 있는 데 반해 법전은 이 죄를 범한 남자와 기혼녀에게 경미한 재산형만 내리고 미혼의 처녀에게는 전혀 형벌을 내리지 않는다. 법전의 형벌은 야사보다 현저히 가벼웠다. 야사에서는 사형이 남용되어 가벼운 죄에도 적용되었으나 법전에서는 사형이 드물게 나타나고 전 형벌체계는 재산형에 기초를 두었다. 그러나 이처럼 뚜렷한 차이가 있음에도 불구하고 야사와 법전에는 공통점이 남아 있었다. 법전 형벌체계의 근간을 이루는 가축으로 지불되는 재산형이 야사에서도 이미 나타나고 있다는 점이 그것이다(단편 제28·29조). 야사는, 음식물로 질식한 자는 누구든 유르트(帳幕) 밑의 구멍을 통해 밖으로 끌어내어

단위이다. 벌 9의 내용은 종족에 따라 똑같지 않다. 이 책의 부록 「칼카 지롬 초록」 참조.

죽일 것을 명하고 있는데(제31조) 법전도 남의 집에서 음식물로 질식한 자를 죽여도 유죄로 간주하지 않고 다만 벌 9의 5배의 재산형에 처하고 있을 뿐이다(제49조).[59] 야사는 불에 방뇨한 자를 사형에 처하며(제4조) 취사용 불을 넘는 것을 금하고 있는데(제12조), 법전도 (불을 *끄기* 전에) 불에 나무뭉치를 던진 자에게 무거운 재산형을 내리고 있다(제90조). 야사와 법전은 모두 싸우며 다투는 사람 중 어느 한쪽을 도와주는 것을 금하고 있다(단편 제3조와 법전 제71조). 외부인에 대한 환대는 야사와 법전에 모두 똑같이 규정되어 있다(단편 제12 · 13조, 법전 제24 · 87조 등).

그 내용으로부터 보건대, 법전은 구 차진 비치크에 훨씬 가깝다. 이는 간통, 부인, 자식의 상속분 등에 대한 취급을 비교해 보면 충분히 증명된다. 이것은 두 법전이 시대적으로 근접해 있고 둘 다 오이라트 동맹의 법전이기 때문에 쉽게 이해할 수 있다.

1640년 법전의 원류는 주로 몽골 여러 종족의 관습법이며, 어떤 부분은 구 차진 비치크, 라마교의 사원법 및 입법적 규정이다.

몽골법의 가장 중요한 기록 중 하나인 이 법전의 내용은 학문상 매우 흥미롭다. 칭기즈 칸의 야사는 현재 단편과 불확실한 번역만으로 전해지고 있으나 1640년 법전은 완전한 형태로 전해지고 있다. 한때는 이 법전만이 몽골법에 관한 지식의 기본자료였으며, 현재도 그 중요도에서 이것과 비견할 만한 것은 근자에 발견된 북몽골의 칼카 지롬(Khalkha Djirum)뿐이다. 게다가 이 칼카 지롬은 결코 1640년 법전의 학술적 가치를 떨어뜨리지 않는다. 그것은 칼카 지롬이 북몽골 입법을 대표하는 것처럼 1640년 법전은 서몽골의 입법을 대표하며 또한 그 내용면에서도 특별히 중요성을 갖기 때문이다. 칼카 지롬은 많은 기록을 포함하고 있으며 항목 수도 많지만 그 일부 기록은 같은 것을 대상으로 하고 있다. 후술하겠지만 몽골 민족의 관습법 중 어떤 방면은 칼카 지롬이 보다 더 상세히 언급하고 있지만, 법전

---

59) 제49조 "남의 집에서 음식물로 질식한 자, 술에 만취한 자는 죽여도 유죄가 되지 않으며 다만 벌 9의 5배의 재산형을 과한다."

이 더 잘 설명하는 방면이 있다. 이를테면 몽골인의 씨족생활과 씨족관계의 경우인데, 법전은 이것들을 보다 잘 기술하고 있다. 이는 분명 17세기 서몽골인이 18세기 북몽골인보다 씨족생활을 더 잘 유지하고 있었기 때문이다. 법전은 또한 수렵에 관해서도 상세한 기록을 남기고 있다. 당시 서몽골인들에게 수렵은 1세기 후의 북몽골인보다도 생활수단으로서는 더욱 탁월한 지위를 점하고 있었다. 갈단 칸이 발포한 법전의 보충칙령에는 재판제도가 칼카 지롬보다 훨씬 상세히 나타나 있다. 사법 및 형법의 특수한 문제에 관해서도 법전은 칼카 지롬에는 포함되어 있지 않은 많은 기사를 담고 있다. 물론 이 두 법전은 모두 불완전한 것이므로 칼카 지롬쪽이 더 상세히 취급한 부분도 있다. 어찌됐든 이상으로 1640년 몽골 오이라트 법전이 오늘날까지 높은 학술적 가치를 가지고 있음을 알 수 있을 것이다.

3) 갈단 쿤 타이지의 보충칙령

1677년부터 1697년까지 오이라트 동맹의 장(Khun‑Taidji)이었던 갈단(Galdan)은 바투르의 아들로서 1640년 법전을 보충하는 두 개의 칙령을 발포하였다.

레온토비치판본에는 갈단 칸의 보충칙령 중 단 하나만이 실려 있고 팔라스와 골스툰스키판본에는 두 개가 실려 있다. 뷜러(Buler)는 제1보충칙령이 발포된 해를 1654년이라 보았고 레온토비치는 칼카에서 몽골 여러 왕공의 집회가 있었던 1687년이라고 주장하고 있다. 필자는 이 두 설에 모두 오류가 있다고 생각한다. 레온토비치판본과 팔라스판본에는 칙령이 발포된 해가 기록되어 있지 않으나 골스툰스키판본에는 제2칙령의 날짜가 1678년으로 나와 있다. 골스툰스키가 채택한 원본에는 팔라스판본에서와 마찬가지로, 법령은 분명 1640년 법전에서 시작하여 돈두크 다쉬 칸(Donduk‑Dashi Khan : 1741~1761)의 보충규정으로 끝나는 연대순으로 배열되어 있다. 이것으로 보아 사본에 보이는 갈단 칸의 제1칙령은 시기상 가장 이른 것이며, 발포 연대는 1677년이나 1678년으로 보아야 할 것이

다.[60]

갈단의 제1칙령은 레온토비치판본에 16개 조, 팔라스판본과 골스툰스키 판본에서는 12개 조로 되어 있고, 제2칙령은 팔라스판본에는 3개 조로 되어 있으나 골스툰스키판본에는 전혀 없다.

제1칙령은 빈곤자의 구호(골스툰스키판본, 제122조), 절도(제123·124 조), 별도의 호슌(旗)으로부터 새로운 오토크와 아이막을 편성하는 일(제 125조), 재판소(제126·128·129조), 오토크와 아이막으로부터의 도망자와 도망쳐 숨은 자(제131·133조)에 관한 규정으로 이루어져 있다.

제2칙령은 재판소 관계 규정만으로 되어 있다.

4) 야르리크 - 비문

개개의 경우에 발포된 입법적·행정적 칙령인 야르리크(Yarlik)는 오이라트 동맹 시대에도 발포되었다. 전술한 갈단 칸의 칙령도 그 하나의 예이며 다른 예로서는 발견지 이름을 딴 아바칸스크(Abakansk) 비문이 있다.

오이라트의 여러 칸의 일부 특수 勅命(특히 칙령)은 마애비문 형태로 발포되었고, 여러 칸의 칙령과 법령은 종종 바위나 벼랑에 새겨지거나 색 문자로 씌어 있다.

이것은 유목민족에게는 원시적이며 편리한 공포법이었다. 이에 대해 레온토비치는 "고대 유목민족에게 바위나 벼랑은 항상 만인에게 공개되어 만인이 읽을 수 있는 책과 같았다. 유목민이 왕래하는 장소에 위치한 바위나 벼랑에 큰 문자로 새긴 여러 칸의 법령은 어떻게든 주의를 끌며 이리하여 문자를 이해하는 사람들에게 전해졌다"고 기술하고 있다.

아바칸스크 비문

---

60) 갈단 칸은 1677년에 오이라트 동맹의 장이 되었으며, 두 칙령은 쿤 타이지로서 그가 발포한 것이다. 사실 전 동맹의 법전보충은 그 우두머리만이 할 수 있었다.

이 비문은 예니세이(Yenisei) 강 연안, 아바칸스크 촌락의 대안, 페레보즈나야(Perevoznaya) 산의 붉은 사암벽 벼랑에 검은 색 문자로 씌어 있다. 그것은 유목민이 예니세이 강을 건너는 데 이용된 고대의 여울 부근에 있는 장대하고 풍광이 밝은 땅에 자리잡고 있다. 문자는 벼랑의 세 바위 위에 정연하게 씌어 있으며, 그 위에 덮어씌우듯이 튀어나온 바위에 의해 보호받고 있다. 맨 처음 이 비문에 주의를 기울인 사람은 팔라스(1717)이며 그는 그 일부를 베꼈다. 그 후 1817년에서 1818년에 걸쳐 스파스키가, 1847년에는 카스트렌(Kastren)이, 1850년에는 티토프(Titov)와 코스트로프(Kostrov)가 각각 이것을 베꼈다. 1857년 스파스키는 비문의 원본을 *Proceedings of the Goegraphic Society*(『지리학회기요』 제12권)에 발표했다. 동양학자 프렌(Fren)·클라프로트(Klaprot)·이굼노프·베레진 등이 이 비문의 해독에 매달렸다. 그러나 비문의 마멸과 불완전한 모사로 이굼노프와 베레진 두 사람만이 몇 개의 단어를 해독하는 데 그쳤고 우르가의 학식 있는 라마도 번역에 실패했다. 결국 이를 번역해 낸 사람은 이르쿠츠크 신학교에서 몽골어를 가르치던 오를로프(A Orlov) 신부였다. 비문은 고대 몽골어로 씌어 있으며 첫 부분이 빠져 있다. 아마 바람과 눈으로 마멸되었든가 모사할 때 탈락했을 것이다. 그것은 포로 취급법과 적지에서 취할 태도를 기록한 것으로 군대와 라마에게 준 칸의 명령임이 분명했다.[61] 포포프는 이 비문의 연대를 17세기, 즉 이르덴 칸(Irden Khan) 등의 지배자의 시베리아 원정 시대(1642, 1652, 1657, 1676)로 잡고 있다. 1642년과 1652년에 이르덴 칸은 아바칸스크에 이르러 예니세이 강 여울가에서 막영을 했다. 비문을 번역하면 다음과 같다.

① ……길가의 짐승 때문에 키비트카와 울루스에서 붙잡은 유순하고 해가 없는 포로를 버리거나 죽이지 말라. 너희들, 매장(을 직업으로)하는

---

61) 포포프는 라마에게 명령을 내릴 수 있는 존재는 칸뿐이라고 설명하고 있다.

라마여, 강화 (성립) 때까지……묏자리에 앉아 큰 소리로 말하라. (왜냐하면) 포로와의 친화(교제)는 믿지 않는 사람과 일을 함께 하는 것이기 때문이다.

②　그리하여 찬미해야 할 (노하기 쉬운) 용왕께 드릴 예물로 남자와 여자를 파묻어야 한다. 꿀, 굳은 우유, 고기, 우유가 거기서 무수히 용출할 것이다.

③　(그들을) 사살하여 매장하면 무덤 위에서 여러 용왕에게 작은 가지를 던져라. 그런 후 기념하기 위하여 그 위에 (사방으로) 꽃을 모종하라.

④　꽃(씨) 위에는 (살해된 포로의) 암말을 파묻어라. 그러나 不姙의 암낙타는 밧줄로 묶고, 어미(가 될 것)를 생각하여 매장하지 말라. 남자는 百戶가 이를 매장하라. 물론 여자에게 고통을 주지 말 것이며 또한 (그녀가 낳을) 남자를 생각하여 상하게 하지 말라. 그러나 다른 자는 없애야 할 것인가. (그렇다) 매장해야 할 것이다.

⑤　노모와 노부는 상하게 하지 말라. 그렇다면 가축무리는 모두 없애버릴 것인가? 그렇다. 그 모든 것을 사살하여 매장해야 할 것이다.

여기에서는 종교적 광신이 강조되고 있다. 포로와의 교제는 믿을 수 없는 자와 일을 함께 하는 것과 다름없는 것으로 보고, 전시에는 순종적인 귀순자를 죽이지 못하게 하면서도 라마에게 무덤에 앉아 큰 소리를 지르게 함으로써 믿을 수 없는 자의 살육을 명령하고 있다. 또한 살해된 포로를 쓰레기처럼 버리지 말고 용왕에게 예물로서 매장할 것을 명하고 있다. 몽골 관습에 따라 살해된 자는 암말과 함께(단 수도 적고 가정에서 필요한 암낙타는 그렇게 하지 않는다) 백호가 파묻으며, 무덤 위에는 꽃이나 나무의 씨앗을 심어야 한다. 전혀 저항하지 않은 포로는 사면하되 후에 노예로 삼고, 여자는 장래 자손의 어머니가 되므로 괴롭히거나 상하게 해서는 안 되고 마찬가지로 노부와 노모를 상하게 해서도 안 된다. 이 군사법령은 1640년 몽골 오이라트 법전과 마찬가지로 여자를 남자보다 훨씬 관대히 취급하고 있음을 알 수 있다. 이상의 문구는 아바칸스크 비문이 17세기의 것, 즉 오이라트 동맹 시대의 것이라는 방증이 된다. 다른 사람(이상 상세히 설명한 범위 이외의 사람)과 가축은 포획자가 마음대로 처리하였다. 즉 노예로 삼든가 죽이든가 하였다.

이렇듯 전 법령은 저항한 적에 대해서는 가차없는 섬멸, 노인과 여자에 대해서는 관용, 그 밖의 다른 사람에게는 냉담한 아니 오히려 잔혹하게 대하는 정신으로 일관되어 있다. 마찬가지의 이중성은 1640년 몽골 오이라트 법전의 특징을 이루고 있다.

샬라볼린스크 비문

이 비문은 예니세이 강의 지류 투바(Tuba)의 우안, 샬라볼린스크(Sha-labolinsk) 촌에서 3km 내에 있다. 세 개의 바위로 구분된 11층의 사암 위에 씌어 있다. 이 바위 위에는 여러 동물 그림과 문자가 그려져 있다.

오를로프 신부의 해석에 따르면 샬라볼린스크 비문의 내용은 다음과 같다.

> 나는 화평을 체결(문자 그대로 해석하면 - 촉진)할 것에 동의하고, 평화와 안녕을 말하며 검은(붉은) 소 도장(탐가)을 찍는다(검은 소의 해에 날인한다).62)
>
> (이) 해 7월 7일. 진정(이다) (또는 갈단 칸의 라마임은 진정이다).

위 내용으로 보건대, 이 비문은 갈단 칸의 사자(갈단 자신은 예니세이 강에 간 일이 없다)와 투바 강 부근의 어느 왕공 사이에 체결된 강화조약일 것이며 갈단 칸을 대신하여 사자인 라마가 조약에 서명하고(그러므로 '진정이다'라고 했을 것), 다음에 지방의 왕공이 검은 소의 도장을 찍었던 것이다. 이 해석이 올바르다는 것은 바위 위에 그려진 그림으로도 증명된

---

62) 바위 왼쪽에 묘사되어 있다.

다. 이리하여 샬라볼린스크 비문은 갈단 칸의 치세에 만들어진 것임을 알 수 있다. 포포프는 비문의 연대를 1691년으로 보았다. 역사적 사실에 의하면 이 해에 한 라마[63]가 보쇼크투 칸(Boshoktu Khan : 갈단)의 사자로서 투바 강 지방으로 파견되었기 때문이다.[64]

2. 북몽골, 즉 칼카

1) 7호슌 대법전

북몽골도 서몽골과 마찬가지로 지방적 관습법에 기초하고 또한 분쟁을 해결할 지침이 되는 고유한 관습의 집성, 법령집, 법전을 가지고 있었다. 7호슌 대법전은 이러한 칼카의 가장 오래 된 법전이거나 그 집성으로서, 그에 관한 기사가 현존해 있다. 칼카 지롬(1709) 제1장 제1조에는 "후투크투 게겐(Hutukhtu Gegen)이 행한 바, 일찍이 7호슌이 정했듯이 말과 식량을 무한히 제공하라"고 노래하고 있다. 같은 장에는 "사자(Elchi)로서 훔친 사람은 대법전에 따라 처치해야 한다"[65]고 되어 있다. 칼카 지롬에 포함되어 있는 1718년 법전에는 '古法典'에 따라 행동할 것을 규정하고 있다.[66] 같은 칼카 지롬의 일부를 이루는 다른 기록을 보면, "우리 7호슌의 사자는, 우리가 볼 일 때문에 갈 때 후투크투(尊者)와 군사에 관련된 일 이외에는 尊者의 領民(寺領民)의 운수부역을 사용해서는 안 된다. 만약 이를 쓸 때는 기본법령에 따라 처벌한다"[67]고 기술되어 있다. 이상의 여러 자료들과 다른 자료를 살펴보건대, 칼카 지롬 이전에 별도로 옛 7호슌 법전이 존재

---

63) Popov, op. cit..

64) 별도로 테시(Tessi) 비문도 존재하였으나 오랜 세월이 흐르는 동안 거의 마멸되어 버렸다.

65) Khalkha‐Djirum, MS., 1‐1, 8.

66) Ibid., ⅩⅣ.

67) Ibid., Ⅱ, 2.

하였음이 분명하다.

칼카는 게레센자가 죽은(16세기 후반) 후 7호슌으로 나뉘었다. 7호슌 법전은 우르가의 최고 후투크투에게 운수부역을 공급할 의무를 정하고 있는데 이 최고의 지위는 몽골에서 17세기에 나타났다. 그러므로 7호슌 법전은, 일부 규정이 비록 그 이전부터 있었던 것이라고 해도, 17세기에 만들어진 것으로 보는 것이 타당하다. 7호슌 법전의 원문은 알려져 있지 않다.

2) 칼카 지롬

야메누 칼카 지롬 운 두림(Yamenu Khalkha Djirom - un - durim)은 칼카 지롬(Khalkha Djirom)이라는 약칭으로 알려진 북몽골인(칼카인)의 관습법으로, 미발표된 법전이다. 따로이 (칼카) 3호슌 대법전으로도 불린다. 이 기록의 유일한 古寫本은 몽골의 옛 관습에 따라 샨조트빈(Shanzotbin)의 衙門(kiakhta 시 부근, Ibingol 강변)에 보존되어 있으며 보통사람이 이를 베끼거나 소유하는 것은 엄격히 금지되어 있다. 아문에 보존된 고문서는 1914년 저명한 몽골학자 잠차라노가 그 사본을 취해 성 페테르부르그(레닌그라드) 학사원의 아시아박물관으로 보냈다. 그 밖에 두 통의 사본이 만들어졌고 그 하나에 기초하여 잠차라노와 투루노프(Turunov) 두 사람이 칼카 지롬의 해설을 썼다.68)

이 법전이 때를 달리하여 편찬된 것이라는 점은 이 해설에 의해 분명히 알 수 있다. 법전은 총 8부로 이루어져 있다. 기본적 부분은 투셰투 칸(Tushetu Khan)을 추대한 투셰투 만 아이막의 몽골인에 의해 1709년에 편찬되었다. 이 관습법의 법전은 북몽골 전체, 즉 3아이막(후에 4아이막) 전체에 효력을 발휘했다(기록 제1부의 처음과 제6부의 끝을 참조).

---

68) Ts. Jamtsarano · A. Turnov, "khalkha Djirom"(a description), 1923(별도로 *Collection of Works of the Professors and Teachers of the Irkutsk Government University*, No. 6에서 발췌 인쇄). 이 두 사람이 쓴 해설은 Riasanovsky, *Customary law of the Mongol Tribes*(영어), 1929, pp. 39~51 ; *Mongolskoe Pravo*(Mongol Law), 1931, pp. 71~81(러시아어)에 채록.

현재 이 법전의 기본적 사본은 두 개가 있는데 각각 우르가와 바룬 쿠렌 (Barun‐kuren)에 있다. 이 둘은 특히 내용의 배열과 양에서 차이가 나는데 후자가 완전하다.[69] 앞서 언급했듯이 우르가본을 바탕으로 한 법전해설에는 잠차라노와 투루노프, 거기에 필자도 가담했다. 다음으로는 바룬 크렌본에 의한 법전해설을 보자. 이 사본은 필자가 가지고 있다.[70]

바룬 쿠렌본 칼카 지롬은 다음과 같은 항목(기록)을 포함하고 있다.

제1부. 3호슌 대법전(1709). 이는 법전의 최초이자 또한 기본적 기록이다. 먼저 前文이 있고 종교에 대한 경건한 생각의 표현과 법전편찬자의 表가 포함되어 있다.

법전은 다음과 같은 표제를 가진 3개의 장으로 되어 있다. '후투크투 게겐의 사자에 대하여', '칸과 다른 귀족의 사자에 대하여', '(사자에 대한) 모욕에 관하여'. 이들 3개의 장은 다시 징발 규정(의무적 운수부역)에 관련된 15개 조로 나뉘어져 있다. 1709년 3호슌 대법전이라는 제목하에 들어 있는 것은 이 15개 조뿐이다. 그러나 법령내용이 이렇게 짧고 빈약했을 리 없다. 그랬다면 '대법전'으로 불린다거나 특별한 前文을 동반했을 리가 없다. 사실 법전 안에는 그 후속이 발견된다(뒤에 나오는 제4·8·11·13부를 보라. 제22·23부 참조). 이들 각 부는 분명 1709년 대법전의 의무적 운수부역 규정이 연장된 것이다.

제2부. 이 3장 다음에 1722년의 中秋月法典이 있다. 이 역시 의무적 운수부역과 관계된 것이다(2개 조).[71]

---

69) 따로이 소연방 과학학사원의 사본(문서 제196호)이 있으나 그 내용은 법전의 일부일 뿐이다. Vladimirtzov, *Social Organization of the Mongols*, 1934, pp. 20 sqq. 참조.

70) 잠차라노는 이 문헌을 러시아어로 번역하고 주석을 달았다. 저자는 그 사본을 볼 수 있게 해준 데 감사의 뜻을 표한다. 단편적 발췌는 이 책의 부록으로 게재했다.

71) 이 법전의 제2조는 분명 예로부터의 규칙이 반복된 것으로서 7호슌 사자와 관계된 것이며 기본적 법전에 따라 처벌을 규정하고 있다.

제3부. 이어서 1722년의 晚秋月法典이 있다. 그 제1조도 의무적 운수부역의 의무에서 생기는 관계를 정하여 1709년 대법전의 속편을 이루고 있다.

제4부. 앞서 말한 표제하에 있는 다른 모든 조목(40 이상)은 게겐의 가축무리 절취, 게겐의 쿠렌(kuren : 寺廟) 침입, 일반절도와 관계된 것들이다. 이것들은 1709년 대법전의 속편을 형성하고 있다. 이 때문에 칼카 지롬의 연구자이자 번역자 잠차라노는 뒤의 여러 조목이 원래 1709년 대법전[72]의 일부였다고 믿게 되었다. 이들 여러 조목의 내용을 요약하면 다음과 같다. 여러 가지 절도, 강도, 신대금, 재판비용, 벌금, 선서, 도난품 배상, 境界標 조사 및 이전, 재판 및 그 실행, 게겐의 성역권의 효력.

제5부. 1728년 대법전. 이 법전이 3호슌에 적용되었다고는 기록되어 있지 않다. 이 법전은 돈독한 믿음의 표현으로 시작하고 절도에 관한 긴 1개 조를 포함하고 있다. 여기서도 이 항목이 간단하고 빈약하다는 문제에 부딪치지만 이 대법전도 속편을 가지고 있으며 그것은 법전의 뒷부분에서 발견된다(제9부와 15부 참조).

제6부. 1746년 법전. 강도에 관련된 1개 조로 되어 있다(황제의 대법전, 즉 1696년 강희제의 對몽골 법령에 대한 언급을 포함).

제7부. 1736년 법전(잠차라노의 설에 따르면 1776년). 가축과 사묘 및 라마의 다른 재산(승려의 특권)의 절취에 관한 것이다.[73]

제8부. 결혼, 상속, 도망자에 관한 1709년의 여러 조목을 포함하고 있는데 이는 명확히 1709년 대법전의 속편을 이루고 있다. 제2조가 '3호슌 대법전(1709년 대법전) 위반자의 공범'에 관한 것이기 때문이다. 다시 1770년에 발표된 판결(제22부 참조)에서는 이것들을 몽골인(전 몽골인)의 법전으로

---

72) 여기서도 1709년의 법전 제6조에서와 마찬가지로 칸의 어머니인 태후에 대한 언급이 있음을 알 수 있다(일반 절도에 대한 장 참조).

73) 앞에서 언급한 1728년 대법전(제5부)의 여러 조목은 1746년 법전(제6부) 및 1776년 법전(제7부)과 함께 그 내용상 여러 절도를 다루고 있는 1709년 대법전의 마지막 장의 연장이다.

언급하고 있다.

제9부. 앞서 언급한 1709년 대법전의 여러 조목의 끝맺음 부분으로 절도 관계 및 도적의 비호와 관계되어 있고 1728년 법전의 연장으로 생각된다.

제10부. 寺領廳과 코토고이드 투살라크치(Khotogoid Tusalakchi)와의 협약(1746)이다. 과실로 살해된 자에 대한 배상을 다루고 있다.

제11부. 1709년 조목. 마찬가지로 3호슌 대법전의 연장이고 우르가본에 서는 그 일부를 구성하고 있다. 우르가 게겐과의 관계, 사묘 건축, 일정한 동물의 살생 금지 등에 관한 결의를 포함하고 있다.

제12부. 1746년 僧俗 간의 관계를 정한 법령. 이 항목은 前文과 부처에 대한 기도, 몽골에서의 승려의 지위(승려의 특권)를 결정하는 일련의 조항을 포함하고 있다.

제13부. 그 이전의 법전은 노욘이 자기의 종속민 또는 다른 귀족의 종속 민을 죽인 것에 관한 1개 조를 포함하고 있다. 이 항목은 내용에서도 알 수 있듯이 1709년 대법전이나 혹은 이보다 약간 더 오래 된 법의 연장일 것이다. 이 연장은 대략 25개 조로 이루어져 있고, 살인, 상해, 발광하는 낙타, 문서훼손, 모욕, 길 잃은 가축, 절도, 미친개와 미친사람, 큰 활과 그물에 관한 것이다.

제14부. 1729년 법전. 경마 관계.

제15부. 바치라이 투셰투 칸(Vachirai Tushetu Khan) 제5세의 법전 (1728). 이 법전은 20개 조와 맺음말로 되어 있고 주요한 죄인, 능묘 훼손, 牡羊의 구제, 숙박인, 습득물, 우물, 우테그(Uteg)의 의무, 신용에 의한 상품수수, 들불, 10벌의 무기를 갖추어야 하는 소문(Somuns)의 의무, 부채, 증인, 인가장 등에 관한 것이다.

이 법전은 아름다운 문장으로 끝맺음을 하고 있는데 이는 종교에 대한 경건한 태도를 나타내는 것으로서, 다음과 같이 편찬자와 편찬연대를 짐작케 해준다.

4 팁(Tib : 대륙, 洲) 중 제1의 잠부팁(Zambutib)[74] 북부에서 칭기즈 칸의 황금씨족[75]의 텡그리(Tengri : 神)[76]로부터 축복을 받은 왕, 몽골 민족의 왕은 큰 세력을 갖고 있는 (그) 나라에서 위대한 조상 바치라이 칸의 5대손 투셰투 칸대에 불타에 대한 신앙과 통치를 넓히기 위해 칼리 카(Kalika)의 해(戊申年 : 1728), 아비지(Abidji)의 달 18일, 기록한 가르 침에 따라 이것(법전)을 편찬하여 경사스러운 날 이를 써서 끝맺는다. 바 라건대 행운이 있기를.

분명 이들 여러 조목은 1728년 대법전의 연장이다.

제16부. 1718년 법전. 무기, 낙인 찍힌 낙타, 군용으로 제공할 말과 사람 에 관한 것이다(2개 조).

제17부. 1724년 법전. 貸金과 채권회수에 관한 것(1개 조).

제18부. 1724년 법전. 승려의 음주 금지에 관한 것(2개 조).

제19부. 前條의 연장(1726). 술의 매매와 투기에 관한 것.

제20부. 1726년 법전. 상업(3개 조), 도적 원조(1개 조)에 관한 것.

제21부. 1759년 법전. 승려의 음주 금지, 1개 조(게겐만은 허가한다).

제22부. 1770년 판례. 남의 처를 유혹하는 것에 관한 것. 법전의 1개 조 로 인정된다(이 판결은 1709년 대법전을 기초로 하여 결정되었다).

제23부. 1770년 판례. 남의 가축의 위법행위에 관한 것으로서 몽골법전 의 개정이다.

---

74) 역주 : 팁(Tibs)과 잠부팁(Zambutib)은 범어 dvipa 및 Jambu‑dvipa에서 전화 했을 것이다. dvipa는 洲라는 뜻이고, Jambu‑dvipa는 사해에 위치한 남방의 한 주를 말한다. 佛典에는 瞻部洲, 閻浮提洲, 剡浮洲 등으로 음역되어 있 다. 이들 용어는 라마교와 함께 티베트를 거쳐 몽골로 전해진 것으로 여겨 진다.

75) 칭기즈 칸의 씨족을 존경하여 부르는 표현.

76) 역주 : 몽골어 텡그리(Tengri)는 天을 의미한다. 神보다는 天으로 해석하는 편이 타당할 것이다.

이상이 북몽골의 법전 칼카 지롬(바룬 쿠렌본)의 내용이다. 개인적인 견해를 말한다면, 법전은 17개의 다른 기록을 포함하며 그 주요한 것은 1709년의 3호슌 대법전이다. 법전 중 한두 가지 조목은 더 이전으로 거슬러 올라가는 17세기 것이지만 대부분은 1709년 이후에 제정되었다. 기본적이며 가장 종합적인 기록은 1709년의 3호슌 대법전이다.

칼카 지롬은 1640년 몽골 오이라트 법전과 마찬가지로 씨족적·유목적 생활과 목축경제에 기초를 두고 있다. 부동산의 사유관념은 없으며 토지는 목축경제용으로 사용하기 위해 몇몇 특별한 호슌(王公領)에 의해 다스려지고 있다. 동산의 사유가 발전하고 있다. 가족은 부권제적 성질을 가지고 있고 처는 칼림에 따라 매매되며 일부다처제가 존재한다. 형벌체계는 재산형을 기초로 하고 가축 9마리를 단위로 계산된다. 칼카 지롬을 통해 북몽골인이 귀족(칸, 왕공인 노욘, 왕공이 아닌 노욘, 타부난, 타이지), 중류계급(하급종족의 관리, 타르칸), 종속민 계급(평민, 노예), 승려로 나뉘었음을 알 수 있다.

이 몽골법의 기록은 대단한 중요성을 갖는다. 이것이 발견되기 이전에는 몽골법을 연구할 때 두 개의 중요 자료, 즉 칭기즈 칸의 야사와 1640년 몽골 오이라트 법전을 이용했는데, 이제는 칼카 지롬이 몽골법의 제3의 대문헌이 되었다. 오이라트 법전은 주로 서몽골인에게 적용되고 칼카 지롬은 북몽골인에게 적용되었다. 끝으로 칼카 지롬은 최근까지 우르가 게겐의 사령관구 내에서 적용되는 현행법이며 기록은 게겐의 아문에 보존되어 있다. 이 때문에 그 규정은 특별한 중요성을 갖고 있으며, 이를 통해 20세기 초두의 몽골인의 법의식을 판단할 수 있다.

칼카 지롬의 원류는 북몽골인의 관습법, 라마의 사원법 및 이 법전 이전에 존재한 칼카의 7호슌 대법전이다. 1696년 강희제의 대몽골 법전(절도에 관한 타이지의 처벌, 강도와 간통의 처벌)과 여러 칙령의 규정도 여기에 일부 영향을 주었다.

칼카 지롬이 효력을 발휘한 기간은 북몽골의 일반적 법전으로서 작용한

18세기 초부터 말까지라고 할 수 있으며(이 법전의 사본에 포함된 한두 가지 규정은 분명 17세기에 나온 것이다), 그 안에 포함된 마지막 항목은 1770년 것이라고 단언할 수 있다. 청조 理藩院에서 1789년(건륭 54)에 전 몽골에 발포한 '이번원칙례'는 전 몽골의 법전으로서 분명 이를 대신한 것이었다. 그러나 중국의 영향이 거의 없었던 우르가 게겐의 관할지역 내에서는 사령민 관계 사건에 대해 칼카 지롬이 1924년까지 효력을 발휘했다.

1640년 몽골 오이라트 법전 및 부랴트인의 종족 법전과 칼카 지롬의 관계에 대해, 필자는 이 두 가지를 낳은 공통된 문화로 인해 같은 규정이 나타난다고는 해도 1640년 법전은 칼카 지롬에 전혀 직접적인 영향을 주지 않았다고 생각한다.

몽골인의 법생활과 관련된 몇 가지 문제에 대해 칼카 지롬은 1640년 몽골 오이라트 법전보다 상세한 기록을 남겼다. 그리고 몽골의 라마사원과 라마승의 법률적 지위에 관해 많은 기록을 남겼다. 또한 절도대상으로서 북몽골인의 일반 가정과 군역에 대한 여러 가지 사항에 관해 놀라울 정도로 상세한 기록을 남기고 있다. 보수계약, 손해배상, 상업문제도 상세히 다루고 있다. 이는 모두 고도로 발전한 사회관계를 증명한다. 사법과 형법 관계의 여러 문제도 1640년 몽골 오이라트 법전보다 훨씬 상세히 다루고 있다. 물론 앞에서 언급했듯이 몽골 오이라트 법전은 몽골인의 법생활 중 어떤 방면을 보다 상세하게 고려하고 있다. 양자 모두 빠진 것이 많고 조직적이지 못하다. 그러나 부랴트 법령의 발견이 전체적으로는 몽골 민족의 법생활 더 나아가 몽골법 연구에 큰 기여를 했듯이 칼카 지롬의 발견은 몽골인의 사회구성과 법생활 연구에 크게 공헌했다.

제3절 몽골에 대한 중국의 입법

17세기 말 북몽골(칼카)은 모두 중국에게 정복당하여 중국의 통치를 받게 되었다. 이미 1696년 강희제는 몽골을 대상으로 한 특별법전을 발포했다. 18세기 중엽 준가리아도 중국에게 정복당했다. 당시 준가리아의 정복자 건륭제는 전 몽골에 유효한 법전, 이른바 이번원칙례(1789, 건륭 54)를 발포했다. 몽골, 후에는 준가리아도 이 법전에 준거하게 되었다. 이 법전은 곧 개정되어 다시 발포되었다(1815, 淸 嘉慶 20).

1. 1696년 법전

중국 당국이 몽골을 대상으로 발포한 학문상 유명한 두 개의 법전 외에 강희제 시대에는 다른 오랜 법전이 있었다고 한다.[77] 최근 몽골에서 이 법전의 사본이 발견되었다.

이 법전은 1629년부터 1695년 사이에 청 태종과 중국 황제가 발포한 몽골에 관련된 법의 집성으로, 1696년 강희제가 최후로 정정하여 발포한 것이다. 이 집성은 152개 조로 이루어져 있다. 이 기록에 보이는 연대를 순서대로 나열하면 다음과 같다. 태종시대 1627~1644년, 順治시대 1644~1662년, 강희시대 1667, 1668, 1672, 1676, 1687, 1690, 1691, 1695년.

이 집성의 기록 나열법에는 어떤 체계나 순서도 없다.

이 법전이 히아친스(Hyachinth) 신부가 인용한 1789년 법전(뒷부분 참조)과 같기 때문에 강희제 시대 법전의 대부분의 조목이 1789년 칙례에서 반복되었다고 생각할 수 있다(단 1815년 칙례는 이와 다름). 결국 이 초기의 집성은 210개 조를 포함하는 보다 완성된 1789년 칙례의 기초가 되었던

---

77) Timkovsky, *A Journey to China Through Mongolia*, vol. Ⅲ, pp. 222, 243. 후에 레온토비치와 다레스트(Dareste)도 이에 대해 기술하고 있다.

것이다.

또 한 마디 해 둘 것은 강희제의 법전 자체가 광범위한 부분에 걸쳐 몽골의 법과 관습,[78] 나아가 중국법에 기초를 두고 있다는 점이다.

이상 기술한 사실로 보아 1696년 법전에 포함된 기본적 법규는 내몽골로 알려져 있는 지방을 대상으로 한 것이며, 이 지방에서만 시행된 것이라고 결론을 내릴 수 있다. 칼카에는 고유한 칼카 지롬이 있었다.

2. 1789년 이번원칙례[79]

1789년에 이번원은 몽골에 대해 법전을 발포했는데, 이 이번원칙례는 중국법과 몽골 관습을 기초로 하는 강희제의 법전(1696)을 토대로 편찬되었다. 이 칙례는 전 몽골에 효력을 발휘하였다.

이 1789년 칙례는 히아친스(Hyacinth) 신부가 러시아어로 번역하여 그의 저서 *Notes on Mongolia*(『몽골지』, 1828) 제4부에 실었고, 이것을 폰 데어 보르크(Von der Borg)가 1832년 독일어로 번역했다.

---

78) 앞의 1696년 법전에 관한 기사는 필자의 희망에 따라 잠차라노가 제공해 준 것이다.

79) 역주 : 1789년(건륭 54)의 이번원칙례는 아직 발견되지 않았다. 랴자노프스키는 1815년의 이번원칙례와 마찬가지로 이 법전을 'Regulation of the Chinese Board of Foreign Relations'라고 불렀으므로 이번원칙례로 번역했는데, 이는 건륭 54년의 '蒙古律例' 12권에 해당하는 것일 것이다. 이것이 맞다면 嘉慶版과 道光版의 이번원칙례에 실린 상주문에 "院에 원래 만주문자·몽골문자·한자로 된 칙례 209조가 있다. 건륭 54년의 교정 이후 지금까지 20여 년……"이라고 씌어 있기 때문에 蒙古律例는 칙례로 불렸음을 알 수 있다. 랴자노프스키는 1789년 법전의 원본(만주문자나 몽골문자 혹은 한자)을 본 것이 아니라 히아친스의 러시아어 번역본으로 연구를 했다. 따라서 히아친스가 러시아어로 번역하면서 사용한 원본의 제목이 이번원칙례였을 수도 있다. 그래서 랴자노프스키가 1789년 법전과 1815년 법전의 명칭을 'Regulation of the Chinese Board of Foreign Relations'라고 동일하게 썼을 수도 있다.

히아친스의 번역에 따르면 칙례 내용은 12편 210개 조로 구성되어 있다. 즉 제1편 훈공(24개 조), 제2편 감사와 의무(23개 조), 제3편 入覲과 進貢(8~9개 조), 제4편 회맹과 출진(13개 조), 제5편 국경과 哨兵(17개 조), 제6편 강절도(35개 조), 제7편 살인(10개 조), 제8편 소송(5개 조), 제9편[80] 탈주자 체포(20개 조), 제10편 각종 범죄(18개 조), 제11편 라마(6개 조), 제12편 검찰사무의 재결(29개 조)로 되어 있다.

3. 1815년 이번원칙례

1789년 중국 이번원에 의해 발포된 칙례는 1696년 법전과 완만히 변화하는 유목민족의 관습을 기초로 했다. 따라서 당연히 이 법전은 훨씬 진보한 중국인의 요구를 만족시킬 수 없었고, 또한 중국 조정의 지배라는 일반 임무에 거의 도움을 주지 못했다. 그런데 1811년(가경 16) 理藩院尙書로서 최초의 管理院務였던 慶桂는 몽골법전에 관한 상주문을 가경제에게 올렸다. 발췌하면 다음과 같다.

> 몽골의 정치조직과 형사재판에 관해 오늘날 이번원은 칙례를 포함하는 209개 조를 준칙으로 삼고 있습니다. 위 칙례는 건륭제 54년(1789) 만주, 몽골, 중국의 각국어로 편찬되어 이미 20년 이상 경과되었습니다. 그간 몽골인 사이에는 칙례의 어떤 조목에도 해당되지 않는 형사범죄가 발생하여 폐하의 칙재를 만부득이 바라는 자도 있습니다. 이 때문에 대신의 상주가 적지 않으며 발포된 칙령 또한 적지 않습니다. 그럼에도 불구하고 오늘에 이르도록 칙례 가운데 편입된 바 없고 더군다나 아직 공포되지

---

80) 역주 : 원본에는 제9편 라마(6조), 제12편 검찰 사무의 재결로 되어 있고, 10과 11의 두 편이 빠져 있는데 탈락으로 생각된다. 같은 저자의 『몽골 관습법의 연구』(東亞經濟調査局 譯) 115쪽에 따라 제9편의 오류와 함께 정정한다.

않은 상태입니다.

이리하여 慶桂는 '아직 법적인 효력을 갖고 있는 건륭 34년(54년의 착오) 이래의 칙령과 규칙을 수집하여 이를 보칙으로서 법전 속에 편입하는 것'을 허락해 줄 것을 청했다. 황제는 이를 허락하여 편찬위원을 임명하고 편찬기간을 3년으로 정했다. 그러나 칙례를 연구하면서 위원회는 이 칙례가 본래의 목적을 달성하기에 불충분함을 발견하고 새로운 칙례를 편찬하기로 결정, 기한을 4년으로 연장해 줄 것을 요구했다. 위원들이 이 사업을 완성하자 이번원 新尙書는 다음과 같이 기록했다. "옛 칙례를 조항에 따라 심의하였더니, 예전에는 법적 효력을 가졌으나 오늘날에는 새로운 칙례 속에 편입시키기에 적당하지 않은 20개 조를 발견하여 이를 일반 계획에서 삭제했습니다. 나머지 189개 조 중 178개 조는 완전히 변경할 필요가 있어 필요에 따라 이를 개수했습니다. 이렇게 옛 칙례 중 일부 조항을 편입시킨 후 신 등은 順治帝(1644~1662) 시대로부터 올해에 이르는 理藩院判決例를 심사하고 이 칙례에 편입시키기 위해 뽑아낸 부분은 이해하기 쉽도록 만주어에서 중국어로 번역하여 516개 조[81]를 편찬했습니다."

이렇게 보면 1815년에 편찬된 칙례[82]는 1789년 칙례를 단순히 개정한 법이 아니라 독립된 새로운 법전으로 생각하는 편이 올바를 것이다.

칙례의 만주어 원본은 편별로 되어 있지 않고 특히 목차도 설정되어 있지 않으며 각 조항에 번호도 붙어 있지 않다. 67책은 완전히 독립된, 또한 서로 아무런 연관도 없는 分冊으로 되어 있다. 그 번역자인 리포프체프 (Lipovtzev)는 칙례의 각 조목을 체계적으로 배열하여 번호를 붙이고 편과 장으로 나누었다.

칙례 내용은 전문과 6편으로 이루어져 있으며 각 편은 장으로, 장은 절

---

81) Lopovtzev, *Code of the Chinese Board of Foreign Relations*, 1828, pp. ⅹⅱ, ⅹⅵ.
82) 블라디미르초프는 이 칙례가 1817년에 발포된 것으로 지적하였는데(*Social Organization of the Mongols*, 1934, p. 20, 각주 3), 매우 타당한 지적이다.

로, 절은 항 또는 조로 나뉘어져 있다.

　前文. 이번원의 구성, 6장 56개 조를 포함한다.
　제1편 민법(정확히 말하면 몽골의 행정기구 및 규칙), 21장 494개 조를 포함한다.
　제2편 군사법령, 6장 88개 조를 포함한다.
　제3편 형법, 20장 191개 조를 포함한다.
　제4편 라마교 관계 규정, 11장 117개 조를 포함한다.
　제5편 티베트 관계 규정, 13장 66개 조를 포함한다.
　제6편 러시아 관계 규정, 6장 28개 조를 포함한다.

　1815년(1817) 이번원칙례는 몇 차례나 개정 보수되었다(이를테면 1826, 1832년).[83]

　1789 및 1815년의 두 칙례에는 중국법의 영향이 강하게 반영되어 있는데 특히 행정법에서 그러했다(몽골에 대한 기구 및 행정 규정).

　행정법을 제외하고 중국법의 영향이 잘 드러나는 곳이 형법 분야이다. 1640년 법전의 관대한 형벌 규정 대신 여기서는 유목 몽골인의 생활양식과는 일치되지 않는 잔혹한 형벌, 예를 들면 자유박탈형과 死刑의 남용(八裂刑과 교수형), 큰칼, 각종 流刑, 효수 등이 보인다. 한편으로는 몽골법 체제도 분명 나타난다. 이를테면 가축 9마리를 단위로 하는 재산형(이는 이미 야사에서도 나타났으며 1640년 법전과 부랴트 관습법에서도 누차 보인다), 가축 절도에 대한 엄형, 싸움으로 인한 상해치사에서는 상해 후 50일 이내에 치사하면 살인으로 간주할 것(부랴트 관습법에서도 보인다) 등이다. 정복자인 중국인도 사법 영역에서는 관습쪽에 더욱 많은 양보를 하지 않을 수 없었던 것이다. 그러나 사법에 관해서는 두 칙례 모두 포함하고 있는 것이 적다(칼림의 등급 확정, 양자 맞아들이기, 상속 등). 몽골인은 사법 영

---

83) 이를테면 Laufer, *Outline of Mongol Literature*, p. 84(러시아어).

역에서는 그들의 관습과 옛 법전을 여전히 적용하고 있었던 것이다.

제4절 자치외몽골의 법

이른바 '자치몽골'(1911~1924)에서는 몽골정부법이 발포되기 시작했다. 이 법전은 34책(debter)이 나왔지만 전부 발포되지는 않았다. 형법 및 민법전도 편찬되었으나 자치몽골이 해체될 때까지 발포되지 않았다.

그 사이 북몽골인의 칼카 지롬이 여전히 우르가 게겐의 寺領民 사이에 통용되고 있었다. 기타 몽골 민족 간에는 지방적 관습법이 사법 관계 분야에서 여전히 지배적이었다. 1815년 칙례와 몽골 관습은 형법 영역을 지배하고 있었다.

1921년 11월 21일에 체결된 협약은 보그도 게겐을 국가원수로 인정했고, 따라서 그는 거부권만을 갖는 입헌군주의 지위를 확보했다.

이 협약의 원문은 다음과 같다.

상호 관계를 확정하기 위해 보그도 카칸(Bogdo Khakan)과 정부 사이에 체결된 서약

제1조 몽골국의 보그도 카칸인 제브춘 담바 후투크투(Djebtsun Damba Hutukhtu)는 黃敎의 管長[84]으로서 국무에 참여할 수 없다. 다만 종교 관계에 관해서는 그것이 무엇이든 무한한 권력을 보유한다.

제2조 보그도 제브춘 담바 게겐은 입헌군주제에 의거하는 몽골민국의 원수(카칸)로서 인민정부의 대통령(首相)을 통해 모든 국사를 총람한다.

제3조 인민정부는 먼저 보그도 카칸에게 통고하고 신법을 공포해야

---

84) '黃帽派'는 티베트 불교의 고승 촌하바(1355~1417)가 개창했다.

한다. 나아가 정부는 중요사무에 관한 명령을 발할 경우에도 반드시 보그도 카칸에게 통고해야 한다.

제4조 몽골민국의 기초를 강화, 개선하고[85] 또한 민중의 복지에 이바지하기 위해 정부의 창의로써 발포해야 할 법령은 보그도 카칸에게 통고한 후 비로소 효력을 갖는다. 이러한 법령은 그에 의해 각하되거나 취소되지 않는다. 위의 것에 속하지 않는 법안[86]은 보그도 카칸에게 통고하고, 그는 이를 재심의하기 위해 돌려보낼 수 있다. 다만 1회 이상은 할 수 없다. 정부가 재심의한 후 법안은 다만 카칸에게 통고하는 것만으로 법이 된다.[87]

제5조 중요문제에 관하여, 정부에 의해 발포된 모든 입법 및 명령은 정부(원문에는 國으로 되어 있다)의 수상이 단독 혹은 다른 아문의 사이트(sait)와 연명으로 보그도 카칸에게 통고해야 한다.

제6조 쿠데타나 내란시에는 평시의 수속을 거치지 않고 보그도 카칸에게 통고함이 없이 정부는 중요행동을 취하며, 또는 하올리(Haoli : 법)를 발포할 수 있다.

제7조 칭호 수여는 보그도 카칸의 임의에 따르더라도 정부를 통해 행해야 한다. 정부에 의한 사이트 및 副사이트, 사령관 및 부사령관의 임명은 (먼저) 보그도 카칸에게 통고한 후 행해야 한다. 이 밖의 관리는 정부가 임명한다.

제8조 본 협약은 인민 대후랄[88] 소집 전에 효력을 발생한다.

제9조 본 협약은 종교 전파의 촉진, 국내의 협력, 인민의 행복한 생활, 국위 선양을 기원하고 민국을 강화시킬 목적으로 기초된 것이다.

---

85) 말 그대로 보면, "그 정부의 권한이 제한된 인민의 나라의……"가 된다.

86) 몽골어 원본에는 '법의 규정'으로 되어 있다.

87) 말 그대로 보면 "앞에서 언급한 법은 再考와 通告 후, 효력을 발휘한다"가 된다.

88) 몽골어 원본에는 이 말이 '후랄다간(Huraldagan)'으로 되어 있다. 현대법률과 이 제도에 관한 공문서에는 '후랄(Hural)'이라는 말이 사용되고 있다.

보그도 카칸과 정부는 함께 본 협약에 위배하지 않고 이를 준수할 것을 선서하여 보증한다.

그 후 자치가 막을 내릴 때까지(1921.11~1924.5) 중요한 여러 법령이 발포되고 시행되었다. 이를테면 사원과 국가의 분리, 노예제의 폐지, 왕공의 세습권 폐지, 신체형과 고문의 폐지, 상비군의 설치, 토지국유 성명, 몽골 및 몽골인에 대한 외국채권의 무효화 선언, 소득세 등이다.

제5절 부랴트법의 기록

부랴트법의 기원은 크게 두 가지로 나눠진다. 즉 ① 남부랴트인의 법기록 ② 북부랴트인의 법기록이다. 두 법률 규정은 같은 기원을 가지면서도 일정한 특수성을 갖고 있다(호리 부랴트족과 셀렝가 부랴트족, 베르콜렌스크와 발라간스크 등). 더욱이 부랴트법의 기록은 스스로의 요구에 의해, 또는 러시아 당국의 요구에 의해 부랴트인이 만든 종족의 성문관습이라는 데 주의할 필요가 있다.

1. 남부랴트인

1) 호리족

호리족의 현재 기록은 다음과 같다.

헤브(Heb : 법전)

1763년 중추월 10일, 조세와 부역의 부과에 관한 알란(Allan)의 세임(집회)에서 호리 11씨족의 여러 타이샤와 여러 사이트가 편찬한 것. ① 혼인 ② 수렵 ③ 술취함에 대한 처치 3개 조를 포함한다. 몽골어 원문의 러시아어 번역은 졸저『몽골 관습법의 연구』(1931, 부록2 참조)에 다시 수록되어 있다.

호리 부랴트족의 고대 스텝 법전(1781)

부랴트인의 생활 연구자인 러시아인 레온토비치와 구르란트(Gourland)는 호리 부랴트족 최초의 법전을 1640년 몽골 오이라트 법전 혹은 보통 몽골에서 편찬된 약간의 법전으로 보았다. 그러나 이 문제를 연구해 온 필자는 1640년 법전이건 칼카 지롬이건 또한 다른 어떤 몽골인의 법전도 부랴트인 사이에서는 효력을 갖지 못했으며 호리 부랴트족의 첫 법전은 1781년 몽골어로 그들 자신이 편찬한 것이라고 확신[89]하게 되었다. 현존하는 1808년 스텝 법전에는 이 법전이 1780년 법전의 개정 補遺에 지나지 않는다고 기록되어 있다(前文 참조). 1818년 5월의 결의(뒷부분 참조)에도, 앞의 1781년 법전 및 당시 효력을 지녔던 1808년 법전(제1조)에 대해 기술하고 있다. 1823년 5월 30일 기록에서도 같은 증거가 발견된다(前文, 決議). 1781년 법전은 발포 단계에 이르지 못하고 없어져 버렸다. 그러나 이 법전의 일부 단편은 아 에르(A. R.)에 의해 그의 "On the Laws of Some Siberian Natives"(「몇몇 시베리아 원주민의 법에 대하여」), *Sibirsky Vestnik*(『시베리아통보』제1호, 1823)에 인용되었고, 다시 졸저『몽골 민족의 관습법』(1929, 156쪽)과『몽골 관습법의 연구』(러시아어, 1931, 137쪽)에 수록되었다. 이들 단편에 포함된 여러 규정(약간의 변화가 있으나)은 뒤이어 나타난 부랴트인의 여러 법전 속에서 되풀이되고 있다.

자키아(Dzakia)

---

89) *Customary Law of the Mongol Tribes*, pp. 153 sqq.

호리 11씨족의 主타이샤(Taisha)인 시랄 담보 두가르 린치노(Shiral Dambo Doogar Rinchino)가 1793년 仲夏月 25일 골스툰(Golstun) 씨족의 자이산(Zaisan)인 아르슬란 모르다인(Arslan Mordain)과 그 동료에게 부여한 명령이다. 자키아는 행정적 결의의 성질을 띠고 있는데 9개 조로 나뉘어져 있으며 그 중 8개 조는 카드와 주사위에 의한 도박, 만취에 대한 처치를 포함한 것이고 나머지는 짐마차 징용의 남용에 대한 것이다. 이 몽골문 기록의 러시아어 번역에 대해서는 앞의 책 부록 제4 참조.

협정법전(Hipp Toktogol)

1800년 始夏月 20일, 호리 11씨족의 스텝에서의 상업에 관한 협정법이다. 당시 페테르부르그에 있던 주타이샤인 담보 두가르 린치노에게 11씨족의 타이샤·자이산·술렝가 등이 설명서를 첨가하여 제출한 것이다. 호리족 간의 거래를 규정하는 11개 조를 포함하여 채무지불, 利子附 金錢貸借를 다루고 있다. 몽골문 기록의 러시아어 번역에 대해서는 앞의 책 부록 제5 참조.

호리 11씨족의 스텝 법전(Hipp) (1808)

1808년 법령이라고도 부른다. 1781년 법전의 개정법을 이루는 것으로 131개 조를 포함하고 있다. 이는 매우 중요한 기록으로서 몽골어로 씌어졌으며(러시아어 번역은 앞의 책 부록 제6 참조) 다음과 같은 법전의 내용(41절) 목차가 붙어 있다.

① 구두에 의한 모욕과 폭행(제1~8, 38조)
② 다투다 발생한 상해(제9·10·3조)
③ 만취한 사람의 행동(제11·4조)
④ 관습적 중매와 '안다' (상호의) 중매(제12~14, 28조)
⑤ 부부 간의 다툼과 이혼(제15·88·116·117조) 등이다.

호리 11씨족의 일반결의(1817. 12. 18)

호리 11씨족의 행정 방면에 관한 기록이다. 22개 조로 구성되어 있으며 시베리아 이민족의 행정을 다룬 1822년 법전이 나오기 전의 호리 부랴트족의 행정조직을 기술하고 있다. 몽골문 기록의 러시아어 번역에 대해서는 앞의 책 부록 제7 참조.

호리 11씨족의 결의(1818. 5)

호리 부랴트족의 행정에 관한 것으로서 11씨족 회의에서 채택되었다. 족내 행정, 조세의 부과 징집, 재판소 등에 관한 6개 조를 포함하고 있다. 제4조는 호리족의 3타이샤의 발생과 그 직위 계승순위 문제를 포함하고 있다. 이 몽골문 기록의 러시아어 번역은 앞의 책 부록 제8에 있다.

호리 11씨족의 일반결의(1820. 10. 27)

이 조관은 7개 조 또는 7개 항으로 나눠져 있으며 조세와 부세의 징집, 징발을 다루고 있다. 몽골문 기록이 있다.[90]

호리 부랴트족의 법령(1823. 3. 30)

이 기록은 1823년 3월 30일 호리 11씨족의 귀족회의에서 작성된 것으로, 호리 부랴트족의 상업, 생활양식, 소송수속에 관한 것이다. 1876년 사모크바소프(Samokvasov)가 쓴 *Collection of the Customary Law of the Siberian Natives*(『시베리아 원주민의 관습법 집성』)에 발표되었다.

이 기록은 12장 144개 조로 이루어져 있다. 제1장은 사원·불교·라마에 관한 것이다. 제2장은 라마·관리·평민 간의 쟁송심리에 관한 것이며 제3장은 야사크, 기타 조세, 그 납입에 관한 것이다. 제4장은 관리의 직무집행에 관한 것이고 제5장은 지방부역의 징발, 포상, 지방 및 지역적인 우편국

---

90) Jamtsarano · Turunov, "Review of Records of the Written Law of the Mongol Tribes", *Proceedings of Irkutsk University*, I.

의 유지와 도로개수에 관한 것이다. 제6장은 중매와 부부 간의 소송에 관한 것이고 제7장은 借財, 제8장은 음주와 도박의 감독, 제9장은 절도와 수색, 제10장은 목초지의 불법침해, 건초용지와 곡물의 분배, 곡물의 매매, 제11장은 삼림방화에 대한 감시, 울루스에 대한 화물차 공급, 제12장은 雜件에 관한 것이다.

1851년의 호리족 법령

1851년 12월 '호리족 스텝 관청' 총회에서 편찬된 것이다. 법령은 197개조 19편으로 되어 있으며 각 편의 내용은 다음과 같다. 처음 8편은 승직자와 그들의 요구에 관한 것이다. 제9편은 호리 부랴트족의 행정에 관한 관리의 직무에 관한 것이며 제10편은 경작지 및 목초지 보호에 관한 것이다. 제11편은 호리 관구의 공용 운수부역에 관한 것이고, 제12편은 도로와 교량 건설과 관리에 관한 것이며 제13편은 약혼과 혼례에 관한 것이다. 제14편은 소송사건 심리, 제15편은 음주에 관한 처치, 카르타 등 승부에 관한 것, 제16편은 도난품의 수색, 절도사건의 심리에 관한 것이다. 제17편은 화재에 대한 처치, 화재와 홍수 피해자의 구조, 제18편은 잡건, 제19편은 폭행과 명예훼손[91]에 대한 것이다.

2) 셀렝가 부랴트족

셀렝가족의 구 법전

1823년 6월 5일의 결의(뒷부분 참조)에 의하면 최초의 스텝 법전이 1765년과 1818년 사이에 셀렝가 관구(셀렝가 강)의 부랴트인에게 채용된 것이 분명하다.[92] 사실 최근 필자는 셀렝가 부랴트족의 구 법전(1775)이 발견되었다는 이야기를 들었다.[93]

---

91) Jamtsarano · Turunov, op. cit. 참조.
92) Riasanovsky, *Customary Law of the Mongol Tribes*, p. 160.

셀렝가 부랴트족의 법령(1823. 3. 30)

셀렝가 관구 부랴트족의 관습법 기록은 사모크바소프의 집성(149~197쪽)에 수록되어 있다. 이는 1823년 6월 5일 셀렝가 18씨족 결의의 補遺를 이루는 것으로서, 이르쿠츠크 주지사 자이들러(Zeidler)가 부랴트인에게 발표한 "스텝의 여러 법에 관한 보고서를 제출하고, 확실한 전통에 따라 사건을 바로 처리해야 할 준칙을 기술해야 한다"는 명령 제863호에 따라 편찬되었다.

이 자료는 9장 180개 조로 나눠져 있는데 각 장의 내용은 다음과 같다. 제1장 가축절취 등, 제2장 부부 간의 불화와 칼림으로 주어진 가축, 제3장 언쟁과 다툼, 제4장 치료와 讀經, 제5장 채무와 소송, 제6장 상속재산, 제7장 경작지와 목초지 취급, 제8장 가축용 목초지,94) 제9장 장로의 선거 등이다.

1818년 셀렝가 법전

앞서 인용한 1823년 6월 5일의 결의에서는 1818년에 셀렝가 관구의 부랴트인이 당국자의 명령(調査)으로 회의를 열고 전통을 바탕으로 하여 작성된 종전의 법규와 그 내용이 유사한 하나의 법전을 채용했다는 사실이 기록되어 있다. 생각건대 이는 종래 효력을 지니고 있던 것을 변경하고 보충한 것인 듯하다. 이 개정법전은 알려진 바 없으나 1823년 법령과 뚜렷한 차이가 있다고는 생각되지 않으며 아마 그 기초가 된 듯하다.

3) 호리족과 셀렝가족 공통의 관습법 기록

다음에서 보이는 셀렝가족과 호리족 공통의 법관습 성문집 속에는 트란

---

93) 필자는 이 법전의 일부 조문을 소지하고 있다. 그 내용으로 보아 1775년 법전은 1823년 법령의 기초가 되었다고 생각해도 좋을 듯하다.

94) 역주 : 원본에는 제8장이 빠져 있다. 같은 랴자노프스키의 *Customary Law of the Nomadic Tribes of Siberia*(1938) 제5장 부랴트인의 법관습에 의해 보충했다.

스바이칼(Transbaikal) 부랴트인 전체에 통용되는 관습법 자료가 포함되어 있다.

1759년의 차자(Tzaadza : 법 · 법령 · 금령)

순수한 종교적 성질을 띤 것으로, 부랴트인의 종교생활에 관한 邊疆委員과 자코비(Jacobi)의 하문에 따라 작성되었다. 이 하문은 셀렝가족과 호리족에게 공통으로 내려진 것이므로 공통회답이 나왔을 것이다. 몽골어 문서의 러시아어 번역은 졸저『몽골 관습법의 연구』(부록 제1)에서 공표되었다.

1788년의 협정법전(Hipp Toktogol)

이것도 셀렝가족과 호리족에 공통된 것으로서 혼인에 관계된 10개 조를 포함한다. 몽골문 기록의 러시아어 번역은 앞의 책 부록 제3을 참조.

신 법전(Shine Toktogol)

생활과 행위를 단속하는 법전으로 1841년 셀렝가족과 호리족의 僧俗 쌍방의 사이타(Saita)들이 편찬한 것. 54개 조를 포함하고 있으며 다음의 3부로 나눠져 있다. ① 라마승 ② 족장, 귀족 또는 官公吏의 標識 및 服制 ③ 혼례와 보충규정.[95]

2. 북부랴트인

1) 발라간스크 부랴트족

1818년 4월 1일 발라간스크(Balagansk) 부랴트 17씨족은 일치하여 지방행정과 관련된 종래의 여러 권리를 아무런 변경 없이 유지하기를 원한다는

---

95) Jamtsarano · Turunov, op. cit. 참조.

결의를 채택했다. 이 결의에는 「1818년 3월 21일자 이르쿠츠크 지방재판소 훈령(제4696호)에 기초하여, 1818년 3월 29일, 12等官 주타이샤인 안드레이 나자로프(Amdrei Nazarov) 관할하의 17씨족회가 작성하여 9等官 귀족 미하엘 이바노비치(Michael Ivanovich)에게 바친 발라간스크 관구 이르쿠츠크 郡 보고서」라는 문서가 붙어 있다.

이 각서는 다음과 같이 6개의 질문과 그 회답으로 이루어져 있다.

제1문, 부랴트인은 어떤 사건을 이민족 재판소의 권한에 속하는 것이라고 생각하는가? 이에 대한 회답에는 "부랴트인의 옛 관습과 전 중국 변강 주재 전권대사 일리리스키(Illyriisky) 백작 사브바 블라디슬라보비치(Savva Vladislavovich)의 훈령(1728) 등의 결의에 기초를 두고……"라는 기록이 나오고, 부랴트인이 이민족 재판소의 관할로 생각하는 여러 사건의 表, 나아가 당국자가 '중요하며 유죄'라고 생각하는 여러 사건(4개 조)의 표가 들어 있다.

제2문, 사건 심리수속은 어떻게 시작할 것이며 이러한 심리를 언제, 어떻게 종결시킬 것인가?

제3문, 원주민 족장은 사건을 심리하는 데 어떤 규칙을 따르는가? 이 두 질문에 대한 회답은 13개 조를 포함하고 재판방법을 보여주고 있다.

제4문은 각 범죄에 대한 형벌을 묻고 있다. 회답에는 발라간스크[96] 부랴트족의 형법 규정의 개요가 기술되어 있다(15개 조, 그 중 제14조는 채무변제에 관한 사법 규정을 포함하고 있다).

제5문, 혼인과 칼림(신부와 결혼하는 대가)에 관계된 것으로서 회답은 친족법, 특히 혼인법을 규정한 3개 조를 포함하고 있다.

제6문, 원주민 족장의 권한이 어떠한가에 관한 것이다. 회답은 주타이샤 및 씨족장의 권리 의무를 열거하고 있다(1개 조).

결의와 이에 첨부된 보고는 한갈로프, 101쪽 등에 발표되었다.

---

96) 역주 : 원본에는 셀렝가로 되어 있다. 이는 분명히 발라간스크의 오류인 듯하다.

2) 발라간스크 · 이딘스크 · 툰킨스크 · 쿠딘스크 부랴트족

발라간스크 · 이딘스크(Idinsk) · 툰킨스크(Tunkinsk) · 쿠딘스크(Kudinsk) 등의 부랴트인 관습과 관련된 자료는 사모크바소프의 저서(87~105쪽)에 나온다. 자료는 다음 8장으로 나눠져 있다.

① 종교 ② 씨족상이 재판할 사건 ③ 재판수속 ④ 원주민의 각종 범죄에 적용해야 할 법령[97] ⑥ 혼인, 칼림 관계의 분쟁 ⑦ 원주민 족장의 권한범위 ⑧ 원주민의 권리.

3) 베르콜렌스크 부랴트족

베르콜렌스크(Verkholensk) 관구 부랴트인의 법관습과 관계된 자료는 사모크바소프의 저서(77~85쪽)에 실려 있다. 이는 타이샤인 알렉산더 예린가로프(Alexander Yeringarov), 그 대리 후루간 오부구로프(Hurugan Oubugurov), 씨족장 27명, 부랴트 귀족 42명의 서명이 들어 있는 보고(결의)를 포함한다. 자료는 다음의 10장으로 나눠져 있다. ① 족장 및 행정제도(15개 조, 수속과 형벌 관계 규정을 포함) ② 원주민의 혼인(13개 조) ③ 남편에게서 도망친 처, 기독교의 세례를 받은 처와 남편(5개 조) ④ 스텝의 관습(토지소유권) (7개 조) ⑤ 가축에 의한 경작지 훼손(4개 조) ⑥ 조세(3개 조) ⑦ 공공수입(2개 조) ⑧ 스텝의 관습과 법의 설명(2개 조) ⑨ 원주민 족장 선거 ⑩ 앞에서 열거한 각 장의 보충 조항(6개 조, 재판소 · 모욕 · 혼인에 관한 것).

대체적으로 부랴트인의 법은 몽골인의 법과 같은 양상을 보여주며 어떤 점에서는 이를 보충, 발전시키고 있다.

사회구성은 성질상 부권적이고 종족적이며, 행정과 사법은 씨족제적으로 행해지고 있다. 친족관계는 남계만 인정되고 가족제도는 강고하며, 족

---

97) 역주 : 원문에는 제5장이 기록되어 있지 않다. 랴자노프스키의 *Customary Law of the Nomadic Tribes of Siberia*에도 빠져 있다.

외혼과 처의 구매(신부대금을 지불하고), 가족 내에서의 남편과 아버지의 절대권력을 기초로 하고 있다. 일부다처제가 허용되고 이혼은 간단하다. 경제생활의 성질은 특히 유목적, 목축적이다. 토지 이용은 성질상 일부는 가족공동, 일부는 씨족공동이다(원래 특히 경작지역에는 토지사유도 존재했다). 여기에서 취급하고 있는 범죄는 복잡하지 않으며 주로 개인적 모욕과 가축절취에 대해서이다. 형벌은 특히 관대하고 채찍형과 재산형(가축 및 화폐에 의한다)이 통용되고 있다.

부랴트인의 관습법은 사법 규정을 많이 포함하고 있다. 동산에 대한 사유관념이 잘 발달하였고 부동산 사유의 싹도 존재하고 있다. 손해·손실·배상의 관념은 매우 진전되어 있다. 신용거래를 포함하는 법률상의 거래는 전체적으로 행해지고 있다. 친족법 및 상속법은 매우 상세히 다뤄지고 있으며 종교단체에 대한 유산 증여도 인정된다. 이 모든 양상은 잘 발달된 사회생활을 보여준다.

특히 주목할 만한 것은 물의 이용(灌漑)에 관한 특수 규정과 부랴트 혼인법의 규정이다. 후자, 특히 북부랴트인의 혼인법에는 비교법학상 매우 흥미로운 제도가 엿보인다. 그 중에는 신대금에 의한 결혼, 노동에 의해 신부를 얻는 일, 레위족식 결혼,[98] 신부 약탈을 동반하는 결혼, 칼림·지참물의 액수(및 배분)의 法定 등이 있다.

북부랴트인과 남부랴트인의 법관습 사이에는 일정한 차이(特殊性)가 존재한다는 데도 주의해야 한다. 이 차이는 이를테면 손해배상 규정(일정한 경우에), 법정이율, 혼인관계에 대한 일부 규정, 남편의 곁을 떠난 처의 아이 및 재산에 대한 권리 등에서 나타난다.

3. 동시베리아 원주 유목민의 스텝 법령집

---

98) 역주 : 레위족이란 구약성서 「레위기」에 보이는 이스라엘족의 한 분파.

이 법의 집성은 동시베리아 원주민(부랴트인, 야쿠트인, 퉁그스인 등)을 위해 러시아 당국자가 제정한 법전의 초안이다. 초안은 1841년 인쇄에 들어갔으나 법률로서는 재가를 받지 못했다. 그러나 시베리아 원주민의 관습법 조직화에 대한 요구가 매우 컸기 때문에 초안이 법률로서 확인받지 못했음에도 불구하고 시베리아 원주민 관계 사법에 실제로 적용되었고 점차 현행법으로 통용되었다. 이에 이민족 재판소뿐 아니라 때로는 정부의 사법관까지 이것을 적용하게 되었다. 부랴트인 간에 이 법전이 그 때부터 최근까지 효력을 발휘했다는 점에 대해서는 필자도 정확한 자료를 갖고 있다. 이에 대해서는 1918년 부랴트 인민회의가 소송수속에 관한 독자적인 법령(新法 제3호)과 규칙에 근거해서 만든 호슌 재판소(1심) 및 아이막 재판소(2심)로 구성되는 부랴트 인민재판소를 창설한 점에 주의해야 할 것이다. 신법 제38조와 수속규칙 제65조는 위의 스텝 법령집을 현행법으로 확인했기 때문이다. 필자도 직접 부랴트 재판관 평의회 결의(1918)를 본 일이 있는데, 여기에서는 각 호슌의 재판관에게 1841년 스텝 법령집을 준칙으로 삼도록 장려하고 있었다. 이 법령집은 부랴트인 사이에 실제로 적용되었기 때문에 몽골어로 번역되었고, 그들 사이에서는 몽골어와 러시아어 사본으로 유포되었다. 사법과 행정 여러 관청도 이를 채용하고 있다.

스텝 법령집은 6편 35장으로 나눠져 있으며 802개 조를 포함하고 있다. 각편은 다음과 같다. ① 가족의 권리와 의무(3장) ② 원주민의 재산권(5장) ③ 계약에 의한 채무(2장) ④ 원주민의 막영지에서의 질서(8장) ⑤ 벌금과 형벌(5장) ⑥ 소송수속(5장).

법령집의 원류는 여러 원주 종족의 관습법이며 누락된 것이 있거나 불완전한 것이 있을 때는 러시아의 일반법(*Code of Laws*『법령전서』제10권 제1부)을 채용하고 있다.[99]

---

99) 상세한 것은 Riasanovsky, "Two Records of the Customary Law of the Mongol Tribes", *Vestnik Mandjurii*(Manch. Messenger), 1930, 1.

제6절 칼묵법의 기록

1640년 몽골 오이라트 법전의 원류는 칼묵인의 관습법이었다.

부랴트인이 이 법전을 채용했다는 설은 아 에르(A. R.), 레온토비치, 구르란트의 견해에도 불구하고 여전히 확증되지 못하고 있으며 매우 의심스럽다. 그러나 이 법전이 머나먼 칼묵 초원에서 채용되었음은 확실하며 시간의 경과와 사태의 변화에 따라 이를 보충하여 자연스럽게 적응시키려는 시도가 이뤄졌다.

칼묵인의 초대 칸인 코 우를루크와 그의 아들 수쿠르 다이친은 이 법전의 발포에 참가하고 서명을 남겼다. 확실히 그들은 차진 비치크(이 법전의 오이라트명)를 볼가의 스텝으로 가지고 들어왔다. 18세기 초두 러시아 정부는 (외무성을 통해) 이미 이 법전의 칼묵어 사본을 얻어 1724년 즈음해서 외무성 고문 바쿠닌(Bakunin)에게 러시아어로 번역하게 했다. 1742년 바쿠닌의 번역은 외무성으로부터 칼묵 사무위원장 타티쉐프(V. N. Tatischev)에게 회부되었다. 1821년 같은 번역이 외무성으로부터 칼묵 사무주사 카카노프(Khakanov)에게 회부되었고 여기에는 칼묵인 노욘과 자이산과 승려들에게 생활상의 요구에 따라 보충·수정을 가하라는 명령서가 첨부되었다. 이에 따라 진지리 회의에서 보충·수정이 가해졌다. 오이라트 법전의 러시아판(Sheremetiev, Bentkovsky, Buler 譯)은 러시아 칼묵인 사이에서 발견되었다. 돈두크 다쉬 칸 시대에 오이라트 법전의 보충규정이 기초되었는데 그 가운데 옛 법전에 대한 언급이 보인다.100) 이는 결국 1640년 몽골 오이라트 법전이 칼묵인 사이에서 유효했음을 증명한다.

1. 1640년 법전에 대한 돈두크 다쉬 시대의 보충규정

---

100) 62 - 4, 69 - 1, 4와 비교.

준가리아와는 모든 것이 다른 러시아에 거주하게 되면서 칼묵인 사이에는 새로운 생활여건에 대응하는 새로운 요구와 관습이 나오고 옛 오이라트 법전을 개정, 보충할 필요가 생겼다. 이는 칼묵인의 칸 돈두크 다쉬 시대(1741~1761)에 행해져 보충규정이 입안되었다.

이 규정 원문의 독일어 번역은 팔라스에 의해 발표되었고(『몽골 민족의 역사자료집』 제1, 214~218쪽), 다시 레온토비치의 저서『고대 몽골 오이라트 형법전』(1879, 145~150쪽)에 "New Supplement to the Code of Laws Drafted with the Concurrence of the Six High Ecclesiastics"(「여섯 고승의 협력으로 입안된 법전 신보칙」)라는 제목으로 수록되었다. 칼묵어 원문은 러시아어역이 첨가되어 골스툰스키의『1640년 몽골 오이라트법』(1880)에 "Supplement to the Regulations Drafted at the Time of the Kalmuck Donduk - Dachi"(「돈두크 다쉬 칸 시대에 입안된 법전 보칙」)라는 제목으로 후에 발표되었다.

레온토비치는 이들 규정을 '데르베트(Derbet)[101]의 울루스 지방법'[102]이라고 정의하고 독일어판에 있는 'unter uns Derbet(우리 데르베트 사람 사이에)'[103]라는 글을 인용하고 있다. 그러나 실제 이 규정은 전 칼묵족의 지배자였던 돈두크 다쉬 칸이 고승 및 전 민족의 대표자(全僧俗)가 참석한 가운데 편찬했다는 점, 제목과 내용이 일반적 성질을 띠고 있는 점으로 보아 이는 한 울루스의 지방법이 아니라 전 민족적으로 적용되는 일반법이었다고 보아야 한다. 더욱이 골스툰스키는 앞의 인용문을 포함하는 규정을 정확하게 번역했는데[104] 다음과 같다. "러시아인 촌락 근처에 집을 소유하고 있는 데르베트인이나 그 밖의 다른 사람들로부터 떠나는 것을 허가받았을 때……." 이 데르베트인에 대한 언급은 분명 그들이 스타브로폴(Stavropol) 주의 러시아인 부락과 돈 코사크(Don Cossack) 부락 근처에

---

101) 역주 : 이는 트르베트(杜爾伯特)이다.

102) *Kalmuck Laws*, pp. 167 *sqq.*.

103) Pallas, *Sammlungen*, Ⅰ, p. 217 ; Leontovich, op. cit., p. 148, 제158조.

104) "Mongol - Oirat Laws", 숙박(night's lodging)에 관한 제65조 참조.

거주하고 있었다는 사실만으로 나온 것이다. 이는 모두 통설을 확증하는 것으로 레온토비치의 억설을 부정하고 있다.

성질상 종교적이며, 그 때문에 1640년 몽골 오이라트 법전의 前文을 연상시키는 前文을 제외하면, 이 규정은 54개 조로 구성되어 있다. 이것은 러시아 스텝에서 계율과 라마교의 순수성을 유지할 목적으로 하는 승려와 관련된 법, 새로운 생활조건하에서의 공격과 방어의 방책에 관한 규칙, 씨족제도, 칼묵인의 족내 관계, 화물차 운수부역, 길잃은 가축 등에 관한 규칙, 형법 및 소송수속법에 관한 상세한 규정을 포함하고 있다.

이들 모든 규정은 1640년 몽골 오이라트 법전을 개정·수정·보충한 것으로서 칼묵인이 러시아 내에서 직면한 새로운 생활조건의 요구에 기초하여 발생한 것이다.

2. 칼묵법휘찬(1822~1827)

(「칼묵의 노욘, 자이산, 라마, 겔룽(Gelung) 등이 진지리 회의에서 수정 보충한 문갈(Mungal)[105]과 칼묵의 법」, 즉 1640년 몽골 오이라트 법전, 진지리 결의, 두 영주(울루스와 노욘)의 의견, 칼묵 위원회의 권고)

세월이 지나면서 1640년 몽골 오이라트 법전의 내용은 돈두크 다쉬 칸의 증보와 보수에도 불구하고 칼묵인의 생활상의 요구와는 상반되었다. 러시아 남부에서는 평화가 지속되고, 여러 유목종족의 호전적·약탈적 성질이 사라지기 시작했고 점차 목축적, 어떤 곳에서는 농경적 생활양식이 채용되었다. 그리고 칼묵인은 러시아와 밀접한 관계를 갖게 되고, 그 법과 관습의 영향을 받게 되었다. 한편 러시아법의 규정 중 여러 가지가 칼묵인의 관습과 일치하지 않다 보니, 칼묵인의 생활상의 요구와 러시아법의 요구를

---

105) 역주 : 즉 Mongol.

모두 만족시킬 정확하고 일정한 법규가 필요하게 되었다. 칼묵의 라마와 노욘 등의 요구에 따라 副官(섭정) 추체이 툰두토프(Chuchei Tundutov)는 1640년 몽골 오이라트 법전의 개정을 청원했다. 그 결과 1802년 외무성은 이것에 관여하라는 명령을 받고 칼묵 主事 스트라호프(Strahov)에게 이 법전의 번역을 제출하라고 명했다. 이 작업에는 시간이 걸렸다. 1821년에야 겨우 외무성은 법전 사본을 主事 카카노프(Khakanov)에게 회부하고, 영주들과 승려에게 법전을 심사하여 법전의 어떤 부분을 개정할 것인지 의견을 표명하라고 명했다. 1822년 칼묵의 노욘, 자이산, 라마 등 승려의 회의가 진지리(아스트라칸에서 100km 정도 떨어진 곳)에서 열렸다. 회의에서 법전을 심사하고, 시대적 요구와 칼묵인의 현행관습에 조응하여 법전 규정을 개정, 보충했다. 이 회의의 결의는 진지리 결의로 불린다. 진지리 결의는 1825년 확인을 받기 위해 러시아 정부에 제출되었다. 이리하여 칼묵 사무특별위원회는 명령을 받아 진지리에서 채택된 결의, 1640년 법전 규정, 진지리 결의에서 보이는 두 영주의 의견을 당시의 러시아법과 비교하였다. 1827년 위원회는 이 일을 끝마쳤으나, 그 성과나 진지리 결의 어느 것도 결국 입법적 인가를 얻지 못했다. 그러나 칼묵인의 관습법에 기초한 진지리 결의는 칼묵인의 관습법을 연구하는 한 자료로서 대단히 중요하다. 더욱이 1827년 법전의 경우, 울루스의 자르고(Zargo)가 재산 관계 사건을 다룰 때는 옛 칼묵 법전(이는 진지리 회의 석상에서 개정된 1640년 법전으로 생각된다)을 적용하는 것을 인가하고 있다.

1880년 레온토비치는 뷜러(Buler) 남작이 얻은 사본에 기초하여 *Digest of Kalmuck Laws*(『칼묵법휘찬』)을 공간했다. 이 원문에는 칼묵법의 4가지 문헌이 포함되어 있다. 각 페이지의 제1난에는 오이라트 법전의 조목이 인쇄되어 있고 제2난에는 이것에 해당하는 진지리 회의 결의, 제3난에는 진지리 결의에 관한 두 영주의 의견, 제4난에는 앞의 세 난에 실린 자료에 관한 칼묵 위원회의 의견이 실려 있다. 레온토비치는 이 휘찬에 다소 변경을 가하여 출판했다. 즉 그는 제1난, 즉 오이라트 법전의 원문을 생략하고 자기 판본에 있는 조목의 번호를 매기는 데 그치고, 휘찬에 수차례 다른 조항으로 실려 있는 진지리 결의의 개조는 중복된 것이라며 재수록하지 않았다. 여기에서는 유일하게 인쇄된 휘찬을 사용하기로 한다.

휘찬의 기본이 된 것은 진지리 결의이며, 진지리 결의는 1640년 법전, 돈두크 다쉬 법, 칼묵 관습법, 라마의 사원법을 기초로 하고 있다. 위원회의 의견은 러시아법 규정의 영향을 받고 있다.

휘편은 총 5편 28장 224개 조로 나눠져 있으며 몇몇 장은 다시 절로 나눠져 있다.

제1편. 개인의 권리에 관한 것으로서 3장으로 나눠져 있다. 제1장 승려(18개 조), 제2장 영주·관리·자이산(24개 조), 제3장 아버지·아들·친족(10개 조).

제2편. 재판소에 관한 것으로서 2장으로 나눠져 있다. 제1장 일반 재판소와 재판관(51개 조), 제2장 증인·선서 등(10개 조).

제3편. 공공질서에 관한 것으로 6장으로 되어 있다. 제1장 정치상의 질서(12개 조), 제2장 구빈제도(1개 조), 제3장 공공적 교훈(2개 조), 제4장 징병제도(5개 조), 제5장 화물차 운수, 여기에 종사하는 자, 여행자(7개 조), 제6장 대표자(2개 조).

제4편. 군사 규정, 10개 조.

제5편. 종교에 관한 사항,[106] 16장으로 구성되어 있다. 제1장 종교에 관한 사항(3개 조), 제2장 결혼(11개 조), 제3장 상속(3개 조), 제4장 채무(1개 조), 제5장 목축(4개 조), 제6장 수렵과 상업(4개 조), 제7장 사냥물과 제례(1개 조), 제8장 의사(2개소), 제9장 도살·절도 및 강도(4개 조), 제10장 과실치사와 자기 방위(10개 조), 제11장 강도·절도(4개 조), 제12장 도망자와 그 은닉자(6개 조), 제13장 절도(16개 조), 제14장 사기(4개 조), 제15장 강간·모욕 등(11개 조), 제16장 雜件(9개 조).

---

106) 이 편은 종교 관계 사항 이외에 민법·형법 등 기타 사항을 포함하고 있으므로 <u>全篇</u>의 내용을 포괄하지 못한다. 따라서 이 제목은 오류이다.

칼묵법휘찬을 살펴볼 때는 먼저 이것이 1640년 몽골 오이라트 법전을 기초로 한 것임을 염두에 두어야 하는데 법전의 많은 규정(60~61개 조)이 휘찬에서 효력을 발휘하고 있다. 그 안에는 많은 형법과 혼인법 규정, 몇몇 수속 관계 규정(발자국 추적, 수사 등), 칼묵인 상호간의 교섭에 관한 규정(죽을 지경에 이른 자의 구조, 가축 구조, 목마른 자의 구조 등), 목축과 수렵 관계 규정이 들어 있다.

법전의 많은 규정이 개정·보수되고 일부 규정은 완전히 제외되었으며 새로운 규정이 삽입되었다. 이 변경은 18세기 초두 칼묵인의 요구, 관습, 생활양식에 조응하여 진지리 회의에서 채용된 것이다. 그리고 칼묵 사무위원회는 다시 이를 러시아의 법과 문화에 어울리도록 조정하였다.

특히 형법에서 형벌체계에 일대 변혁이 이뤄졌다. 법전에서는 형벌의 중요한 형식이 가축에 의한 엄중한 재산형이고 재산형을 받은 자의 집안재산의 다소에 따라 차등이 있었다. 그러던 것이 완화되어 (대부분) 채찍형이나 볼기를 치는 태형, 즉 신체형으로 변경되고, 이는 칼묵인 사이에서 기본적 형벌이 되었다. 금고형과 절도 3범제도가 도입되고 개인적 모욕과 범죄에 대한 형벌이 변화되었으며, 중요 사건은 러시아 재판소의 심리에 위임되었다. 관습법 중 사법 부분이 가장 변화가 적었지만 그래도 일부 변화가 일어났다. 이를테면 결혼의 최저연령과 양자에 관한 규정이 변화되었다. 卑族의 상속권에 관한 규정은 더욱 상세히 취급되어, 법전에서는 설명이 불충분했던 문제에 많은 시사점을 던져 주고 있다. 물론 재판소 조직도 변화했다.

오이라트 동맹에 가입한 여러 종족 간의 관계를 규정한 법전의 여러 조목은 (위원회에 의해) 폐지되었다. 모든 군사 규정, 개인적 모욕과 범죄에 대한 두서너 가지 형벌, 과식하여 질식한 대식가라든지 남의 집에서 폐가 되는 행위를 한 자에 대해 엄형(死刑)을 규정한 칭기즈 칸의 야사와 법전의 옛 규정도 폐지되었다. 사법 영역에서는 두세 가지 규정, 예를 들면 남편과 인연이 끊긴 처를 친족이 사들이는 규정도 폐지되었다.

　이상과 같은 개정·보수를 제외하면 휘찬은 전체적으로, 또한 특히 그 기본적 부분인 진지리 결의는 유목문화의 공통성 때문에 몽골 관습법으로서의 특징을 유지하고 있다. 이러한 특징 중에는 분리 (개인적) 거주의 금지, 가족의 유지를 위한 의무결혼, 토지 이용, 특히 목축 및 그 이익을 위해 설치된 규정, 이에 따른 결과로서 부동산 소유권의 결여 내지 미약한 발달, 씨족과 공동체 관계에서의 부권적 성질 등이 있다. 몽골인·부랴트인·칼묵인의 관습법에서 민사·형사·재판수속 등의 대개의 규정이 공통점을 갖는 것도 이같은 원인에서 비롯되었다.

제2장 몽골법의 기록내용

제1절 칭기즈 칸의 대야사

마크리지에 의해 오늘날 전해지는 칭기즈 칸의 대야사 단편은 다음과 같다.

제1조. 간통한 자는 姦夫에게 부인이 있건 없건 사형에 처한다.

제2조. 獸姦을 한 자는 사형에 처한다.

제3조. 거짓말을 한 자, 마술을 부리는 자, 다른 사람의 행동을 몰래 정찰한 자, 서로 다투는 자들 사이에 개입하여 어느 한쪽을 원조한 자는 사형에 처한다.

제4조. 물이나 재에 방뇨한 자는 사형에 처한다.

제5조. (신용으로) 상품을 사들였다가 파산하고, 다시 상품을 사들여 파산하고 또다시 상품을 사들여 파산하기를 세 번 한 자는 사형에 처한다.

제6조. 구금자의 허락 없이 피구금자에게 음식물이나 의복을 준 자는 사형에 처한다.

제7조. 도망 노예나 피구금자를 발견하고도 주인에게 되돌려 주지 않는 자는 사형에 처한다.

제8조. 짐승을 먹으려고 할 때는 먼저 사지를 묶고 배를 가르며 짐승이 죽을 때까지 손으로 그 심장을 단단히 죄어야 한다. 이렇게 한 후 음식물로 내놓을 수 있다. 이슬람교도처럼 짐승을 도살하는 자는 자신도 도살당할 것이다.

제9조. 전투중 전진이나 후퇴를 함에 있어서 짐, 활, 수하물을 놓친 자가 있을 때는 뒤따르는 자가 말에서 내려 놓친 것을 그 소유자에게 반환해야 한다. 만약 말에서 내리지 않거나 놓친 것을 반환하지 않을 때는 사형에 처한다.

제10조. 그(칭기즈 칸)는 알리 베크(Ali Bek)와 아부 탈레브(Abu Taleb)의 자손 모두에게 조세와 부역을 면제하고, 파키르(fakir : 탁발승), 코란 암송자, 사법관, 의사, 학자, 기도와 은거에 몸을 바친 자, 무에찐(muezzin : 이슬람교 사원의 탑에 올라가 인민을 기도로 부르는 승려), 죽은 몸을 깨끗이 하는 자도 똑같이 한다고 정하였다.

제11조. 그는 모든 종교를 차별없이 존숭해야 한다고 명하였다. 그는 그 모든 것이 신의 뜻에 맞는 것이라고 하였다.

제12조. 그는 제공자가 스스로 음식에 독이 있는지의 여부를 확인하기 위해 맛을 보기 전에 음식물을 먹는 것을 금하고 있다. 제공자가 왕공(Emir)이고 받는 자가 감옥에 갇힌 자일 때도 똑같이 금하고 있다. 그는 음식을 먹으라고 권하지 않고, 그 앞에서 어떤 음식물인가를 묻지 않고 먹는 것을 금하고 있다. 그는 동료보다 더 많이 먹거나 음식물을 만드는 불과 음식물이 많이 담긴 그릇 위를 넘는 것을 금하였다.

제13조. 음식물을 먹고 있는 자의 옆을 지나가는 사람은 말에서 내려 허락을 구하지 않고 음식을 같이 먹어야 한다. 또한 음식을 먹고 있는 자도 이를 거부할 수 없다.

제14조. 그는 인민이 물에 손을 담그는 것을 금하고 물은 반드시 그릇으

로 떠야 한다고 명하고 있다.

제15조. 그는 천이 완전히 너덜너덜해지기 전에 의복을 세탁하는 것을 금하였다.

제16조. 그는 어떤 것도 不淨하다고 말하는 것을 금하고, 만물은 모두 淸淨하다고 하여 淨과 不淨의 구별을 둔 일이 없다.

제17조. 그는 여러 종파에 대해 좋고 나쁜 정을 나타내는 것, 호언장담하는 것, 경칭을 쓰는 것을 금하였다. 술탄 등을 부를 때도 그 이름을 불러야 한다.

제18조. 그는 그의 후계자들에게 출진 전에 그의 군대와 무기를 스스로 검열하여 원정에 필요한 것을 모두 보충하며, 바늘과 실에 이르기까지 모든 것을 검열하여 만약 병사 중에 필요한 것을 정비하지 않는 자가 있을 때는 처벌할 것을 명하였다.

제19조. 그는 종군하는 婦女에게, 남편이 싸움에서 물러났을 때 남편의 일을 하고 그 책무를 대행하라고 명하였다.

제20조. 그는 병사에게 그들이 遠征(전투)에서 개선했을 때 술탄을 위해 일정한 책무를 수행하라고 명하였다.

제21조. 그는 인민에게 명하여 매년 초, 모든 딸을 술탄 앞에 내놓게 하여 술탄에게 그 자신과 그 아들의 처를 고르게 하였다.

제22조. 그는 에미르를 군의 수령으로 삼고, 천호·백호·십호의 에미르를 정하였다.

제23조. 그는 에미르의 최연장자라 할지라도 잘못을 저질러 군주가 처벌하고자 사신을 파견했을 때는 그 사신이 최하위의 사람일지라도 그에게 몸을 맡기며, 군주가 명하는 형이 死刑일지라도 그 앞에 엎드려 형의 집행을 받아야 한다고 명하였다.

제24조. 그는 에미르가 군주 이외의 사람과 교류함을 금하고, 이를 어긴 자는 사형에 처하며 또한 허가 없이 자기 직을 바꾼 자도 사형에 처하였다.

제25조. 그는 국내의 사변을 일찍 알기 위하여 상설 驛傳의 설치를 술탄

에게 명하였다.

제26조. 그는 그의 아들 자가타이 벤 칭기즈 칸(Jagatai ben Junghiz Khan)으로 하여금 야사의 시행을 감시하라고 명하였다.

미르혼드(Mirhond 또는 Mirghvend)로부터

제27조. 그는 태만한 병사, 공동사냥중에 짐승을 놓친 사냥꾼을 처벌하게 하여 笞刑, 때로는 사형을 부과하게 하였다.

제28조. 살인(살인에 대한 형)사건은 몸값을 지불하면 면제해 주는데, 이슬람교도를 죽인 자는 40발리쉬(Balysh : 金), 중국인을 죽인 자는 당나귀 1마리로 정했다.

이븐 바투타(Ibn - Batuta)로부터

제29조. 그 재산에서 훔친 말이 발견된 자는 같은 종류의 말 9마리를 얹어 원소유차에게 반환해야 한다. 변상할 수 없을 때는 그 자식으로써 이를 대신해야 한다. 자식이 없을 때는 양처럼 본인이 도살될 것이다.

바르탕(Vartang)으로부터

제30조. 칭기즈 칸의 야사는 거짓말, 절도, 간통을 금하고 이웃사람을 자신처럼 사랑하라고 규정하고 있다. 사람들은 서로 상하게 하지 않으며 절대 범죄를 용서하지 않으며 나아가 복속한 국가와 도시를 지키며 신을 제사하는 신전의 조세를 면제해 주고 신전 및 그 봉사자를 존숭하라고 명하였다.

마하키아(Mahakia)로부터

제31조. (야사는 다음의 규칙을 정하였다) 서로 사랑하라. 간통하지 말라. 도둑질하지 말라. 위증하지 말라. 모반인이 되지 말라. 노인과 가난한 사람을 경애하라. 이러한 명령에 위반한 사람은 사형에 처한다.

기타 여러 자료로부터

제32조. (칭기즈 칸의 야사 규정에 이르기를) 음식물로 질식한 자는 천막 밖으로 끌어내어 바로 죽여야 한다. 一軍 사령관의 천막 문턱을 넘는 자도 사형으로 다스려야 한다.

제33조. 만약 술을 끊을 수 없으면 한 달에 세 번 마시며 세 번을 넘을 때는 이를 벌한다. 만약 한 달에 두 번 마신다면 괜찮고 한 번이라면 칭찬해야 한다. 전혀 술을 대지 않는 사람이 있다면 더욱 좋을 것이다. 그러면 어디에 이러한 사람이 있을 것인가. 만약 있다면 이런 사람은 가장 칭찬을 받을 만한 사람이다.[1]

제34조. 첩에게서 얻은 아들은 적법하므로 아버지가 정한 바에 따라 상속분을 받는다. 재산분배는 다음 원칙에 따른다. 연장자는 연소자보다 많이 받으며 막내아들은 아버지의 가재도구를 상속한다. 아들의 순위는 그 생모의 위계에 따라 정해진다. 많은 처들 중 혼인한 시기에 따라 항상 한 사람이 정처가 된다.

제35조. 아버지가 사망하면 아들은 그 생모를 제외한 아버지의 모든 처첩을 처리하는데 혹은 그와 결혼하며 혹은 다른 사람에게 시집보낼 수 있다.

제36조. 물건 여하를 불문하고 적법한 상속인 이외의 자가 죽은 자의 유물을 이용하는 것을 금한다.[2]

제2절 칭기즈 칸의 격언[3]

---

1) 이 단편은 칭기즈 칸의 격언에 들어가야 할 것이라고 생각된다(격언 제20 참조).

2) 헤럴드 램(Harold Lamb)은 그의 저서 *Jenghiz Khan, Emperor of All Men*(pp. 214~216)에서 페티 드 라 크로와(Pétis de la Croix)의 *Aberegé Chronologique de l'Histoire Ottomane*(1768)으로부터 야사 규정 22조를 인용하고 있다. 이 22조는 여기서 인용한 것과 일치하지 않는다. 연구결과 이 저자는 몽골인에 관련된 약간의 이야기를 듣고 거기에 규칙으로서의 형식을 부여하여 '야사 단편'으로 표현한 것임이 판명됐다. 분명 그는 마크리지를 알지 못했다.

3) Rashid Ed‐din, *History of Jenghiz Khan*, Ⅱ, pp. 120~131. 본서의 격언 제1, 15, 20, 21, 26, 30은 요약일 뿐이다.

제1. 준엄히 마땅함을 얻어 지배는 확고하다.

제2. 금후에 출현할 많은 군주의 아들인 귀족, 騎士, 베크(Bek)들에게 야사를 엄히 준수하게 하지 않으면 국가는 파멸한다. 사람들은 이 때에 이르러 칭기즈 칸을 찾아도 이미 망한다.

제3. 또 이르기를, 연초와 연말에 와서 짐의 뜻을 듣고서 돌아간 투멘(tümen : 1만 키비트카, 즉 萬戶), 千戶, 百戶의 베크는 군사를 지휘하는 데 부족함이 없다. 자기 천막에 앉아 짐의 뜻을 듣지 않는 자의 나라는, 마치 물속 깊이 떨어진 돌처럼, 갈대밭 안으로 발사된 화살처럼 없어질 것이다. 이러한 무리는 지휘할 자격이 없다.

제4. 또 이르기를, 그 집을 다스릴 수 있는 자는 그 영지를 다스릴 수 있다. 상황에 맞추어 十戶를 다스릴 수 있는 자는 千戶, 萬戶를 다스릴 수 있을 것이다.

제5. 또 이르기를, 내 몸을 깨끗이 할 수 있는 자는 그 영지에서 도적의 무리를 없앨 수 있다.

제6. 또 이르기를, 十戶를 다스릴 수 없는 베크에게는 처자와 함께 벌을 주고, 그 십호 중에서 베크를 뽑아야 한다. 백호, 천호, 만호에 대해서도 마찬가지이다.

제7. 또 이르기를, 견문이 넓은 3명이 승낙하는 말은 어디에나 말할 수 있다. 그렇지 않으면 이를 신용해서는 안 된다. 자신과 다른 자의 말은 이를 견문이 넓은 사람의 말과 비교하라. 만약 그것과 합치하면 말하고 맞지 않으면 말해서는 안 된다.

제8. 또 이르기를, 윗사람 앞으로 나갔을 때는 윗사람이 묻기 전에 말하지 말라. 질문을 받았을 때는 답해야 한다. 만약 그가 먼저 말하면 그것을 잘 들어야 한다. 그렇지 않으면 달궈지지 않은 철을 두드리는 것과 같다.

제9. 또 이르기를, 살이 쪘을 때 달리고, 적당히 살이 올랐을 때나 여위었을 때 역시 잘 달리는 것은 良馬라고 할 수 있다. 위 세 가지 경우 중 한 가지 경우에만 잘 달리는 것은 양마라고 해서는 안 된다.

제10. 또 이르기를, 군사를 지휘할 上位의 베크와 모든 병사는 사냥터에서 그 이름을 떨치듯 전쟁중에도 그 이름을 영예롭게 해야 한다. 또한 고대의 신의 힘으로 한 곳에 四境을 취할 수 있도록 영광을 기원하며 전능한 신에게 열심히 기도하여 온유한 마음을 유지해야 한다.

제11. 또 이르기를, 사람들 사이에서는 입다문 송아지처럼 되고 싸울 때는 사냥을 위해 날아가는 굶주린 매처럼 되어야 한다. 그는 전투적으로 고함을 지르며 전선에 나가야 한다.

제12. 또 이르기를, 어떠한 말도 성실한 말일 때는 사람을 움직인다. 노닥거리는 말은 힘이 없다.

제13. 또 이르기를, 자신을 알고서야 다른 사람을 안다.

제14. 또 이르기를, 사람은 태양과 같지 않아서 어디서나 사람들 앞에 나타날 수 없다. 처 되는 사람은 남편이 사냥이나 전투에 나갔을 동안에는 집을 아름답고 질서있게 가꾸어야 한다. 이리하여 사자나 손님이 그 집에 찾아오더라도 모든 것이 정연하다는 것을 볼 수 있을 것이다. 처가 대접을 잘 할 때 손님이 만족하지 않겠는가. 이렇게 하여 처는 남편을 돋보이게 하고 그 이름을 험준한 산과 같이 우뚝 높여야 할 것이다. 좋은 남편은 좋은 처로 말미암아 알려진다. 불량하고 나태하며 분별력이 없고 어수선하면 남편은 불량해진다. 속담에 이르기를, '가정에서 모든 것은 그 주인을 닮는다.'

제15. 일을 성사시키려면 세심해야 할 것이다.

제16. 또 이르기를, 사냥 나가서는 많은 들소를 죽이고 전쟁에 나가서는 많은 적을 죽인다. 전능한 신이 전도를 수월하게 하면 일이 이루어지기 쉽다. 사람은 스스로 망각하고 이를 어긴다.

제17. 또 이르기를, 예순 베이(Yesun Bey)는 가장 뛰어난 용사이며 매우 숙련된 자이다. 그러나 원정중에 피로하거나 힘든 줄을 모르기 때문에 그 견디는 힘이 모두 자기와 같다고 생각한다. 사람은 모두 그 정도의 힘을 갖고 있지 않다. 그러므로 예순 베이는 군사를 지휘하기에 적합하지 않다. 군사를 통솔하기에 충분한 자는 스스로 飢渴을 느끼고 다른 사람의 힘을 살펴, 군사를 기갈로 고생하지 않게 하며 또한 네 발 달린 가축을 여위지 않게 하는 사람이다. 이런 까닭에 원정과 피곤함도 병사 가운데서 가장 약한 사람에게 맞추도록 하라.

제18. 또 이르기를, 상인이 이익을 얻기 위해 비단과 다른 우수한 도자기를 사들이고 이들 상품들에 대해 통달하는 것처럼, 베크도 또한 그 자제에게 활을 잘 쏘고 말을 잘 타는 기술을 가르쳐 상인이 거래를 능숙하게 하듯이 그들을 두려움을 모르며 과감한 사람이 되도록 전투적으로 훈련시켜야 한다.

제19. 또 이르기를, 짐 등이 죽은 후 짐의 씨족의 자손이 비단 바탕에 호화찬린하게 금실로 짠 옷을 몸에 걸치고, 맛있는 안주와 좋을 술을 제멋대로 마시며, 좋은 말을 타고 미녀를 품에 안고도, 이것을 가져다 준 것이 그 아버지와 제 형임을 말하지 않거나 짐 등과 그 위대한 날을 잊어서는 안 된다.

제20. 또 이르기를, 만약 술을 끊을 수 없다면 한 달에 세 번 마실 것이며 세 번을 넘을 때는 이를 벌한다. 만약 한 달에 두 번 마시면 좋고, 한 번 마시면 칭찬할 것이다. 전혀 술을 대지 않는 사람이 있다면 더욱 좋다. 그러면 어디에 이런 사람이 있을까. 만약 있다면 그 사람은 가장 칭찬을 받을 것이다.

제21. 또 이르기를, 오오 옛날의 신이시여, 이전에 알탄 칸(Altan Khan)이 반란을 일으켜 적이 되었음을 들어서 아시나이까. 그는 타타르 종족이 붙잡아 보낸 무고한 우킨 바르차츠(Ukin‐Barchach)와 암바가이 칸(Ambagai Kaan)4)을 살해하였는데 이 두 사람은 내 아버지와 할아버지의

---

4) 역주 : 칭기즈 칸 실록에는 우킨 바르차츠가 斡勤巴兒合黑, 암바가이 칸이 俺巴孩合軍이라고 되어 있다. 알탄 칸은 金나라 황제를 의미하며 실록에는 阿勒壇合軍으로 기록되어 있다. 또한 실록에는 斡勤巴兒合黑이 금의 황제에게 붙잡힌 것에 대한 기록이 없다. 俺巴孩가 타타르 主因의 백성에게 붙잡혀 금의 황제에게 보내졌다는 것만 보인다. 우킨 바르차츠는 칭기즈 칸의 조부

형입니다. 짐은 복수하여 그들의 피를 보려고 합니다. 신이여, 내 뜻의 올바름을 아신다면 짐에게 힘과 승리를 내려주소서. 천사, 사람들, 요정, 정령에게 명하여 짐에게 도움을 내려주소서.

제22. 또 이르기를, 짐의 射手와 병사는 밀림처럼 떠오르고 그의 처와 연인, 딸들은 붉은 꽃잎처럼 빛나고 있다. 짐의 역할과 企圖는, 그들의 입을 달콤한 설탕 선물로 가득 채우고, 그의 가슴과 등 어깨를 비단옷으로 장식하며, 좋은 준마를 타게 하며, 그 말을 맑고 달콤한 강에서 물을 실컷 마시게 하고 좋은 풀을 실컷 뜯도록 하며, 사람들이 지나다니는 큰길에서 먼저 그루터기 등 모든 나쁜 것을 청소하고 천막 안으로 더러운 물건과 고뇌의 씨앗이 들어오지 못하게 하는 데 있다.

제23. 또 이르기를, 어떤 사람이든 짐의 씨족된 자로서 승인된 야사의 규정에 반대하는 자가 있다면 말로써 그를 훈계하라. 다시 이것을 반대했을 때는 강하게 책망해야 할 것이다. 세번째로 반대했을 때는 멀리 떨어진 발쿼 쿨주르(Baljuin - Khuljur)로 보내야 할 것이다. 만약 그 곳을 떠나 돌아올 때는 이를 신문하라. 여전히 마음을 고치지 않을 때는 쇠사슬로 묶어 감옥으로 보내야 할 것이다. 만약 몸을 바르게 하고 마음을 고쳐 감옥에서 나오면 진실로 좋다. 그렇지 않을 경우에는 친족을 모아 회의를 열고 그 처치를 고려해야 할 것이다.

제24. 또 이르기를, 만호장·천호장·백호장은 각각 그 군사를 정비하여 질서가 있어야 할 것이며, 칙명이 내려왔을 때는 한밤중일지라도 지체없이 말을 달릴 수 있도록 해야 할 것이다.

제25. 또 이르기를, 오난·케루렌 두 강 가까이에 있는 바르구진 투쿰 (Bargudjin Tukum)에서 태어난 젊은이라면 누구나 지도나 지시, 경험 없이도 현명하고 씩씩하여 영웅적으로 자랄 것이다. 지식이 있고 선량할 것이다. 또한 이 땅에서 태어난 처녀는 누구든 다리(여자의 머리숱이 많아

─────────────

바르탕 바트르의 형, 암바가이는 먼 친척이 되는 일족 사람이다. 칭기즈 칸의 증조부 하브르 칸을 이어 몽골부 칸이 된다.

보이도록 덧드리는 딴 머리)나 장식이 없어도 사랑스럽고 아름다울 것이
다.

제26. 또 이르기를, (자신이 보낸) 사자가 돌아오자 무훌리 고반(Muhuli
- Govan)5)이 물었다. "네가 칭기즈 칸에게 경의를 표하고 나의 말을 전했
을 때 칸은 어떻게 행동했는가?" 대답하기를, "그는 엄지손가락을 구부렸
다." 또 묻기를, "또한 그는 나를 손가락으로 지적했는가?" "그렇다." 이리
하여 무훌리가 말하기를, "그러면 내가 죽음으로써 칸에게 봉사한 것이 쓸
데없는 것이 아니었구나." 또 묻기를, "나 이외에 칸은 누구를 가리켰는
가?" 가리키는 것은 의기양양해 하는 것이다. 그는 말하기를, "칸은 부르지
(Burji), 부르굴(Burgul), 쿠빌라이(Kublai), 질로겐(Jilogen), 하라자르
(Harajar), 자다이(Jadai), 바다이(Badai), 키실리크(Kyshlyk) 모두를 가리
켰다."6) 이르기를, "그들은 나의 앞뒤에서 구원병으로서 훌륭하게 봉사하
였다. 그들은 활을 잘 쏘고, 솔선하여 순수혈통의 말을 몰며, 손으로 새를
사냥하고, 개망으로 개를 몰았다."

제27. 또 이르기를, 하루는 한 영예로운 베크 발라 할라자(Bala Halaja)
가 짐에게 묻기를, "칸은 권력의 장악자이자 영웅으로 칭해진다. 칸이 손에
쥔 정복과 승리의 징조는 어떤 것이었는가?"고. 칭기즈 칸은 겸손히 답하
기를, "짐이 왕위에 오르기 전, 일찍이 한 사람이 길에서 말을 몰 때 여섯
사람이 다리 위에 엎드려 있다가 짐을 공격했다. 그들의 목소리를 듣자 짐
은 즉시 칼을 빼어 돌진했다. 그들은 비오듯 화살을 퍼부었으나 어느 하나

---

5) 역주 : 무훌리 고반(Muhuli - Govan)은 木谷黎, 木華黎를 말한다. 고반은 그
   의 칭호인 '국왕'의 음역이다.

6) 역주 : 부르지(Burji)는 『실록』의 孛斡兒出, 『元史』 本傳의 博爾尤을 말한
   다. 부르굴(Burgul)은 『실록』의 孛囉忽勒, 『원사』 본전의 博爾忽이다. 쿠빌
   라이(kublai)는 『실록』의 忽必來, 『원사』 太祖本紀의 虎必來이고 질로겐
   (Jilogen)은 『실록』의 余嚕軍인 듯하다. 하라자르(Harajar)는 『실록』의 合喇察
   兒이다. 자다이(Jadai)는 『실록』의 者台이고 바다이(Badai)는 『실록』의 巴歹
   이다. 키실리크(Kyshlyk)는 『실록』의 乞失里黑, 『輟耕錄』 및 『원사』 哈剌哈
   孫傳의 啓昔禮, 長春眞人의 『西遊記』에 나오는 吉息利箚剌汗이다.

짐의 몸에 꽂히지 않았다. 짐은 칼로 그들을 섬멸하고 상처 없이 다시 말을 전 속력으로 달렸다. 돌아오는 중에 시체들 옆을 스쳐 지났는데 그들의 여섯 마리 말이 주인 없이 방황하고 있었다. 짐은 이를 모두 몰고 갔다”고.

제28. 또 이르기를, 짐이 일찍이 부르지와 말을 타고 달렸다. 20명의 사람이 산꼭대기에 매복하고 있었다. 부르지는 뒤에서 말을 몰고 있었다. 짐은 그를 기다리지 않고 짐의 힘과 무용을 믿고 돌진했다. 갑자기 그들이 모두 화살을 쏘니 사방으로 화살이 날아왔다. 그래도 짐은 돌진하는데 화살 하나가 짐의 입을 맞추었다. 짐은 말에서 떨어져 중상을 입고 정신을 잃었다. 이때 부르지가 말을 타고 달려와 짐을 보니 중상을 입어 빈사상태에 놓인 사람 같았다. 짐의 다리를 끌어당겨 구슬을 굴리듯 나를 굴렸다. 즉시 물을 데워 왔다. 짐은 목구멍을 씻고 굳은 피를 토해 냈다. 짐의 몸에서 떨어져 나간 혼이 다시 되돌아오고 의식과 신체의 자유도 회복되었다. 짐은 일어나 돌격했다. 그들은 짐의 대담함에 두려워하여 산꼭대기에서 몸을 던져 죽었다. 칙명으로 부르지 노욘에게 타르칸(Tarkhan)이라는 칭호를 내린 유래는 이 때의 그 유명한 공로에서 비롯된 것이다.7)

제29. 또 이르기를, 젊었을 때 어느날 칭기즈 칸은 일찍 일어났다. 새까만 머리털 몇 가닥이 희어졌다. 측근 중 한 명이 말하기를, “오오 칸이시여 칸의 나이가 젊어 행복하옵니다. 칸은 아직 노년에 접어들지 않으셨습니다. 그런데 머리털이 희어지셨으니 어찌된 일이십니까.” 답하여 이르기를, “전능하신 신이 짐으로 하여금 만호·천호의 수장이 되게 하고, 성공의 깃발을 높이 올리려 하심이다. 이런 까닭으로 윗사람의 표시인 노년(회색)의 상징을 내 머리 위에 두었다.”

제30. 또 이르기를, 사람의 쾌락은 배신자를 복종시키고 적을 모두 멸망시켜 그 소유물을 약탈하고, 그들의 종복들에게 소리 높여 울게 하여 그

---

7) 역주 : 『실록』에는 이 이야기가 보이지 않는다. 아마 부르지는 『실록』 권4에 등장하는 제르메(者勒蔑)의 오류일 수도 있다. 그러나 제르메는 타르칸이 되지 않았으며 단지 ‘9차례 죄를 범해도 刑에 들게 하지 말라’는 특권을 부여받았다.

얼굴을 콧물과 눈물로 얼룩지게 하고, 우스꽝스럽고 우둔한 그들의 말에 걸터앉으며, 그들 처첩의 배와 배꼽을 침대나 이부자리로 삼고, 그 장밋빛 뺨을 즐기며 입맞추고 그 붉은 입술을 빠는 데 있다.

附 칭기즈 칸 왕조의 여러 칸의 격언

구유크 칸 : 몽골인의 의무는 "짐의 뜻을 행하여 부르면 오고, 명하면 가며, 짐이 이름을 부른 자는 모두 사형에 처하는 데" 있다.

바투(Batu) : "야사를 어긴 자는 모두 목 베일 것이다."

제3절 구 차진 비치크

오늘날 전해지는 이 고문헌의 단편은 매우 적다. 그 내용은 다음과 같다.

제1조. 차진 비치크에 따르면, 승려와 동거자(妾)의 간통은 전혀 벌하지 않는다.

제2조. 왕공의 妃와 간통한 자는 사죄 표시로 염소 1마리와 그 새끼를 보내야 한다.

제3조. 보통 간통에 대해서는, 姦夫는 '기만당한 남편'[8])에게 4살된 말 1마리를, 姦婦는 재판관에게 3살된 말 1마리를 바쳐야 한다.

---

8) 스파스키(Spassky)는 Hornertrager라는 용어를 '목동이나 사냥꾼들이 부는 뿔로 된 피리를 부는 자'라고 생각했다(*Sibirsky Vestnik*, 1819, VI). 그러나 알링게(Alinge)는 '기만당한 남편'이란 뜻으로 풀이하고 있다(*Mongolische Gesetze*, 1934, p. 53). 후자가 타당한 듯하다. 이와 관련하여 알링게는 같은 연구에서 종종 졸저 *Mongol Law*(러시아어, 1931)에 포함된 자료를 이용하고 있으나 유감스럽게도 항상 그 직접적인 근거자료를 들지 않고 있다(pp. 31~33, 37 ~38, 111~112 등 참조). 전거를 들고 있는 데서도 필자의 이름을 고쳐 기록하고 있다(Riasanovsky 대신 Riaz로).

제4조. 자기의 여자노예가 다른 자와 같이 있는 것을 발견했을 때는 모든 소지품을 빼앗고 말, 금 등 기타의 소지품을 몰수하며 알몸으로 쫓아버릴 수 있다. 다만 여자노예는 벌할 수 없다.

제5조. 젊은이가 성장하여 스스로 생활할 수 있게 되었을 때는 더 이상 아버지의 보호하에 있지 않다. 원한다면 가축의 일부를 나눠주기를 요구하고, 아버지의 곁을 떠나 領侯의 직접 신하가 될 수 있다.

제6조. 칼묵인으로서 다른 사람의 변발을 잡아뜯어 상처를 내거나 이를 쥐어뜯었을 때는 죄가 된다. 변발은 영후의 것이며 또는 이에 복속하는 상징이기 때문이다. 다만 묶지 않아 흐트러진 머리는 잡아당겨도 죄가 되지 않는다. 그것은 그 사람에게 속하며 영후에게 속하는 것이 아니기 때문이다.

제7조. 장막 가운데 일정한 장소, 즉 입구의 바른쪽, 난로 근처, 남편의 침대 밑에 앉은 여자는 누구든 건드려서는 안 된다. 건드렸을 경우 여자는 그를 꾸짖고 장작이나 어떤 물건이든 마음대로 던질 수 있다. 다만 서로 다투는 사이에 그 위치를 떠나거나 장막을 나왔을 때는 그 권리를 상실하며, 그녀가 모욕했을 때는 이를 처벌할 수 있다.

제8조. 여자가 영후에게 와서 자기 또는 그 일족에게 내려진 재산형의 면제를 탄원했을 때는 그녀의 마음가짐을 존중하여 보통 소액의 재산형은 면제하고 거액은 반감해 준다.

칼묵은 여자를 존중하고, 여자에 대한 모욕은 그것이 무엇이든 보통보다 엄한 형벌을 내렸다.[9]

---

9) 단편 제7조와 8조에는 칼묵인이라고 되어 있으나 이는 근대의 명칭이다. 팔라스는 이 규정들이 그의 시대에도 여전히 칼묵인 간에 행해졌다고 생각하였다.

제4절 1640년 몽골 오이라트 법전과
갈단 쿤 타이지의 보충칙령

1. 종교와 승려에 대한 태도

법전에는 종교 및 승려와 관계된 규정이 많은데, 모두 신앙과 여기에 봉사하는 자의 보호를 목적으로 하고 있다.

이를테면 온곤(Ongon : 우상)을 제거하라고 명하고, 이를 어긴 자에게는 재산형을 내린다(제111조). 남자 샤먼이나 여자 샤먼을 부르는 자는 그 수만큼의 말을 재산형으로 부과받으며, 샤먼도 말 1마리의 재산형을 부과받는다(제111조). 귀족의 집에 저주를 퍼부은 샤먼에게는 말 5마리의 재산형이 내려지며, 평민의 집에 저주를 퍼부은 경우에는 말 2마리의 재산형이 내려진다. 제물로 바치기 위해 붉은머리 오리, 참새, 개를 죽인 자에게는 죽인 동물 수만큼의 말이 재산형으로 부과된다(제112조). 법전은, ‘승려는 열 사람 중에 한 사람을 취할 권리가 있다’ 즉 일족 중 남자 열 사람당 한 사람을 부처에게 바칠 것을 규정하고 있는데, 친족은 바칠 사람 대신 신대금으로서 왕공의 경우 5마리, 평민의 경우 3마리의 가축을 내놓을 수 있다(제9조). 제멋대로 승려의 계율을 깨고 환속한 자는 무거운 재산형, 즉 가축과 재산의 반을 몰수당한다(제18조). 종교상의 용무 또는 공무로 여행을 하는 사자는 어느 누구보다도 우선권을 갖는다(제16조). 라마와 반디(Bandi : 수련사)로부터 짐수레를 징발한 자는 암소 1마리의 재산형에 처하며 부처에게 바쳐진 말을 짐수레용으로 징발한 자는 말 1마리의 재산형에 처한다(제19조). 말과 행동으로 승려를 모욕한 자는 엄벌에 처한다(제17조, 또한 제20조와 비교하기 바람). 승려에게 속하는 아이막을 약탈한 자는 엄벌에 처한다(제5조). 붉은 야생오리, 참새, 개를 죽여서는 안 되며 이를 어긴 자는 말 1마리의 재산형에 처한다(레온토비치판본, 제142조).

2. 여러 종족의 상호관계와 공방조직

먼저 법전은 오이라트 군사동맹에 가맹한 여러 종족 간의 상호관계를 조정하는 데 힘쓰고 있다. 법전은 지위가 높은 왕공들이 동맹을 형성하는 여러 종족을 약탈하지 못하게 하고 몽골인과 오이라트인에게 이러한 약탈 감행자에 대해 공동의 힘으로 처벌할 것을 명하고 있다(제1·2조). 또 바르구 부랴트(Bargu‑Buriat) 종족과 코이트(Khoit) 종족으로부터의 탈주자를 몽골인과 오이라트인에게 분배할 것을 규정하고(제3조) 공동의 힘으로 적을 격퇴할 것을 규정하고 있다(제4조). 또한 적의 출현을 통보하지 않은 자에 대해 엄벌을 규정하고 있다(제4·13조). 다른 종족으로부터 도망한 자를 비호하거나 살육하는 것을 금하고(제6·8·99조) 법전을 범한 자에게 부과할 형벌을 정하고 있다(제10조).

이 동맹의 군사적·약탈적 성질과 유목 몽골 민족의 전반적인 생활양식의 실제는 여기서 인용한 여러 규정에 의해 명확히 드러나는데, 이는 외적에 대한 攻防組織에 관한 다른 여러 규정으로 다시 분명해진다.

이를테면 40키비트카(戶)는 각기 甲冑 둘을 제공해야 한다(제37조). 경보가 내려졌을 경우 모든 사람은 왕공 앞에 모여야 하며 이를 어긴 자는 무거운 재산형에 처한다. 싸우다 도망친 사람은 여성용 소매없는 짧은 옷을 입는 치욕형에 처한다(제11조). 적의 대군이 접근했다는 것을 통보하지 않은 자는 극형 즉 死刑, 전 재산 몰수, 죄인 자손의 추방에 처한다(제13조). 외적이 장막을 약탈하며 또는 가축무리를 몰고 갔을 때 이를 발견하거나 들은 사람은 외적을 추격하여 가축을 구출해야 한다. 이를 태만히 한 자는 재산의 반을 몰수당하며 가축무리를 구출한 자는 가축 또는 재산의 반을 포상으로 받는다. 만약 구출한 자가 사망한 경우(살해되거나 부상당했을 경우)에는 법규에 비추어 그 가족에게 배상금을 지급한다(제15조). 격투를 벌여 절도당한 가축을 탈환한 자는 구출된 가축 5마리당 종마 1마리를 포상으로 받는다. 4마리 또는 3마리일 경우 3살된 암말을 얻는다. 격투를 벌이지 않고 가축을 탈환한 자는 보다 적은 포상을 받는다(제130조). 전쟁중에 왕공이나 고관 등의 생명을 구한 자는 타르칸이라는 지위를 얻으며, 왕공을 위험한 지역에 방치한 자는 사형과 재산몰수형에 처한다(제12조). 전투중에 적을 쓰러뜨린 자는 그의 갑주를 받으며 적을 쓰러뜨리는 것을 도운 자는 죽은 적의 무기, 투구 등의 장비를 받는다(제50조). 적으로부터 도망치는 사람을 구한 자는 포상으로 말 2마리와 갑주를 받으며, 적 가운데 깊이 들어간 사람을 구출한 자에게는 전리품에서 가축 9마리가 주어진다(제51조). 전쟁중에 실수로 자기편을 죽인 자는 가축 9마리의 재산형에 처한다(제54조). 사냥하다가 일어난 같은 경우의 살인은 보통 살인에 대해 내려지는 형벌의 반이 내려진다(제15조).

3. 목축과 수렵

전쟁과 약탈 이외에 몽골인이 생활자료를 얻는 중요한 방법은 목축과 사냥이다. 가축은 몽골인에게 부의 중요한 근원이었기 때문에 (화폐 대신) 교환단위가 되고, 또 재산형 납입 등의 수단이 되었다. 몽골법 관계 기록에서 재산이라는 개념은 보통 '가축과 재산'이라는 말로 표현된다. 이를테면, '가축과 재산을 빼앗는다(전 재산을 몰수한다)', '가축과 재산의 반을 취한다' 등과 같은 것이다(법전 제15조, 1815년 이번원칙례 제3편 제183조 참조). 따라서 1640년 법전에 목축 관계 법규가 포함되어 있는 것은 당연하다. 가축의 절취는 엄하게 처벌하였다(뒷부분 참조).

자기의 가축무리에 다른 자의 가축이 섞여 있을 때는 24시간 이내에 이를 공고해야 한다. 이 절차가 끝나면 그 가축을 몰아 털을 깎고 귀에 낙인을 찍을 수 있다. 그러나 공고하지 않은 채 섞인 가축을 몰래 차지했을 때는 원소유자에게 재산형을 지불해야 한다(섞인 가축을 몰면 3살된 암말 1마리, 털을 깎으면 가축 5마리, 낙인을 찍으면 가축 9마리 : 제69조).

과실로 다른 사람의 가축을 죽인 자는 벌로 같은 수의 가축에다 말 1마리를 얹어 배상해야 하며(제92조), 고의로 남의 가축을 죽인 자는 절도와 똑같이 처벌한다(제102조). 끌려가는 도중에 가축을 도로 빼앗은 자는 특별히 포상을 받으며, 가축이 끌려가는 것을 알려주지 않은 자나 범인을 뒤쫓지 않은 자는 엄벌에 처한다(제15조). 끌려가는 도중에 가축을 구출하거나 들짐승의 공격, 물·불의 재난으로부터 가축을 구출한 자에 대한 포상도 규정되어 있다(제57·80·134조). 가축의 시체는 먹거리로 사용되기 때문에 가축소유자의 것으로 간주되며, 다른 사람이 이를 몰래 차지하면 재산형에 처한다(제68·81·113조).

사냥은 유목민의 제2의 평화산업으로, 그들은 몰이(몰이꾼이 모는 것)나 추적으로 사냥을 한다. 사냥에는 질서가 엄격히 지켜진다. 몰이 때 다른 사냥꾼의 옆을 통과하거나 멈춰선 자는 가축 5마리의 재산형에 처한다. 선 밖으로 나가거나 다른 사람 앞으로 화살 셋 정도로 나간 자는 말 1마리의 재산형에 처한다. 다른 사람 앞으로 화살 둘 정도로 나간 자는 양 1마리, 화살 하나 정도로 나간 자는 화살 5개의 재산형에 처한다. 화살을 맞은 짐승의 도주 사실이 널리 알려진 다음, 이 짐승을 잡고도 사실을 숨긴 자는 짐승 5마리형에 처한다. 부상을 당했으나 화살을 맞지 않은 짐승을 숨긴 자도 같은 재산형에 처한다(제103조). 다른 사람의 사냥 새를 죽인 자는 그 말을 몰수한다(제103조). 다른 사람의 사냥 새를 죽인 범죄자는 말 1마리의 재산형에 처한다.[10] 사냥하다가 과실로 사람을 죽인 자는 보통 살인죄에 대한 벌금의 반을 부과한다(제55조). 자동활로 사람이 살해되거나 부상당한 경우, 그 설치를 공고했을 때는 자동활 소유자는 손해를 배상해야 한다. 공고를 하지 않았을 경우에는 재산형이 가중된다(제79조).

법전은 어업 관계 규정을 포함하고 있지 않으나 제107조에는 어업용 망과 그물 기사가 있다. 즉 이것들을 절취한 범인은 손가락을 절단하거나 가

---

10) 역주 : 이 한 구절은 문체는 다르지만 그 앞 문장과 같은 의미를 갖고 있다. 중복이거나 저자가 잘못 썼을 것이다. 오식으로 생각되지는 않는다.

축 5마리의 재산형에 처한다고 기록되어 있다.

4. 역전과 짐수레 운수부역

몽골에서 영구적인 驛傳制는 칭기즈 칸이 창설하였고(야사 단편 제25조), 1640년 몽골 오이라트 법전에 의해 조직화되었다. 양호한 도로가 없기 때문에 사자의 임무수행 의무와 국가 및 공공용 통신연락을 위한 의무적인 짐수레 운수공출은 주민들에게는 대단히 무거운 부담이었다.[11]

법령에 의해 인민은 3대의 짐수레 운수부역을 요구받았다. 종교 및 정무상의 임무를 띤 사자는 운수부역 및 식량·사료를 징발할 때 다른 사람보다 우선권을 갖는다. 왕공 또는 그 비의 질병, 혹은 큰 적의 습격과 관계된 심부름을 할 경우, 운수부역의 의무를 진 자는 그 순번에 해당하지 않더라도 사자에게 이를 제공한다. 이 법령을 준수하지 않은 자는 벌 9의 9배의 중형에 처한다(제16조). 중요하지 않은 (공공)사무 임무를 띤 사자는 다만 자기 소속의 아이막에서만 운수부역을 징발할 수 있다. 이를 위반하고 다른 아이막으로부터 징발을 한 경우에는 3살된 암말 1마리의 재산형에 처한다. 사자를 말에서 잡아당겨 떨어뜨린 자는 벌 5에 처한다. 운수부역의 공출을 거부한 자, 제공된 것을 폭력으로 도로 찾는 자, 마부를 구타한 자는 말 1마리의 재산형에 처한다. 사자를 사칭하고 운수부역 및 식량·사료를 징발한 자는 벌 9 또는 5打 및 벌 9에 처한다. 양자 중 하나를 범한 자는 벌 5에 처한다(제23조). 나쁜 일을 계획하는 사람을 눈감아주고 이에 운수부역과 식량·사료를 제공한 자는 벌 9의 7배에 처한다(제77조).

---

11) 이번원칙례(1789, 1815)는 역참에서의 힘겨운 노동을 다하게 하기 위해 특정지역에로의 특수유형까지 규정해 두었다.

5. 씨족생활과 상호관계

서몽골인의 키비트카(유르트 : 家)는 아울(Aoul) 또는 호슌(제15~125조
: 칼묵어로는 Khoton)으로 조직된다. 아울은 아이막으로(제23조), 아이막
은 오토크로(울루스 : 제122조), 오토크는 종족으로, 종족은 오이라트 동맹
으로 각기 조직된다. 유목 몽골인은 씨족생활을 하고 있었다. 아울(天幕)은
대가족을 이루며 가까운 아울에는 가장 가까운 친족이 모두 모여 아이막을
형성한다. 하나의 오토크는 여러 아이막을 통합한 것으로서 하나의 씨족을
형성하고 종족의 일부를 이룬다. 하나의 종족은 보통 왕공령으로 조직되어
있다. 씨족을 유지하기 위해 법전은 의무결혼을 규정하고 있다. 즉 매년 40
키비트카 중 4키비트카는 그 자식을 결혼시키며, 열 사람은 한 사람의 혼
인을 원조해야 한다(제37조). 법전은, 인민이 다른 호슌을 떠돌아다니는 것
을 금하며 이러한 사람을 모아 새로운 아이막과 오토크를 만들 것을 규정
하고 있다(제125조).

개인뿐 아니라 전 아이막도 거주지를 변경할 수 없으며, 도망자는 그가
속한 아이막으로 귀환시켜야 한다고 되어 있다(제112·133조). 가족은 엄
격한 부권제 아래 있으며 전 가족은 가장에게 종속되어 있다. 가장의 권력
은 매우 강대하여 남편은 버린 처를 죽이더라도 벌 9의 5배에 처해질 뿐이
다. 이는 노예를 죽인 경우와 동일한 형이다(제32·33조). 버려진 처의 형
제와 아이막의 형제(친족)는 그녀를 되살 권리가 있다(제116조). 연상의 친
척에 대한 모욕, 구타, 살인죄는 다른 사람에게 저지른 동일한 죄보다도 무
겁다(제17~30조). 원칙상 재산은 전 가족이 공유하지만 구 차진 비치크에
보이듯 스스로 생계를 꾸릴 수 있는(즉 성년에 달함) 자식은 재산분배를
요구하고 자신의 가정을 준비할 수 있으며[12] 사유재산도 존재한다(뒷부분
참조). 친족관계는 남계만 인정되나 어머니 가족에 대해서도 일정한 친족
관계가 존재한다. 이를테면, 어머니쪽의 백숙부와 조카 사이의 채무관계는

---

12) 이는 분명 1640년 법전 제34조에 의해 확인된다.

인정되지 않으며 어머니쪽 친족으로부터 절취한 것은 범죄로 간주되지 않아 절취한 물건에 해당하는 액수를 지불하거나 피해자에게 선물로 변상만 하면 된다(제118조). 법전은 그 성원이 저지른 행위에 대한 씨족의 연대 책임을 인정한다. 이를테면 제13조는 강적의 습격 사실에 대한 보고를 태만히 한 자의 자손을 추방하는 것을 규정하고 있으며 제15조는 범인의 형제에게 손해지불을 명하고 있다.

상호관계에 관해서는, 오이라트 동맹 시대의 입법은 상호부조와 자선을 규정하고 있다. 갈단 칸의 한 칙령은 오토크의 행정수뇌에게 명하여 각 50 키비트카의 뎀치는 빈곤자와 집 없는 자를 구호해야 하며, 이를 어긴 자를 엄벌에 처한다고 하고 있다. 구호수단이 부족할 때는 뎀치가 가축 감독자에게 보고하고, 가축 감독자는 대신 빈곤자를 구호해야 한다. 만약 그 역시 할 수 없다면 이를 상급기관에 보고해야 한다. 구호를 담당해야 할 자의 태만으로 빈곤자가 죽었을 경우 일반 살인죄와 마찬가지로 처벌된다(제122조). 목마른 자에게 쿠미스(말이나 낙타 젖으로 만든 술)를 주지 않은 사람은 누구를 막론하고 양 1마리의 재산형에 처한다(제87조). 하룻밤 숙박을 거절한 자는 3살된 암말 1마리의 재산형에 처한다(제24조). 법전은 혼인을 해야 할 자를 원조해 줄 것을 규정하고 있다(제37조). 보통 위험에 빠진 사람, 가축, 재산의 구조와 구출에 대해 포상이 주어지며, 물과 불의 재난으로부터 사람을 구한 자에게는 가축 5마리가, 노예를 구한 자에게는 말 1마리가, 한 세트의 갑주와 철방패를 건진 자에게는 말 1마리와 양 1마리가, 재산이 들어 있는 천막을 구한 자에게는 말과 소 각기 1마리씩이 주어진다(제57조). 병든 자를 치료하고 산욕에 있는 부인을 간호하거나 졸도한 사람을 소생시킨 자에게는 먼저의 계약에 따라 지불이 이루어지며 계약이 없는 경우에는 말 1마리를 지불한다(제83조). 말 아래서 우는 아이를 구조한 자에게는 양 1마리가 주어진다(제114조).

여자에 대한 태도는 집안과 집밖의 두 범주로 나눠진다. 부권제 생활양식은 가정 안에서 여자의 지위를 종속적으로 만들었다. 딸뿐만 아니라 피후견인인 여자도 가장의 권력에 복종한다(제40조). 자기가 버린 처를 죽인 남편은 노예를 죽인 것과 같은 재산형에 처한다(제33조). 버려진 처는 여러 마리의 가축으로(그 친족에 의해) 되사들여진다 — 여기에 필요한 마리 수는 하층계급의 경우 말과 낙타 각 1마리로부터 귀족 처의 경우 9마리까지로 다양하다(제100조). 전투중에 부인 있는 사람을 죽인 자는 그 처를 책임지고 떠맡는다(제50조). 그러나 가정 밖에서의 여자의 지위는 구 차진 비치크에서와 똑같이 관대한 원칙이 보인다. 이를테면, 술이나 양고기를 다른 사람 곁으로 보내는 도중에 그 일부를 훔쳐도 너그러이 봐준다(즉, 그 책임을 지지 않아도 된다). 그러나 그것이 많을 때는 그 대가의 반을 지불해야 한다(제65조). 여자의 머리털 또는 모자의 털을 뽑은 자는 벌 9의 재산형에 처한다. 낙태의 원인을 제공한 자는 태아의 달수와 같은 벌 9에 처한다. 여자에게 함부로 대하는 자는 처벌한다. 10살 이상된 여자에게 입을 맞추거나 가슴을 만지면 형벌과 재산형에 처한다(제73조).

6. 사법

1) 물권법

17세기 몽골의 여러 종족은 앞에서 언급한 원시적 씨족공산제의 발전으로 큰 변화를 겪었다. 사유재산도 인정되기 시작했다. 법전의 규정 중 어떤 것은 가족공산제와 씨족의 연대책임제와 관련되어 있으나(제13·15·116조), 도시뿐 아니라 향촌 주민들 간에 사유재산이 발생하는 것을 막은 것은 아니었다.

부동산 사유권은 아직 존재하지 않았다. 토지는 종족이나 씨족(오토크)이 사용하도록 위임되고, 전 아이막과 개인은 모두 오토크 내에서 막영지를 이동할 수 없었다(132조). 각 씨족 및 가족은 전 씨족의 공유재산으로 인정된 일정한 땅에 천막을 세워야 했다. 그러나 동산의 사유권은 확실히 존재하였다. 사유자, 재산소유자의 관념은 법전 전체에서 나타나고 있다. 물건 소유자는 그 사용권을 소유하며, 재산상의 손해를 가한 자는 그 소유자에게 배상을 했다. 자동활이 발사되어 죽은 동물은 활 소유자의 것이 되었다(제79조). 길 잃은 가축을 붙잡아 이를 자기 가축으로 삼은 자는 발각될 경우, 정당한 소유자에게 5마리를 지불해야 했다(제92조). 갑옷과 투구를 착용한 자를 죽인 자는 누구든 그것을 소유했다(제50조). 투구를 다른 사람에게 준 자는 그 대가로 가축 5마리를 받았다(제58조).

제119조는 동산 회복권의 원칙을 다음과 같이 규정하고 있다. 도망한 가축의 소유주는 그 반환을 요구할 권리가 있다(신용있는 증인이 있을 경우). 그러나 그 가축이 제3자의 소유로 되어 있고, 더욱이 그것을 선의로 산 것이었을 경우에는 원소유자가 상반신 즉 가축의 몸통 중 우량한 부분을 취하고 구매자가 볼기 부분, 즉 열등한 부분을 취한다.

물론 앞에서 언급한 여러 규정 및 다른 규정에는 종종 가장이 현실의 재산권을 부여받고 있는 가족 이익의 대표자로서 행동하는 가족공산제와 합치하고 있다. 분명 이것은 어느 정도까지 17세기 몽골인의 상태였다. 한편으로는 물건의 소유자, 가해자의 개인적 책임에 관한 규정이 항상 나타나며 다른 한편으로는 가족의 연대책임, 씨족의 연대적 권리·의무와 관계된 것은 비교적 조금밖에 보이지 않는다(제13·15·116조). 또한 戰功에 대한 개인적 보수 - 이는 공동전리품과 다르며, 가족의 재산으로 생각하기 어렵다 - (제50·51조), 자식이 아버지의 재산과 별도의 재산을 소유하는 일(제27~30조), 유산의 분배 등의 규정도 있다. 이상을 보건대, 이 시기에는 동산에 대한 개인의 권리가 이미 뚜렷한 발전을 보이고 있으며, 개인의 노동과 생업을 통해 얻은 재산이 씨족생활 및 가족재산의 여러 요소와 나란히 병존하였다는 결론을 내릴 수 있다.

2) 채권법

채권 관계는 아직 충분히 발달하지 않아 이에 관한 법전 규정은 매우 적다. 제38조는 차용해서 잃은 것의 상환을 규정하고 있으며 제119조는 매매에 대해 기술하고 있다. 또 채권 관계 규정도 있다(제63·127조). 법전은 다시 어떤 경우의 위임(negotiorum gestio) 규정을 포함하고 있다. 채권회수에 관해서는 다음과 같은 규정이 있다. 채권회수를 요구하는 채권자는 증인 앞에서 자신의 의지를 세 번 채무자에게 선고하고 술렝가(Suleng a)13)에게도 이 뜻을 통고해야 한다. 이렇게 하여 비로소 채권(가축과 재산)을 회수할 권리를 갖는다. 술렝가에게 통고하지 않았을 때는 말 1마리의 재산형에 처한다. 채권자가 예고없이 대낮에 채무자의 재산을 취하면 채권은 소멸하며, 밤중에 이를 취하면 벌 9에 처한다(제63조). 법전에는 시효가 정해져 있지 않으나, 갈단 칸의 한 보충칙령은 갈단 칸의 아버지 바투르 쿤 타이지의 사망(1654) 이전의 모든 채권은 소멸되며 1654년 이후 계약된 것은 증인 앞에서 체결된 것에 한해 인정을 받는다(즉 그 지불을 청구할 수 있다)고 선언하고 있다(제127조).

3) 친족법

몽골 오이라트 법전은 일부다처제를 인정하고 있다(제33조). 앞에서 보았듯이 법전은 씨족의 유지를 위해 의무결혼을 규정하고 있다. 즉 40키비트카 중 4키비트카는 매년 그 자식을 결혼시키도록, 즉 10명이 결혼하는 1명을 원조하게 되어 있다(제37조).14) 여자의 결혼연령은 15세(정확히 15세 이상 : 제36조)로 정해져 있다. 결혼을 시킬 때 그 양친이나 보호자는 結納(身代金 : 부랴트인은 칼림이라고 부른다)을 받고, 딸에게는 지참물을 주었다. 칼림과 지참물의 다과는 결혼하는 사람의 사회적 지위에 따라 다르다(제35·40조). 이를테면 타부난의 약혼에서는 신부집에 칼림으로서 귀중품 30, 소 150마리, 양 400마리를 보낸다. 평민 사이에서는 낙타 2마리, 소

---

13) 술렝가라는 것은 20키비트카의 장이다.
14) 레온토비치판본 제47조에 의하면 "원조를 받지 못해 혼인하지 못하는 사람이 있으면 그가 속한 10키비트카는 재산형에 처해진다."

10마리, 양 15마리만으로 족하다. 보통 혼인지참물은 칼림 액수에 따라 다르다. 왕공의 혼인지참물은 법전에 규정되어 있으나 당사자의 협정으로 이를 줄일 수 있다. 사위는 혼인지참물에 상당하는 가치의 선물을 보내야 한다(술렝가 및 중류계급의 약혼에 관한 규정에 따라).

  뎀치 딸의 혼인지참물은, 수놓은 옷 10벌, 수놓지 않은 옷 20벌, 안장과 말굴레 각 1, 모피 외투 1벌, 소매없는 짧은 옷 1벌, 말 2마리로 정해져 있다. 술렝가의 딸은 수놓은 옷 5벌, 수놓지 않은 옷 15벌, 낙타와 말 각 1마리로 정해져 있고 중류계급은 수놓은 옷 4벌, 수놓지 않은 옷 10벌, 낙타 1마리, 말 1마리로 되어 있다. 하층계급은 말, 낙타, 모피 외투, 소매없는 짧은 옷, 안장, 굴레 각 하나씩으로 정해져 있다(제35조). 약혼한 여자가 20살이 되면 약혼자의 아버지(장래의 시아버지)에게 이 사실을 알려야 한다. 그러나 그 후 결혼이 성사되지 못했을 때는 이를 왕공에게 신고하고 나서 다른 곳으로 시집갈 수 있다. 왕공에게 신고하지 않고 딸을 다른 사람에게 시집보냈을 때는 먼저 칼림으로 받은 것을 반환해야 하며, 그 위에 법률에 따른 처분을 받게 된다. 혼례잔치가 끝난 후 신부가 죽었을 때는 혼인지참물은 사위의 소유로 돌아가며, 잔치 이전에 죽었을 때는 사위가 칼림의 반을 반환해 달라고 요구할 권리가 있다(제37조). 약혼한 후 딸의 부모가 딸을 다른 사람에게 시집보냈을 경우 계급에 따라 차별적인 재산형에 처한다. 즉 귀족은 벌 9의 5배, 중류계급은 벌 9의 3배에 낙타 1마리, 하층계급은 벌 9에 낙타 1마리이다. 여기에 덧붙여 첫 약혼자는 신부에게 준 칼림의 반환을 요구할 권리가 있으며, 만약 결혼이 딸 부모의 동의없이 행해진 경우 제2의 신랑(夫)은 신부를 잃을 뿐 아니라 그 부모에게 결납으로서 3배로 배상을 해야 한다(제39조). 약혼자가 있는 처녀에게 사랑의 도피를 권한 자는 귀족은 벌 7, 중류계급은 벌 5, 하층계급은 낙타 1마리의 재산형을 부과받는다(제41조). 일부다처는 허용되고 있다(제33조). 가족은 부권제하에 있었으므로 남편과 아버지의 권력은 절대적이다. 전쟁중에 남자를 죽인 자는 포상으로 그 처를 얻을 권리가 있다(제50조). 자신이 버린 처를 죽인 자는 겨우 벌 9의 5배에 처해진다(제33조). 남편에게 버려진 처를 사려는 자는 귀족의 처일 경우 가축 9마리와 귀중품 1개, 중류계급의 처일 경우 가축 5마리, 하층 평민의 처는 말과 낙타 각기 1마리씩을 지불하고 살 수 있다(제100조). 남의 처를 저항받지 않고 유괴한 자에 대해, 본남편은 처를 되찾고 유괴자의 가축을 빼앗을 권리를 갖는다. 처의 형제는, 처에게 지불된 칼림과 같은 액수를 지불하고 되살 수 있으나 그런 능력이 없을 때는 그녀의 아이막 형제(친족)가 가축 9마리를 지불하고 살 수 있다. 그런데 후자에게 그럴 만한 자산이 없을 때는 왕공이 이를 결정한다(제116조).

법전은 양자를 맞이하는 것, 정확히 말해 양육을 목적으로 어린이를 맞아들이는 것을 허용하고 있다. 부모 이외의 사람에게 양육된 딸은 양육해준 부모의 자유에 맡겨진다(제41조). 부모가 다른 사람에게 버려진 딸을 되사고 싶어할 때는, 그 딸이 9세 이상 15세 이하일 때 가축 9마리를 대가로 지불해야 한다. 그 딸을 좋지 않게 양육했을 때는 그 반만 지불해도 된다. 15세 이상일 경우에는 되살 수 없기 때문에 딸은 양육한 부모 곁에 머물러야 한다. 이러한 딸이 결혼을 할 때는 친부모와 양부모가 칼림을 반반씩 수취하며 모두 혼인지참물을 줄 책임이 있다. 양자는 양부모의 슬하를 떠나거나 그 아이를 데리고 갈 수 있으나, 그 처 및 딸에 대한 결납을 지불해야 한다(제40·117조).

법전은 가정 내의 징벌을 허용하되 거기에 제한을 두고 있다. 아버지가 잘못을 혼내 주기 위해 아들과 며느리를 때려도 죄로 간주되지는 않으나, 불법적인 이유로 구타할 경우 심할 때는 벌 9, 보다 가벼울 때는 벌 5, 가벼운 매질일 때는 말 1마리의 재산형에 처한다. 아버지가 불법으로 며느리를 구타하면 벌 9의 2배에 처하며, 가벼울 때는 벌 5에 처한다(제29조). 아버지가 아들을 죽이면 재산을 몰수한다(제31조). 아들이 아버지에 대해 범한 죄악, 또한 일반적으로 연장자에 대해 저지른 죄악에는 무거운 형을 부과한다(제27조).

4) 상속법

상속법과 관련된 것은 겨우 1개 조에 불과하다. 즉 아버지는 규칙에 따라 자식에게 재산을 분배해야 하지만, 아버지가 가난해졌을 때는 가축 5마리당 1마리를 취할 수 있다(되돌려 받음)는 것이다(제34조).

아들만이 상속인이 될 수 있고 딸은 전혀 유산을 받지 못한다. 다만 혼인지참물을 받는다. 아들에 대한 재산분배법은 법전에 기록되어 있지 않으나 이는 규칙과 관습에 따라 행해진 듯하다. 제34조는 사후의 유산분배뿐 아니라 아버지 생전의 유산분배도 규정하고 있는 듯하다(『고대 러시아법』 제10권 제1부의 예행상속 참조). 이는 아버지가 빈곤해졌을 때 가축 5마리당 1마리를 취할 수 있다는 기술로 보아 분명하다. 만약 재산분배가 사후에만 행해졌다면 이 규정은 무의미하고, 아버지 생전에 행해질 때만 비로소 의미를 갖기 때문이다. 더구나 구 차진 비치크에서는 성장한 아들에게 상속분을 요구할 권리가 있음을 규정하고 있다.

7. 형법

1) 형벌체계

1640년 몽골 오이라트 법전의 형벌 규정은 대야사보다 훨씬 관대하다. 야사에서 빈번히 적용된 死刑이 몽골 오이라트 법전에서는 전혀 보이지 않는다(死刑은 국가방위와 관련된 3가지 경우에만 적용). 이 법전의 연구자는 이러한 변화는 모두 사형을 거부하는 불교(라마교)의 영향에 기인한 것으로 여기고 있다. 필자는 이를 부정하지는 않지만, 구 차진 비치크의 형벌 규정이 특히 몽골인이 불교를 신봉하기 이전에 발표되었음에도 불구하고 대야사보다 현저히 관대했음을 지적하고 싶다. 신체훼손형은 종종 보이지만 그것은 항상 재산형으로 대신할 수 있었다. 금고나 구류, 즉 보통 자유박탈형은 그 성격 및 생활양식과는 전혀 어울리지 않기 때문에 유목민에게는 거의 사용되지 않는다. 사실 금고형은 법전을 통틀어 단 한 군데서만 보인다('쇠사슬로 묶는다' : 제123조). 재산 몰수는 약간의 경우에 행해졌다. 그러나 법전에서 사용되는 주요형벌은 재산형이고, 이는 범죄와 범인 및 피해자의 사회적 지위에 따라 현저한 차이가 난다. 법전에 규정된 형벌은 그 경중에 따라 다음과 같이 분류된다.

① 전 재산의 몰수와 자손 추방을 동반하는 死刑 : 大敵의 접근을 알고 이를 왕공에게 통지하지 않은 자(제13조), 경보를 들었으면서도 왕공을 원조하지 않은 자(제14조)에게 내린다.

② 사형 : 왕공을 위험한 곳에 방치한 자에게 내린다.

③ 사지 절단형 : 자신의 관할구역 내에서 일어난 절도를 보고하지 않은 키비트카의 수장은 두 손을 절단한다.15) 지정된 가구 및 사냥도구를 절취한 자는 손가락을 절단한다. 다만 이 형은 벌 5의 재산형으로 대신할 수 있다('만약 그가 손가락을 아끼면 벌 5를 부과한다' : 제107조). 남의 처가 다른 사람의 처를 죽이면 가해자의 남편은 피해자의 친족에게 재산형(살인으로 간주된다)을 지불하든가 가해자의 귀를 잘라 피해자 남편에게 주든가 자유에 맡겨야 한다(제33조).

④ 채찍형16) : 사자를 사칭하여 사자를 위해 준비된 짐수레와 식량·사료를 이용하는 자(제23조), 시아버지를 구타한 며느리(제28조)에게 내린다.

⑤ 쇠사슬로 묶는 형 : 10키비트카의 한 무리 안에서 일어난 절도를 은폐했을 때는 10키비트카 전원은 쇠사슬로 묶는 형을 받는다(제123조).

⑥ 闕所(전 재산 몰수)17) : 이 형벌은, 법전에 위반하여 인민을 구타하고

---

15) 레온토비치판본에 의하면 그 손가락으로 되어 있다(제155조).

16) 골스툰스키판본에는 다만 때린다고만 되어 있지만 레온토비치판본에는 채찍으로 때린다(제41조)고 되어 있으며 팔라스판본(제35조)도 마찬가지이다.

17) 闕所(ruin)라는 말은 범인재산의 약탈(고대 러시아법의 'potok' 및 'razgrablenie')인지 또는 단순한 몰수인지 법전의 내용만으로는 분명하지 않다. 법전 제13조를 제1조와 제5조와 비교해 보면 후자의 견해가 타당한 듯

大아이막을 약탈하며(제1조) 또는 손위의 왕공을 모욕한 수령(제2조), 부모를 살해한 자식(제30조), 자식을 살해한 아버지(제31조), 고귀한 사람을 살해하거나 방화한 자(제59조), 절도 3범(제124조)에게 내린다.

⑦ 면직 : 뎀치와 오토크 司政官의 태만(제122조), 재판관의 편협되고 불공평한 판결(제129·135조)에 대해 내려진다.

⑧ 치욕형 : 적으로부터 도망친 자에게는 무거운 재산형 외에 이 형이 내려진다. 이 경우 비겁자에게는 여성용 소매없는 짧은 옷이 입혀진다(제11조). 여자에게 지각없는 행동을 한 자는 재산형에 처해지는 것 외에 음부를 채인다(제73조).

⑨ 재산형(주로 벌 9를 단위로 한다) : 이는 형벌의 주요 부분을 구성한다.

⑩ 재산형을 질 수 없을 경우, 범인을 피해자에게 (노예로 삼기 위하여) 인도한다(이를테면 절도의 경우 제86조).

⑪ 인간을 문제삼는 재산형(레온토비치판본 제12조).

법전에서 처벌을 규정하는 범죄는 다음의 범주로 구분된다. 즉 종교 및 승려에 대한 죄, 국가 및 정부에 대한 죄, 독직죄, 사회에 대한 죄, 개인에 대한 죄, 재산범 등이다.

2) 종교와 승려에 대한 죄

이 문제는 이미 종교 및 승려에 대한 태도를 다룬 부분에서 언급하였기 때문에 승려에 대한 모욕, 비방, 가해에 대해서는 무거운 형벌을 내렸다는 것만을 기술하고 넘어가기로 한다.

3) 국가와 행정질서에 대한 죄

여기에 속하는 범죄는 다음과 같다. 대적이 습격해 오는 것을 보고하지 않은 죄 : 死刑과 전 재산 몰수, 그 자손의 추방(제13조). 경보를 받았는데

하다.

도 오지 않은 죄 : 전자와 같은 형(제14조). 왕공을 위험한 곳에 방치한 죄
: 범인의 사형과 전 재산 몰수(제11조). 인민살육과 대아이막의 약탈 : 범
인의 전 재산 몰수(제1조). 소아이막의 약탈 : 갑옷 투구 100벌, 낙타 100마
리, 말 1천 마리의 재산형(범인이 관리라면 그 밖에 귀중품 5개, 관리가 아
니면 전 손해를 배상해야 한다 : 제2조). 적과 항전하는 데 와서 원조하지
않은 자는, 대왕공은 갑옷 투구 100벌, 낙타 100마리, 말 100마리의 재산형,
소왕공은 갑옷 투구 10벌, 낙타 10마리, 말 100마리의 재산형(제4조)에 처
한다. 왕공으로서 다수(의 다른 종족으로부터의 도망자)를 인도하지 않은
자는 갑옷 투구 100벌, 낙타 100마리, 말 1천 마리의 재산형(제8조). 법전
위반에 관해서는, 대왕공은 낙타 10마리, 말 100마리, 중왕공은 낙타 5마리,
말 50마리, 소왕공은 낙타 1마리와 벌 9의 3배, 타부난과 4장관은 낙타 1마
리와 벌 9의 2배, 울루스의 관리는 낙타 1마리와 벌 9의 재산형에 처한다
(제10조).

4) 독직죄

　군주의 유고·명령·법률의 준수를 독려할 목적에서 저지른 것일 경우
에는, 대소 왕공, 고급관리, 뎀치 혹은 술렝가가 사람을 구타해서 그 때문
에 혹 죄인이 사망하더라도 유죄가 성립되지 않는다. 그러나 완전히 권력
에 의한 구타일 때는 재산형이 내려진다. 즉 強打면 벌 9, 中打면 벌 5, 弱
打면 말 1마리이다(제21조). 왕공의 식량을 부족하게 만든 자는 벌 9의 5배
의 재산형에 처하며 고급관리일 경우에는 벌 9, 소왕공의 식량을 부족하게
했다면 말 1마리의 재산형에 처한다(제26조). 질서를 지키지 않는 촌락장
은 벌 9에 처한다(제60조). 위임받은 사명을 완수하지 않은 사자는 벌 9(제
98조). 가난한 사람의 구휼을 게을리한 뎀치와 오토크의 수장은 벌 9에 처
해지고 면직된다. 그리고 태만으로 사망자가 생겼을 때는 그 책임자를 일
반 살인죄로 논한다(제122조). 절도사건을 숨긴 키비트카의 수장은 두 손
(레온토비치판본에 의하면 손가락)을 절단당하며 다른 자는 쇠사슬로 묶인

다(제25조). 불공정한 재판을 세 차례 행한 재판관은 면직된다(제129조). 독단적이고 불공평한 재판을 행한 재판관은 면직되며 받은 뇌물은 몰수된다(제133조). 전 아이막이 막영지를 변경하면 아이막의 수장은 벌 9의 재산형에 처한다(제132조). 적과 대전하던 중에 탈주한 자는 다음과 같은 재산형에 처한다. 대왕공은 갑옷 투구 100벌, 낙타 100마리, 50키비트카(그 도구), 가축 1천 마리, 소왕공은 갑옷 투구 10벌, 낙타 10마리, 말 100마리, 울루스 관리는 귀중품 3개, 3키비트카, 말 50마리, 무장한 평민은 말 4마리와 무기, 병사는 화살통 1개와 말 1마리 등(제11조).

5) 사회에 대한 죄

법전에는 일반 생활양식 및 공중도덕을 해치는 범죄에 대한 처벌 규정이 많다. 이를테면 기혼녀와 외간 남자의 간통은 재산형에 처하고 姦婦는 벌 4, 姦夫는 벌 5에 처한다. 간통한 미혼 여자는 처벌하지 않으나 姦夫는 벌 9에 처한다(제69조). 獸姦은 벌 5에 처해진다(제70조). 피로한 말의 교환 및 여행자에 대한 숙박을 거절하면 재산형으로 3살된 암말을 부과하며 하룻밤 숙박을 거절한 자식없는 부인은 소매없는 짧은 옷 1벌을 징수당하며 '만약 무죄를 밝히려면 서약을 해야 한다.'[18] 목마른 사람으로부터 말젖(쿠미스)을 요구받고도 거절한 자는 양 1마리의 재산형을 부과받는다(제87조). 10살 이상 먹은 여자아이의 가슴을 만지거나 여기에 입을 맞추는 자는 신체형과 재산형을 부과한다(제73조). 화로 안에서 타고 있는 불에 막대기를 집어넣는 자는, 그것이 왕공의 화로일 경우 벌 9의 9배에 처하며, 평민의 것일 경우 벌 9에 처한다(제90조).

6) 개인에 대한 죄

살인

---

18) 레온토비치는 이 규정을 가지고 외부인을 환대하기 위한 매음이 몽골인 사이에 존재했음을 증명하고 있다.

귀족을 살해한 자(방화 동반)의 형벌은 전 재산 몰수, 중류계급을 살해하면 가축 300마리와 귀중품 30개의 재산형, 하층계급을 살해하면 벌 9의 15배와 귀중품 1개의 재산형에 처한다(제59조). 친부모를 살해하면 전 재산을 몰수한다(제30·31조). 버린 처를 살해한 자는 벌 9의 5배(제33조). 노예를 살해한 자는 벌 9의 5배, 여자노예를 살해한 자는 벌 9의 3배(제32조)이다. 탈주자를 살해한 자에게는 재산형을 내리며(제99조), 음식물로 질식한 자를 살해한 사람, 만취해서 남의 집에 대소변을 본 사람을 죽인 자에게는 벌 9의 5배의 재산형을 내린다.[19] 다음과 같은 사정이 있을 때는 형벌이 경감된다. 즉 백병전을 하다가 사람을 살해했을 경우는 벌 9와 귀중품 1개의 재산형(제71조). 두 사람이 놀다가 상대를 살해한 경우 벌 9, 같이 논 사람이 많을 경우에는 논 사람의 수만큼 벌 9의 재산형을 내리며, 피해자가 성년남자일 때는 귀중품 1개를 부가한다(제75조). 전투중에 과실로 자기 편을 살해한 자는 벌 9, 사냥하다가 과실로 사람을 죽인 자는 보통 이 액수의 반으로 정해져 있다(제55조). 미친 사람이 사람을 살해하면 그 재산의 반을 몰수하며(제44조), 항상 사람에게 해를 끼친 미친 사람을 죽여도 처벌당하지 않는다(제45조). 소 등의 가축이 사람을 살해했을 경우에는 그 소유자를 처벌한다. 소유주(또는 그 목동)의 개인적 감독하에 있는 가축이 귀족을 살해한 경우 벌 9와 귀중품 1개의 재산형을 내린다. 피해자가 중류계급일 경우 벌 5, 최하층 계급일 경우에는 귀중품 1개이다. 사람을 살해한 가축이 목동없이 자유롭게 방랑하였을 경우에는 가축 1마리의 재산형에 처한다(제46·48조). 사람이 타고 있는 말이 사람을 살해하면, 말 탄 사람은 목동의 감독하에 있는 가축이 사람을 살해한 경우와 동일한 재산형에 처한다(제48조). 광폭한 개가 사람을 물어 죽게 했을 때는 개 주인은 피해자가 귀족일 때 벌 9, 중류계급이면 벌 7, 하층계급이면 벌 5에 처한다(제44조).

---

19) 몽골인은 이를 흉조라고 생각하고, 칭기즈 칸 야사는 이러한 범죄에 대해 사형을 규정하고 있다.

상해

다른 사람의 손가락 6개를 절단하면 벌 9의 5배에 귀중품 1개의 재산형, 엄지손가락 또는 둘째손가락을 절단하면 벌 9의 2배에 벌 5, 가운뎃손가락을 절단하면 벌 9, 약손가락을 절단하면 벌 5, 새끼손가락을 절단하면 벌 3의 재산형에 처한다(제55조). 사람을 상해했더라도 나아서 회복했을 때는 벌 9와 귀중품 1개의 재산형에 처해진다. 경상일 경우 벌 5, 화살이 입은 옷을 관통했을 경우 말 1마리이다(제55조). 예리한 무기로 중상을 입힌 경우 벌 9의 5배의 재산형, 중 정도의 부상일 때 벌 9의 3배, 경상일 때는 벌 9, 예리한 무기로 다만 찌르기만 했으면 말 1마리의 재산형이다. 일격을 가하기 위하여 흉기를 뽑아든 자는 흉기를 몰수당하고 말 1마리의 재산형에 처해지며, 뽑아든 흉기를 빼앗아 이를 멈추게 한 자에게는 이 말이 주어진다(제71조).

강간

기혼녀를 강간한 자는 벌 9에 처해지며 처녀를 강간한 자에게는 벌 9의 2배, 여자노예를 강간한 자에게는 말 1마리의 재산형이 내려진다(제69조).

말과 행동에 의한 모욕

말로 대왕공을 모욕한 자는 전 재산 몰수형에 처한다. 중왕공을 모욕한 자에게 내려지는 재산형은 다음과 같다. 즉 말에 의한 모욕은 벌 9, 행동에 의한 모욕은 벌 9의 5배이다. 소왕공이라면 말에 의한 모욕은 벌 5, 때린 경우는 경중에 따라 각기 벌 9의 2배와 3배이다(제20조). 宮內官 또는 술렝가를 말로 모욕한 사람은 말과 양 각 1마리, 가볍게 때린 자는 벌 5, 심하게 때린 자는 벌 9의 재산형에 처한다(제20조). 교사와 부모를 심하게 구타한 자는 벌 9의 3배, 중간 정도로 구타한 자는 벌 9의 2배, 가볍게 구타한 자는 벌 9의 재산형에 처한다(제27조). 시아버지를 때린 며느리는 같은 재산형에 처하고 그 밖에 구타의 경중에 따라 30, 20, 10 打의 채찍형에 처한다(제28조). 불법으로 자식을 매질한 아버지는 구타의 경중에 따라 벌 9, 벌 5, 또는 말 1마리를 지불해야 한다. 시어머니가 며느리에게 같은 행동을 했을 때 이에 대응하는 재산형은 각기 벌 9의 2배, 벌 9, 벌 4이다(제29조). 몽둥이나 돌로 사람을 강하게 때린 자는 벌 9와 귀중품 1개, 중 정도로 때린 자는 말과 양 각 1마리씩, 가볍게 때린 자는 3살된 암말 1마리의 재산형에 처한다. 주먹이나 채찍을 사용했을 때는 각기 벌 5, 말과 양 각기 1마리씩, 3살된 말 1마리의 재산형에 처한다(제72조). 남의 옷을 잡아 찢은 자는 2살된 망아지 1마리의 재산형에 처한다. 턱수염을 잡아뜯은 자는 말과 양 각각 1마리씩이다(제12조).

여자의 머리카락이나 모자의 털을 잡아 뽑은 자는 벌 9의 재산형에 처한다(제73조). 능숙하게 말을 타고 있는 사람을 모욕하거나 조롱한 자는 말 1마리의 재산형에 처한다(제22조).

中傷

거짓으로 다른 사람을 절도범이라고 비방한 자는 재산형에 처하며 中傷으로 얻은 가축은 되돌려준다(제93조).

7) 재산범

절도

오이라트법에서 절도는 엄형에 처하며 3범일 경우 특히 엄해서 전 재산 몰수형에 처한다. '절도 3범은 추방하며 전 재산을 몰수한다'는 것은 원문 제24에 기록되어 있다. 두번째로 엄격한 것은 유목 몽골인의 기본재산이자 생활수단인 가축절취에 대한 형벌이다. 낙타 1마리 절취에 대한 재산형은 벌 9의 15배, 거세된 말이나 종마 각 1마리 절취는 벌 9의 10배, 암말 1마리의 절취는 벌 9의 8배, 암소와 2살된 망아지 또는 양 각 1마리 절취는 벌 9의 6배, 또한 제60조는 '훔친 물건의 몇 배로 도적으로부터 되찾는다'고 규정하고 있다. 길 잃은 가축을 숨긴 자가 이웃일 경우 벌 9, 먼 곳의 사람일 경우는 절도와 똑같이 처벌한다(제66, 67조). 길 잃은 가축을 자기 것이라며 횡령한 자는 벌 5에 처한다(제92조).

　군사용구의 절취에는 다음과 같은 형벌을 내린다. 무기 절취의 경우, 갑주와 10개의 화살을 넣는 화살통이 달린 좋은 활을 훔치면 벌 9의 3배이다. 방패, 소총, 좋은 검 및 큰칼, 중 정도의 활과 화살통은 벌 9이다. 품질이 떨어지는 검과 큰칼은 벌 5, 품질이 떨어지는 화살통은 염소와 새끼양 각 1마리씩이다(제38조). 재산형은 또 귀중한 가정용구의 절취에 대해서도 내린다. 비단을 안에 댄 양털가죽으로 된 상의, 호랑이·표범 등 털가죽으로 된 깔개, 검은담비 털로 만든 상의, 비단이 들어간 짧은 옷, 담비털로 만든 상의, 은 상감한 질 좋은 안장 및 말굴레, 파비이(鐙 : 말을 탈 때 딛고 올라가는 기구) 등을 훔친 자는 벌 9의 5배의 재산형에 처한다. 이리·여우·오소리·바다너구리의 부드러운 털로 된 상의나 깔개를 훔친 사람은 벌 9의 3배이다. 우수한 양털가죽으로 만든 상의, 호랑이나 표범의 털가죽, 질 좋은 면포, 무두질한 가죽, 다른 짐승의 가죽, 질 좋은 망치를 훔친 사람은 벌 9이다. 이리·스라소니·오소리·바다너구리의 털가죽, 목면으로 된 의복, 중질의 안장, 말굴레, 파비이를 훔친 사람은 벌 7이다. 검은담비·여우·다람쥐·승냥이·들고양이·담비의 털가죽을 훔친 자는 털가죽이 큰 것이면 3살된 암말 1마리, 작은 것이면 양 1마리의 재산형에 처한다. 다른 사람의 그물에 걸린 들짐승을 훔친 자는 그 짐승가죽을 절취한 것과 같은 재산형에 처한다(제78조). 위에서 언급한 것만큼 귀중하지 않은 가구를 절취한 자에게는 다음과 같은 재산형을 내린다. 철편, 작은칼, 화살, 다듬어진 줄칼, 여러 겹으로 꼬은 줄, 질 좋은 모자, 장화, 바지, 가위, 펠트로 만든 소매없는 외투, 삽, 도끼, (양)고기, 질 나쁜 양털로 만든 상의, 톱, 새와 짐승을 잡는 그물과 망, 그물 및 이와 비슷한 것을 절취한 사람에 대해 법전은 손가락 절단을 규정하고 있으나 범인의 희망에 따라 벌 5의 재산형으로 바꿀 수 있다(제197조). 작은 가정용품 이를테면 말굴레, 밧줄, 바늘, 송곳, 단추, 컵, 깔개, 주발, 모자, 장화, 양말, 양털가죽, 끈 등을 절취한 경우, 범인이 훔친 것이 질이 좋은 것이라면 새끼양 1마리가 딸린 양 1마리, 질이 나쁜 것이라면 새끼양 1마리가 딸린 염소 1마리가 부과된다(제108조).

사기

왕공에게 부정한 식료품을 바친 자는 말 1마리의 재산형, 사자를 사칭하고 짐수레 운수부역과 식량·사료를 징발한 사람에 대해서는 벌 5와 5打의 채찍형. 만약 위의 죄 중 하나를 범했다면 벌 5의 재산형에 처한다(제23조).

방화

불을 내면 엄벌에 처하는 바, 제58조에는 '(다른 사람의 재산에) 방화한 자는 매우 중한 형에 처한다'고 기술되어 있다.

범인을 숨겨주거나 도주를 도와준 자는 벌 9의 7배의 재산형에 처한다. 또 범인의 재산을 은닉한 자는 벌 9의 3배에 처한다(제77조).

대개 이상이 오이라트인의 형법이다. 이상에서 인용한 여러 규정으로 밝혀졌듯이 이 법은 일반원칙이 없고 완전히 구체적이며 개별적인 성질을 띠고 있다. 때문에 포괄적인 점에서 부족한 바가 있다. 형벌은 범죄의 객체에 의해서뿐만 아니라 그 주체에 따라서도 변하여, 법의 평등성은 존재하지 않는다.

8. 재판제도와 재판권

법전에는 재판제도와 재판권에 관한 규정이 적다. 그러나 완전히 이 부분을 목적으로 해서 만들어진(골스툰스키판본, 제134조) 갈단 칸의 특별(제2의)칙령으로 보충되었다. 오이라트 입법 중에서 재판제도와 법의 집행에 관련된 것으로는 다음과 같은 것을 들 수 있다.

‘올레트인(Olet)과 투르케스탄(Turkestan) 주민 간의 옳고 그름은 심문에 따라 (즉 재판소에 의해) 결정해야 한다’고 갈단 쿤 타이지의 칙령은 규정하고 있다. 호톤과 관계있는 사건은 그 호톤의 재판관이 판결을 내릴 것이지만 전 국민과 관계있는 사건은 최고재판소 (재판관)의 재판권에 속한다. 이를테면 올레트인과 투르케스탄인 사이의 사건이 여기에 속한다(제134조). 소송사건의 청부는 절대로 금지되며 원고는 스스로 변호에 나서야 한다(제134조). 사건심리는 일정한 장소에서 당사자 앞에서 행해지며 당사자 중 누구든 결석하면 심문은 행하지 않는다(제109 · 128조). 원고는 증인의 입회하에 피고에게 세 차례 소환을 행하며, 마찬가지로 증인의 입회하에 소환이 이루어졌음을 법정에 통고해야 한다. 세 차례씩이나 소환을 했는데도 피고가 출석하지 않을 때는 使者에 의해 법정에 소환되며, 승소나 패소에 상관없이 결석에 대한 벌로 말 1마리의 재산형을 부과한다(제109 · 126조).

중요한 증거는 죄와 증인의 증언이다. 증인은 훌륭한 (즉 충분한 신용을 가진) 증인, 이를테면 귀족 같은 사람과 신용이 충분하지 않은 증인(이를테면 노예)으로 구분된다(제62 · 109조). 여자노예는 증인이 될 수 없으나 절도범의 증거물품으로서 도둑질당한 가축의 뼈와 살을 법정에 지참하면 그 증언은 고려된다(제101조). 증인은 재판수행을 도와준 이유로 포상을 받게 되며 부과된 재산형 중 벌 9에 상당하는 부분을, 또 법정에서 판결액에 따라 재산의 일부를 수취한다(제106조). 절도 수사는 행적추적으로 행해진다. 이러한 행적추적이 고귀한 사람의 입회하에 결론에 도달하면 사건은 (절도에 관한) 법률에 따라 처리되지만, 고귀한 사람이 입회하지 않은 때는 재판소에 의해 처리된다. 만약 피해자가 개인적으로 도적의 행적을 추적할 경우 촌락의 장로는 범인을 찾아내겠다는 선서를 해야 하며, 도적은 그 범죄가 입증된 후 재산형에 처해진다(제62조). 비록 죄가 없더라도 장로는 질서유지를 태만히 했다는 이유로 벌 9의 재산형에 처해진다(제62조). 필요할 때는 가택수색을 행하며 이를 거부한 자는 재산형에 처한다(제110조). 왕공의 재판소 비용은 조세에서 지불한다(제128조). 법전은 두 당사자의 범죄행위의 상쇄를 허용하고 있으나 이를 상세히 정의하고 있지는 않다. "만약 두 범인이 법정에서 서로 상대방의 죄를 강하게 주장할 때 범죄의 증인이 없는 한 이를 무시하며, 이러한 증인이 있을 때만 심리한다"(제85조).

이상 오이라트 입법을 통해 보건대 재판권은 국가가 장악하고 있으며 재판소는 정부시설로 되어 있음을 알 수 있다. 재판소는 지방(호톤)재판소와 최고재판소로 구분되고, 판결집행을 보증하는 수단은 정부에게 장악되어 있으며, 소송수속과 관계된 규정(수수료, 왕공에 대한 납부금 등)도 존재한다. 그와 동시에 오이라트 시대의 재판제도에서는 전시대의 유풍도 남아 있었다. 즉 私刑의 유풍이다. 이를테면 소송이 개시될 때 원고(피해자)는 직접적이고 지도적인 역할을 수행한다. 사건은 피고를 직접 법정으로 소환하고(로마법과 고대 러시아법에서의 법정소환, in jus vocatis) 이 소환이 이루어졌음이 법정에 통고됨으로써 개시된다. 당사자의 출정이 필요하며, 증인은 소송을 도와준 이유로 포상을 받는다. 어떤 사건은 피해자가 私刑을 가함으로써 법정을 거치지 않고 해결된다. 예를 들면 제62조, "채권에 관해 (채권자는) 증인의 입회하에 세 번 선고하며 이렇게 하여 (피고의 재산을) 회수한다. 선고에 즈음해서는 이를 술렝가에게 통고해야 한다"고 규정하고 있다. 같은 조목에 의하면, 행적추적이 고귀한 증인의 입회하에 결론에 도달하면 (절도 관계의) 법률이 적용되며, 고귀한 증인이 입회하지 않았을 때는 사건이 (재판소에 의해) 심리된다. 따라서 전자의 경우에 사건은 법정과 관계없이 처리된다. 이상의 내용으로 이 시대는 私的 재판권제에서 국가에 의한 재판조직으로 넘어가는 과도기라고 볼 수 있다.[20]

---

20) Veselovski ed., *The Mission of Captain Y. J. Ounkovsky to the Khan of Djungaria, Zevan Rabtan*(1722~1724)에는 재판수속에 관한 다음과 같은 기술이 나온다. "법정(그들은 이것을 zargo라고 한다)에는 10명 혹은 그 이상의 자이산이 출석한다. 그들은 문서가 아니라 구두로 판결을 선언한다. 중범죄자에게 사형이 선고하면 어떤 자는 무릎을 꿇고 죽을 때까지 채찍질을 당하며 어떤 자는 손발이 말에 동여매져서 그 손발이 빠질 때까지 말을 달리게

제5절 칼카 지롬

1. 종교와 승려에 대한 태도

1709년 대법전의 前文은 불교와 그 대표자에 대한 경건한 마음을 포함하고 있는데 이는 법전 내용 가운데서도 많이 나타난다.

칼카는 불교(라마교)의 三法王 중 한 사람인 보디사트바 제브춘 담부(Bodhisatva Djebtzun Dambu : Daranata)의 후빌간(Hubilgan : 화신)인 우르가의 보그도 게겐 후투크투가 정주한 땅이었다. 칼카 지롬은 우르가 게겐에 대한 경건한 마음으로 가득차 있다. 이를테면 사원재산의 절취에 대해 1676년 혹은 1736년 법전은 다음과 같은 말로 시작하고 있다. "스승 다라나타(Daranata)에 恭禮한다. 경건한 마음과 후투크투 게겐의 人格力으로 충만된 우리 바치라이 투셰투 칸(Vachirai Tushetu Khan), 달라이 세첸 칸(Dalai Setsen Khan) 기타 대소 노욘(Noyon)은……우리들 사이에서 사원 법전을 심의한다." 칼카 지롬은 우르가 게겐을 '지고한 자'(의미는 지고한 자의 kuren[社廟, 宿所], 지고한 자의 신자 등)라고 여기고 있다. 우르가 게겐의 사묘는 범죄자에게는 피난처이며(제3부, 제11부 제3조),[21] 최고의 후투크투를 찾는 도망자를 만난 사람은 이를 방해할 수 없을 뿐 아니라 도와주어야만 한다(제8부, '도망자'). 게겐의 의지를 유린한 자는 벌 9의 2~5배의 재산형에 처해지든가 그 쿠렌의 주위를 1백 번 돌고 1천 번 배례해야 한다(제11부 제2조). 게겐에 대한 운수부역을 거부한 자는 전 재

한다. 그러나 그들간에 이러한 처형은 드물다"(*Proceedings of the R. A. S.,* vol. X, 2, p. 194, pp. 94~95 참조).

21) 몽골 관습에 따라 칼카 지롬은 조목으로 나뉘져 있지 않으며 게다가 표준으로 삼을 세분화된 법전의 공간도 이뤄지지 않았기 때문에 여기에서는 다음과 같이 정하기로 한다. 즉 部는 앞표의 번호를 제시하고, 가능할 경우 조목의 이름을 붙인다. 이를테면 제1부 제1, 2, 6조라고 한 것은 1709년 대법전의 제1, 2, 6조를 의미한다.

산을 몰수당하며, 칸에 대해서일 경우에 범인은 가축의 반을 몰수당한다. 이 위반자가 노욘일 때, 게겐에 대해서일 경우에 가축 300마리, 칸에 대해서일 경우 150마리의 재산형에 처해진다(제1부 제1·2·6조). 우르가 게겐의 사자(엘치)는 수레 10대를 얻을 권리가 있고 칸과 칸비의 사자는 8대를 얻을 권리가 있다(제1부 제3·6조). 게겐의 사자를 예리한 흉기로 찌른 자는 벌 9의 9배, 칸의 사자를 찌른 자는 벌 9의 4배의 재산형에 처한다(제1부 제13조). 게겐에게 피난처를 구한 자를 살해한 사람은 게겐의 의지를 위반한 이유로 안조(일종의 재산형)를 내리며, 게겐을 예배할 권리를 영원히 박탈한다(제11부 제3조). 노욘과 타르칸(Tarkhan : 貢賦를 면제받은 자)은 지고한 자와 '三大事'[22]를 제외하고 운수부역을 징발당하지 않는다(제1부 제8·9·11조).

게겐과 사원이 소유한 가축을 절취한 자는 전 재산 몰수와 80打의 채찍형에 처하며, 뉘우치는 행위로서 사원 주위를 3백 번 이상 돌고 9천 번 배례해야 한다(제2부 제2조, 제4부 제1~5조). 샤비나르(Shabinar), 즉 게겐의 종속민과 사원의 衛兵은 노욘의 본거지와 금단의 땅을 제외하고 어떤 땅에서나 막영을 할 수 있다(제7부).

사원 안에서의 절취는 게겐의 비밀창고 및 가축무리로부터의 절취와 똑같이 취급하며(제3부 제4조), 사원 소유의 가축을 절취하면 전 재산을 몰수한다(제7부 제1조). 승려의 가축을 절취한 자는 수컷(牡) 벌 9의 12배와 암컷(牝) 벌 9의 14배의 재산형에 처한다(제7부 제1조). 사원을 습격한 경우 범인이 칸 계급이면 流罪에 처하고 종속민을 박탈하며, 평민이면 死刑에 전 재산을 몰수한다. 이때 범행을 저지른 칸은 (노예) 50호, 갑옷 100벌, 낙타 100마리와 말 1천여 마리의 재산형에 처하며 평민은 전 재산을 몰수한다.

승려가 되려는 자는 먼저 그 부모와 노욘의 허가를 받아야 하며, 그 사

---

22) '三大事'라는 것은 적의 습격, 고귀한 자의 질병, 다투는 노욘 등의 화해이다.

람이 진실로 속세를 떠나고자 할 때는 노욘은 그 희망을 거부할 수 없다. 승려는 '三大事'의 경우를 제외하고는 '전 요역 및 의무적 운수부역을 면제받고 있기' 때문에 어떠한 租稅貢賦도 내지 않는다(제12부). 그들은 사원의 계율을 지켜야 하며, 일단 사원에 들어가면 마음대로 사원을 떠날 수 없다. 행정 방면에서는, 승려는 호슌의 법률에 따라야 한다(제12부). 승려를 모욕한 죄는 무겁다(이를테면 종교계의 노욘에 대한 모욕은 칸에 대한 것과 같으며 Gelung에 대한 모욕은 벌 9의 9배의 재산형에 처해지는데, 세속계의 노욘에 대한 경우에는 겨우 벌 9의 5배이다). 승려로서 어울리지 않는 행동을 한 자에게도 형벌이 내려졌다. 술을 마신 자는 재산형에 처해지며 절도한 승려는 벌 9의 3배(다만 발을 묶는 형은 면제)에 승적을 박탈당한다. 건강한 종마, 일종의 소리개새, 뱀, 개구리, 비둘기, 야생 새끼염소, 종달새, 개를 살해하는 것은 금지되며 이를 범한 자는 형벌에 말 1마리의 재산형에 처해진다. 매월 8·13·15·25·30일에는 모든 도살이 금지된다(제12부 마지막 조).

2. 씨족생활, 종족생활과 그 상호관계

북몽골인은 서몽골인과 마찬가지로 씨족적·종족적 질서하에 씨족장과 종족장의 지배를 받으며 생활하였다. 서몽골인(준가리아인)은 什長, 술렝가, 뎀치, 자이산, 노욘 왕공의 지배하에 아울, 호톤, 아이막, 오토크 및 종족 등의 씨족단위로 조직되어 있었는데 마찬가지의 조직이 북몽골인, 즉 칼카인에게서도 보인다. 칼카 지롬은 호톤 또는 울루스, 수문(Sumun), 오토크 및 호슌에 대해 기술하고 다시 여기에 대응하는 종족장도 기술하고 있다.23) 이를테면 1709년 대법전에는 다음과 같은 기록이 나온다. "호톤의

---

23) 소문과 호슌은 순수한 행정적 단위라고 간주한다 해도 호톤(울루스)은 몽골인의 오랜 씨족적 구분단위였다. 오토크는 씨족제와 관련이 있다.

長이 다른 호톤에 거주하고 그 곳에 자신의 장막을 갖고 있을 경우에는 5살된 종마 1마리를 바(baa : 일종의 재산형)로서 바쳐야 한다"(제4부 제1조). 1724년 법전은 채권회수에 대해 "같은 수문, 같은 오토크 사람이 자기 수문의 타이지 및 자기 오토크의 울루스(호톤, 住地), 찬긴(Tsangin) 또는 다루가(Daruga)에게 제소하지 않는 한 촌락에서 소송을 제기할 수 없다" (제17부)고 기술하고 있다. 1718년 법전에는 "20일 이내의 여행이면 다루가, 술렝가, 뎀치와 십호장의 승낙을 얻어 행할 수 있다"(제16부)고 되어 있다. 10씩 나누는 옛 구분법도 여전히 사용되어 1718년 법전에는 "각 10인당 1다루가를 임명해야 한다"고 규정되어 있다.

게다가 다루가, 술렝가, 술렝가와 십호장의 허가 없이 남의 호톤에서 살거나 자신의 10호 막영지를 떠나는 것은 금지되어 있다(제4부 제1조, 제16부). 칼카 지롬은 자기를 다스리는 노욘을 내버려 둔 자를 유죄로 간주하고, 신하로서의 종속관계로 되돌아온 자에게 포상을 내리고 있다(제8부 '도망자'). 가족생활은 엄격한 부권제하에 놓여 있었다. 종래 아버지는 자식의 생살권을 쥐고 있었다. 그런데 칼카 지롬이 효력을 발휘하는 동안 이미 변화가 일어나 1728년 법전에서는 "아버지는 그 자식의 주인이 아니다"(제15부 마지막 조)라는 유보가 나오게 된다. 아들은 부모를 존경할 의무가 있고, 양친을 모욕하면 엄격한 형을 적용받는다(제13부). 친족의 연대책임도 존재했다(제5부 최후의 조, 제1부 제2조, 제13부).

친족관계는 남계에서 인정되었으나 칼카 지롬은 어머니쪽의 조부모에 대한 법률상의 특수 친족관계를 기록하고 있다. 이는 조부의 경우에만 유효하여, 조부가 그 아들(즉 어머니쪽의 백숙부)을 남기고 죽은 경우에는 손자(甥)는 책임(예를 들면 절도의)을 지지 않으며 얄(yal : 일종의 재산형)도 납부하지 않는다(제8부).

몽골인 간의 상호관계에 관하여 칼카 지롬은 호의와 상호부조를 규정하고 있다. 병든 동료를 사람이 없는 곳에 버린 여행자는 재산형에 처하며, 병든 사람과 함께 남아 간호해 준 자에게 포상을 내린다(제12부). 칸 또는 평민이 하룻밤 숙박을 구하는 낯선 사람을 출입문 밖으로 내쫓아 그가 죽은(凍死) 경우에는, 노예 1명 또는 낙타 1마리를 배상하고 벌 9의 3배의 안조(andzo : 일종의 재산형)를 바쳐야 한다. 가축이 죽었다면 같은 배상을 해야 하며, 하룻밤 숙박을 거절당한 사람이 손이나 발에 동상을 입었을 때는 거절한 자는 같은 재산형에 처한다. 보통 숙박을 거절한 자는 3살된 종마 1마리의 재산형에 처한다(제15부 제5조). 도적에게 끌려가고 있는 가축을 구조하면 포상이 주어지며, 똑같은 경우에 추적을 거절한 자는 처벌당한다(제7·10부). 빈사상태에 있거나 또는 도망치는 가축을 구한 자는 포상을 받으며 이리의 습격과 나쁜 날씨로부터 양을 구한 자(제15부 제3조), 발광하는 암낙타의 새끼를 구한 자(제13부)도 마찬가지이다. 또한 법전은, "강도나 절도가 행해지는 현장에서 선행을 베푼 자에게는 노욘으로 하여금 상을 주게 한다"라고 했듯이 일반적 규정도 포함하고 있다(제4부 제23조).

3. 목축

목축은 몽골인의 주요한 생활수단이며 주요한 생업이다. 앞에서 보았듯이 가축은 몽골인에게 기본적 재산가치이며 교환의 매개물(화폐를 대신)이고 재산형 등 지불의 매개물이다. 북몽골인 사이에서는 서몽골인과 마찬가지로 재산이라는 개념은 '가축과 재산'이라는 말로 대표된다(이를테면 "거짓말을 한 사람은 가축과 재산의 반을 몰수당한다" : 제8부 제10조).

칼카 지롬은 가축의 절취와 몰고 가는 것을 특히 엄벌에 처하고 있다. 이를테면 사원이 소유한 가축을 절취하면 전 재산의 몰수형에 처하며 석탄, 석회, 땔감 등의 사원재산을 절취하면 벌 9의 5배의 재산형에 처한다(제7부 제1조). 도난품을 힘으로 되찾은 자에게는 포상을 내린다(제4·7부).

잃어버린 가축을 발견한 자는 이를 억류해 두고 발견 사실을 공표해야
한다. 발견자는 3일간 이것을 탈 수 없으며 3일 후 노욘과 사이트(Sait : 씨
족장)에게 통고한 후 허가를 받는다. 이러한 가축이 없어졌거나 죽었을 때
는 당연히 사이트에게 통고해야 한다. 소유자가 3일 이내에 잃은 가축의
반환을 요구하지 않을 경우에는 가축의 몸통 뒷부분을 습득자에게(기한 후
반환의 이유로써) 지불해야 한다. 이러한 잃어버린 가축의 자연증가는 발
견시에 젖이 떨어지지 않은 어린 새끼를 제외하고는 모두 억류한 자의 소
유로 돌아간다. 잃어버린 가축을 불법적으로 차지한 자는 빼앗은 가축을
변상하는 이외에 벌 9의 재산형에 처해진다(제13부). 칼카 지롬은 가축과
인간들에게 전파되는 전염병에 대한 처치를 규정하고 있다.

4. 짐수레 운수부역

이와 관련된 요역 중 칼카 지롬은 운수부역의 청구와 짐수레 운수부역
의 의무를 상세히 규정하고 있다. 후투크투 게겐과 칸은 짐수레 운수와 식
량을 징발할 권리를 무제한적으로 갖고 있다(제1부 제1·6조). 짐수레 운
수 공급을 거절할 때는, 게겐에 대해서라면 재산 몰수, 칸에 대해서라면 가
축 반의 재산형에 처한다. 운수 공급을 거절한 자가 노욘이면, 각각 가축
300마리와 150마리의 재산형에 처한다. 지위가 높은 후투크투의 사자는 짐
수레 10대, 양 2마리를 징발할 권리가 있고 칸의 사자는 짐수레 8대, 양 2
마리를 요구할 수 있다. 이를 거절한 자는 전자에 대해서는 벌 9의 3배, 후
자에 대해서는 2마리의 재산형에 처한다. 왕공은 짐수레 10대, 양 3마리를
징발할 권리가 있고 이를 거절한 사람은 벌 9의 3배의 재산형에 처한다.
자사크(Jassak : 호슌의 長)는 짐수레 6대, 양 2마리를 징발할 권리가 있고
이를 거절하면 벌 9의 3배의 재산형에 처한다. 그의 사자는 짐수레 2대, 양
1마리를 징발할 수 있다(제1부 제7조). 노욘의 개인 소유로 되어 있는 가축

은 게겐의 징발과 '三大事'의 경우를 제외하고 짐수레 운수부역의 의무를 면제받는다(제1부 제8조). 타르칸의 가축도 마찬가지이다(제1부 제11조). '삼대사'의 중요임무를 띠고 여행하는 사자에게 짐수레 운수 공급을 거절한 자는, 평민이면 재산 몰수에 처하며 노욘이면 50보다(Boda : 큰 가축으로 지불하는 일종의 재산형)와 양 50마리, 사이트라면 50보다에 처한다(제1부 제10조). 노욘의 사자에게 짐수레 운수 공급을 거절한 자는 재산형 벌 9에 처해진다(同上). 사자를 모욕한 자에게는 여러 가지 형벌이 규정되어 있는데, 가장 중요한 것이 게겐의 사자에 대한 것이고, 다음이 칸의 사자에 대한 것이다(제1부 제13·14·15조). 사자는 지체없이 도장을 찍고, 필요한 운수부역의 양과 형식을 기입한 보증문서를 제시해야 한다(제2부 제1조).

5. 사법

1) 물권법

부동산 물건의 사유법은 칼카 지롬 시대에 존재하지 않았다. 유목경제용으로 사용된 토지는 종족장이나 노욘의 관리하에 호톤, 아울, 오토크 같은 종족단체에게 맡겨져 있었다. "장막(유르트)이 세워지면 1 우테그(Uteg)가 점유된 것으로 간주된다. 두 사람이 소유권을 놓고 다툴 때 선취권은 최초로 온 사람이 가지며 두 사람이 동시에 온 경우에는 최초로 화살을 쏜 사람 또는 채찍으로 (땅을) 때린 자가 갖는다"(제15부 제8조). 비록 부모에 대한 자식의 책임형식에서 보듯이 가족 공유재산의 흔적이 보이기는 하지만 동산에 대한 사유권의 존재 - 특히 소유자의 노동이나 사냥으로 얻어진 생산품이 존재할 경우 - 를 의심할 수 없다. 이를테면 가축 새끼는 그 주인에 속하며, 집을 잃고 방랑하는 가축은 발견하여 사육한 자의 소유가 된다(제13부). 잃어버린 가축을 횡령한 자는 원소유자에게 변상을 하고 가축 1마리의 재산형을 지불해야 한다(同上). 사냥에서 쫓기는 여우는 최초로 이

를 쫓는 사람의 것이 된다. 활로부터 5백 알단(aldans) 이내에서 발견된 짐
승의 시체는 활 주인의 재산으로 간주된다(同上). 미친개의 주인은 그 개
가 끼친 손해를 전부 배상해야 한다(同上). 습득물은 사이트에게 신고하고
민중에게 공고해야만 한다. 그 주인을 찾아냈을 때는 습득물을 반환해야
하지만, 습득자는 그 가격의 3분의 1을 받는다(제15부 제6조).[24] 훔친 가축
의 시체의 일부를 착복하면, (원소유자에게) 가축의 전 가격을 변상해야 한
다(제15부). 우물을 판 자는 자기 가축에게 최초로 물을 줄 권리가 있다.
단 여행자의 안장을 얹은 말을 위해서일 경우만은 타인에게 물을 줄 의무
가 있다. 그럼에도 불구하고 가축류에게 물을 준 후 이 목적에서 물을 주
지 않았을 때는 종마 1마리의 재산형에 처한다(제15부 제7조).[25]

　가족 공유재산이 있는 가정에서 부모를 모욕한 자는 재산이 없는 경우
보다 엄벌에 처해진다(제13부). 이는 아버지 생전에 자식이 분리할 수 있는
가능성을 나타낸 것으로서, 즉 종래(구 차진 비치크 참조)의 엄격한 가정생
활의 약체화와 가족 공유재산의 분해를 보여준다.

2) 채권법

　채권법 관계 사항의 처리는 칼카 지롬이 1640년 법전보다 더욱 발전을
보이기는 하나 그렇다고 해서 그렇게 주목할 정도는 아니다. 이를테면 칼
카 지롬은 매매를 취급하고 있으나 상인을 만나기 위해 말을 타고 가거나
투기목적으로 가축 등의 재산을 사는 것을 금하고 있다(제19부 제3조). 동
법전은 한 직업으로서의 상업을 인정하고 있되 상인에게 우르가에서 상업
을 영위하는 1년간의 특허장을 받도록 하고 있다. 상업은 낮에만 할 수 있
게 하고 술의 밀매는 금지하고 있다(제20부). 또 칼카 지롬은 가축류의 임
대에 대해서도 규정하여 낙타를 중국인과 러시아인에게 임대하는 것을 금

---

24) 만약 임자가 나타나지 않았다면 그 물품은 발견자가 소유하게 되어 있다.
25) 외부인 환대와 상호부조의 의무가 이를 명령하고 있으나, 우물 소유자에게
　　과중한 부담을 주지 않기 위해 소유자는 안장이 있는 1마리 이상의 말에게
　　는 물을 공급하지 않아도 좋다고 규정하고 있다.

하고 있다(제16부 마지막, 제20부).

또한 대부와 신용매매를 취급하여 여기에서 일어난 채무관계를 규정하고 있다. 1724년 법전에 따르면 칸과 샨조트바(Shantzotba : 게겐의 Shabi 아문의 장) 그리고 왕의 허가 없이 대부가 우르가에서 행해진 경우 그 회수는 금지된다. 또 지방에서 양 당사자측 울루스의 찬긴 및 오토크의 다루가에게 통고하지 않고 맺어진 대부관계에서도 채권회수는 금지된다(제17부). 그러나 1728년 법전에서는 러시아인 또는 중국인으로부터 노욘의 인가 없이 신용으로 물품을 수취하면 위반자는 5살된 종마 1마리의 재산형에 처하고 거기에 채무도 지불할 것을 규정하고 있다(제15부 제9조). 강제적인 수단을 사용하여 채권을 회수하는 것은 금지되어 있다. 낮에 폭력을 행사하면 채권은 무효가 되며 밤에 행하면 강도로 간주된다(제15부 제14조).

금전을 사용하지 않는 거래 중 가장 널리 행해진 것은 선물이며 몽골 관습에 따르면 그에 대한 답례가 요구된다. 그러나 칸이 평민에게 준 선물이라든가 평민이 칸에게 준 선물일 경우에는 답례가 필요없다(제8부). 이와 똑같이 나이덴(Naiden : 중개인)에 대한 선물에도 답례는 필요없다.

칼카 지롬도 손해책임의 구체적 사례에 관해 규정하고 있다. 이를테면 한 도망자가 다른 사람에게 부상을 입혔을 때는 회복할 때까지 음식물을 주고 (자기 가축 중에서) 그 상해에 대해 종마 1마리와 안조를 지불하고 따로 지방관청에 종마 1마리와 낙타 1마리를 바쳐야 한다. 만약 도망자가 가축을 갖고 있지 않을 때는 도망 후 3일 이내에 그가 속해 있는 노욘이 지불해야 한다(제8부 '도망자'). 미친개가 사람을 물어 죽였을 때 미친개의 주인은 그 손해를 변상하며 만약 개가 발광상태였음을 알고 있었을 경우에는 다시 벌 9의 3배의 재산형에 처한다. 개가 물어서 생긴 가축의 손실에 대해서도 주인은 책임을 져야 한다(제13부). 미친 사람(난폭한 사람)이 사람을 살해했을 때 그 재산형은 半안조, 사람에게 부상을 입혔을 때는 과실상해와 마찬가지로 취급하고 가축을 살해하거나 물건을 파손했을 때는 그 가격을 지불해야 한다. 미친 사람의 주인 또는 노욘이 그 발광을 알고도

방치하거나 구치하지 않았을 때는 큰 가축 벌 9의 재산형에 처한다(제13
부). 사람이 없는 곳에서 발사된 활 때문에 사람이 죽었을 때는 낙타 1마리
또는 사람 1명과 1백 안조를 기준으로 하여 배상해야 한다. 사람이 부상을
당했다면 활 소유자는 그에게 식량을 공급하고 치료를 해주며 말 1마리(평
민에게) 또는 낙타 1마리(관리에게)를 배상해야 한다. 도로에서는 화살을
발사해서는 안 되고, 이러한 행위로 인해 사람이 살해되었을 때는 과실치
사와 똑같이 취급된다. 또한 이로 인해 가축이 살해되었을 때는 따로 1마
리를 얹어 돌려주어야 한다(제13부). 도망자나 가축 도둑을 추적하는 중에
사람이 살해되었을 때는 5보다를 지불해야 하며, 말이 살해되었을 때는 이
를 갚아야 한다(제7부). 또한 칼카 지롬은 범죄 결과 또는 범인의 행위로
빚어진 손해에 대한 배상도 규정하고 있다.

3) 친족법

혼인 관계를 보면, 지배자인 노욘이 왕공의 딸을 이미 다른 왕공의 딸과
결혼한 타부난에게 시집을 보내면 낙타 15마리, 말 50마리의 재산형에 처
한다. 지배자가 아닌 노욘이 같은 죄를 범하면 낙타 10마리, 말 100마리의
재산형에 처한다. 타부난은 재산형으로 벌 9의 5배를 지불하는데, 이는 최
초의 여자에게 주어진다. 그리고 그 여자와의 결혼은 해소되고 그 지참물
과 함께 부모에게 돌려 보내진다(제8부 제1·2조). 왕공의 딸이 이미 다른
왕공의 딸과 결혼한 타부난에게 시집을 갔을 때 그녀는 되돌아오고 타부난
은 벌 9의 5배의 재산형에 처해진다(제8부 제3조). 왕공의 딸과 결혼한 타
부난이 평민 출신의 두번째 처를 취하면 두번째 결혼은 해소되며 두번째
처의 아버지는 전 재산을 몰수당한다. 그리고 타부난은 50打의 채찍형에
처해지며 피해자인 왕공의 딸(첫번째 처)은 이혼할 권리가 있다(제8부 제4
조). 여기에서는 왕공의 딸에게 유리한 일부다처제의 제한이 보인다.

다른 사람과 약혼한 여자를 취한 노욘은 노예 3戶, 가축 3백 마리의 안
조를 재산형으로 부과받으며 신부와 헤어진다(제8부 제5조). 그러나 노욘

이 평민과 약혼한 여자를 취했을 때는 평민에게 낙타 1마리를 지불하고 그 여자를 그에게 돌려준다(제8부 제6조). 딸의 호림(연회, 혼례 연회) 후에 아버지인 노욘이 그녀를 다른 타부난에게 시집보내면 55안조와 귀중품 5개의 재산형에 처한다. 또 호림 전에 다른 사람에게 시집보냈을 때는 그 전에 받은 모든 가축, 즉 칼림을 반납해야 한다(제8부 제9조). 평민 여자를 (호림 후에), 최초로 약혼한 남자에게 통고하지 않고 다른 사람에게 준 노욘은 이 여인을 첫 약혼자에게 반환하거나 벌 100의 안조를 지불해야 한다(제8부 제10조). 다른 사람과 약혼한 여자를, 다른 사람과 약혼하지 않았다고 노욘에게 말하고 취한 자는 재산의 반을 몰수당하며 그 여자를 원래의 약혼자에게 보내야 한다(同上). 평민이 칸 계급에 속한 여자를 취할 경우에는 결납으로서 코에 은판이 있는 흰낙타, 검은담비의 털가죽으로 만든 목장식이 있는 흰색의 종마, 술을 가득 채운 은제 주발, 티없는 진주 각 하나를 낼 때 정당한 것으로 인정한다. 노욘이 타부난의 딸을 취할 경우, 결납은 은제 주발, 진주 각 1개와 술이 있는 경우에 한해 정당한 것으로 인정한다. 두 평민 사이의 약혼은 증인이 있고, 선물이 술과 숫양의 내장·발·뿔로 되어 있을 경우에 정당한 것으로 인정한다(제8부 제11·12·13조). 약혼을 했는데도 그 후 수년간 딸을 주지 않다가 약혼 파기를 요구한 자는 1년 이내에 받은 가축의 전부, 2년 이내에 받은 가축의 반과 그 새끼를 반납해야 한다. 3년이 더 되었을 경우에는 받은 가축 전부에 그 새끼를 얹어 반납한다. 약혼이 신랑측 아버지의 청구로 파기된 경우 신랑 아버지는 보낸 가축(새끼를 제외함)을 수취할 권리를 가질 뿐이다(제8부 제14조). 약혼한 남자나 여자가 결혼 전에 사망하면 칼림으로 받은 전 가축은 반환된다(제8부 제15조).

노욘이 과부를 결혼시킨 경우 그녀는 재산을 남편과 전 남편의 아이들에게 균등하게 분배해야 하며 전 남편의 아이들은 따로 세대를 꾸린다. 그러나 과부가 노욘의 승인 없이 결혼할 경우, '손에 채찍을 들고' 즉 빈손으로 시집가야 한다(제8부 제17조). 신부의 집은 가축을 신부의 신대금(칼림)

으로 받으며 신부 부모는 혼인지참물을 준다(제8부). 만약 신랑이 가축을 주지 않고 일꾼 사위로서 신부의 집에 들어왔다가 그 후 약속을 깨고 떠나 버렸을 때는 10보다(큰 가축)와 양 30마리를 지불해야 한다. 이 경우 부부 사이에 태어난 아들은 아버지와 함께 떠나며 딸에 대해서는 각 1명당 2보다의 비율로 신대금을 내야 한다(제8부 제16조).

가정 내의 생활은 엄격한 부권적 성격을 띠고 있다. 아버지는 가장이며 그 권력은 매우 강대하다. 때문에 칼카 지롬은 이 권력이 아들의 삶에 미칠 수 없다는 제한을 붙여 둘 필요가 있을 정도였다(제15부 마지막 조). 이 점에서 아들은 교정의 수단을 갖고 있는 아버지에게 종속되어 있음을 알 수 있다. 분명 서몽골에서와 마찬가지로 아들은 아버지 생전에 그 집을 떠나 새로이 자신의 가계를 꾸릴 수 있다(제13부). 아버지의 사망 후 어머니는 가족 공유재산의 관리자, 지배자가 된다(제8부 제17·20조).

4) 상속법

보통 유산은 '일반적으로 정의로운 자로 알려진 아들과 나쁘게 소문난 아들을 제외한' 아들들에게 평등하게 분배된 것으로 생각된다. 위와 같은 아들이 있을 경우 합법적 분배가 아니라 좋은 아들이 많이, 나쁜 아들이 조금 받는다는 것을 의미한다. 재산양도(상속에 의함)에 관한 노욘의 명령은 게겐과 칸에게 통고하고 또한 관기왕공(자사크)의 도장을 받아 보증을 받아야 한다. 모든 자식의 생모가 살아 있을 때는 그녀가 유산을 관리한다(제8부 제20조).

요컨대 원칙적으로 유산은 아들에게 평등하게 분배되지만, 부모는 특히 좋은 아들에게 분배를 더 많이 하고 나쁜 아들에게는 분배를 적게 하는 권력을 가지고 있음이 분명하다. 그러나 이러한 경우에 아버지의 명령은 문서로 작성하여 게겐 및 칸에게 제출되어야 한다. 게겐 및 칸은 이 경우의 事實 및 관습적 수속이 올바르고 정당하다는 것을 실증하는 것이다. 자사크의 도장은 가장의 마지막 의지를 유효하게 한다.

여기에서 유산에 관한 명령과 분배뿐 아니라 유언이 싹텄음을 볼 수 있다. 이 유언은 관습법에 의한 재산의 분배이며 그것은 속세 및 정신세계의 권위자의 통제를 받고 있었다.

6. 형법

1) 형벌체계

칼카 지롬의 형벌규범은 1640년 몽골 오이라트 법전과 유사하며, 보통 그 엄격한 점은 두드러지지 않다. 死刑은 드물게 집행되었을 뿐이다(사원을 불법으로 습격하거나 강도질하는 경우 두 가지이나, 실제로 적용된 것은 두번째 경우뿐이다). 마찬가지로 신체훼손형과 자유박탈형은 드물었지만, 노예로 삼는 형은 있었다. 고대의 법전(1640년)에서와 같이 기본적 형벌은 관습적으로 가축 9마리를 단위로 계산하는 재산형이다. 그러나 여기서는 종종 가장 무거운 재산형, 즉 가축 수백 마리(300, 150마리)의 것도 보인다.

칼카 지롬은 다음과 같이 주요 형벌을 인정하고 이를 적용하고 있다.

① 사형(제6 · 8부)

② 팔 하나의 절단(제9부)

③ 노예가 되는 형(제4부 제18조), 가족을 동반하거나 혹은 동반하지 않는 의무노동(제4부 제8조 · 마지막 조, 제8부, 제13부), 재산형으로 처와 아들을 지명하는 것(제6 · 7부)

④ 구덩이 또는 우물(감옥)에 감금(제5 · 8부)

⑤ 발칼에 의한 감금(제9부)

⑥ 손과 함께 쇠사슬로 묶는 형(제4부 제6조)

⑦ 전 재산 몰수(제1부 제1 · 10조, 제7부, 제8부 제3조, 제13부), 동산과 부동산 몰수(제7부), 가축의 몰수(제1부 제2조, 제4부 제1조)

⑧ 재산의 반을 몰수(제13부), 가축의 반을 몰수(제1부 제6조, 제8부)

⑨ 노예의 몰수, 인민의 몰수(제9·7부)

⑩ 채찍형(제1부 제4조, 제4부 제1조, 제5조, 제8부 제4조, 제14부)

⑪ 인간에 의한 재산형(제9·7부)

⑫ 100, 10 등의 단위로 계산하는 재산형(보통 안조, 보다, 하르, 알단 등과 같으며 가축으로 함). 때로는 시체의 일부를 취하는 재산형. 그러나 보통 가축 9마리를 단위로 한다(제1부 제2·3·10조 등). 거기에 물건으로 하는 재산형도 있다(제4부 제3·27조).

⑬ 강제노동, 경작봉사, 땔감이나 짐승똥 수집(제11부 제2조, 제5부 제1조, 제9부, 제13부)

⑭ 예배 및 사원의 주위를 도는 것(제4부 제1·5조, 제11부 제1조)

⑮ 사원에 있는 동포에 대한 茶 공급(제9부)

칼카 지롬은 主犯, 從犯, 범죄 은닉을 구별하고(제4부 제28·34조), 절도와 강도의 등급을 제1·2·3으로 나누고 있다(제4부 제5·6조). 칼카 지롬은 범인가족의 연좌제를 인정하며, 어떤 경우에는 그 노욘과 다루가도 연좌시키고 있다(제4부 제6조). 전 재산의 몰수에 대해 법전은 피처벌자를 위한 몫을 남길 것을 명하고 있다(제5부 제1조). 의무노동을 선고받은 자는 의무노동 대신 남자는 5보다(큰 가축), 부인은 3보다, 아이들은 1보다를 지불하는 것을 허용하고 있다(제4부 제6조). 칼카 지롬은 처벌 이외에 보통 범죄의 결과인 손해배상을 규정하고 있다. 재산형인 벌 9라는 것은 말 2마리, 수소 2마리, 암소 2마리, 양 2마리, 송아지 1마리로 이루어진다. 다음으로 법전에서 취급되고 있는 가장 특징적인 범죄를 살펴보자.

2) 종교와 그 대표자에 대한 죄

이에 대한 가장 중요한 것은 앞에서 기술했다.

3) 독직죄

불공평한 판결을 내린 노욘과 사이트는 5보다(낙타 1마리를 포함)의 재산형에 처한다. 만취하여 불공평한 판결을 내린 사이트는 종마 1마리의 재산형에 처한다. 10일 이내에 법정의 판결을 집행하지 않고 재산형으로 부과된 가축을 내지 않은 엘치는 1보다의 재산형에 처하며 그 직을 박탈한다(제4부). 예정된 벌금을 모으지 못한 엘치는 半안조의 재산형에 처한다(同上). 정당한 이유로 사이트의 대리가 사람을 구타하고 욕을 했다 해도 처벌하지 않는다(제13부).

4) 풍기문란죄

노욘과 왕공부인의 간통은 노예 3戶, 가축 300마리의 재산형에 처한다. 평민이 왕공의 부인과 간통했을 때는 전 재산을 몰수하며 두 사람 모두 노예가 된다. 평민 간의 간통은 가축 300마리와 귀중품 30개의 재산형에 처한다(제8부 제7·8조). 다른 사람의 처나 처녀를 유괴하면 간통과 똑같이 간주한다(同上). 모포 가장자리를 잡아당긴 자는 벌 9의 3배의 재산형에 처한다(同上). "남자 곁으로 몰래 들어가는 여자는 벌 9의 3배의 재산형에 처한다"(同上).

5) 개인에 대한 죄

살인

복수 때문에 또는 본의 아니게 저지른 살인은 30바르케(얻기 어려운 것), 가축 300마리의 안조, 피해자에 대한 배상 - 만약 관리일 경우 사람 1명과 낙타 1마리, 관리가 아닌 경우 사람 1명 - 에 처한다. 이 모든 경우 살인범에게는 100打의 채찍형을 가하는 외에 노예의 노예로서 호슌에게 인도된다. 살인범이 안도를 지불할 수 없으면 당사자는 피해자의 처와 아들에게 인도된다(제12부). 노욘이 그 종속민을 살해했을 때는 살인죄로 안조를 지불하고 피해자에게 사람 1명을 배상해야 한다. 만약 이것을 갖고 있지 않으면 낙타 1마리와 종마 1마리를 배상해야 한다(同上). 도적이 강도질을 행하는 도중에 살인죄를 범하면 평생 동안 발칼에 묶인다(제9부). 과실치사는 안조의 재산형에 처한다(제13부). 미친 사람을 살해한 자는, 미친 사람이 먼저 손을 꺼냈다면 책임이 없으며 그렇지 않은 경우 벌 99의 재산형에 처한다(제13부).

상해

두 눈을 실명시킨 자는 살인죄와 마찬가지로 처벌한다. 눈 하나를 실명시킨 사람은 100타의 채찍형과 가축 100마리의 안조에 처한다. 이빨을 부러뜨린 자는 그 하나 하나에 대해 벌 9의 재산형에 처해지고 그 외에 1보다의 배상을 해야 한다. 손이나 발을 훼손시킨 경우, 피해자가 앞으로 일을 할 수 없으면 안조는 눈 하나를 손상시킨 경우와 같다. 상해가 영구적이 아닌 경우 벌 9의 3배의 재산형에 처한다. 엄지손가락이나 둘째손가락을 영구적으로 훼손시키면 벌 9의 3배, 영구적이 아니면 벌 9의 재산형에 처하며 다른 손가락일 경우에는 각각 벌 9와 벌 5에 처한다(제13부). 과실로 노욘의 팔 다리를 불구로 만든 자는 재산의 반을 몰수하며 손을 불구로 만든 자는 벌 9의 7배의 재산형에 처한다(同上).

말과 행위에 의한 모욕

말로 칸이나 칸비를 모욕한 자는 전 재산을 몰수하며 본인과 그 가족은 노예가 된다. 말이나 행위로 노욘을 모욕한 자도 같은 형벌을 적용한다(제13부). 다른 사람을 향해 무기를 빼든 노욘은 낙타 1마리를 포함한 벌 9의 5배에 처하며 두 사람 모두 무기를 빼들었을 경우 각자 낙타 1마리, 종마 4마리의 재산형에 처하고 벌금은 당국자의 사용에 맡긴다. 같은 형벌은, 그들이 다른 사람에게 둘러싸여 무기를 빼앗겼을 때도 내려진다(同上). 노욘이 서로 다투다 싸우기 시작했는데, 그 중 연장자에게 잘못이 있으면 벌 9와 벌 5의 재산형에 처하며, 연하의 사람에게 잘못이 있으면 벌 9의 3배에 처한다. 그들이 소리 높여 서로 고함을 치면 벌 9와 벌 5의 재산형에 처한다(同上). 평민을 무기로 때린 자는 벌 9의 3배, 몽둥이나 돌로 때린 자는 벌 9, 주먹이나 채찍으로 때린 자는 벌 5에 처한다(同上). 말로 다른 사람을 모욕한 평민은 종마 1마리의 재산형에 처한다(同上). 무거운 재산형은 승려, 부모, 스승에 대한 모욕에 대해서 부과된다(벌 9의 9배 이내).

중상

노욘을 '큰 소리로 목숨이 위태한 것처럼' 中傷한 평민은 말로 노욘을 모욕한 자와 마찬가지로 처벌한다. 타이지 또는 타부난을 중상한 자는 타이지 또는 타부난을 향해 무기를 빼든 경우와 마찬가지로 처벌한다. 같은 계급의 사람을 중상한 자는 무기로 친 자와 마찬가지로 처벌한다. '작은 소리'로 행한 중상은 50타의 채찍형, 또 노욘의 경우라면 5살된 종마 1마리의 재산형에 처한다(제13부). 지배자인 노욘에게 다른 사람을 중상한 자는 칸에게 행한 중상의 절반형에 처한다(同上). 게겐에게 중상을 입힌 노욘은 벌 9의 7배, 타이지는 벌 9의 5배, 평민은 벌 9의 3배의 재산형에 처한다(제11부).

능묘 파헤치기

저명한 인물의 분묘를 파헤친 자는 벌 9, 저명하지 않은 자의 분묘를 파헤친 자는 벌 5, 평민의 무덤을 파헤친 자는 가축의 허리 부분을 재산형으로 부과한다(제15부 제2조).

6) 재산범

강도

1709년 대법전에 따르면, 강도행위를 한 자는 80타의 채찍형 외에 초범이면 1년, 재범이면 2년, 3범 이후는 평생 동안 두 팔에 철제 손칼을 채운다(제4부 제6조). 1728년 법전은 엄형을 규정하여 강도는 1년간 우물에 감금하고 주모자의 처와 가축을 몰수하여 도둑맞은 가축 주인에게 준다. 從

犯인 절도범은 각 3보다의 재산형에 처하며 감옥에서 석방될 때 100타의 채찍형에 처하고 또 3년 동안 땔나무를 수집하게 한다(제5부). 1746년 법전은 강희제의 對몽골 법전대로 강도 主犯에 대한 형벌을 더욱 무겁게 하여 사형을 내리지만, 종범은 벌 9의 3배의 재산형과 100타의 채찍형에 처했다(제6부). 종범에게 내려진 재산형을 지불할 재산이 충분하지 않으면 처자와 범인 자신이 지불 대신 노예가 된다(제5·6부).

절도

왕공부인, 칸의 미망인, 칸 또는 베일레(왕공)의 창고 또는 가축무리에서 도둑질을 한 절도범은 우르가 게겐의 비밀창고 또는 가축무리에서 도둑질한 절도범과 똑같이 처벌한다(앞부분 참조). 보통 절도는 20보다의 재산형, 80타의 채찍형에 처하며 사원의 주위를 1백 번 돌고 1천 번 배례해야 한다. 재범자라면 2백 번 돌고 2천 번 배례하며 3범이면 1천 번 돌고 1만 번 배례해야 한다.

그 밖에 칼카 지롬은 몽골인 간에 보통 사용되는 물품과 그 각각의 절취에 대한 재산형을 상세히 기록하고 있다. 예를 들면, 무기·갑옷·투구·총·방패 등을 절취하면 벌 9의 7배에 처하며 화살통 및 활, 5개 이상의 화살, 검, 단검, 5발분 이상의 화약, 탄환을 절취하면 각기 벌 9의 3배, 칼, 화로, 5발분 이하의 화약과 탄환을 절취하면 벌 9이다. 또한 금, 은, 검은담비 또는 스라소니의 부드러운 털, 1벌분 이상의 비단을 절취하면 벌 9의 3배에 처하고 말의 정맥을 절단하여 피를 마신 자, 말의 꼬리 또는 귀를 절단한 자, 여자가 머리에 감는 천에 붙은 술을 절단한 자, 말안장 또는 굴레 등을 절취한 자는 벌 9의 2배에 처한다. 장막의 펠트 덮개, 문짝, 장막의 뼈대를 절취하면 각기 벌 9에 처하고 효모가 들어 있는 말젖, 용기에 든 술, 신앙용 염주, 차, 담배, 끌, 대패, 수리(鷲)를 절취하면 벌 5에 처한다. 왕공의 종속민이 채집한 연료용 짐승똥과 땔감, 이리 또는 모르모트의 털가죽 등을 절취하고 남의 가축의 젖을 짜거나 겨울용 양가죽, 큰바늘, 부젓가락,

구두, 바지, 목이 긴 구두, 곡물 등을 절취하면 말 1마리의 재산형에, 개인 소유의 書畫用紙, 연료용 짐승똥, 땔감, 개를 절취하면 양 1마리 등 기타 많은 것을 부과한다. 또한 이들 물건에는 배상액이 정해져 있다(제4부 제 20 · 21 · 22조).

무장강도에게는 가장 무거운 형을 내린다(제9부). 감옥과 쇠사슬에서 절도자를 풀어주거나 절도자와 도망자를 숨겨주거나 절도와 강도 추적을 거부해도 처벌하였다.

파르(들불)

부주의하여 들불(野火)을 일으킨 자는 이로 인해 생긴 모든 손해를 배상하고 말 1마리의 재산형에 처해진다. 거주지가 있는 지역에서 난 들불을 진화할 때는 모든 사람이 도와주어야 하며 이를 거부한 자는 말 1마리, 양 1마리의 재산형에 처한다. 들불로 사람이 사망하면 들불을 일으킨 자는 살인죄로서 半안조를 지불하고 충분한 배상을 해야 한다. 천막에 불이 붙기 전에 진화에 힘쓰지 않은 자는 말 1마리의 재산형에 처한다(제15부).

7. 재판제도 및 소송수속

칼카 지롬에는 북몽골인의 재판소 조직에 관한 명백한 규정이 없다. 그러나 몇 가지 규정을 통해 보건대, 재판관은 사이트와 노욘이며 적어도 즉 제2심이 존재하는 경우 공소도 가능하며 심문은 한 사람 또는 여러 사람의 재판관 앞에서 행해졌음이 분명하다. 다만 그 이상의 상세한 재판제도는 칼카 지롬에서는 보이지 않는다. 그러나 소송수속에 대해서는 한층 충분히 취급하고 있다.

이를테면 칼카 지롬은 장관이 법을 남용하거나 무시하는 것을 제한하는 방법을 규정하여 통치원칙을 확립하는 데 힘쓰고 있다. "절도범을 붙잡더라도 살해해서는 안 된다. 그를 살해했을 때는 재산형을 부과하지 못한다"(제4부 제24조). 말을 바꾸면 칼카 지롬은 살인범을 처벌하지는 않았지만, 私刑을 가한 자에게는 물질적 손실(안조, 재산형 등의 징집)을 주어 불리하게 하였다. 사법 영역에서 법전은 법의 무시에 대해 이를 더욱 명백하게 보여준다. "낮에 폭력으로 채권을 회수하면 그것은 채무자에게 반환된다. 이것이 야간에 행해졌을 때에는 강도로 간주된다"(제15부 제13조).

소송의 경우, 제소는 노욘에 대해 이루어지며 노욘은 공판 날짜를 결정하고 당사자 중 한 쪽이 출정하지 않으면 사자(엘치)를 파견한다. 소환 후 그 사람이 출정하지 않으면 결석재판으로 사건은 다른 한 쪽의 승소로 끝나지만, 출정하지 않은 당사자가 올바르면 노욘은 5일간 기다려야 하며 그 후에 사건은 기각된다. 소송의 두 당사자가 다른 노욘에 속해 있으면 공판 날짜는 두 노욘의 회동으로 결정된다. 선서(보통 도끼로 한다)와 증인 소환은 증거가 된다. 절도는 행적을 추적하는 방법으로 심리되며 필요한 경우 가택수색도 행한다. 재판관 사이트의 의견이 일치하지 않으면 부르칸(Burkhan) 앞에서 제비를 뽑아 판결을 내린다(제4부 제5조, 제15부). "보통 벌금이 있더라도 受益者 자신의 허가 없이 이것을 거둬서는 안 된다. 반드시 사자와 함께 절도범이 속한 노욘에게 가서 안조를 징수해야 한다." 소송인의 부모와 친족, 여행동료, 사자와 짐수레꾼, 이웃, 임시 체류자, 널리 알려진 소송 관계자의 친구는 증인이 될 수 없다(제15부). 사자는 판결을 받은 자의 지출에 의해 급여를 받으며 증인은 포상을 받는다(제13부, 제4부).

제6절 1789년 이번원칙례[26]

---

26) 1789년과 1815년 칙례에 대한 상세한 설명은 Riasanovsky, *Customary Law of the Mongol Tribes*, pp. 99~130 참조.

1. 사법

1) 물권법과 채권법

칙례에는 이 문제에 대한 규정이 몇 가지밖에 없다. 토지 이용에 대해 몽골인은 할당받은 토지에 장막을 치며 이웃토지로 이주해서는 안 된다. 제1등 또는 제2등 왕공이 경계를 넘어 남의 토지에 무단으로 발을 들여놓으면 말 10마리의 재산형에 처하며, 베일레(Beiles), 베이즈(Beisses), 군(Guns : 公)은 말 7마리, 타이지와 타부난은 말 5마리, 평민은 1戶당 수소 1마리의 재산형에 처한다. 침입자가 남의 토지에 오래 머문 경우 그가 봉급을 받지 않는 왕공, 타이지, 타부난이면 말 50마리의 재산형에 처하며,27) 평민이 침입자의 월경을 알고서도 신고하지 않으면 전 가축을 몰수당하고 침범당한 토지의 소유자에게 가축을 인도한다(제5편 제1·2조). 상거래는 지배자인 왕공28) 및 將軍의 허가가 있는 경우에 허용되며 특별관리의 통치하에 놓인다. 10명 이상의 상인이 있는 경우에는 각각 조합을 조직해야 한다(제5편 제3조).

2) 친족법

평민의 결납(身代金, 칼림)은 칙례에 따라 말 5마리, 뿔달린 가축 2마리, 양 20마리로 정해져 있으며, 이 액수를 넘을 때는 그 반을 官에서 몰수한다. 결혼 전에 신랑이 죽으면 모든 가축이 반환되지만 신부가 죽으면 반만 반환된다. 미래의 신랑이 약혼자와의 결혼을 거부하면 그 가축은 몰수한

---

27) 역주 : 이 한 구절에는 원문에 탈락이 있는 듯하여 번역할 수 없으나 東亞經濟調査局本 118쪽에 의거하여 이렇게 번역하였다. 또한 동 조사국본에는 "침입자가 남의 영지에서 계속해서 유목을 하면('머물다'의 오류가 아닐까?) 봉급을 받는 앞서 언급한 제후와 타이지, 타부난은 봉급 1년분의 벌봉, 봉급을 받지 않는 타이지 및 타부난은 말 50마리의 재산형에 처한다"라고 되어 있는데, 아마 이것이 올바른 듯하다.

28) 역주 : '지배자인 왕공'이란 아마 관기왕공을 가리키는 듯한데 분명하지는 않다. 그대로 두기로 한다.

다.

약혼한 신부가 20살이 됐는데도 신랑이 결혼하지 않으면 그녀의 부모는 그녀를 다른 사람에게 시집보낼 수 있다(제2편 제13조).[29] 한 왕공이 한 여자와 약혼했는데 다른 왕공이 이 여자와 결혼한 경우 후자(현재의 남편)와 여자를 시집보낸 자(아버지)는 재산형에 처하며, 그 액수는 제1등과 제2등의 왕공일 경우 10戶(노예), 기타의 왕공은 7호, 타이지와 타부난은 5호로 정해져 있다. 신부는 남편에게서 떠나 첫 약혼자에게 돌아가게 된다. 평민이 남의 약혼녀와 결혼한 경우, 평민은 그에게 이 여자를 돌려주는 동시에 만약 그가 위계를 가지고 있으면 벌 9의 3배, 위계가 없으면 벌 9의 재산형에 처한다. 또한 신부는 남편을 떠나 첫 약혼자에게 돌아가게 된다(제2편 제15·16조).[30]

남편은 마음대로 처와 이혼할 수 있다. 이혼당한 처는 자신이 남편에게 준 것의 반환을 요구할 권리가 없으나 사유재산(혼인지참물)을 갖고 갈 수 있다(제2편 제14조).

아이도 상속인도 없는 자는 같은 계급 사람을 양아들로 맞이할 수 있으며, 이마저 없을 때는 다른 계급에서 맞아들일 수 있다. 양자를 삼고자 하는 자는 먼저 자신의 희망을 호슌의 왕공과 호슌의 章京(한 구역을 관할하는 將軍)에게 신고하고, 왕공 및 장경은 신청자가 양자를 맞아들여 자기 아들로 양육하는 것을 인가한다는 공문서를 작성하고 동시에 양아들의 이름을 양아버지의 아들로서 호슌의 호적 장부에 기입한다. 왕공 및 장군의 허가 없이 또는 위와 같은 수속을 거치지 않고 양아들을 맞아들였을 때는 아이는 그에게서 떠나 본집으로 돌아간다(제2편 제11조).

3) 상속법

유산상속인은 우선 그 아들과 남계의 직계비속이다. 이러한 상속인이 없

---

29) 1640년 법전의 제35조와 제37조 참조.
30) 1640년 법전의 제39조 참조.

으면 먼저 같은 계급에서 맞아들인 양아들이 상속인이 되며, 그마저 없으면 유산은 사망자의 친족과 먼 친척에게 인도된다. 아들도 친족도 없으면 다른 계급에서 맞아들인 양아들에게 그 재산이 상속되지만, 생존해 있는 同姓의 친족이 있으면 그 친족에게 우선권이 주어진다. 첩이 낳은 아들이 아들로서 양육되었을 경우에는, 그 첩은 팔려 갈 수도 없고 다른 사람에게 시집갈 수도 없다. 이를 위반하면 첩의 아들은 자식으로 인정받지 못한다. 근친도 양자도 없으면 유산은 몰수재산으로 간주되어 통치자인 왕공 또는 타이지의 것으로 돌아가게 된다(제2편 제12조).

2. 형법

1) 형벌체계

중국 형법은 1789년 칙례의 형벌체계에 두드러진 영향을 미쳤다. 그래서 형벌은 종류도 많아지고 잔혹하며 때로는 범인에 대한 조롱을 포함하고 있다. 일반적으로 이 법전은 몽골인의 소박한 생활양식과 그들의 유목경제적 특성에 완전히 적합하다고는 할 수 없다.

칙례가 부과하는 형벌 가운데 다음 사항에 주목할 필요가 있다.

① 재산 몰수와 가족의 노예화를 동반하는 사형(제4편 제10조, 제6편 제1조, 제10편 제11조)

② 八裂刑(凌遲) (제8편 제7조, 제10편 제16조)

③ 참수(제9편 제6조, 제10편 제11·16조)

④ 보통 梟首를 동반하는 참수(제6편 제1조)

⑤ 범인과 가족을 노예로 삼는 형(제6편 제1조, 제10편 제1조)

⑥ (범인만) 노예로 삼는 형(제2편 제2조, 제4편 제10조, 제5편 제16조)

⑦ 노예로서의 流刑(福建과 廣州府로)31)(제9편 제19조)

---

31) 역주 : 원문에는 Kwang Chen Fu라고 되어 있는데 아마 Kwang‐chu‐fu 즉

⑧ 역전의 고역에 복무시키기 위한 河南과 山東 원격지로의 유형(제4편 제6조, 제10편 제17조 등)

⑨ 雲南·貴州·廣西 등 위험한 지역으로의 유형(제6편 제4조)

⑩ 채찍·몽둥이·회초리로 때리는 형(제9편 제20조, 제10편 제11조)

⑪ 재산 몰수(제4편 제10조)

⑫ 가축 9마리를 단위로 하는 재산형. 1년, 6개월, 3개월의 罰俸을 의미하는 봉급에 의한 재산형(제10편 제11·14조)

⑬ 면직(제5편 제15·17조)

⑭ 판결확정까지의 미결 금고(監後) (제6편 제1조 등)

⑮ 큰칼(휴대용 형구)을 씌우는 형.

법전은 범인가족의 연좌제 적용을 규정하고 있다(제4편 제10조, 제6편 제1조, 제10편 제11·16조, 제12편 제22조).

형사범죄를 범한 몽골인은 말 9마리의 9배를 지불하면 자유의 몸이 된다(제13편 제23조).

절도범이 10살이 안 된 아이일 때는 재판에 회부하지 않는다(제13편 제18조).

범인이 재산형을 지불할 충분한 가축을 소유하고 있지 않으면 형벌은 가축 1마리당 채찍 25打 비율의 신체형으로 대신한다. 다만 때리는 횟수는 100을 넘어서는 안 된다(제12편 제9조).

가축 벌 9는 말 2마리, 수소 2마리, 암소 2마리, 3살된 수소 2마리, 2살된 수소 1마리로 이루어진다(제12편 제1조).

2) 범죄

칙례가 규정하는 범죄는 종교와 종교상의 계율 및 敎儀에 관한 죄, 국사범 및 정치범, 사회의 치안 및 풍기에 관한 죄, 독직죄, 개인 및 개인의 자유에 대한 죄(살인, 상해, 불구로 만듦, 말과 행동에 의한 모욕), 재산범(약

廣州府의 오류일 것이다.

탈, 강도, 절도 등)이다.

여기서는 이에 관한 규정을 상세히 기술하는 것은 그만두고[32] 다만 그 중 가장 특징있는 것만을 논하기로 한다.

사람이 죽었을 때 금지되는 것은 말을 죽이는 일, 깃대를 땅에 푹 꽂는 일, 등산 입구를 막는 일, 코다크(khodak : 작은 비단조각)를 집밖에 내거는 일 등이다. 이를 위반한 자는 벌 5의 재산형에 처하며 벌금은 위반을 통고한 자에게 준다(제10편 제11조). 이 규정은 죽은 종족 사람의 무덤 부근에서 말 등을 살해한 고대의 (미개의, 샤먼교의) 몽골 관습과 관계있다(아바칸스크 비문 제4절과 1759년 호리 부랴트족의 차자[33]와 비교).

다른 나라로 도망친 자는 사형에 처한다(제9편 제1조). 다른 호슌으로 도망친 자는 원래의 호슌으로 송환되며 100타의 채찍형에 처해진다(제2편 제10조). 사원은 허가된 숫자 이상의 라마와 새로운 귀의자를 받아들여서는 안 된다(제2편 제7 · 8 · 9조).

평민 간의 간통에서, 姦夫는 벌 9의 5배의 재산형에 처하고 姦婦는 '그녀를 살해해도 무방한' 본남편에게 인도한다. 만약 그녀가 살해되지 않으면 그 가축은 왕공에게 인도된다. 남의 처에게 '사랑을 호소한' 자는 벌 9의 3배의 재산형에 처한다(제10편 제14조). 평민의 처와 간통하면, 제1등과 제2등 왕공은 벌 9의 9배, 다른 왕공은 벌 9의 7배, 타이지와 타부난은 벌 9의 5배의 재산형을 본남편에게 지불한다. 왕공비와 간통한 평민은 팔렬형에 처하고, 비는 참수하며, 姦夫의 가족은 노예가 된다(제10편 제15 · 16조).

다른 호슌의 사람을 모살한 왕공, 타이지, 타부난은 살해된 자를 대신할 사람을 그 호슌으로 보내며 피해자 가족에게는 재산형(그 위계에 따라 말

---

32) 상세한 것은 Riasanovsky, *Customary Law of the Mongol Tribes*, Part Ⅰ, pp. 105~113 참조.

33) 역주 : 원문에는 Tsadzu라고 되어 있으나 Tsadza의 잘못인 듯하다. 같은 랴자노프스키의 *Customary Law of the Nomadic Tribes of Siberia*의 제5장 부랴트인의 법관습에도 Tsadza로 되어 있다.

50~100마리)을 지불하고 같은 죄를 범한 평민은 금고 후 참수한다(제7편 제1조). 원한에 의해서나 취중에 종속민이나 노예를 모살한 자는, 제1등 및 제2등 왕공이라면 말 40마리, 다른 왕공은 말 30마리, 타이지와 타부난은 벌 9의 3배, 평민은 벌 9의 재산형을 피해자 형제에게 지불하고, 피해자 가족은 이 호슌을 떠나 희망하는 땅으로 갈 권리를 갖게 된다. 다만 모살이 아니면 범인은 9개월의 벌봉에 처하며 피해자 가족은 호슌 내에 머문다(제7편 제1조). 서로 다투다가 사람을 살해했거나 중상을 입혀(50일 이내) 사망하게 만든 자는 교수형에 처하며, 마찬가지 상황이더라도 모살이 아닌 경우는 벌 9의 3배의 재산형에 처한다(제7편 제3조). 처를 계획적으로 죽인 자는 교수형, 또 모살이 아니고 싸우거나 다투는 중에 죽게 한 자는 처의 어머니에게 벌 9의 3배의 재산형을 지불한다. 처의 행동이 원인이 되어 남편이 그녀를 고의로 죽여도 같은 재산형을 지불한다(제7편 제6조).

몽골인으로서 남녀를 유혹하여 노예로 판 자는 100타의 채찍형과 벌 9의 3배의 재산형에 처하며 유혹을 받은 자도 100타의 채찍형에 처한다(제10편 제13조).

남의 눈을 실명시킨 자는 벌 9의 3배, 손이나 발을 하나 절단한 자는 벌 9에 처한다(제7편 제5조). 부인을 유산시킨 자는 벌 9, 다투다가 이유 없이 다른 사람의 이를 뺀 자도 벌 9, 주먹으로 구타한 자, 변발 또는 모자의 털을 뽑은 자는 벌 5의 재산형에 처한다(제7편 제10조).

강도와 살인의 주범[34] 및 공모자는 참수 후 효수하며, 피해자가 부상만 당했다면 범인은 참수하며 그 가족과 재산은 피해자의 자유에 맡긴다(제6편 제1조).

절도에 대한 형벌은 도난품의 양과 가격에 따라 다르다. 예를 들면 30마리 이상의 말을 절취하면 주범과 공범은 금고 후 교수형에 처하며, 말 20~30마리를 절취하면 형벌은 경감된다. 말 2마리를 절취한 주범은 流刑,

---

34) 역주 : 원문에는 instigator, 즉 교사자로 되어 있으나 전후관계를 보아 주범, 주모자로 번역하는 것이 타당할 것이다.

공범은 90~100타의 채찍형에 처한다(제6편 제1조). 재산형을 산정할 때 양 4마리는 뿔달린 가축 1마리 혹은 말 1마리 또는 낙타 1마리에 상당하는 것으로 간주한다. 양 4마리 이하를 절취한 자는 80~100대의 채찍형을 내린다(제6편 제6조). 돼지 1마리 또는 개 1마리를 훔친 자는 벌 5, 거위, 집오리, 닭날개 한 쪽을 훔친 자는 2살된 수소 1마리의 재산형에 처하며 도난품에 대해 10배로 배상을 해야 한다(제6편 제35조). 타이지가 절도를 했을 경우 위계를 박탈하여 평민인 兵으로 삼으며, 그 가축은 피해자에게, 그 노예는 가까운 친척에게 인도한다(제6편 제11·12조).

3. 재판제도와 소송수속

사법은 행정과 분리되지 않은 채 밀접히 결합되어 있다. 제1심 재판소는 자사크인 왕공이나 타이지(1호슌 또는 1구역의 司政官)이다. 이 판결에 불복하면 세임(盟)의 수장에게 공소할 수 있고 그 판결에도 불복하면 이번원에 상고할 수 있다. 이번원은 사건을 심리한 후 세임의 수장에게 재심리를 명하거나 사건을 심리하기 위해 고관의 파송을 황제에게 청원한다. 자사크와 세임의 수장을 거치지 않고 이번원에 제소하는 것은 엄히 금지되며 이를 위반한 자는 처벌을 받는다(제7편 제5조).

중국에서 죄를 범한 몽골인은 중국법에 따라 처리되며 몽골에서 죄를 범한 중국인은 몽골법에 따라 처리된다(제12편 제19조).

피고인 몽골인은 스스로 사건을 변론해야 하며 관계없는 자가 대리로 서는 것은 금지되어 있다(제8편 제1조). 왕공이 심리한 사건의 재심을 원할 수 없다. 일단 제소된 사건은 사적인 조정을 통해 결말을 내서는 안 되며, 이를 위반할 경우 양 당사자는 왕공은 벌 9의 3배, 평민은 벌 9에 처한다. 원고와 피고의 호슌을 대표하는 각 중재자의 손을 거쳐 공식적으로 조정이 행해질 때는 허용된다(제12편 제12조).

의문이 있을 때는 선서 후 행해진 증언이 증거로 간주된다. 이를테면 직접적인 증거가 없는 피의자에게는 선서를 명하는 것이다(제6편 제12조, 제7편 제5조, 제12편 제16조). 행적을 추적하는 것은 범인의 행적을 더듬기 위해 행한다(제6편 제27조). 가택수색은 입회한 증인의 눈앞에서만 허용된다(제6편 제30조).

가축 벌은 다음과 같이 분배된다. 왕공은 벌 9 중 1마리(제12편 제3조), 고발인은 재산형의 절반, 범인이 속한 자사크의 사자는 3살된 수소 1마리, 피해를 본 자사크의 사자는 각 10마리당 1마리의 가축(다만 총 합해 3마리를 넘을 수 없음)을 취득한다(제12편 제2조). 재산형을 징수하는 자는 범인으로부터 3살된 수소 1마리를 취득한다(제12편 제1조).

제7절 1815년 이번원칙례

1. 사법

1) 물권법과 채권법

이 문제와 관련된 여러 규정들은 몽골인의 중요 생업인 목축을 보호하기 위한 것이다. 중국인은 국경을 넘어 몽골인의 토지를 경작해서는 안 되며 몽골인은 그 목초지를 경작을 목적으로 임대하지 못하게 되어 있는데 이를 위반하면 엄벌에 처한다(제1편 제165·167조). 그러나 熱河將軍의 관할 지역에서는 몽골인의 목초지를 중국인이 빌려 경작하는 것이 허용된다. 다만 장군의 허가가 필요하며 그의 엄격한 감독을 받아야 한다(제1편 제170조). 이러한 경작은 코르친(Korchin), 코를로스(Korlos), 아오한(Aohan)의 왕공령에서도 허용되고 있다(제1편 제171·172·173조).

토지임대는 그 지구의 장관이 증명한 계약서에 의할 경우에만 허용된다.

이 계약은 공고되고 기록된 후 그 목초지를 지배하는 왕공이 임차권의 증명서를 임차인에게 교부한다(제1편 제174조). 선금으로 지불한 임대료 일부는 계약 보증금이라고 한다. 임대료를 지불하지 않으면 토지는 회수된다(제1편 제175조). 채무계약의 담보로서 토지를 저당잡히는 일은 금지되어 있다(제1편 제274조). 이러한 거래가 칙례 발포 이전에 이뤄졌다면, 토지를 양도받아 3년간 경작해 온 자는 다시 4년 혹은 최대한 5년간 계속 경작할 수 있으며, 토지임대료로 채무를 충당한 후 토지를 원소유자에게 반환한다(제1편 제176조). 몽골에서 농사를 짓는 모든 중국인은 땅을 빌린 대금을 지불해야 한다(제1편 제179조). 앞서 언급한 바 있는, 자기 목초지의 범위를 벗어나 방랑해서는 안 된다는 규정은 여기서도 되풀이되고 있다.

상거래

몽골인은 당국자(또 한 구역에 속해 있는 자이면 그 구역의 장관)의 허가 없이 자기 목초지를 떠나서는 안 된다. 상업을 목적으로 여행을 하려는 자는 그 지구의 장관에게 허가를 신청해야 한다. 장관은 이를 10인 내지 그 이상의 조합으로 정리하고 동시에 이를 감독하기 위해 특별관리를 임명한다(제2편 제76조). 중국 상인이 몽골에 오려면 이번원의 허가를 받아야 한다.

중국인은 몽골인을 대상으로 하여 은으로 이자를 받는 돈놀이를 해서는 안 된다. 이를 위반한 채권자는 채권의 원금만 반환받고 고향으로 추방당한다(제2편 제86조).

2) 친족법과 상속법

결혼

몽골에서 거주하는 중국인은 몽골인 처녀나 과부와 결혼해서는 안 되며 이를 위반하면 결혼은 해소되고 처는 부모 곁으로 돌아간다. 그리고 夫妻는 모두 처벌을 받는데, 큰칼을 쓰고 100타의 채찍형을 받은 후 중국인은 고향으로 추방되고 연좌된 당국자(타이지, 지구의 장관)도 감독을 태만히 한 죄로 처벌받는다(제1편 제483조). 몽골인의 동족간 결혼35)은 금지되어 있다(제1편 제481조).

몽골 왕공이 약혼자에게 지불하는 칼림은, 신부 아버지의 계급에 따라 다음과 같이 여러 가지로 나눠진다. 즉 제1등 왕공이면 약혼할 때 닉타 1마리, 말 4마리, 양 4마리, 결혼식 직전에 수소 6마리, 말 6마리, 양 10마리를 보내고 거기에 36탁자의 결혼잔치를 마련해야 한다. 신부 아버지의 계급이 더 낮을 때는 칼림은 감액된다. 이를테면, 제5·6등 왕공은 약혼 때 말 2마리, 양 7마리를 받으며 결혼 때 말 2마리, 수소 2마리, 양 20마리를 받는다(제1편 제471조). 관리와 평민이 보내는 칼림은 말 2마리, 암소 2마리, 양 20마리이다(제1편 제481조).

결납 후 결혼 전에 장래의 신랑이 죽으면 칼림은 전부 반환되며 장래의 신부가 죽으면 그 절반이 반환된다(제1편 제481조). 만주 및 몽골 왕공의 딸의 혼인지참물은 다음과 같다. 제1등 왕공의 딸은 유모와 그 남편, 몸종 3사람, 노예 5가족 등. 그 이하는 여러 가지가 있으며 제6등 왕공의 딸은 유모와 그 남편, 몸종 3사람, 노예 2가족, 만주의 제7등 왕공 또는 몽골의 타이지, 타부난의 딸은 노예 3가족이다(제1편 제478조). 다른 사람과 약혼한 여자를 빼앗은 제1등과 제2등 왕공은 피해자인 신부에게 노예 10가족, 다른 왕공은 7가족을 배상하고 신부를 돌려보내야 한다. 같은 죄를 범한 평민은 벌 9를 지불하고 신부를 돌려보내야 한다(제1편 제482조).

몽골인이 처와 이혼하면 그 혼인지참물을 반환해야 하지만 이를 이미 소비해 버렸다면 반환하지 않는다(제1편 제484조).

양자

칭호를 세습하는 타이지와 타부난 그리고 왕공의 아들은 (직계상속인이 없으면) 그 씨족 중 적당한 자를 뽑아 양아들로 삼을 권리를 갖는다. 양아

---

35) 같은 아이막(또는 오토크)에서 출생한 친족 간의 경우이다.

들이 된 자는 타이지의 칭호를 획득하고 상속권을 갖는다. 남편인 타이지가 사망한 후 그 처가 양아들을 삼는 것은 허용된다. 씨족 중 적당한 자가 없으면 구역장관의 허가를 받아 다른 씨족의 사람을 양아들로 삼을 수 있다. 단 이러한 양아들은 다만 재산을 상속할 뿐이고 양아버지의 칭호를 획득할 수는 없다(제1편 제61 · 63조). 정부인은 남편이 사망한 후 첩을 팔지 못하게 되어 있다(제1편 제64조). 첩의 아들은 정부인의 아들과 동등하게 취급한다(제1편 제64조).

상속

상속인의 자격은 첫째 그 아들과 직계비속, 다음이 형제, 마지막으로 전 씨족이다. 몰수된 땅은 그 구역의 장관에게 귀속되어 공공용도로 충당된다. 직계상속인이 없으면 유언이 허용되지만, 그의 씨족 이외의 사람을 상속인으로 삼을 수는 없으며 유언의 실행에는 모두 당국의 승인을 필요로 한다. 직계비속이 없어 같은 씨족 내의 사람을 상속인으로 지정한 자의 유언은 구역의 장관과 다른 왕공의 동의를 요한다(제1편 제63조). 버려진 아이, 양육된 미아, 노예의 아들은 어떠한 경우에도 상속인으로서 인정받지 못한다(제1편 제63조).

2. 형법

1)형벌체계

칙례가 규정하는 기본형벌은 다음과 같다.[36]

① 가족의 노예화를 동반하는 사형(제2편 제1조)

---

36) 괄호 안의 숫자는 형벌을 규정한 칙례의 篇과 條를 나타내고 있는데 예시적이기 때문에 면밀하지 않다(1789년 칙례의 같은 조목의 표도 마찬가지이다).

② 팔렬형(凌遲) (제3편 제76조)

③ 참수(제3편 제16·73조). 참수는 보통 효수로 한다.

④ 교수형(제3편 제9·73조). 사형에는 즉시 집행하는 것과 감금 후 집행하는 것이 있다. 후자에서는 秋審에서 결정될 때까지 집행이 연기된다(監候).

⑤ 위험한 땅에서 고역에 복무시키는 유형(제3편 제18조)

⑥ 雲南·貴州·廣東·廣西 등 여러 省으로의 유형(제3편 제18조)

⑦ 江南·浙江·江西·湖南·福建 등 여러 성으로의 유형(제3편 제36~41조)

⑧ 山東省과 河南省에서 역전의 고역에 복무시키는 유형(제3편 제73·74조)

⑨ 山東省과 河南省으로의 가족동반 유형(제3편 제19조)

⑩ 큰칼(제3편 제78조)

⑪ 재산형을 동반하는 채찍형(제3편 제107조)

⑫ 笞形(제3편 제107조)

⑬ 채찍형(제2편 제4조, 제3편 제105조)

⑭ 몽둥이형(제3편 제105조)

⑮ 금고(제3편 제77조)

⑯ 승적 상실(제4편 제71·85조), 위계 관직 박탈(제4편 제81조), 칭호 박탈(제2편 제3·12조)

⑰ 전 재산 몰수(제3편 제16·183조)

⑱ 부동산 몰수(제2편 제1조)

⑲ 종속민 몰수(제2편 제1조)

⑳ 가축 벌(제3편 제180조, 제4편 제69조), 벌봉(제3편 제12조, 제4편 제81조)

㉑ 신대금(제2편 제73조)

재산형을 지불할 수 없는 자는 채찍형으로 대신한다. 그 비율은 가축 1

마리당 20타, 2마리당 50타, 3마리당 75타, 4마리 및 그 이상은 100타이고 어떠한 경우든 100타 이상은 부과하지 않는다(제3편 제113조).

벌 9의 재산형은 말 2마리, 수소 2마리, 암소 2마리, 거세된 3살짜리 소 2마리와 거세된 2살짜리 소 1마리로 이루어진다.

2) 범죄

1815년 칙례가 규정하고 있는 범죄는 종교, 종교상의 계율 및 敎儀에 반하는 죄, 국사범, 독직죄, 개인에 대한 죄(개인의 자유를 범한 죄, 살인, 상해와 신체훼손, 말과 행위에 의한 모욕), 재산범(약탈, 강도, 절도, 방화, 재물에 끼친 손해)이다. 그 가운데 가장 특징있는 것을 다음에서 살펴보기로 하자.[37]

분묘의 훼손에 대해서는 자세한 언급이 보이는데, 왕공과 타이지의 분묘를 파헤친 자는 사형에 처하며 평민의 분묘를 파헤친 자는 채찍형과 가축벌에 처한다(제3편 제73조).

사원은 정해진 수 이상의 라마를 수용하거나 등록된 숫자 이상의 새로운 제자를 취해서는 안 되며, 위반한 자는 승직을 박탈당하고 감독 당국에 재산형을 바쳐야 한다(제4편 제1·8·76·82조). 노예를 반디로 삼고 병사를 새로운 제자로 삼는 것은 금지되며, 이를 위반한 자는 같은 형벌에 처해진다(제4편 제80조). 사원을 탈주한 라마와 반디는 승적을 박탈당하며 100타의 채찍형에 처해진다(제4편 제87조).

다른 나라로 도망친 사람은 사형에 처하지만 도주하는 데 어떤 해도 끼치지 않고 자발적으로 귀국한 자는 100타의 채찍형에 그친다(제3편 제142조).

출정 명령을 받고서도 따르지 않은 왕공과 귀족(타이지, 타부난)은 위계를 박탈당하고 출정에 참가해야 한다. 자기 군대의 출정을 중지한 자는 사

---

37) 상세한 것은 Riasanovsky, *Customary Law of the Mongol Tribes*, pp. 119~127 참조.

형에 처하며 때를 지체한 자는 재산형에 처한다(제2편 제3조). 10戶 중 절도를 저지른 자가 있으면 10호장은 감독을 철저히 하지 않은 죄를 물어 말 1마리의 재산형에 처하지만, 10호장 스스로 이를 발견하여 범인을 억류했다면 그 책임은 묻지 않는다(제3편 제71조).

사회생활상 악의가 있는 사람, 어리석어 사리에 어두운 자는 힘든 역전에 복무시키기 위하여 산동과 하남으로 유배한다(제3편 제183조).

특히 겨울에 새로 온 자의 숙박을 거부하였다가 그 때문에 사람을 얼어죽게 한 자는 벌 9에 처한다. 얼어죽지 않았다면 거세된 소 1마리의 재산형에 처한다(제3편 제488조). 평민의 처와 간통한 왕공귀족은 본남편에게 재산형(위계에 따라 벌 9의 5배부터 벌 9의 9배)을 지불한다. 평민과 왕공비가 간통한 경우, 평민은 팔렬형에 처하고 비는 참수한다. 노예와 타이지 처의 간통은 모두 사형에 처하는데 姦婦가 첩이면 두 사람에 대한 형은 100타의 채찍형이다. 같은 계급의 남의 처와 간통한 평민은 1개월의 큰칼(首枷)과 100타의 채찍형에 처해지며 姦婦는 100타의 채찍형에 처해지고 속죄금을 지불해야 한다. 다만 그 평민이 다시 姦婦에게 사랑의 도피를 권했을 때는 2개월의 큰칼형에 처해지며 산동이나 하남으로 유배된다(제3편 제75·76·77·78조).

자유민인 몽골인을 기만하거나 유혹하여 이를 노예, 처, 또는 첩으로 팔거나 아들 또는 손자로 삼은 자는 100타의 채찍형과 벌 9의 3배의 재산형에 처하며, 팔린 몽골인이 여기에 동의했다면 그도 또한 처벌한다(제3편 제79조). 軍籍에 올라 있는 종속민(노예)을 팔아서는 안 되며 군적에 올라 있지 않은 자도 그 구역 밖으로 팔 수 없다(제3편 제81조. 1789년 칙례의 제2편 제23조와 비교).

다른 구역의 사람을 계획적으로 살해한 한 구역을 통치하는 왕공, 타이지, 타부난은 살해 동기 여하를 불문하고 벌 9의 9배의 재산형에 처하며 그 중 벌 9의 6배는 피해자의 가족에게, 벌 9의 3배는 피해자의 노욘에게 준다. 한 구역을 지배하지 않는 타이지, 타부난이 같은 범죄를 저질렀다면 벌 9의 5배에 처하며, 평민일 때는 일반법인 국가의 법전에 따라 사형에 처한다(제3편 제1조). 왕공, 타이지, 타부난이 그 종속민 또는 노예를 살해했을 때는 그 행위가 격노, 원한, 또는 취중에 이루어졌는지의 여부에 상관없이 제1등과 제2등 왕공은 말 40마리, 다른 위계의 왕공은 말 30마리, 타이지·타부난은 벌 9의 3배에 처한다. 피해자 가족은 이 벌금을 받으며 또한 그 구역에서 다른 곳으로 옮길 권리를 얻는다(제2편 제2조).

노예를 살해한 자사크는 벌 9의 3배, 중대장과 중위는 벌 9의 2배, 평민은 벌 9의 재산형에 처한다. 살인을 저지른 관리와 평민은 교수형에 처하며 처를 학대하여 죽음에 이르게 한 남편에게도 같은 형벌을 내린다(제3편 제5조). 처를 고의로 살해한 남편은 벌 9의 재산형을 처의 아버지에게 지불한다(제3편 제8조). 자기 종속민이나 노예를 살해한 자는 재산형(벌 5에서 벌 9의 3배)에 처한다. 과실치사를 저지른 관리와 평민은 벌 9의 2배에 처한다(제3편 제6·7·8조).

치명상을 입혀 50일 이내에 사망하게 만든 자는 금고 후 교수형에 처한다(제3편 제9조).

경미한 상해를 입힌 자는 벌봉 6개월에 처하며 봉급을 받지 않는 자는 벌 9, 평민은 벌 5에 처한다. 과실로 다른 사람의 눈을 실명케 했거나 수족에 부상을 입힌 자는 피해자에게 벌 9의 2배의 재산형을 지불하며 부상이 경미하면 말 1마리로 한다(제3편 제14조). 다투는 중에 상대방을 부상시켜 불구로 만든 자는 벌 9의 3배에 처하며 그 정도가 경미하면 벌 9에 처한다(제3편 제15조). 이빨을 빼고 변발을 잡아뽑은 자는 벌 9에, 남의 모자의 털을 잡아뽑은 자는 벌 3에 처한다(제3편 제15조).

칙례는 관청재산(말, 가축, 삼림 등)의 절도와 사유재산의 절도를 구별하여 후자보다 전자에게 더 엄벌을 내리고 있다. 사유재산의 절취는 도난품의 질과 양에 따라 형을 내리는데 30마리 이상의 가축을 절취한 경우, 주범 및 행위에 의한 종범은 교수형, 정신적 종범(교사자 등)은 流刑 등에 처한다. 작은 가축일 경우, 양 4마리, 거세된 송아지 4마리와 수망아지나 새끼낙타는 1마리의 수소나 말 또는 낙타와 동일시하며 작은 가축 4마리 이하를 절취한 자는 80~100타의 채찍형에 처한다. 1~10냥의 가치를 갖는 은그릇을 훔치면 주범은 90타, 종범은 70~80타의 채찍형에 처한다. 도난과 관련된 기물이 10~40냥이면 형은 각각 100타, 90타, 80타이다. 40~70냥이면 주범은 流刑에 처하고 가격이 120냥 이상이면 주범은 교수형, 종범은 유형에 처한다(제3편 제45·50조).

격노 또는 보수 때문에 주거지에 불을 질러 이로 말미암아 사람이 죽었을 경우 범인은 교수형에 처하고 그 재산은 피해자에게 인도한다. 만약 피해자가 죽지 않았다면, 범인이 관리일 경우 면직되며 평민일 경우 100타의 채찍형에 처해지고 범인의 재산은 (어떤 경우에서든) 피해자에게 교부된다(제3편 제183조).

3. 재판제도와 소송수속

司法과 행정은 밀접하게 결합되어 있다. 제1심 재판은 자사크(한 구역의 수장)가 담당하므로 소송은 그에게 제출해야 한다. 그의 판결에 불복할 때는 사건을 제2심자인 盟長(세임의 수장)에게 제소하여 재판을 요청할 수 있다. 이 결정에도 불복하면 이번원에 상고할 수 있으나, 이 경우 사건에 관계된 자사크와 맹장이 작성한 서류사본을 첨부해야 한다.

이번원은 사건을 심리하여 필요하다고 인정되면 재판에 관한 지시를 첨부하여 사건을 자사크 또는 맹장에게 되돌려 보내 재심을 명하며, 사건이 중대한 것이면 特命암반을 사건심리에 파견할 것을 황제에게 청원한다(제3편 제82조). 자사크와 맹장을 회피하고 사건을 직접 이번원에 訴願한 자는, 타이지와 관리일 경우 벌 9의 3배, 평민일 경우 100타의 채찍형에 처한다. 그러나 이러한 경우라도 이번원은 제출된 사건을 심리할 의무가 있는데, 보통 소송으로 인정했을 때는 해당 관할 자사크 또는 맹장에게 내려보내고, 중대 사건이라면 특명암반의 파견을 奏願할 수 있다(제3편 제83조). 이번원은 자사크와 맹장의 판결에 불복하는 상고를 심리할 권한을 가지고 있을 뿐 아니라 이러한 판결에 편협함이 있다는 증거를 발견했을 때는 재심할 권한도 가지고 있다(제3편 제84조).

몽골인은 스스로 법정에 서야 하며 국외자를 대리로 세워서는 안 된다. 이를 위반한 자는 말 1마리의 재산형에 처한다(제3편 제91조). 재판장의 판결에 대해 상고한 후, 심리 결과 상고에 근거가 없음이 확정되면 상고인은 재산형에 처해진다. 즉 제1등과 제2등 왕공이 내린 판결에 불복한 상고에 대해서는 벌 9, 하급 왕공이 내린 판결인 경우 벌 5, 다른 군관이 내린 판결에 대한 상고인 경우 말 1마리이다(제3편 제86조).

절도는 발자국을 추적하는 방법으로 수사를 진행하며(제1편 제93조, 제3편 제122·123조) 발자국이 한 장막으로부터 화살 하나 이내의 지점에 이르렀을 경우 장막 주인은 선서를 하게 되고 사건은 그의 선서 후 증언에 따라 결정된다. 그러나 발자국이 장막에서 화살 하나 정도 이상 떨어진 곳을 지나고 있으면 혐의가 인정되지 않아 장막 주인은 선서를 명령받지 않는다(제3편 제123조). 혐의가 있는 집은 수색할 수 있으나 증인의 입회가 필요하다. 가택수색을 거부한 자는 절도로 간주한다(제3편 제65조). 칙례는 증인의 증언을 매우 중요하게 간주한다. 어떤 경우, 특히 직접적인 증거가 없으면 선서 후 이루어진 증언을 토대로 판결이 내려지며 피의자는 자신의 무죄를 증명하기 위해 선서를 할 수 있다. 이렇듯 자신의 무죄를 선서하면 무죄가 되지만 선서를 주저하거나 거부하면 유죄가 선고된다(제3편 제160·117조). 특별한 중요 사건을 제외하고 왕공, 타이지, 타부난에게는 선서를 명할 수 없다(제3편 제124조).

제8절 자치몽골의 법[38)]

앞에서 기술했듯이 자치몽골에서 관습법은 私法 관계 영역에 효력을 미치고 있으나 형법은 1789년과 1815년 이번원칙례를 통해 파급된 중국법의 영향을 받고 여기에 약간의 몽골적인 규정이 가해졌다.

1. 사법

1) 물권법

토지사유권은 인정하지 않았다. 토지는 몽골인의 호순이 이용하고 호순의 자사크가 관리한다. 이 자사크의 권력은 자치몽골 초기에는 약화되지 않았다. 몽골인은 그 중요 생업인 유목경제를 위해 토지를 이용할 수 있으나 농업은 명확히 낮은 발전 단계에 머물러 있었다. 우르가 게겐은 스텝을 개발하는 데 노력하여 곡물의 강제파종령을 발포할 정도였으나 큰 효과를 거두지 못했다.

토지임대는 외국인에 한해 허용되었는데 외국인은 대부분 중국인으로서 러시아인은 매우 적었다. 임대한 토지는 주로 농업에 이용되었으며, 중국인이 임차한 농업용지는 20세기 초기에 매우 큰 규모에 이르렀으나 자치제 하에서는 급격히 줄어들었다.

2) 채권법

당시 존재한 거래로서는 매매, 교환, 증여, 개인적 임차, 대부, 보증, 외국인에 대한 토지임대 등 몇 가지가 더 있었다. 몽골인 사이에 재산저당이나 토지임대 같은 것은 약속어음과 마찬가지로 몽골 관습법에서는 알려져 있

---

38) Maisky, *Modern Mongolia*, 1921 ; Minutes of the Great Huruldan, 1924 ; Replies to special questions by the writer 등.

지 않았다. 거래는 원칙적으로 구두로 행해진다. 허용이율은 3할 6푼이었는데 이는 같은 최고이율을 허용하는 중국의 영향을 반영한 것이다.[39] 채권의 담보로 인질을 잡아서는 안 되며 채무자가 지불 능력이 없으면 그 근친과 바크(Bak : 공동체)가 책임을 진다.

3) 친족법

결혼의 경우, 몽골 관습에서는 일부다처제가 인정되며 처 중 한 명(제1부인)이 정처가 되어 다른 처보다 훨씬 큰 권력을 갖는다. 결혼은 보통 부모와 나이 든 친족이 결정하는데 관습적으로 가장 이른 결혼연령은 남자 17~18세, 여자 15~16세이다. 신부 부모는 그녀의 결납(칼림)을 받고 신부는 신랑에게 혼인지참물을 가지고 가는데, 그 액수는 결혼 이전에 쌍방의 협정에 따라 정한다. 결납과 지참물 액수는 두 당사자의 지위에 따라 다르다.[40] 보통 결납은 결혼 전에 보내며, 만약 보내지 않는다든가 또는 지연시킬 경우 정해진 모든 것을 보낼 때까지 결혼은 완전히 정당한 것으로 인정받지 못하고 아이들도 어머니에게 속하는 것으로 간주된다(아들도 사생아가 된다). 그러나 지참물은 약혼 후 1년 사이, 또는 1년 후에 보내진다. 또한 결혼할 때 신랑 아버지는 젊은 부부에게 유르트(帳幕)를 주며 신부 아버지는 유르트 내의 내부장치물을 준다. 결혼식은 라마승이 참가한 가운데 행해지나 동거도 종종 행해진다. 일반적으로 몽골인 간에는 결혼 전후를 불문하고 성관계가 자유로운 것으로 알려져 있다. 결혼에는 비용이 들기 때문에 상호 동의에 의한 사랑의 도피가 상당히 보급되어 있다. 몽골법은 결혼 횟수에 대해 어떤 제한도 두지 않고 있다.

---

39) *Ta Ching Liu Li*(大淸律令), section 149 ; Boulais, *Manuel du droit Chinois*, Ⅰ, No. 729 등 참조.

40) "왕공은 딸에게 혼인지참물로서 가축과 재물뿐 아니라 사람도 준다. 이 관습은 자치몽골 시대 동안 행해졌다. 지참물의 양은 노욘의 경제상태에 따라 정해진다"(Information given by a Councillor of the Mongolian Ministry of Justice).

남편은 가족의 가장이다. 어머니는 가사의 처리와 아이들의 양육에 간여한다. 부모는 가정 내에서 아이들을 야단치고 다스리는 수단을 강구할 수 있다. 부부의 재산은 공유로 간주된다.

이혼은 매우 간단하여 쌍방의 동의가 있으면 충분하다. 뿐만 아니라 관습이 인정하는 구실을 대고 이혼하고자 하는 뜻을 일방적으로 표시하기만 하면 되며 이 경우 라마의 입회는 필요하지 않다. 이를테면 관습상 남편은 처가 아이를 낳지 못하거나 세 번 가출하면 처를 그 부모에게 돌려보낼 권리를 가지고 있으며, 한편 처도 마찬가지로 자신을 세 번 내쫓은 남편과 이혼할 권리를 가지고 있다. 왕왕 이혼은 의식을 거쳐 행해지지만, 대부분 당사자의 간단한 별거로 끝이 난다. 이혼할 때 처는 지참물만 반환받으며, 부부가 공유한 재산의 분배에는 관여하지 않는다.

남의 아들을 양자로 삼으려면 그 부모와 호슌 관청의 승인을 얻어야 한다. 이렇게 해서 양자가 된 자는 친아들과 같은 권리를 획득한다.

호슌 관청의 감독하에 미성년자에 대한 후견인 제도도 존재했다.

4) 상속법

유언에 의한 상속과 법(관습)에 의한 상속이 모두 허용된다. 구두로 하는 유언은 라마와 증인(증인의 입회는 반드시 필요하지 않다)의 입회하에 행해진다. 유언내용이 관습과 명확히 배치되는 것은 허용되지 않는다.[41]

관습에 의한 상속인은 첫째, 과부와 남겨진 아이이며 아들이 없으면 과부는 혼인지참물만 받는다. 직계비속이 없으면 유산은 가장 먼 친척까지 포함하는 방계의 친족에게 돌아간다. 상속인이 없는 재산은 호슌 관청이 관리하며 국고(또는 사원)로 들어간다.

직계비속의 상속에서 흥미로운 것은 아들과 마찬가지로 딸도 상속배당을 받는다는 점이다(단 딸이 형제와 동거하지 않을 경우에 한한다). 그 몫은 가장 적다(이는 분명 혼인지참물 대신 주어진 배당이다). 사생아도 배당

---

41) 1815년 칙례의 규정 참조.

을 받지만 마찬가지로 적다. 한편 가재도구를 상속하고 아버지를 대신하여 조세와 요역(Alba)을 바치는 아들은 다른 아들보다 많은 몫을 받는다.

지방에 따라 상속관계의 관습(규정)은 다르다.

고인의 채무에 대한 상속인의 책임문제는 분명하지 않다. 가족관계가 강고한 점으로 보건대, 가재도구를 상속한 아들이 아버지의 채무에 대해 무제한으로 그 책임을 졌을 것이다.

2. 형법

앞서 언급했듯이 중국법은 몽골 형법에 큰 영향을 주었다(1789년과 1815년의 이번원칙례를 통해). 일반적으로 보아 자치몽골의 司法制度로 채택된 형법의 여러 규정은 다음과 같다.

1) 형벌체계

자치몽골에서는 다음과 같은 형벌이 채택되었다.

① 총살, 참수, 교수형 등 여러 가지 死刑. 그 변형인 고문치사, 팔렬형, 굶겨죽이는 형

② 사지(수족) 절단 및 失明刑

③ 수년간의 금고(10년 이내. 이는 유목민에게는 엄형이다)

④ 신체형 - 채찍형(200타 이내), 태형(100타 이내), 때로 곤장형

⑤ 구류. 단순한 구류, 큰칼을 수반하는 것, 발칼을 수반하는 것, 쇠사슬로 묶는 것이 있다.

⑥ 발에 칼을 채우는 형

⑦ 호슌 또는 아이막 밖으로 내쫓는 流刑

⑧ 재산형. 무거운 재산형은 9냥에서부터 그 9배인 81냥, 가벼운 재산형은 3냥에서 5냥의 3배, 즉 15냥까지. 따로 가축 벌이 있다.[42]

⑨ 견책

⑩ 경고

종전대로 왕공과 타이지는 신체형을 면제받고 요역과 조세를 부과받지 않았다.

2) 범죄

종교와 승려에 대한 죄

욕을 하거나 조롱하면 금고 및 사원에 대한 공납물 봉헌에 처한다. 사원 소유의 나무를 벌채하면 채찍형, 금고, 사원에의 공납물 봉헌에 처하는 것은 물론이고 벌채한 목재는 몰수한다. 승려에 대한 모욕도 엄벌에 처한다.

행정질서를 해친 죄 및 독직죄, 자기가 갖고 있지 않는 칭호를 부정하게 또는 기만하여 칭한 자는 채찍형과 금고에 처하며, 중대한 것일 때는 사형에 처하기도 한다. 병역을 기피한 자는 금고, 채찍형, 사형에 처하며 국가원수 및 고관을 모욕한 자는 채찍형, 금고에 처하고 사형에 처하기도 한다. 다른 행정관을 모욕한 자는 신체형에 처한다. 뇌물을 받은 관리는 면직되며 때로 금고에 처해진다. 국가나 사원 재산을 착복한 자는 금고에 처한다.

개인 및 풍기에 관한 죄

살인자는 사형에 처하고(머리에는 머리43)) 부모를 살해하면 팔렬형에 처한다. 사람에게 부상을 입히거나 불구로 만든 자는 신체형과 머리를 쇠사슬로 묶는 형에 처하며 치료비를 배상케 한다. 신체를 훼손한 범인에게는 신체형과 금고를 내린다. 폭행, 말과 행위에 의한 모욕, 위증, 안녕질서의 문란, 변론, 다툼은 모두 신체형에 처한다. 간통은 가벼운 죄로 취급하

---

42) 1냥은 1.40 멕시코 은달러와 같다.

43) 역주 : 원문에 head for head라고 되어 있는데 그 의미가 명확하지 않다. 임시로 '머리에는 머리'로 번역했지만 '이에는 이'라는 것과 같은 의미일 수도 있다.

여 姦夫는 본남편에게 안장 달린 말 1마리를 주면 된다. 강간은 재산형에 처하며 만약 이로 말미암아 정신착란 상태에 빠지면 단기 금고에 처하며 치료비를 지불케 한다.

재산범

강도는 채찍형과 금고에 처하며 중대한 것일 때는 사형에 처한다. 절도(대부분 가축절취이다)는 다음과 같이 나눠진다. 즉 초범은 20~30타의 채찍형과 손해배상. 재범은 40~50타, 1개월 또는 2개월의 금고, 2배의 손해배상에 처하며 3범은 50~100타의 채찍형, 1개월에서 2개월의 금고, 40일간 발에 칼(형틀)을 달아 햇볕에 쬐는 형에 처한다. 잘못을 회개할 가망이 없는 절도범은 손발을 자르며 때로는 눈을 실명케 하거나 거세한다. 위조죄와 사기죄에 해당하는 죄를 저지른 자는 절도범과 똑같이 처벌한다. 작물을 밟아 망치게 한 자는 가축 벌에 처한다. 사유재산을 착복하면 사형에 처한다.

약탈과 방화는 기록되어 있지 않다. 정상참작(빈곤, 무지 등)에 의한 감형이 고려되고 있다. 미성년자는 처벌하지 않고 부모의 감독에 맡긴다. 귀족계급에게는 신체형을 내리지 않는다.

3. 재판소의 구성

자치몽골의 재판제도 분야에는 큰 변화가 없다. 그러므로 중대하지 않은 일반사건의 제1심은 호순 관청에서, 제2심은 맹장과 그 관청에서 행해진다. 맹장은 또한 보다 중요한 사건의 제1심을 구성하고 있다. 제3심은 우르가에 있는 司法省에서 하고, 사법성은 보다 중대한 사건에서 제2심이 되며 왕공에 관한 사건에서는 제1심이 된다. 왕공과 관계된 사건의 관할권은 호순 관청이나 맹의 관청에는 없다. 게겐, 후투크투, 寺領民은 이들 보통재판소에서 심리하지 않고 寺領衙門의 관할에 맡긴다.

호슌 재판소의 권한은 작은 사건에 국한되어 있다. 이를테면, 체첸 칸 (Tsetsen Khan) 아이막에서는, 뿔달린 가축 2마리 이하, 작은 가축 8마리 이하, 또는 8냥 이하로 정해지며 내리는 형도 채찍형 100타 이내, 큰칼을 쓴 3개월 금고 이하, 재산형이라면 소가축 9마리 또는 말 1마리 이하로 정해져 있다. 보다 중대한 사건은 맹장이 제1심 재판소가 되어 심리한다.

민사사건과 형사사건의 소송수속 사이에는 아무런 차이도 없다.

범인을 심문할 때 약간의 고문이 사용되었으나 유럽, 주로 러시아 문화의 영향으로 가장 잔혹한 것은 폐지되었다. 그러나 자치제하에서도 다음과 같은 고문이 행해졌다. 즉 ① 끈으로 뺨을 때리는 것, ② 곤장으로 엉덩이를 치는 것(100타 이내) ③ 피의자를 뾰족한 돌 위에 앉게 하는 것이다. 그 밖에 피의자를 겨누고 있는 장전된 총에 입을 갖다 대게 하는 것이나 그 자식의 이름으로 선서를 하게 하는 것 등 여러 가지 시험과 선서가 사용되었다. 자치시대가 끝날 무렵 고문과 신체형은 폐지되었다.

상고는 민사와 아울러 형사사건에도 허용되었으나 그 기한은 정해져 있지 않았다.

이상으로 분명해졌듯이 자치몽골에서 형법과 소송수속 분야는 주로 중국의 대몽골 법제에 의해 지배되고 일부만이 순수한 몽골법 제도로 보충되었다(이를테면 가축 벌, 채찍형, 간통, 능묘훼손에 대한 관대한 처벌 등). 민법 분야에서는 몽골인의 관습법이 여전히 효력을 지니고 있었다.

제3장 몽골법의 원류

전 역사를 통해 법적 조직은 일원적으로 존재하지 않았다. 이러한 조직은 각기 다른 기원을 가지고 있는데다 여러 가지 영향을 받았다. 하나 또는 그 이상의 기본적 원류 외에 항상 2차적 원류가 존재하였으며, 완성된 실제의 법은 그 특징의 일부분을 받아들이고 있었다.

필자는 몽골법의 기본적 원류는 몽골 민족의 관습법에서 발견되며, 몽골법은 다른 2차적 원류를 가지고 있다고는 하지만 특히 관습적이었다고 생각한다.

제1절 관습(관습법)

이 문제에 관해, 법률사가들은 일반적으로 여러 민족의 근본적 법전은 대개 그들의 관습법의 결정체를 대표한다고 생각한다. 이들 법전(그 중에는 사적 혹은 공적인 법전 편찬이 존재한다) 중에는 명령적 성질을 가진 규정(法)과 외부로부터의 영향을 반영한 것도 있으나 기초를 보면 역시 관습법의 집성에 그치고 있다. 이는 그리스와 로마의 시원적 입법(예를 들면 12동판법), 유럽 여러 민족의 미개한 법, 최초의 러시아법 즉 '루스까야 프라브다(Russkaya Pravda)' 등에도 적용된다. 고대 몽골법도 마찬가지이다.

몽골의 기본적 법전, 즉 대야사, 1640년 법전, 칼카 지롬 등의 내용과 몽골 민족에 관련된 광범위한 법적·민족지학적 자료에 대한 필자의 지식을 토대로 고대 몽골법전은 주로 관습법의 집성, 즉 명령적 성질의 규정(法)과 다른 법체계(중국법과 라마교의 사원법)가 첨부된 관습법을 포함하는 것이라는 결론에 도달하였다. 본질적으로 같은 관습법적 성질을 띠고 있는 것으로는 부랴트법과 칼묵법이 있다. 이들도 러시아법, 일정하게는 라마교 사원법의 영향을 받고 있다.[1]

이같은 견해는 몽골법의 기본적 기록의 내용을 분석하고 이 법의 원류를 살펴봄으로써 분명하게 증명될 것이다.

1. 대야사

필자는 칭기즈 칸의 대야사란 주로 모종의 명령규정에 의해 보충된 관습법 규정을 집대성한 것이라고 생각한다(또 어느 정도 중국법의 영향을 받았는데 이에 대해서는 뒤에서 다시 상세히 언급하겠다).[2]

이 학설을 증명하기 위해 현재 전해지는 칭기즈 칸 대야사의 단편을 몽골 민족의 관습, 생활방법 및 도덕과 비교해 보겠다.

---

1) 반대설에 대해서는 G. K. Guins, "The Mongol State Organization and Law", *Vestnik Kitaiskogo Prava*, 1931, No. 3(러시아어) 참조. 이에 대한 필자의 회답은 *Is Mongol Law Customary Law?*, 1932(러시아어) 참조.

2) 야사크(Yassak) 또는 그 약어인 야사(Yassa)의 정확한 의미는 법 또는 질서 정연하다는 것으로서, 이는 시원적 야사가 일반 관습(유습)에 기초를 둔 규정을 집대성한 것임을 보여준다(코카서스 산악 지방 주민의 Adat 참조). Berezin, "Outline of the Inner Organization of the Ooloos of Juchi", *Works of the Oriental Section R. Arch. S.*, Ⅷ, 1863, 405.

대야사의 단편 제1조는 간통범에 대한 死罪를 기술하고 있다.

같은 규정(간통에 대한 형벌)은 모든 고대입법(마누, 함무라비, 모세, 12동판법 등) 속에서 발견되는데, 공통된 기원을 갖고 있다. 즉 모두 가족을 보호하기 위해 입안된 것이며 당시 개개 성질은 매우 구체적이었다. 群婚 또는 亂婚制에서 개개 가족(일부다처제, 일부일처제)이 나타나기 시작한 이래, 새로운 사회상황은 우선 개별화된 가족의 방위수단을 규정하는 관습과 법을 출현시켰고, 이에 간통의 관념과 이에 대한 형벌이 출현했다. 이렇듯 간통에 대한 형벌 규정의 연원은 관습법 속에 있다. 이것이야말로 몽골인 간에 보이는 이 규정의 기원을 설명해 준다.[3] 그러나 칭기즈 칸 대야사에 기술된 처벌의 엄격성을 보건대, 중국법으로부터 일정하게 영향을 받았다는 생각이 들게 한다.

몽골인 사이에서 가족의 개별화는 다른 고대민족만큼 발전하지 못했고, 간통에 대한 死罪는 몽골인의 간통에 대한 견해 및 그들의 관습과는 모순된 것이다. 특히 야사 단편 중 규정이 엄격한 것은 칭기즈 칸의 격언 제19, 22와 제29 가운데 표현되어 있듯이 칭기즈 칸의 견해와도 모순된다. 이들 격언은 속세의 육체적인 행복관을 표현하고 있다.

간통에 대한 엄격한 태도는 몽골인의 생활 및 법과 조화를 이루지 못했다. 대부분의 연구자는 잘 알려진 바 몽골인 간에 나타나는 성관계의 현저한 자유에 주목하고 있다.[4] 차진 비치크는 보통 간통에 말 1마리의 재산형을 내리고 있으나, 승려와 동거하는 여자와의 간통은 무죄이다(제3조, 제1조). 1640년 법전은 간통에 대해 관대한 형벌을 내리고, 처녀와의 사통은 처벌하지 않았다(제70조). 자치외몽골의 관습법에 의하면 간통은 현행범에

---

3) 루브루크는 다음과 같이 전하고 있다. "그들은 살인범을 사형에 처하지만 자기에게 속하지 않는 여자와 동거한 자에게도 사형을 내렸다"(op. cit., p. 79). 루브루크가 말하는 '자기에게 속하지 않는 여자'라는 것은 유부녀나 노예로 이해해야 할 것이다.

4) 현대의 저자 중에는 Maisky, *Modern Mongolia*(러시아어), 1921, p. 41 ; Geleta, *The New Mongolia*, 1936, p. 242 참조.

한해 처벌하며 姦夫는 다만 말 1마리의 재산형에 처해질 뿐이다.

한편 중국에서는 간통이 훨씬 엄중히 다뤄지고 가족관계의 순결이 강하게 요구되었다. 중국에서 5형 중 하나인 고대의 宮刑은 바로 이러한 절제의 파괴에 대해 적용되었다. '大淸律'에 따르면, 간통에 대한 처벌은 곤장 100대부터 사형에까지 이르렀고 현행범인 경우 남편이 그 처와 姦夫를 살해할 수 있었다.5) 간통에 대한 死罪(틀림없이 중국법의 영향을 받은 결과)가 1789년(건륭 54)과 1815년(가경 20)에 중국이 몽골에 발포한 이번원칙례에 다시 나타난 것은 독특하다. 기타 몽골 관습법에서는 간통한 처녀를 처벌하지 않았으나 칭기즈 칸의 야사는 기혼이건 미혼이건 모두 처벌할 것을 강조한 것은 주목할 만하다. 이 모든 것을 통해 보건대, 칭기즈 칸 야사에서 보이는 간통에 대한 엄벌은 중국법의 영향을 받아 기존의 관습과 격렬히 대결하고자 하는 입법자의 열망을 반영한 것으로 설명할 수 있다.6) 일단 여기에서 제1조를 입법적 규정으로 생각해 두기로 하자.7)

제2조는 獸姦을 범한 자에 대한 死罪에 관한 것이다. 동물과의 성관계는 목축민의 일반적 범죄이며 몽골인 이외의 민족, 예를 들면 유대인에게서도 보인다(*Exodus*, Chap. XII).

제3조는 고의로 거짓말을 한 자, 마술을 부린 자, 다른 사람의 행동을 몰래 정찰한 자, 서로 다투는 사람 사이에서 간섭을 한 자에 대해 死罪를 규정하고 있다.

마지막으로 든 규정은 스텝 관습에서 일어난 것이다. 스텝 주민은 희한한 광경과 시비의 가림을 항상 좋아한다. 초원에서 두 사람이 격투를 벌이

---

5) 다음 절 참조.

6) 상세한 것은 다음 절 참조.

7) 불행하게도 현존하는 자료는 이 문제에 어떤 도움도 주지 못하고 있다. 플라노 카르피니는 "더욱이 그들은 간통 현행범인 남자 또는 여자를 살해하는 법 또는 관습을 갖고 있었다"(op. cit., 15)라고 기술하고 있다. 또 앞서 언급한 루브루크의 기사는 제10장에 있는데, 여기에는 관습적·명령적 두 법이 들어 있다.

거나 싸움을 벌이면 구경꾼들은 그 주위를 빙 에워싸는데, 분쟁에 개입해서는 안 되었다. 분쟁 당자사들은 먼저 완력에 호소하여 해결하는 것이 허용되어 있으므로, 이러한 방식으로 시비가 결정된다. 루브루크는 이에 대해 다음과 같이 기술하고 있다. "그들의 사법제도 중에는 다음과 같은 것이 있다. 두 사람이 다툴 때는 간섭하는 자가 아버지일지라도 아들을 도울 수 없다. 그러나 몸이 약한 자라면 왕의 법정에 제소해야 한다. 만약 제소 후에 다른 사람이 그를 건드리면 그는 살해된다. 그러나 모욕을 당한 자는 상대방을 죄인처럼 끌고 곧장 법정에 출두해야만 한다."[8] 야사 제3조에 기술되어 있는 것이 바로 이 관습이다. 몽골 오이라트 법전 제71조는 같은 규정을 포함하고 있다.

야사 제3조는 또한 마술을 부린 자에 대한 死罪를 언급하고 있다. 이 문제에 대해 루브루크는 다음과 같이 기록하고 있다. "……마찬가지로 그들은 마녀를 死罪로 다스린다. 여기에 대해서는 후술하겠지만 그들은 그런 여자를 독살자로 간주하였다."[9] 루브루크는 실제로 몽골인이 마력의 악영향을 믿고 여자 마술사를 사형에 처하는 예를 기록하고 그 다음 1장(제47장) 전부를 투시자 및 마술사에 대한 서술에 할당하고 있다. 따라서 야사 제3조는 단순히 몽골인의 일반관습과 미신을 법문화시킨 것임을 알 수 있다.

제4 · 15 · 8 · 32조.

제4조는 몽골인의 신앙과 미신에 토대를 둔 또 다른 관습들을 명확히 법문화한 것이다. 즉 "물이나 재에다 방뇨한 자는 사형에 처한다."

반자로프(Banzarov)는 다음과 같이 기술하고 있다. "몽골인은 불을 淸淨의 근원이며 징표라고 생각하여 매우 중히 여기며 청결하게 유지하고자 애쓴다. 그들은 악취를 풍기는 것이나 또는 강렬하거나 밝은 것을 약화시

---

8) Op. cit., Chap. X, p. 79.
9) Ibid..

킬 만한 것을 불 속에 던지지 않는다. 그리고 여기에 물을 뿌리거나 침을 뱉는 것은 죄악시된다. 불 위에 올려놓은 것들은 술이나 버터 지방처럼 불꽃을 키우는 것이어야 한다. 불 위를 넘거나 뾰족한 무기로 불을 푹 찌르는 것은 금지되어 있다.”10)

그러한 다른 관습이 제15조에도 나와 있다. 즉 “그(칭기즈 칸)는 그들이 걸친 옷이 아직 낡지 않은데도 불구하고 세탁하는 것을 금하였다.”11)

또 다른 관습은 제8조에 법문화되어 있다. 이는 동물의 도살방법을 규정한 것(사지를 묶고 배를 가르고 손으로 그 심장을 단단히 죄어야 한다)으로, 이슬람교도의 관습에 따르지 않는다. 하라 다반(Hara - Davan)은 이러한 관습이 칼묵인 사이에 여전히 보전되고 있음을 지적하고 있다.12)

끝으로 제32조는 몽골인의 미신에 기초를 둔 다음과 같은 결정을 포함하고 있다. “음식에 질식된 자는 천막 밑으로 끌고나와 곧장 죽여야 한다. 그리고 군사령관의 천막 문지방을 발로 밟은 자 또한 사형에 처해야 한다.”

이 문제를 설명할 때, 플라노 카르피니의 *History of the Mongols*(『몽골인의 역사』)에 나오는 다음의 글(제2장 그들이 사악한 것으로 간주하는 것에 대하여)13)을 인용하는 것이 좋을 것이다.

---

10) "The Black Faith, or Shamanism, Among the Mongols", 1891, pp. 23~24. Lama Gomboev, "On the Ancient Mongol Customs and Superstitions Described by Plano - Carpini", *Works of the O. S. R. Arch. So.*, vol. Ⅳ, 238~240 ; Petri, *Elements of Tribal Relationships Among the Northern Buriats*, pp. 9~10 참조. 가정의 불에 신혼의 부인이 희생을 바치는 것은 부랴트인 결혼식전의 일부를 이루고 있었다(Riasanovsky, *Cus. Law of Mong. Tribes*, pp. 230~232, 주).

11) Gomboev, op. cit., pp. 255~256 참조.
역주 : 이 조문은 제3장에 실려 있는 것과 조금 차이가 나는데, 원서에서부터 차이가 난다.

12) *Jenghiz - Khan*, p. 154, 각주 4.

13) Op. cit., pp. 9~10. Rashid - Eddin, "History of the Mongols", Introduction, *Proceedings of the O. S. R. A. S.* vol. ⅩⅣ, 142 참조.

그들에게는 정당행위 또는 防犯에 관련된 법이 없다고 하지만, 그들 자신 또는 그 조상이 사악한 것이라고 생각하는 것에 대해 일정한 관념을 갖고 있었다. 칼을 불꽃 속에 처넣는 일, 어떤 식으로든 칼로 불꽃을 건드리는 일, 또는 단지 안에 든 고기를 꺼낼 때 칼을 사용하는 일, 불 가까이서 도끼를 내리치는 일 등을 사악한 것으로 여겼다. 그런 것들이 불꽃을 꺼뜨린다고 생각했기 때문이다. 또한 채찍으로 화살을 건드리는 일, 어린 새를 잡거나 죽이는 일, 망으로 말을 때리는 일, 다른 뼈로 뼈를 깨는 일, 소젖이나 다른 음식물을 땅 위에 엎지르는 일, 천막 안에서 방뇨하는 일 등은 금지되었다. 고의로 이런 행동을 한 자는 누구든 사형에 처해졌다. 만약 그렇지 않으면 그 자신을 정결히 하기 위하여 마술사에게 많은 금을 지불해야 하며, 천막과 그 안에 있는 모든 것을 정결하게 하기 위해 두 개의 불 사이를 지나가야 한다. 이렇게 해서 완전히 정결해질 때까지는 누구도 천막 안으로 들어가지 못하며 그 안에 있는 어떤 것도 끄집어 내지 못한다. 마찬가지로 누군가 다른 사람의 입에 먹을 것을 넣었는데 그가 삼키지 않고 내뱉으면 그들은 천막 밑으로 구멍을 내어 이 구멍으로 그를 끌어내어 가차없이 살해한다. 軍長의 천막 문지방을 밟은 자도 같은 방법으로 살해된다. 그들은 이상과 같은 습관을 많이 가지고 있는데 그것에 대해 기술하면 매우 길어진다.14)

라마(Lama)인 할산 곰보에프(Halsan Gomboev)는 플라노 카르피니가 남긴 이 증거에 대해, "몽골인이 죄악시한 여러 가지 행동은 오늘날에도 거의 전부가 마찬가지로 죄악시되고 있다"15)고 기술하고 있다.

다시 플라노 카르피니는 다음과 같이 기록하고 있다.

---

14) *The Travels of Sir John Mandeville*, 1900, Ch. ⅩⅩⅥ, p. 163 참조. 분명 이는 플라노 카르피니로부터 인용한 것이다.

15) Op. cit., 248~9.

그들은 음식을 쓰레기처럼 쓸모없게 만들어 버리는 것을 죄악이라고 생각하고 있다. 그 때문에 골수가 남은 뼈를 개에게 던져 주는 것이 허용되지 않는다. 마찬가지로 그들은 옷을 세탁하지 않으며 또한 세탁이 허용되지 않는다. 특히 천둥치는 소리가 시작되면서부터 그칠 때까지 그렇다.16)

루브루크가 전하는 것은 다음과 같다.

……그들은 옷을 세탁하면 신이 노하며 또한 옷을 말리기 위해 널어두면 천둥이 일어난다고 믿고 있어 결코 세탁을 하지 않는다. 그런데도 옷을 세탁하는 사람이 있으면 그들은 이를 때리며 옷을 빼앗는다.17)

『西遊記』에는 다음과 같은 기록이 있다.

폐하의 신민은 여름에도 강에서 목욕을 하지 않고 옷을 세탁하지 않으며 펠트를 만들지 않으며 들의 버섯을 따는 것이 금지되어 있다. 신의 노여움을 두려워하기 때문이다.18)

달리 설명할 것도 없이 위에서 기술한 인용문을 보면, 지금 언급한 야사의 조목이 몽골인의 관습과 미신에 대한 것임이 분명하다.

제5조는 세번째 파산에 대해 사형을 규정하고 있는데, 명령적 법규정을 대표하고 있다.

---

16) Op. cit., p. 14 ; Rashid‐Eddin, "History of the Mongols", Introduction, *Proceedings of the O. S. R. A. S.*, ⅩⅣ, 142 참조.

17) Op. cit., p. 78.

18) *Works of the Members of the Russian Orthodox Mission*, Ⅳ, p. 157.
역주 : 『西遊記』(王國維本)에는 다음과 같이 기록되어 있다.
國人夏不浴於河 不浣衣 不造氈 野有菌 則禁其采 畏天威也

제6, 7조와 제9조

제6조는 구금자의 허락 없이 피구금자에게 음식물이나 의복을 준 자에 대한 사형, 제7조는 도망친 노예나 죄인을 숨겨 준 자에 대한 처형, 제9조는 전투에 참가할 것을 거절한 자에 대한 처형을 다루고 있는데 모두 몽골 관습의 흔적을 갖고 있다.

많은 자료를 통해 보건대, 고대 몽골인 간에는 상호부조의 일반적 원리가 광범위하게 적용되었음을 알 수 있다.[19] 그 바탕에는 강한 씨족제가 존재한다. 상호부조에 대해서는 원정과 전투중에 특히 쉽게 이해된다. 몽골인이 그 씨족과 종족의 장(십인장, 백인장, 천인장, 만인장)의 지휘하에 씨족과 종족의 원정이나 전투에 참가했기 때문에 그러할 것이다. 전투 때만이 아니라 일상생활(그것은 공동수렵에서 보인다)에서도 이 상호부조는 1640년의 몽골 오이라트 법전에서 특히 강조되어 있다. 그러므로 제9조에 기술된 전투중의 상호부조 원리 속에서는 칭기즈 칸이 새로이 도입한 新制를 발견하기 어렵다.

몽골 관습의 마찬가지 흔적은 제6조와 제7조에서 보인다(예컨대 포로는 노예로 취급되며 모두 주인의 절대적 소유물이 되므로 그 상태를 유지하기 위한 방책이 마련되어 있다).

제10조는 명령규정으로서 과학 및 종교 대표에 대한 조세 및 부역의 면제에 대해 다루고 있다.

제11조와 제16조

제11조. "그는 모든 종교를 무차별적으로 존숭해야 한다고 명령했다. 그는 그 모든 것이 신의 뜻대로 이루어질 것이라고 했다." 이 제11조는 도덕률 같은 인상을 주는데, 야사 제33조와 부분적으로는 제30조 및 제31조와 마찬가지로 오히려 칭기즈 칸의 격언과 관계가 있다(뒷부분 참조).

이 규정을 보면 형벌적 제재가 보이지 않는데, 이는 그것을 마무리짓는

---

19) 이를테면 Plano Carpini, 13 ; Hsi Yu Tze, 138 등.

종교적 제재를 통해 추측할 수 있다. 그러나 당시의 법적 技術 수준이 낮았기 때문에 확신을 갖고 단언할 수는 없다. 야사 속에서 칭기즈 칸은 위반에 대한 형벌을 제시하지 않는 방식을 빌어 信敎 자유의 원리를 표현하려 했다고 할 수 있다.

마찬가지 성질을 띠는 것으로 제16조가 있다. 이는 淨한 것과 不淨한 것의 구별을 엄금하고 있다.

제12·13·14조는 스텝 관습법을 명확히 표현한 것이다.

제12조는, '다른 사람 앞에서 음식을 권하지 않고 먹는 것을' 금하고 있다. 이는 몽골에서 사람을 환대하는 관습의 한 표현이다. 플라노 카르피니는 몽골인에 대해 다음과 같이 기술하고 있다. "그들은 가진 음식이 적더라도 기쁘게 이것을 서로 분배한다."[20] 또 루브루크는 말하기를, "그들은 양 1마리를 50~100명과 함께 나눠 먹는다. 쟁반 위에 소금과 물을 곁들여 조그맣게 잘라, 주위 사람 모두에게, 먹을 사람의 수에 따라 한 쪽 또는 두 쪽씩 준다."[21] 또 라마인 할산 곰보에프는 "이 환대 관습은 조금도 변함없이 여전히 남아 있다"고 기술하고 있다.[22] 부랴트인의 생활 연구자들(Shchapov, Hangalov, Petri)은 부랴트인이 음식을 조리하면 전 주민이 그곳에 와서 음식을 대접받는다고 기술하고 있다. 이 관습은 칼묵인 사이에서도 존재하고 있다.

제12조에서는 '제공자가 직접 음식에 독이 들어 있는지 없는지 맛을 보지 않았는데 제공된 음식을 먹는 것'을 금하고 있다. 이는 고대 동양에서의 일종의 경고, 여기서는 독살에 대한 위험(칭기즈 칸 아버지의 죽음을 참고)의 한 표현이다.

제12조에 포함된 제3의 금령도 관습적 기원을 갖는다. 그것은 '음식을 조리하는 불과[23] 음식물이 수북히 담긴 그릇 위로 넘는 것'을 금하고 있다

---

20) Op. cit., p. 12.

21) Op. cit., p. 73.

22) Op. cit., p. 259.

23) 역주 : 이 '조리하는 불'은 원문에 festal fire라고 되어 있어 제사의 불이라고

(이는 제4조에 포함된 물이나 재에 대한 방뇨 금지 규정과 유사하다). 스텝의 몽골인들은 물과 불을 신성시했다. 신성시된 것으로는 먹을 것과 마실 것도 있다. "음식을 쓸모없게 만들어 버리는 것을 그들은 큰 죄악이라고 생각하였다"고 플라노 카르피니는 쓰고 있다.[24] 이 점으로 보아 제12조 역시 몽골의 관습을 포함하고 있음을 알 수 있다.

제13조는 분명 스텝의 환대에 대한 관습법 규정을 포함하고 있다. 그것은 식사중인 사람의 옆을 말을 타고 지나가는 자는 말에서 내려 그 사람의 허가를 받을 것 없이 함께 식사를 같이 해야 한다고 기술하고 있다. 『西遊記』도 이 내용을 뒷받침하고 있다. "그들(몽골인)은 식사하는 장소에 와서 거리낌없이 주저앉는다."[25] 하라 다반은 이 관습이 칼묵인 사이에도 유지되고 있음을 기록하고 있다.[26]

제13조뿐만 아니라 제14조도 제12조와 밀접한 관련이 있다. 제14조에 "그는 인민이 물에 손을 담그는 것을 금하며 물을 뜰 때는 어떻게든 그릇으로 해야 한다고 명했다"고 기술하고 있다. 야사는 물 속에 손을 담그는 것을 금했다. 그 목적은 어디에 있었을까? 해답은 그 조목의 끝부분에서 분명해진다. 마시는 데 목적이 있었다. 야사는 마시기 위해 물을 손으로 뜨지 말고 대신 그릇을 사용하라고 명령했다. 무슨 까닭에서 이 금령을 만들었을까. 만약 손으로 뜨면 귀중한 액체가 땅 위로 쏟아져 버려지기 때문이다. 몽골인이 음식을 쓸모없이 만들어 버리는 것을 매우 큰 죄악으로 여겼다는 점을 지적한 플라노 카르피니의 증언은 위에서 언급한 바 있다. 또한 다른 데서 카르피니는, 몽골인이 '우유나 음료를 땅에 흘리는 것'을 죄악으

번역해야 하겠지만, 제사의 불은 몽골의 특별관습으로 생각할 수 없으며 제2장에서 조리의 불이라고 되어 있어 '조리의 불'로 정정했다.

24) Plano Carpini, op. cit., p. 14. Rashid Ed‐din, op. cit., *Proc. of the Arch. Soc.*, ⅩⅥ, 137 참조.

25) *Works of the Russ. Orth. Mission*, Ⅳ, 1910, p. 138.
역주 : 『서유기』(왕국유본)에는 '俗……遇食同享'이라고 되어 있다.

26) *Jenghiz‐Khan*, p. 15, 각주 2.

로 생각한다고 기술하고 있다(앞의 책, 9쪽). 야사 제14조는 스텝에서 매우 중시되는 액체를 아끼는 몽골의 관습(그것은 종교적 제재에 의해 보강되었다)을 표현한 것임에 분명하다.

제17조와 제24조

제17조. 대야사는 '강경한 어조로 말하거나 경칭을 사용하는 일, 술탄이나 상호간에 그의 이름을 제외한 다른 어떤 것을 사용하는 일'을 금한 칭기즈 칸의 훈령을 포함하고 있다. 이 규정도 고대관습의 한 결정체이다. 몽골인의 관습은 원래 단순했는데 위구르인, 이슬람교도인 투르크인[27] 특히 중국인과 같은 여러 문화민족을 칭기즈칸이 정복한 후 이들 민족의 복잡한 관습과 성대한 의식이 몽골인 사이에 퍼지기 시작했다. 칭기즈 칸과 같은 시대를 산 孟珙은 몽골인과 칭기즈 칸 자신의 생활과 도덕은 간단했으나, 중국인(金人)의 영향을 받으면서 그 단순성을 상실하기 시작했음을 지적하였다.[28] 칭기즈 칸은 야사 제17조(및 제24조)에서 옛 몽골의 관습을 유지하는 방법으로 외부로부터의 영향과 대결하고 있다.

제24조는 분명 같은 목적에서 나온 것으로서, 에미르(領侯)가 군주 이외의 자에게 말을 거는 것을 금하며, 이를 위반한 자를 死罪로 처리하고 있다. 이 규정은 에미르(천인장, 백인장, 십인장)와 군주의 개인적 접촉을 지원하는 것이다. 어떤 법정의 울타리도 이를 방해할 수 없다. 군주에 대한 이 간단한 관계는 칭기즈 칸에 의해 창조된 것이 아니다. 그 이전에 이미 몽골인 사이에 존재했으며 칭기즈 칸은 다만 이를 강조하고 유지시키려고 노력한 것에 지나지 않는다.

칭기즈 칸이 그 후계자에게 전투하기 전에 군대와 무기를 친히 검열하

---

27) 역주 : 원문에는 투르크만인이라고 되어 있으나 투르크인으로 바로잡아야 한다고 생각하여 정정하였다.

28) Groom‑Grzimailo, *Western Mongolia and the Urianhai Region*, Ⅱ, p. 434, 각주 4. Hsi Yu Tze나 혹은 Description of Travels to the West, *Works of the Russian Orthodox Mission*, 1910, p. 138의 마지막 부분 참조.

라고 한 훈령을 포함한 제18조는 명령규정이다.

제19조는 다음과 같다. "그는 종군하는 부녀에게, 남편이 싸움터에서 물러나면 남편의 업무를 대행하라고 명령하였다." 이 규정은 관습적 의미를 가지고 있다.

플라노 카르피니는 몽골인에 대해 다음과 같이 기술하고 있다.

화살 만드는 일과 어느 정도의 목축일에 종사할 뿐, 남자는 아무것도 하지 않는다. 그러나 그들은 수렵을 하고 활을 쏜다. 처녀와 부인은 남자와 마찬가지로 말을 타고 질주한다. 나는 여자들이 화살과 활을 휴대하고 있음을 보았다. 남자와 마찬가지로 여자들도 지치지 않고 오랫동안 말을 탈 수 있다. 이들 여자들은 무엇이든지 만든다. 그들은 가죽으로 쟈켓, 의복, 구두 등 모든 것을 만든다. 또한 마차를 몰며 이를 수선하고 낙타를 끄는 등 어떤 일도 능숙하게 할 수 있다. 모든 여자들은 남자처럼 바지를 입고 구두를 신는다.[29]

보그다노프(Bogdanov)는 (대개 칭기즈 칸 시대의) 고대 부랴트인의 공동수렵에 대해 기술하고 있다. "여자들도 남자처럼 수렵에 참가하여 남자와 경쟁을 하며 종종 마술, 궁술, 또는 검술을 겨루는 재주 등에서 남자를 능가하였다"[30]고 기술하고 있다.

이처럼 평화시가 아닐 때 몽골 여자들은 남자가 하는 일의 대부분을 하며 들짐승을 공동으로 사냥하는 데도 참가하고, 종종 남편과 함께 전투에 참가하여 남편을 도와주는 등 할 수 있는 한 언제든 남자를 대신했다.

제20조는 세금 납입에 대한 명령규정이다.

제21조[31]는 모든 인민은 "매년 초 그들의 모든 딸을 술탄 앞에 내놓고

---

29) Op. cit., p. 15.

30) *Outline of the History of the Buriat - Mongol People*, p. 14.

31) 역주 : 원문에는 제20조로 되어 있으나 명확히 제21조의 오류이므로 정정하

술탄에게 술탄 자신과 그 아들의 아내를 여기서 뽑게 한다”는 명령을 포함하고 있다. 이 규정은 순수하게 관습적 성질을 띤 것으로, 칭기즈 칸에 의해 삽입된 입법적 개혁이 아닌 것이 확실하다. 칭기즈 칸의 권력은 대단히 위대하여 설사 이같은 관행을 법률을 통해 도입하는 것이 전혀 불가능한 일이 아니라고는 하더라도 이런 것은 곤란하다. 오히려 이미 존재했던 관습의 설명으로 간주한다면 야사 속에 이런 규정이 있다는 것은 이해할 수 있으며 타당한 일이기도 하다. 똑같은 관습이 러시아인 간에도 존재했음을 상기해볼 필요가 있다. 모스크바 공국의 러시아에서는 젊은 짜르가 결혼하기 전에 마찬가지로 처녀들을 지방의 전 도시에서 불러들인다. 그리고 짜르는 여자들을 살펴보고 그 중에서 처를 뽑는다. 모스크바 공국의 러시아는 일부일처제였기 때문에 이처럼 처녀들을 불러 놓고 심사하는 일은 드물다. 그러나 칭기즈 칸 시대의 몽골에서는 일부다처제 관행이 널리 행해졌기 때문에 이러한 관행은 조직적 성질을 띠었다.

당시 사람들이 기록해 둔 내용은 이 규정이 관습적 성질을 가진 것이라는 추정을 뒷받침해 준다. 플라노 카르피니는 그 시대(1246)의 몽골인에 대해 “그들은 누구나 부양할 수 있는 한 많은 처를 갖는다. 100명이나 50명 혹은 10명, 그 이상도 있으며 그 이하도 있다”고 기술하고 있다. 카르피니는 또 다른 곳에서 몽골 황제의 세력에 대해 다음과 같이 기술하였다. 즉 “……마찬가지로 그가 한 처녀나 혹은 어느 누군가의 자매를 요구한다면 그녀를 아무 주저 없이 취한다. 뿐만 아니라 매년 또는 수년마다 그는 전 타타르 지방에서 처녀를 모아 만약 그가 원한다면 몇 명을 자신의 처로 삼고, 다른 처녀를 자신이 적당하다고 생각하는 사람에게 준다.”[32] 마르코 폴로는 칸에 대한 이러한 처녀 헌정이 가장 적당한 자가 간택되는 심사라는 성질을 띠고 있어서 처녀의 아버지는 간택을 행운과 명예로 여긴다는 점을 지적하였다.[33]

였다.

32) Plano‑Carpini, *History of the Mongols*, 1911, pp, 5, 23.

야사 제22조(군대를 십인, 백인, 천인으로 구분하는 것에 대한 규정)도 역시 분명 새로운 것은 아니고 몽골 관습의 한 표현이다. 칭기즈 칸과 같은 시대의 맹공은 칭기즈 칸의 아버지 예수카이(Yesukai)는 십인장이었다[34]고 기술하고 있다. 『몽골비사』는 칭기즈 칸이 군대의 조직화를 발포하기 이전에 백인장, 천인장이 존재했다는 것을 보여주고 있다.[35] 이것으로 보아 군대를 십진법으로 조직하는 것이 칭기즈 칸 이전에 이미 몽골인들 사이에서 널리 존재했음을 추정할 수 있다. 학사원 회원 블라디미르초프는 칭기즈 칸이 군대를 조직화시킬 때 "고대로 거슬러 올라가는 옛 관습에 따라 그 군대를 천인, 백인, 십인으로 나누었다"[36]고 기술하고 있다. 학사원 회원 바르트홀트(Barthold)도 마찬가지로 다음과 같이 지적하고 있다. 즉 "모든 유목민과 마찬가지로, 칭기즈 칸 시대보다 훨씬 이전에 십인장, 백인장, 천인장, 만인장이 군대의 주인공으로 되어 있었다."[37] 러시아아인은 북부 랴트인을 정복했을 때 그들 사이에 부랴트 민족의 십진법적 구분법이 존재하고 있다는 점을 발견했다. 보그다노프(M. N. Bogdanov)는 그 연원을 칭기즈 칸 이전의 제게테 아바(Zegete Aba), 즉 공동수렵 시대로까지 거슬러 올라간다고 보았다.[38]

제23조는, 가장 높은 에미르라 할지라도 칸이 처벌하는 사신을 보냈다면 그 사신이 가장 낮은 계층의 사람이더라도 한 몸을 맡기며, 칸이 사형을 명할지라도 한 몸을 맡기라고 명하고 있다. 제24조는 칸의 명령을 완전히 실행하지 않는 것에 대해 死罪를 규정하고 있다. 구유크 칸(Guyuk Khan

---

33) Komroff 역, *The Travels of Marco Polo*, 1928, pp. 125, 127.

34) Groom‑Grzimilo, op cit., p. 406, 각주 2.

35) 『몽골비사』는 1240년에 씌어진 몽골 연대기이다. 팔라디우스가 러시아어로 번역하였다(*Works of the R. Orth. M.*, Ⅳ, 1910, pp. 29, 47 등. 49 참조).

36) *Jenghiz Khan*, 1929, p. 65.

37) Barthold, *Turkestan in the Epoch of the Mongol Invasion*, p. Ⅱ, p. 415.

38) *Outline of the History of the Buriat‑Mongol People*, 1926, p. 15. 그는 다음과 같이 말하고 있다. "후에 칭기즈 칸의 지배하에 통일되는 몽골인의 군사적 유목국가가 형성된 아주 옛날에 이런 제도가 생겨날 수 있었을 것이다."

: 定宗)은 몽골인의 의무를 다음과 같이 확정했다. "짐의 의지를 실행할 것. 짐이 부르면 언제든 출두할 것. 짐이 명령하는 곳으로 갈 것. 짐이 사형을 선고한 사람을 처형할 것."39)

칸의 이 절대적 지배권은 야사에 의해 창조된 것이 아니며 칭기즈 칸에 의해 창조된 새로운 방식도 아니다. 오히려 그것은 몽골 여러 종족이 생존 경쟁을 벌이는 중에 형성된 것으로서 종족의 장로·족장의 권력을 나타낸 것이다. 플라노 카르피니는 이와 관련하여 다음과 같이 말하고 있다. "타타르인의 황제는 전 인민에 대해 놀라운 권력을 가지고 있다. 황제가 가라고 명령하지 않은 지방에는 아무도 감히 머무르려고 하지 않는다. 황제는 스스로 대족장40)이 있어야 할 장소를 지정하고 대족장은 천인장의 임지를 정한다. 천인장은 백인장, 백인장은 십인장의 임지를 정한다. 그 밖에 언제 어디서건 전쟁, 생명, 죽음에 관해 그가 명령한 것은 어떤 것이든 이의없이 복종한다."41) 또한 "족장들은 마찬가지로 똑같은 권력을 그들에게 배속된 타타르인 등에게 휘두른다.……요컨대 황제와 족장은 원하는 것은 무엇이든 그 영지에서 거둬들인다. 또한 적당하다고 여기는 방법으로 마음대로 그 인민을 처치한다"42)라고 지적하고 있다.

야사는 칸의 절대적 권력에 대해 기술하고 있고, 플라노 카르피니는 이 같은 권력이 (그들의 권한내에서) 족장들에 의해 행사되었음을 지적하고 있다. 여기서는 몽골 종족장이 지닌 권력과 그들 위에 군림하는 최고족장의 권력이 다뤄지고 있는데, 이 권력은 야사에 의해 창조된 것이 아니라 분명 일상생활 그 자체에 의해 창조된 것이다. 야사는 생존을 위한 투쟁 속에서 몽골 여러 종족이 종족적 규모로 형성시켜 온 것을 그저 전 제국적 규모로 고정시켜 응용한 것에 불과하다. 이것을 꼭 짚고 넘어가야 한다는

---

39) 역주 : 본서, 제2장, 2. '칭기즈 칸의 격언'에 첨부된 '칭기즈 칸 왕조의 여러 칸의 격언' 부분 참조. 이는 구유크 칸의 격언으로 되어 있다.
40) 역주 : 대족장은 전후관계로 보아 萬戶일 것이다.
41) *History of the Mongols*, 1911, p. 23.
42) Ibid., p. 24.

것은 칭기즈 칸 야사로부터 멀리 떨어진 곳에 위치하는 북부랴트인의 관습법에 관한 자료로 분명해진다. 북부랴트인의 생활 및 법률 연구자 한갈로프와 클레멘츠(Clementz)[43]는 다음과 같이 주장한다. 즉 고대 및 러시아의 정복 이전에 종족 위에 군림한 노욘의 권력은 다른 종족과의 분쟁 속에서 발전하였는데, 절대적 성질을 띠어 종족의 생살권과 그 재산을 전면적으로 좌우할 권리를 갖고 있었다고 한다. 러시아 정복 후 노욘을 대신하게 된 타이샤도 러시아의 영향으로 권력이 약화되었음에도 불구하고 그 종족에 대해서 예외적인 권력을 발휘하였다. 한갈로프는 다음과 같이 말하고 있다.

과거 종족장, 즉 주타이샤의 권력은 대단히 위대했다. 부랴트인은 그의 앞에서 부들부들 떨었으며 그의 명령이나 지시는 무엇이건 무조건 복종했다. 주타이샤는 옛날 그 관할구역 내의 유일한 족장이었다. 이 점에서 그 다음 지위에 있는 자이산 노욘 - 종족의 술렝가 - 과 울루스의 장로 및 다른 여러 부랴트인은 모두 그의 의지에 복종하였다. 주타이샤의 결정은 궁극적인 것으로 간주되었고, 만약 누군가 그의 결정에 반대하여 러시아 정부에 제소라도 하게 되면 중대한 범죄로 여겼으며 대개 가장 이례적인 것으로 생각되었다.[44]

이러한 관습을 통해 보건대 제23조와 기타 다른 많은 조목은 모두 칭기

---

43) Hangalov · Clementz, "Communal Hunts Among the Northern Buriats", *Materials on the ethnography of Russia*, vol. Ⅰ ; Khangalov, "Juridical Customs of the Buriats", *Etnographicheskoe Obozrenie*, 1894, No. 2 ; Khangalov, "Zegete - Hunts", *Proceedings of the N. E. Sect. of the Russ Gergr. Soc.*, 1888, ⅩⅨ, No. 3(모두 러시아어) 참조.

44) 위 기록에 관해서는, 칼묵인을 다스리는 법전(1640년 몽골 오이라트 법전)에 야사 제23조와 유사한 조항이 없다고는 하나 같은 특징이 칼묵의 칸 (Khoo Urluk, Shu - kur - Daichin, Puntzuk, Ayuk)의 권력 속에서 발견된다는 것을 덧붙여 둔다.

즈 칸에 의해 새롭게 도입된 것이 아니다. 오히려 이는 몽골인의 종족적 생활과 관습에서 나온 것이다.

제25조는 상설 역전의 설치를 규정하고 있다. 이는 명령적인 조항이다.

제26조는 칭기즈 칸의 아들 자가타이에게 야사 규정의 집행 감시를 위탁하고 있다. 이는 방법적 성질의 규정이다. 엄격한 둘째 아들 자가타이에게 야사 시행의 감독을 위탁한 칭기즈 칸이 야사를 얼마나 중요시했는지를 보여준다.[45]

제27조는 태만한 병사 및 몰이를 한 짐승을 놓친 사냥꾼에 대해 엄중한 처벌을 규정하고 있다. 이 조항은 그 기원이 몽골 민족의 관습과 생활 속에 있다는 명백한 흔적을 가지고 있다. 이 규정은 군대훈련을 강화하는 한 방법이라고 생각할 수 있다. 그러나 이는 결코 칭기즈 칸이 새롭게 채용한 것임을 보여주는 것은 아니다. 병사의 태만에 대한 처벌은 분명히 칭기즈 칸 이전부터 있어 온 것으로 야사와 상관 없이 존재했다. 이 규정에서 흥미로운 것은 병사와 사냥꾼의 신분이 동일하다는 점이다. 당시 들짐승의 공동사냥은 오락수단으로서가 아니라 종족의 생존수단을 확보하는 데 필요하며 중요한 근원으로서 사용된 것이다.[46] 이 때문에 공동수렵이 목축(및 전쟁)과 같은 수준으로까지 끌어올려지게 되었다. 정확히 목축경제에 접어든 단계의 종족(이를테면 부랴트인)에게 사냥이란 중요 생존수단이다.[47] 잘 아다시피 몽골의 대칸 칭기즈 칸, 오고다이(Ogodai) 칸, 구유크

---

45) "Secret Chronicle of Jenghiz‑Khan", *Works*, Ⅳ, p. 69. 주치는 자가타이에게 "화를 잘 내는 성질 외에 네가 갖고 있는 재능이 무엇인가"라고 했다. 자가타이는 결코 웃지 않았으며, 그의 부하들은 그를 두려워했다(Barthold, *Turkestan*, 1900, Ⅱ, 497).

46) Rubruquis, *Travels to Eastern Lands*, 1911, p. 76. "또 마찬가지로 그들은 대부분의 먹거리를 수렵을 통해 구한다"라고 되어 있다. 같은 저서의 수렵에 관한 기술 참조.

47) 고대 부랴트인의 생활을 연구하는 한갈로프·클레멘츠·보그다노프는 부랴트인(또는 일부 몽골인)의 전 사회조직은 종족적 수렵으로부터 나온 것이라고조차 생각하고 있다.

(Guyuk) 칸, 만케(Manke) 칸, 쿠빌라이(Kublai) 칸 등은 친히 사냥을 지휘했다. 그리고 군사적 원정에는 사냥과 똑같은 규칙이 적용되었다. 따라서 종족의 사냥에서 개인의 태만을 병사의 태만과 똑같이 간주하고 엄벌에 처한 것은 전혀 놀랄 일이 아니다. 이 규정은 칭기즈 칸 이전에 기원을 둔 것으로 당시 사회생활의 급무를 간단히 표현하고 있다.

제28조는 살인죄 處刑을 속죄금으로 대신하는 것을 소개하고 있다. 이는 피의 복수관을 대체한 몽골 관습이라고 생각해도 좋을 듯하다.[48] 마르코 폴로는 死罪나 절도에 대한 처벌 대신 벌금이 존재했음을 알려주고 있다.[49]

제29조는 말 1마리를 훔친 자에 대해 9배로 돌려주던가 혹은 死罪에 처하라고 규정하고 있는데 관습법적 규정이다.

일반적으로 몽골인들 사이에서 절도죄는 엄벌에 처해진다. 특히 그들 재산의 근본적 형식이자 생활수단인 가축절취에 대해서 그러했다. (가축으로) 아홉 배의 재산형, 또는 아홉 수를 기조로 하는 가축절취에 대한 처벌은 고대 몽골의 관습으로서 1640년 몽골 오이라트 법전, 칼카 지롬, 칼묵법안에서도 나타난다. 1640년 몽골 오이라트 법전과 칼카 지롬의 형벌체계는 주로 가축의 아홉 배로 계산하는 재산형에 기초를 두었다. 몽골인 사이에서 9라는 수를 관습적으로 존중하는 것은, 이를테면 『몽골비사』에도 보인다. 즉 아홉 拜, 아홉의 처벌로 구원을 받는다, 방언을 달리하는 아홉 지방 사람의 집회 등이 그것이다.[50]

제30조와 제31조는 원래 야사 규정이 아니라 아르메니아인 바르탕과 마하키아가 그 저서 속에서 야사의 내용을 압축한 것이다.

---

48) 몽골인 간에 혈연이 있는 사람에 의한 복수가 행해졌다는 것은 『원사』에서도 그 예가 보인다. 이 때문에 칭기즈 칸은 아버지의 원수를 숨김없이 털어놓고 금나라가 조상을 살해한 것으로 북중국 침입을 정당화했다. Krause, *Cingis - Han*, 1922, p. 28. Secret Chronicle, 각주 536과 격언 제21 참조.

49) P. 91 참조.

50) P. 25와 각주 144, pp. 59, 65 등. 라시드 에딘도 참조.

　야사 제30조와 제31조를 분석해 보면 규정에는 두 가지 형식이 있다는 점이 주목된다. 첫째, 두 조목은 거짓말과 절도 및 간통의 금지, 승직에 몸담고 있는 자의 면세 등에 대한 야사 조목의 간단한 요약을 포함하고 있다(제1·3·10·21조 참조). 둘째, 칭기즈 칸 격언을 대표하는 약간의 도덕적 규칙(이웃을 사랑하라, 모욕을 잊으라, 사원을 파괴하지 말라 등)을 포함하고 있다. 유사한 예는 야사 제33조에도 보인다(금주할 수 없으면 한 달에 세 번은 마셔도 좋다 등). 제33조는 또한 도덕적 명령을 포함하고 있다. 일부 역사가는 이 조목을 야사의 일부로 생각하나 라시드 에딘 등은 칭기즈 칸 격언으로 보고 있다(격언 제20 참조). 제33조가 칭기즈 칸의 말을 포함하고 있는 것은 틀림없다. 이는 제30조와 제31조도 마찬가지이다(이것은 야사의 규정 이외에 戰時가 아닌 평상시에 관한 유사한 말과 도덕적 규칙을 포함하고 있다).

　이러한 결론은 다음과 같은 이유에 의해 뒷받침된다. 만약 자기 자신처럼 이웃사람을 사랑하라, 모욕을 주지 말라 등의 규정이 야사 규정이라면, 야사를 위반하면 死罪로 다스려졌으므로 가장 먼저 사형에 처해질 자는 칭기즈 칸 자신이 되어야 한다. 칭기즈 칸은 가즈나(Gazna)나 발크(Balkh) 등 여러 도시를 철저히 소탕하고 그 지역 주민 전부에게 칼을 휘둘렀다. "누구라도 야사를 범하면 목을 칠 것이다"라는 바투(Batu)의 말은 유명하다. 그런데 바투 자신조차 야사 제30조와 제31조를 종종 범했음은 러시아인들에게 잘 알려진 사실이다. 키예프(Kiev), 블라디미르(Vladimir) 등과 같은 지역의 주민 학살과 사원 파괴가 충분한 증거이다. 그렇다면 바투도 야사의 제31조와 더불어 그 자신이 약속한 내용에 따라 死罪에 처해져야 한다. 칭기즈 칸처럼 현명한 지배자가 자신과 사령관 그리고 후계자들이 절대로 만족스럽게 실행할 수 없을 것임을 알면서도 이 방책을 채용하고 거기에 그 침범에 대한 형벌을 규정하는 따위의 일은 결코 하지 않았을 것이다. 그는 야사에 매우 큰 중요성을 부여하고, 그 규정을 엄격히 준수할 책임을 자손에게 부과했기 때문에 당시 그는 그와 그의 자손이 법전의 첫 침범자가 되는 예외적 지위를 억지로 떠맡겼을지도 모른다. 즉 문제는 칭기즈칸의 격언(의지)이었음이 분명해진다.

야사 제30조와 제31조(제33조도 마찬가지)는 그 도덕적 규정이 관습법에도 명령적 법에도 속하지 않는 이상, 연구범위(법 및 관습법의 총괄)에서 제외시켜야만 한다. 이러한 입법적 규정은 어떤 독립적 체재도 갖고 있지 않다. 이는 야사의 다른 조목들 속에 기록되어 있으며 따라서 앞서 언급한 규정(관습 또는 법)의 단순한 반복에 지나지 않는다.

제33조는 야사의 한 조목이 아니라 그의 격언 중 하나이다. 그 내용을 살펴보아도 그렇고 라시드 에딘이 이를 격언(제20조 참조)에 속한다고 생각한 것이나 이것을 야사로 포함시킨 것은 다른 저자였다는 점 등을 보아도 알 수 있다.

제34조, 제35조, 제36조는 사법 규정을 포함하고 있는데 분명 그 원류는 관습이다.

여기서는 일부다처제와 축첩제가 보인다. 관습법에서 보이는 이 두 제도는 유목생활에서는 당연한 것이다. 딸을 제외한 모든 자식에 대한 유산분배, 맏아들의 특권,51) 막내아들의 상속 등은 모두 몽골 관습에 기초를 두고 있다(이는 칼묵인들에게서도 보인다). 동시에 아버지의 처를 처분할 수 있는 아들의 권리도 몽골 관습에 기초를 둔 것이다.

이상으로 현존하는 야사의 36개 조목을 전부 살펴보았는데 이를 통해 다음과 같은 결론을 내릴 수 있다.

4개 조(26, 30, 31, 33)는 앞서 기술한 이유 때문에 연구범위에서 제외시켜야 하며 나머지 32개 조 내용을 개괄하면 다음과 같다.

20개 조(2, 3, 4, 8, 12, 13, 14, 15, 17, 19, 21, 22, 23, 24, 27, 29, 32, 34, 35, 36)는 관습법의 규정 또는 이러한 규정에 기초를 둔 것이며, 4개 조(6, 7, 9, 28)는 관습법의 흔적을 남기고 있다. 3개 조(1, 11, 16)의 성격은 관습

---

51) 옛 몽골 속담에는 '맏아들에게 10, 막내아들에게 4'라는 것이 있다(라시드 에딘).

법 혹은 명령적인 법 또는 격언에 속한다는 등 여러 가지로 해석되고 있어 명료하지 않으며, 5개 조(5, 10, 18, 20, 25)는 순수한 명령법이다.

더구나 야사의 조목은 하나만이 아니라 종종 여러 가지 규정을 포함하고 있음을 덧붙여 둔다. 이는 특히 관습적인 여러 규정을 포함하는 조목에서 그러하다(이를테면 제12·17·35의 각조). 그러므로 야사 속에 포함되어 있는 관습적·명령적 규정의 수는 실제 조목 숫자보다 많을 수밖에 없다.

이상과 같은 점으로 보아 야사는 일부 명령적 법을 보충한 관습법 위주의 기록임이 분명하다.[52]

2. 구 차진 비치크

구 차진 비치크의 규정은 관습적이다.

차진 비치크의 제1~4조에 포함된 간통 관계 규정은 관습적인 기원을 갖는 것으로 생각된다. 이 견해는 몽골 관습법의 특징인 간통에 대한 구 차진 비치크의 명확한 처벌 규정으로 충분히 뒷받침된다(몽골 오이라트 법전 제69조와 자치외몽골의 관습법 참조). 이 관습법은 이러한 문제에 대한 몽골인의 관습과 도덕을 보여주고 있으며 몽골인이 일정하게 성적 자유를 묵인했음을 나타내고 있다. 차진 비치크에서 포고된 것처럼, 간통에 말 1마리의 벌금을 부과하는 것은 자치외몽골의 관습법에서도 발견된다[53](그럼에도 불구하고 성문법전은 死罪까지 포함하는 매우 엄격한 처벌 규정을 두고 있다[54]). 승려와 동거하는 여자와 관계를 맺은 자의 죄를 면제해 주

---

52) 이 결론은 야사가 새로운 규정과 옛 규정으로 구성되어 있다는 라시드 에딘의 기록과 모순되지 않는다. 야사는 새로운 규정과 옛 입법을 모두 포함하고 있으나 옛 입법을 대단히 중요시 여긴 것이 분명하다.

53) 또 호리 부랴트족의 1781년 법전과 1808년의 스텝 법전(제61조)에도 보인다.

는 것은 다음과 같은 맥락으로 이해하면 된다. 이 조목은 승려의 첩과의 간통 및 姦夫에 관련된 것이지 그 妻에 관련된 것이 아니다. 반면 다음 조목에서는 領侯妃와의 간통에 대한 기술이 나온다. 분명 승려는 처를 가져서는 안 되며 독신을 강요받았다. 그런데도 그들이 비합법적으로 첩을 둔 이상, 그 첩과의 간통은 처벌 대상이 되지 않는다. 이렇듯, 승려의 첩이 간통한 것을 묵인해 주는 것(한편 남의 노예와의 간통은 처벌받는다. 제4조 참조)은 말하자면 독신 선서를 파기한 승려에게 내려진 형벌이었다. 領侯妃와의 간통을 일반 간통(제3조)보다 가볍게 처벌한 것(제2조)은 다음과 같이 이해할 수 있다. 간통이란 대개 몽골 평민 간의 간통을 의미한다(유사한 표현은 몽골 문서 속에서도 보인다). 제2조는 이러한 일반 간통이 아니라 영후계급(皇族) 간의 간통을 취급한 것이다. 이 조목의 용어가 일반적 성질을 띠고 있어 영후비와 평민 간의 간통을 감추고 있는 듯하지만, 일반적인 처벌 대신 '후회의 표시로서'라는 표현을 쓰고 있는 것은 범죄자가 특별한 지위에 있음을 나타낸다. 동시에 영후에 대해 죄를 지은 몽골 평민은 일반적인 경우보다 더 무거운 형벌을 받는다는 사실에 유념해야 한다. 한편 남편이 친척과 간통할 경우에는 처벌이 가장 가볍다(1808년 스텝 법전 제61조 참조). 따라서 구 차진 비치크 가운데 간통에 관한 처음 4개 조는 관습법 규정을 포함한 것이라고 생각할 수 있다.

구 차진 비치크의 제5조에는 다음과 같은 결정이 포함되어 있다. "젊은 이가 성장하여 스스로 생활을 꾸려 나갈 수 있게 되면 더 이상 아버지의 보호하에 있을 필요가 없다. 만약 원한다면 가축의 일부를 요구하고 아버지의 곁을 떠나 직접 영후의 신하가 될 수 있다."

이 조목은 가족의 분리와 아들의 별거 제도에 관한 것이다. 이러한 별거와 분할에 대한 아들의 권리는 가족에게 속하는 것으로서의 재산개념에서 나왔다. 이 개념과 거기에서 나온 아들의 권리는 모두 관습법적 성질을 갖는다. 이러한 별거와 분할에 영후의 간섭은 필요가 없다. 누구든 영후의 간

---

54) 1815년 이번원칙례 제3편 제75~78조 참조.

섭을 받지 않고 이것을 가족 내에서 달성할 수 있으며 또한 달성되었다. 성장한 아들을 위해 특별한 유르트(장막)가 세워지고 아버지의 장막에서 불을 가지고 나오면 새로운 가정의 기초가 마련되었다. 현대 몽골인과 부랴트인 간에는 아직도 이러한 분할이 관습적 형식에 따라 행해진다. 이 경우 가족회의가 간섭을 하는 경우도 있고 그렇지 않은 경우도 있다.[55]

이 새로운 가정을 바로 새로운 과세단위, 또는 영후의 새로운 백성으로 생각할 수 있으며 또한 그럴 듯하지만, 이러한 생각은 이차적이고 보조적이다. 핵심을 말한다면 이 제도는 성질상 관습적이다. 게다가 위에서 본 아들의 권리는 가족간의 유대를 약화시키고 공동재산의 분배는 재산의 세분화를 수반한다는 것을 의미한다.

그 다음 3개 조는 칼묵인(오이라트인)의 관습 및 생활의 표현이다. 첫 조목은 칼묵인의 다툼에 관한 것이다. 이에 따르면 머리 꼭대기에서부터 흘러내린 머리털을 잡아당기는 것은 허용되나, 領民의 표시인 변발을 잡아당겨서는 안 된다(제6조). 다음 조목은 주부인 여자의 지위에 관한 것이다. 주인의 침대 다리 옆 화로가 놓인 곳의 평소 장소에 앉아 있을 경우 누구도 부인을 건드릴 수 없다. 건드릴 경우 부인은 누구든 힐책할 수 있으며 그를 향해 나무 조각 등 무엇이든 던질 수 있다. 그러나 그녀가 그 자리를 떠나거나 유르트 밖으로 나가면 권리는 상실되며 상대방을 모욕한 것에 대해서는 보통 처벌을 받게 된다(제7조). 세번째 조목은 여자의 지위를 일반적으로 다루고 있다. 즉 만약 한 여자가 영후를 찾아가 근친에게 내려진 재산형의 변제를 탄원할 경우, 영후는 그 마음을 존중하여 통상 소액은 취소하고 보다 무거운 것은 반감해 준다.[56] 일반적으로 칼묵인들 사이에서

---

55) Riasanovsky, *Mongol Law*, p. 277(러시아어) ; Maisky, *Modern Mongolia*, p. 24 ; Petri, *Internal Tribal Relations Among the Northern Buriats*, 1925, pp. 37~39 참조.

56) 1640년 몽골 오이라트 법전 제65조(만약 부인이 술이나 양을 운반하는 도중에 얼마간 이를 취하더라도 그녀는 돌려주지 않아도 좋다. 그러나 취한 양이 많으면 반을 돌려주어야 한다) 참조

여성은 보호를 받으며 여성에 대한 모욕은 남성에 대한 것보다 무겁게 처벌된다(제8조). 이 세 조목의 규정은 모두 몽골 관습의 표현으로서 관습적 성질을 띤 것임을 이미 팔라스가 논증하였다. 즉 그의 시대에 이들 모든 규정은 러시아 칼묵인에게 채용된, 즉 칼묵인의 관습(그렇다고 하지만 구 차진 비치크 규정이 칼묵인에게 채용되었다는 점에 관해서는 아는 바가 전혀 없다)이었다고 보고하고 있다. 요컨대 현재 전해지는 15세기 차진 비치크의 대부분의 규정은 성질상 관습적이었음을 알 수 있다.

3. 1640년 몽골 오이라트 법전

필자는 1640년 법전의 기본적, 또는 가장 중요한 원류는 몽골 민족의 관습법이었다고 생각한다. 그러나 구 차진 비치크와 라마교의 사원법 같은 다른 원류도 있었음을 부정할 수 없다. 더욱이 법전은 각 종족간의 명령적 법규정을 포함하고 있다. 다시 말해 필자는 1640년 몽골 오이라트 법전을 칭기즈 칸의 대야사와 똑같이 유력한 관습법의 집대성이라고 본다. 이는 그 내용 분석을 통해 증명된다.

족내 생활에 관한 법전 규정은 성질상 분명 관습적이다. 유르트의 호톤,[57] 아이막, 오토크, 종족 결성(제15·23·22조 등), 씨족을 유지하기 위한 의무결혼, 한 사람의 결혼을 도와줘야 하는 열 사람의 의무(제37조), 지정된 땅에 유르트를 세울 의무(제132조), 남계만의 친족관계 인정(제118조) 등 이 모든 것은 관습적 제도이다.

목축과 사냥에 관한 규정도 그 기원은 관습적이다(제66·120·57·80·68·81·113·55조 등).

---

57) 역주 : 호톤(hoton)은 旗로 번역해야 하며 칼묵어에서는 기를 호톤으로 부르는 듯하다.

사법

법전에는 私法 문제에 관한 조목이 포함되어 있는데 모두 관습법 규정으로 여겨진다.

부동산 소유권은 존재하지 않았다. 각 일족의 성원 및 각 종족은 일정한 토지에 장막을 마련하게 되어 있고 토지는 전 종족이 공동으로 사용한다. 그러나 일반가정의 동산(주로 가축)과 소유하고 있는 노동력 및 공업으로 취득한 개인 동산의 맹아도 존재하고 있다(제132·79·50·27·30조 등). 이는 모두 관습법 제도이다. 채권법 영역에서는, 계약법 즉 일반적으로 행해지는 무보수 계약(선물, 임차물 등)이 약간이나마 발전을 보이고 있다(제119조). 손해의 지불은 관습에 속한다(제15조). 친족법은 호주(아버지와 남편)의 강력한 부권제적 권력과 족외혼에 기초를 두고, 신부에 대한 신대금 제도와 일부다처제가 존재한다(제33~37조, 제40조 등). 유산은 규칙대로 즉 관습에 따라 분배된다(제34조). 이는 모두 관습적 제도이다.

형법

법전은 형벌만이 아니라 포상에 대한 규정도 포함하고 있다. (처벌과 동등한) 장려적 포상과 같은 보기 드문 현상은 몽골인 사이에서 관습적 연원을 가지고 있다. 그것은 본래의 몽골인(몽골 오이라트 법전과 칼카 지롬)과 부랴트인[58] 그리고 칼묵인[59] 사이에서도 병존하고 있었다. 이에 대해서는 다음과 같이 설명할 수 있다. 첫째 불행한 상황에 처한 경우 씨족과 종족이 서로 도와주면 포상을 받을 만한 선행으로, 이같은 도움을 거절하면 처벌해야 할 악행으로 여겨졌다. 둘째 몽골인 사이에 널리 퍼져 있으며 그들의 사회적 관습을 가르치는 빛나는 배움터를 제공하는 공동사냥(Zegete -

---

58) 가축을 구했는데, 가축이 죽었을 경우 그는 시체를 요구할 권리가 있다(스텝 법전 제67조). 물과 불 속에서 사람을 구한 자는 포상으로 말 1마리를 받는다. 이를 소홀히 한 자는 채찍형에 처한다(스텝 법전 제85조 등).

59) 이리나 태풍으로부터, 또는 진흙 수렁과 우물에 빠진 동물을 구한 자에게는 구한 가축과 같은 포상을 준다(칼묵 법전 제168조).

Aba)에 의해 설명이 가능하다.

보그다노프는 다음과 같이 기술하고 있다.

> 제게테 아바는 몽골 관습법 중 가장 오래된 제도 중 하나를 대표하는 공동사냥의 한 변형이다. 제게테 아바는 협동하는 사냥꾼 무리일 뿐 아니라 군사적으로 말하면 支隊였다. 사냥꾼 집단의 지도자와 수령의 권리는 군사 방면에서의 隊長의 권위와 일치한다.60)

앞에서 기술했듯이 몽골의 대칸 자신도 이러한 사냥을 지도했다. 사냥꾼 무리는 한 사람의 지도자와 부관의 명령을 받으며 돌진하고, 사냥꾼 수에 따라 작은 무리로 나뉘었다. 포획물은 관계자 사이에 분배되는데 뛰어난 자는 가장 좋은 부위를 갖고, 임무를 게을리한 자는 처벌을 받았다.

공동사냥은 유목 몽골인에게 식량공급의 원천이었을 뿐 아니라 전투를 위한 배움터였다. 사냥을 통할하기 위해 발달한 규칙은 군사적 원정 때도 잘 유지되었다. 야사 제27조에서 태만한 병사에게 내려진 처벌이 사냥감을 놓친 사냥꾼에게 내려진 처벌과 같은 이유는 이로써 분명해진다. 게다가 칭기즈 칸이 그의 격언에서 종종 사냥을 전쟁과 비교한 이유도 이해할 수 있을 것이다(격언 제10·11·16 참조). 1640년 몽골 오이라트 법전에도 사냥조직에 대한 규정이 나온다(제113조).61) 부랴트의 관습법에서 사냥 후의 포획물 분배는 사냥 업적에 따라 산정된다. 호리족 관습에 의하면, 어떤 사람이 이리나 여우에게 상처를 입히고 그 짐승을 뒤쫓았으나 결국 다른 사람이 이 사냥감을 죽였을 경우, 최초의 사람은 몸통을 취하고 죽인 사람이 사지를 차지한다(스텝 법전 제104조). 셀렝가족 관습에 따르면, 사냥꾼이

---

60) *Outline of the History of the Buriat‐Mongol People*, pp. 10, 14. 보그다노프의 연구에 의하면, 공동수렵의 발전과 여기에 기초를 둔 사회질서는 칭기즈 칸이 일어나기 이전 시대로 거슬러 올라가는데, 수렵 자체는 훨씬 오래 전부터 존재했다. 팔라스도 1772년에 이같은 수렵을 목격했다.

61) 레온토비치판본, 제130~133조.

검은담비나 여우, 이리를 죽이는 것을 목격한 자는 앞다리 두 개를 받는다. 만약 포획물이 크면 엉덩이 부위를 얻는다(셀렝가 부랴트족의 관습 제142조). 이는 고대 공동사냥의 한 흔적인데, 여기서는 목격자도 한무리였다. 이렇듯 사냥에서 가장 뛰어난 활약을 한 사람이 가장 많이 차지했다. 법전의 다른 조목에도 유사한 내용이 발견된다. 여기서는 전투중에 적을 살해한 전사는 그 보수로 갑옷을 차지하며, 격투에 참가한 자는 무기와 군모 등을 차지한다(제50조).[62] 그러나 공동사냥이 이루어지면서 종족 및 사회의 공동책임에 대한 규정이 발전하여 법의 준수와 이를 게을리한 자에 대해 처벌을 요구하는 것이 당연히 법 작성 이전의 몽골 민족의 다른 생활방면에도 영향을 주었다.[63]

따라서 몽골 오이라트 법전에는 위급한 상황에 빠진 다른 사람을 구하거나(이를테면 질병 치료 등) 또는 도둑맞은 가축을 발견하는 일, 가축을 들짐승의 해나 익사 그리고 화재 등으로부터 구한 것에 대해 포상을 내리는 규정이 발견된다(제57·80·82·83·134조).[64] 모두 관습법 규정이다.

다음으로 형벌 방면으로 넘어가 보자. 몽골 오이라트 법전에 규정된 형벌은 그 성질상 주로 관습적이다. 대부분의 형벌 규정은 유목민의 생활과 심리의 특징을 나타내고 있다.

---

62) 혹은 이를테면 『몽골비사』(Palladius 역, *Works of the Russian Spiritual Mission*, Ⅳ, 1910, 27)는 칭기즈 칸 생애에 대한 기록 속에서 다음의 삽화를 전하고 있다. "부르칸(Burkhan) 산으로 와서 그 주위를 3번 돈 이들 3백 명은 최후의 한 명까지 살해당했다. 그들의 아내 중, 아내로 삼기로 지명된 자는 아내가 되고, 노예로 삼기로 지명된 자는 노예가 되었다." 몽골 오이라트 법전의 규정, 즉 전투중에 남자를 살해한 자는 그 처를 포상으로 받는다(제50조)를 참조.

63) "The Hsi Yu Tze(서유기)"는 칭기즈칸 시대의 몽골인들은 재난이 발생하면 서로 돕는다는 것을 지적하고 있다. 즉 "어려운 일이 생기면 그들은 서로 앞다투어 달려온다"(p. 138). 플라노 카르피니는 "사람들은 타인을 충분히 존경하며 그들간에는 누구나 우호적이다. 음식물을 조금밖에 가지고 있지 않더라도 그들은 기꺼이 서로 나눠 먹는다"(p. 13)라고 기술하고 있다.

64) Khalkha-Djirum, ⅩⅣ-3 참조.

먼저 몽골 오이라트 법전 가운데 형벌체계에 대해 살펴보자. 이 법전의 기본적 형벌은 재산형인데 주로 가축 9마리를 단위로 한다(이는 고대 몽골의 관습적 제도이다). 채찍(곤장이 없다)으로 때리는 벌도 종종 행해졌다. 사형은 드물며(3개 조뿐이다), 자유박탈형은 더욱 드물었다. 이러한 형벌은 스텝 유목민의 성격과 어울리지 않는다(제123조에만 '쇠사슬로 묶는' 형이 보인다). 또한 법전에는 몽골인의 생활 특징을 나타내는 치욕형이 보인다. 이를테면 적에게 등을 보인 자는 재산형에 처해지는 외에 여성용 소매 없는 짧은 옷을 입어야 하며(제11조), 처녀와 난교한 자는 치부를 때린다(제73조). 피고가 빈곤하거나 또는 규정된 재산형을 지불할 수 없으면 그 신병은 원고에게 인도된다(제86조). 가해자의 闕所(재산의 완전 몰수 - 제1·20·30조), 가족의 공동책임(자손 유배형 : 제13조, 형제의 책임 : 제15조), 절도가 있었음을 통고하지 않은 十戶員의 책임(제123조 등). 사회적 지위가 높은 사람, 씨족장과 그 가족은 특별한 보호를 받으며 이들에 대한 살인과 개인적 모욕은 보통보다 무거운 처벌을 받는다(제20·28·72조). 이 모든 제도의 연원은 관습에 있다.

이러한 대부분의 범죄는 몽골인의 생활 양상을 반영한다. 이를테면 관리가 훈령에 따라 사람을 구타했다가 구타당한 자가 사망하더라도 법과 군주의 칙령은 범죄로 간주하지 않으며, 이 경우 가장 무거운 처벌은 재산형이다(제21조). 왕공에 대한 식량공급을 방해한 자는 재산형에 처한다(제26조). 빈민 돌보기를 게을리한 자는 처벌한다(제122조). 처녀와 사통한 남자는 재산형에 처하지만 처녀는 처벌하지 않는다(제69조). 수간은 재산형에 처한다(제69조). 交替馬의 제공을 거절하거나 하룻밤 숙박과 타미스(말젖술)의 제공을 거절한 자는 같은 재산형에 처한다(제24·87조). 불타는 화로에 나무를 처넣은 자는, 왕공의 화로일 경우 벌 9의 9배, 평민의 화로일 경우 벌 9에 처한다(제90조).

법전은 남의 집에서 음식물로 질식한 자를 죽여도 아무런 죄가 되지 않음을 강조하고 있지만 이러한 살인에 대해서는 벌 9의 5배의 재산형에 처하고 있다(제49조). 광폭하게 미친 자를 죽여도 처벌되지 않는다. 소와 가축이 사람을 죽인 경우 누가 가축을 돌보고 있었든간에 책임은 그 소유주에게 돌아간다(제46·48조). 미친개가 달려들어 사람을 물어도 마찬가지이다(제44조). 오래 사용한 옷을 잡아 찢은 자는 망아지 1마리의 재산형에 처하며 남의 변발이나 모자의 털을 잡아 뽑은 자는 벌 5의 재산형, 수염을 쥐어뜯은 자는 말 1마리와 양 1마리의 재산형 등에 처한다. 제72조와 제73조에는 여러 가지 개인적 모욕에 대한 총괄이 포함되어 있는데, 이는 몽골인의 생활 특징을 나타내는 것으로서 고귀한 자에 대한 모욕은 평민에 대한 그것보다 더욱 무거운 처벌을 받았다.

법전은 절도를 엄벌에 처하고 이에 대해 상세히 취급하고 있다. 특히 무거운 것은 몽골인의 기본적 재산이자 식량을 공급하는 가축을 절취하는 것에 대한 형벌이다. 즉 낙타 1마리를 훔친 자는 벌 9의 15배에 처해지며 거세된 말 1마리를 훔치면 벌 9의 10배, 암말 1마리에 대해서는 벌 9의 8배, 암소 1마리에 대해서는 벌 9의 6배에 처한다. 마찬가지로 법전은 군장품과 가정의 필수품(무기, 갑옷 등, 모피로 만든 의복, 양탄자, 모피, 불을 일으키는 도구, 칼, 톱, 밧줄, 고삐, 끈줄, 바늘, 단추 등)의 절취에 대해서 궤변적이라고 할 정도로 매우 상세히 규정하고 있는데 이는 당시 생활의 특징을 나타내는 것이다. 왕공에게 부정한 식량을 바치고 사자를 사칭하여 짐수레 운수부역을 징발한 자는 모두 재산형에 처해져 가축을 몰수당했다. 몽골인의 생활과 관습을 반영하는 범죄와 형벌에 대한 이러한 기록들은 얼마든지 더 열거할 수 있다.

다만 명령적 규정은 적다. 이는 뒤에서 기술하겠지만 종교의 방위와 동맹 여러 종족간의 관계에 관한 것이다.

몽골 오이라트 법전의 형법, 포상 관계 법전, 형벌체계, 처벌법전[65]은 원래 몽골 민족의 관습법의 표현이라고 단언할 수 있다.

다른 아이막과 호순을 이리저리 떠돌아다니는 것을 금하고, 떠도는 자들

---

65) 일반적으로로 보아, 법전 조항의 약 절반을 차지한다.

을 모아 새로운 아이막을 만드는 규정과 막영지의 변경을 금하는 조목(제
125·132·133조) 등은 스텝 지대를 관습법적으로 공동 사용했다는 사실
을 명확히 보여준다. 그러나 여기서는 행정적 영향이 존재했다고 생각된
다.

그 중 3개 조에는 라마승의 영향이 보이며, 성질상 명령적이다. 즉 제111
조는 샤먼을 부른 자에게 처벌을 내리고 있고, 제9조에는 "승려는 (부처에
봉사하기 위하여) 10명으로부터 1명을 얻을 권리가 있다"(신대금을 취할
권리와 더불어)는 기술이 있으며, 제18조는 승적 이탈에 무거운 재산형을
내리고 있다. 이에 대해 다시 1개 조 즉 제112조를 덧붙이고 있는데 동조
에서는 샤먼교 의식에 쓰이는 붉은오리, 참새, 개를 살육하면 재산형을 내
린다고 규정하고 있다.

더욱이 종족 간의 관계를 규정한 것은 계약적 규정으로 보이며 법전 편
찬자가 창조한 입법으로 여겨진다. 이러한 규정은 6개 조가 있다(제1~3조,
6, 8, 99조). 攻防에 대한 규정을 언급할 때는 오이라트 여러 종족 상호간
의 전투와 방위 규정을 목적으로 한 것도 그 속에 포함시킬 수 있다. 이를
테면 적에 대한 상호 저항을 기록한 제4조 같은 것이 그것이다(제13조도
여기에 넣어야 한다). 공방에 관련된 것이면서 종족 내적 성질을 갖는 같은
규정은 관습법의 본체를 이루는 일부분이다. 그 예로 다음과 같은 것을 들
수 있다. 경보가 발령되면 누구나 왕공에게 달려와야 한다(제19조). 적에게
등을 보인 자는 재산형에 처하며 여성용 소매없는 짧은 옷을 입어야 한다
(제11조나 제15조 등 참조).

재판소 조직에 관해서는 겨우 4개 조목만이 있다(제62·63·106·109
조). 그 중에는 추적, 무고, 재판의 증인이 된 자에게 주어지는 포상과 같은
고대제도도 포함되어 있다. 동시에 정부의 개념을 강화시키는 것도 보인
다.

이상과 같이 법전에 나오는 명백한 명령규정은 약 20개 조목이나 된다.
그 나머지 조목의 대부분은 내용면에서 주로 관습적이다. 그런데 대부분의

명령규정이 오이라트 동맹의 조직과 방위에 관한 것이라는 사실을 덧붙일 필요가 있다. 이 동맹은 약 40년간 존속한 후 해체되었고, 앞서 기술한 법전 조항은 그 의의와 효력을 상실했다. 그러나 법전 그 자체는 오랫동안 존재했다(준가리아에서는 대략 18세기 말까지 존속). 다시 200년 정도 후 1822년 진지리 회의는, 칼묵 스텝에서는 이것이 여전히 유효하다는 것을 증명했다. 이 지방에서는 19세기 후반에도 효력을 발휘했으며 1917년 혁명 때까지 그 모든 의의를 상실하지 않았다. 그렇다면 그 영향과 권력의 근원은 무엇일까. 그것은 분명 명령규정이 아니며 명령규정의 대부분은 오이라트 동맹의 해소와 함께 의의를 상실했다. 사실 그것은 관습적 규정 속에, 즉 법전이 주로 관습법의 집대성이었다는 점에서 구할 수 있다. 관습은 완만히 변화하고, 1640년 몽골 오이라트 법전은 확충과 수정을 거치면서 2세기 반 이상 존재했던 것이다.

4. 칼카 지롬

칼카 지롬은 그 규정의 성질상 1640년 몽골 오이라트 법전을 떠올리게 한다. 그 유사성은 북몽골과 서몽골 문화의 유사성에 기초를 두고 있다.

종족생활과 관계있는 칼카 지롬 규정이 성질상 관습적이라는 데에는 이론의 여지가 없다. 북몽골인이 종족장(십호장, 술렝가, 뎀치, 다루가 : 제4 · 16 · 17부)에게 속해 있는 호톤, 울루스, 오토크 안에서 유목하는 것도 관습적 기원을 가지고 있다. 일정한 막영지를 차지하는 의무, 10으로 나누는 옛 제도, 친척으로서 남계만의 인정, 친족의 부권제적 조직(제5 · 13 · 16부) - 이 모든 것은 관습법 제도이다.

상호관계에 관한 규정에는 연대책임이나 상호부조와 관련된 몽골 관습법의 일반적 원리가 포함되어 있다. 그리하여 칸이건 평민이건 외래인이 청한 숙박을 거절하거나 질병이 있는 동포를 사람이 없는 곳에 방치해서는 안 되며, 위반자는 처벌을 받는다. 한편 익사한 가축과 남의 재산을 구해 준 자는 포상을 받는다(제4·7·13·15부).

목축에 관한 규정은, 가축떼의 자연증가분의 분배, 길 잃은 가축의 처치, 병으로 죽은 가축의 처치를 규정하고 있는데 특히 관습법적 성질을 갖고 있다(제7·13부).

私法 규정도 성질상 주로 관습적이다.

사유재산권은 인정되지 않았다. 농업을 목적으로 하는 토지는 종족적 단위 즉 호톤, 울루스, 오토크가 사용하게 되어 있다. 사유동산, 특히 소유자의 노동과 훈공으로 얻은 것은 특별취급을 받는다(제15·13부). 채권 관계를 보면, 계약관계의 발전과 손해배상을 규정하는 일련의 특별한 경우가 나타난다. 이러한 규정은 당시의 사회관계에 근거한 것이다(제15·16·17부). 또한 상업에 대한 명령규정과 상인에 의한 부정 착취에서 몽골인을 보호하는 명령규정이 보인다(제18·19부). 친족법은 남편 및 아버지의 강력한 부권적 권력, 신부에 대한 신대금을 수반하는 족외혼, 일부다처제에 기초를 두고 있다(제8·15부). 이상은 모두 관습법 제도이다. 상속법에서는 관습에 따르는 상속이 아직 유력했다(제8부).

형법 분야를 보면, 1640년 몽골 오이라트 법전처럼 칼카 지롬에서도 종족적 공동 연대책임에 기초한 처벌과 포상이 나타난다. 구체적인 사례가 드물게 보이는 외에 이 관습에 대한 일반적인 기술도 보인다. 즉 "만약 도둑질과 강도질이 행해지고 있는 사이에 특히 선행을 베푼 자는 노욘에게 포상을 하게 한다"(제4부 제23조)는 것이 그것이다. 이러한 장려적인 포상은 관습법적 성질을 지닌 것이다.

형벌체계도 가축 9마리를 단위로 하는 재산형과 채찍형에 기초를 두고 있다. 사형과 자유박탈형은 극히 드물다. 지위가 높은 자는 보호를 받았다. 모두 관습법 제도이다.

앞에서 기술한 대부분의 형벌은 몽골 생활의 독특한 양상을 반영하고 있다. 예를 들면, 지배자인 사이트가 '고의로' 때리거나 모욕해도 처벌을 받지 않으나 한편 같은 행위를 '장난 삼아' 한 자는 처벌받는다(제13부). 숙박 장소의 제공을 거절하거나 말에게 마실 물을 주기를 거절하면 재산형에 처한다(제15부). 여성용 모자 위의 털을 절취한 자는 재산형에 처한다. 정맥을 절개하여 말의 피를 마시거나 말의 꼬리를 자르면 벌 9에 처한다. 군장과 가정 일용품의 절취에 대해서는 상세히 취급하고 있어 몽골인의 생활을 반영하고 있다. 가축을 절취하면 특히 엄벌에 처해진다.

소송수속과 관련된 규정에는 국가원리의 강화가 보이지만 역시 관습법적 요소를 많이 포함하고 있다. 예를 들면, 절도 현행범을 살해해도 처벌되지 않고 희생자에 대한 처분 중지를 행하는 데 불과하다.

칼카 지롬은 1640년 몽골 오이라트 법전보다 사원법의 영향을 더 크게 받았다는 데 주목할 필요가 있다. 그런데도 명령규정(입법적 성질의 규정)이 여기에서 보다 강하게 나타나는데 상업상의 규정, 상인의 부정으로부터의 몽골인 보호, 인간 및 가축간의 전염병 예방, 약간의 행정 규정 등이 그것이다. 그러나 이 모든 것은 성질상 관습법적 입법인 칼카 지롬의 중요 성질을 변화시키지는 못했다.

5. 부랴트법

잘 아다시피 러시아 중앙당국은 부랴트인의 실제법에 간섭하지 않았다. 따라서 그들은 고유한 관습법에 따라 통치받고 재판받을 권리를 갖고 있었다. 이 관습법은 부랴트인 자신의 필요를 위해 그리고 러시아 관리에게 부여하기 위해 마련한 특별법전, 법령, 훈령 속에 규정되어 있다. 시베리아 원주민의 관습법을 법전화하려 한 스페란스키(Speransky) 백작의 시도는 완성을 보지 못해 그가 편찬한 집대성은 입법으로서 확인을 받지 못했다. 그러나 그가 기초한 법안은 인민의 관습을 반영하고 있어 관습의 집대성으로서 실제적으로 응용되었다.66)

외부인을 환대하는 관습, 상호관계와 상호부조의 원리, 씨족제도, 여러 종족간의 협동 등은 부랴트인의 생활 특징이다. 부권제적 씨족제도는 그들의 사회관계의 바탕에 가로놓여 있다. 공동책임과 상호부조의 원리는 잘 발달해 있고 행정과 사법은 씨족과 종족의 선을 따라 마련되어 있다. 친족관계는 여전히 부계만이 인정된다. 가족은 그 성질상 부권적이며, 일부다처제가 허용되는 족외혼, 신부의 신대금, 가정 내의 남편과 아버지의 강권 등에 기초를 둔다.

토지의 이용은 성질상 일부는 종족적이고 일부는 가족적이다. 그러나 시원적 토지사유도 이미 출현하고 있었다. 범죄는 복잡하지 않은데, 그 중 중요한 것은 개인에 대한 모욕과 가축 절도이다. 형벌체계는 재산형과 채찍형에 기초를 둔다. 그 책임은 종종 전 가족에게 미친다. 여기에서 대략 윤곽이 드러난 전 사회제도의 연원은 관습법 안에 있다.

부랴트인 사이에서 보이는 관습은 여러 가지 기원을 갖는다. 그 중 어떤 것은 부권씨족제적 문화를 가진 모든 종족 또는 대부분의 유목종족에게 공통되는 관습을 대표하고 있다. 이를테면 부동산권이 결여되어 있는 점, 이 부동산을 목축과 사냥용으로 쓰기 위해 씨족공동체가 이용하고 있는 점, 족외혼, 일부다처제, 신부에 대한 몸값(칼림), 남계에 의한 혈연관계 인정, 재산형(가축에 의한다) 등은 모두 씨족제적 관습이다. 남을 이롭게 한 행위에 대한 포상, 재산분배에 참여할 아들의 권리, 막내아들의 상속, 벌 9의 재산형(그 전통은 부랴트의 'Yal'에 남아 있다), 간통에 대한 관대한 태도, 채찍형 등의 관습은 전체적으로 몽골 민족에게 공통된 것으로, 공통된 몽골적인 연원에서 나온 것이다. 일부 관습은 부랴트인의 생활에서는 특이한 현상을 대표한다. 그 중 건초더미(와 경작지)에 물을 대는 것, 부랴트인 사이의 토지임대, 교환혼(甲의 아들이 乙의 딸과 결혼하는 한편, 甲의 딸이

---

66) 일반적으로, 러시아 당국은 시베리아 원주민들에게 법정을 조직하게 했고, 완성되지는 못했으나 그들의 관습법을 법전화시키고자 했다. 그러나 직접적으로 관습법을 해치지는 않았다.

乙의 아들과 결혼), 채찍형 등과 관련된 관습이 있다. 나아가 부랴트인들 사이에서도 법관습의 차이, 즉 일종의 법적 지방주의가 발견된다. 즉 북부 랴트인(부라하트족과 에히리트족)의 법관습은 남부랴트인(호리족과 셀렝 가족)의 그것과 다르다. 이 차이는 고의적인 손상 및 손실의 배상, 법정이 율, 결혼에 관한 몇 가지 규정 등에서 나타난다. 끝으로 법적 규정에서 남 부랴트인, 즉 호리족과 셀렝가족 간에 일종의 지방주의가 발견된다. 같은 현상은 북부랴트인(즉 발라간스크 부랴트족, 베르콜렌스크 부랴트족) 간에 도 분명히 보인다.

이런 현상에는 그럴 만한 충분한 이유가 있다. 부랴트인은 칭기즈 칸 제 국에 포함되고 44종족의 몽골 오이라트 동맹에도 속하여 몽골인과 계속 접 촉하였다(남부랴트인의 경우 특히 그러하다)고는 하나 그보다 이전(13세기 이전)에 몽골 본류에서 떨어져나와 몽골의 국경지방에서 몽골 본토와는 일 정하게 다른 환경 속에서 생활하였다. 여기에서 지방적 특수성이 나타날 수밖에 없다. 그 밖에 내적 특수성도 있었는데 먼저 남북부랴트인 사이에 서 뚜렷하다. 북부랴트인은 남부랴트인과 인류학적 형태, 방언, 문자(북부 랴트인은 남부랴트인이 쓰는 몽골 서체를 모른다), 종교(북부랴트인은 샤 먼교와 불교, 남부랴트인은 불교)면에서 다르다. 북부랴트인은 오래 전부 터 농업을 알고 있으나 남부랴트인은 거의 농업을 모른다. 북부랴트인은 러시아쪽 영향을 더 많이 받고 남부랴트인은 북몽골의 영향을 더 크게 받 았다. 이 모든 것이 그들의 법관습에 각기 다르게 반영될 수밖에 없었다. 끝으로 트란스바이칼(Transbaikal) 지방의 고대주민(호리 부랴트족)의 법 관습과 시간적으로 더 늦은 17세기 말 북몽골에서 이주해 온 셀렝가 부랴 트족의 법관습 사이에는 차이가 있음을 쉽게 알 수 있다. 이렇듯 부랴트인 에게 공통되는 또는 지방적인 관습은 지방적 종족의 법전, 규정, 법령 등에 서 표현되고 있으며, 주요 내용은 그 속에 포함되어 있다.

이와 같이 부랴트법의 원류는 관습적이다. 그 발전은 주로 내부적 상황 에 조응하여, 즉 관습법적 규정의 발달에 따라 이뤄졌다. 후에는 점차 러시아의 통치 및 문화의 영향을 받으며 발전하였다. 그러나 그 영향은 부랴트 법에 어떤 기본적 변화도 주지 못했으며, 부랴트법은 성질상 중요 측면(민법과 형법)에서 최근까지도 관습적이다.

6. 칼묵법

칼묵법의 중요한 입법적 원류는 1640년 몽골 오이라트 법전에 있다. 앞서 기술했듯이 이 법전은 주로 관습법 기록이다. 돈두크 다쉬 칸(1742~1761) 시대에 몽골 오이라트 법전에 추가된 보충은 약간의 관습적 규정(종족생활과 상호관계, 처벌과 수속상의 규정)만이 아니라 명령규정(종교와 승려에 관한 것, 처벌 및 수속에 관한 일련의 내용)도 포함하고 있다. 칼묵 법전(1822~1827)의 초안은 입법으로서는 확인을 받지 못했다. 그러나 이는 몽골 오이라트 법전을 기초로 한 것으로서, 시대에 뒤떨어진 규정은 제외하고 칼묵족의 관습법 규정과 러시아 문화와 법의 영향을 받은 몇몇 명령규정이 추가되었다.

진지리 회의에서 결의된 칼묵 법전의 가장 중요 부분을 심의하는 정부위원회가 정부의 법률과 일치시키기 위해 몽골 오이라트 법전 규정의 약 절반 정도를 유효한, 즉 칼묵인 사이에서 이는 유효하며 적용 가능하다고 인정했다. 이는 생각만 해도 흥미롭다. 실제로 칼묵인 사이에서 효력을 유지한 몽골 오이라트 법전의 조목은 훨씬 더 많았다. 몽골 오이라트 법전의 규정 중 칼묵인의 관습법에서 여전히 생명력을 갖고 있음에도 불구하고 위원회가 정부 법령과 모순된다고 생각하여 법전에서 제외시켜 버린 것들도 있기 때문이다. 결국 약 2백 년의 시간이 흐른 뒤에도 1640년 몽골 오이라트 법전의 대부분은 칼묵인들 사이에 유효했으며 그 후에도 오랫동안 효력을 발휘했다는 것을 짚고 넘어가야 한다. 칼묵 대초원에서 몽골 오이라트 법전이 유지한 효력은, 이 법전이 완만하게 변화해 온 몽골 민족의 관습법을 상징한다는 사실에 근거한다.

이렇듯 몽골법 기록들을 분석해 보았을 때, 중요 원류는 관습적인 것이고 몽골법은 주로 관습법이었다고 보아도 무방할 것이다.

제2절 중국법

거의 전 역사를 통해 몽골은 중국과 관계를 맺어 왔으며, 약 1세기 동안은 정복자로 군림하고 2세기 반 동안은 그 속령이 되었다. 따라서 중국의 수준 높은 문화가 몽골에 영향을 미치지 않았을 리 없다. 그리고 이는 중국의 상세하고 보다 수준 높은 법과 몽골인의 보다 단순한 법 사이에도 그대로 적용된다. 중국법의 흔적은 이미 칭기즈 칸 야사에서도 나타난다. 1640년 몽골 오이라트 법전은 몽골 관습법의 집대성이었으므로 영향을 받지 않았고, 칼카 지롬에는 적으나마 그 영향이 나타난다. 그러다 몽골이 중국에 복속되면서 중국법의 영향은 매우 강력해졌다. 1696년(강희 35) 법전과 1789년(건륭 54) 및 1815년(가경 20) 이번원칙례, 그리고 이들 법전의 영향을 받으며 형성된 법관습 속에서 그 영향이 나타난다.

이 문제를 살펴볼 때, 몽골법에 미친 중국법의 영향은 주로 (행정적 분야를 제외하고) 형법과 소송수속 분야였다는 점에 주의할 필요가 있다. 중국법은 민법과 사법과 관련된 내적 구조에 직접적으로 영향을 미치지 않았다. 사실 그 영향은 무시해도 좋을 정도였다. 이는 주로 중국인과 몽골인의 문화적 차이 때문이다. 농업민족(이를테면 아주 오랜 옛날부터의 중국인처럼)은 유목민족(최근까지의 몽골인처럼)의 관습법에 큰 영향을 미칠 수 없다. 그래서 앞에서도 언급했지만 과거 2세기 동안 중국의 입법가는 몽골사법에 영향을 미치려고 시도하지 않았다. 그들은 행정법과 형법 분야에 국한해서 영향력을 발휘하고, 사법 관계 입법은 주로 지방적 관습법에 맡졌다. 이는 관습법의 법전, 즉 寺領管區에서 최근까지 효력을 발휘한 칼카지롬과 사법에 관한 不文 관습에 적용된다. 그러나 형법 분야에서는 비록 중국법이 많은 순수한 몽골적 제도를 굳이 파괴하지 않았으며, 할 수도 없었다고는 해도 몽골인의 사법에 일정하게 영향을 주었다는 점은 지적해야 할 것이다.

이러한 일반적 고찰로부터 눈을 돌려 구체적 표현으로 드러나는 몽골법에 대한 중국법의 영향을 살펴보자. 먼저 칭기즈 칸 야사부터 보기로 하자.

우선 중국법이 칭기즈 칸 야사에 영향을 주었다는 확신을 갖고 기술을 해 나간다는 것은 대단히 곤란하다. 첫째 야사는 그 단편만이 전해지고 있을 뿐 원래의 형태는 알 수 없다. 그 단편조차 옛 시대의 저술가들에 의해 전해진 것이고 그 저술가는 몽골인도 아니다. 이 때문에 위의 문제를 충분히 해결하기는 더욱 어렵고 따라서 단순히 가정적 논의밖에는 할 수 없다. 칭기즈 칸 야사에 미친 중국법의 영향에 대한 필자의 견해도 하나의 가설에 지나지 않는다. 그러나 그것은 일정하게 가능성을 갖고 있다고 생각한다.

칭기즈 칸이 지배자로 군림하면서 처음부터 관계를 맺지 않을 수 없었던 중국과 중국 문화는 몽골국의 조직에 큰 영향을 미쳤다. 중국 관리 출신으로 칭기즈 칸과 오고타이 칸의 건설 및 개혁 과정에서 오른손으로 활동한 耶律楚材가 이 나라에 큰 영향을 미쳤다는 것은 유명하다. 칭기즈 칸이 詔, 敕 등의 공문서를 발포한 실상이 당대인 맹공의 기록에 남아 있다는 것은 앞에서도 언급하였다. 조, 칙의 발포는 칭기즈 칸 밑에서 벼슬한 금나라의 관리가 가르쳐 준 것이다.67) 『新元史』도 항복한 중국인 郭 將軍이 칭기즈 칸에게 법전 발포를 진언했다는 것을 기록하고 있다. 앞서 기술했듯이 몽골의 옛 기록에는 다음과 같은 내용이 나온다. 즉 칭기즈 칸은 '중국의 법은 강력하고 정밀하고 상세하며 변함이 없다'고 생각하여 중국

---

67) *Proceedings of the Siberian Section of the Russ. Geog. Soc.*, vol. Ⅴ, p. 89 ; Bagaley, *Russian History*, Ⅰ, 374.

으로부터 '대학자와 우수한 弟子 18명'을 초빙하고 이들에게 법의 편찬, 특히 지배권을 유지하기 위한 법률서(Huli Yosonu Bichik)의 편찬을 맡겼다. 법령이 편찬된 후 칭기즈 칸은 이 법전이 그의 이상과 일치한다며 편찬자에게 포상을 내렸다. 이상의 내용은 중국인이 대야사 편찬에 참여했다는 견해에 신빙성을 높여 준다. 여하간 그것이 어떻게 행해졌는가는 차치하고, 중국법이 어떤 점에서 칭기즈 칸 야사에 영향을 미친 것일까.68) 이 문제를 해결하기 위해서는 우선 중국법을 고찰하고, 비교방법에 의해 영향의 흔적을 찾아내야 할 것이다.

중국 법제의 연원은 아주 오랜 옛날, 즉 전설상의 五帝인 伏羲·神農·黄帝·堯·舜(기원전 3천 년)으로부터 출발한다.69) 아무튼 중국의 가장 오랜 고전 중 하나인『書經』에는 舜의 법제(刑法)에 대한 다음과 같은 기록이 나온다.

그는 법에 따라 규정된 엄중한 體刑(및 그 위협)을 보여주어 인민에게 공포감을 느끼게 했다. 그는 (刑을) 완화시키기 위해 五刑을 流罪로 대신하는 것을 허가했다. 당시 笞形은 관리의 형벌로 사용되고, 棒刑은 學校에서 사용되었다. 부주의와 재앙·액운으로 일어난 범죄는 용서받았다. 고의적인 범죄와 수차례 거듭된 범죄는 死罪 또는 그 중대성에 걸맞는 형을 내렸다. 이러한 결정이 어떻게 존경받을 수 있었을까. 은혜와 위협이 나란히 행해졌기 때문이다.70)

---

68) 학사원 회원 크림스키(Krimsky)까지 "야사에 기술된 국가기구와 사회질서는 중국 제도를 모델로 차용한 것이다"라고 기술하고 있다(Brockhaus‐Efron Encycl. Dict., 82, p. 840). 일반으로 이는 과장이지만, 중국이 대야사에 어느 정도 영향을 준 것은 분명하다.

69) 이 문제에 대해서는 Father Hyacinth, *China in its Civil and Moral State*, Part Ⅱ, 1912(러시아어), Introduction ; Alabaster, *Notes and Commentaries on Chinese Criminal Law*, 190(러시아어), Introduction 및 pp. 46, 47 ; Dareste, *Etudes d'Historie du droit*, Ⅱ, 1926, p. 284 sqq. ; Escarra, *Code penal de Chine*, 1930, Introduction.

이 항목에는 五刑으로 黥(이마에 문신 새기기), 劓(코 베기), 剕(발꿈치 베기), 宮(거세), 大辟(死刑)이 있다는 주가 붙어 있다.

　　舜은 工部尙書를 島 즉 幽州로 유배하고, 驩兜를 崇山으로 내쫓고, 三苗侯(삼묘는 당시 남방의 오랑캐)를 三危의 나라로 유배하여 감옥에 가두고, 鯀(禹王의 아버지)을 추방하여 羽山(山東省에 있는 산으로 鯀이 극형당한 곳)에서 쇠사슬로 묶었다. 이렇듯 순임금은 4형을 사용했으나 만민은 임금의 공정함을 깊이 신뢰하였다.

註解書는 이 4형을 추방, 원격지 추방, 유형지에서의 금고, 유형지에서 쇠사슬로 묶지 않고 감시하는 형이라고 설명하고 있다.[71]
　또한 『서경』에는 穆王시대(B.C. 1001~960)의 형법이 인용되어 있다. 이는 規準法, 根本法인 舜의 입법의 주석 및 보충이다.

　　황제가 다음과 같이 칙령을 내렸다. 양 당사자가 출정하고 (증인들, 소송기록이) 모두 정비되면, 재판관은 오형으로 처벌할 범죄에 대해 모든 것을 청취해야 한다. 그 후 성실하게 올바름과 사악함을 가려 그 범죄를 오형의 하나에 처할 것인지 여부를 정해야 한다. 만약 오형의 하나를 사용할 필요가 없으면, 그 범죄가 벌금으로 대신할 수 있는 五罰의 하나에 속하는지 여부를 결정해야 한다. 만약 벌금을 지불하는 오벌에 해당하는 중죄라는 확신이 없으면 五過失犯 안에 넣어야 한다(이에 대해서는 처

---

70) Fr. Couvreur 역, *Chou - king*(書經), 1916, Part Ⅰ, Chap. Ⅱ, Para 11.
　　역주 : 쿠브뢰르가 의존한 원문(『虞書舜典』)은 다음과 같다.
　　象以典刑 流宥五刑 鞭作宮刑 扑作敎刑 金作贖刑 貴災肆赦 怙絡賊刑 欽哉欽哉 惟刑之恤哉
71) Ibid., Para. 12 및 거기에 덧붙여진 주.
　　역주 : 원문은 다음과 같다.
　　流共工于幽州 放驩兜于崇山 竄三苗于三危 殛鯀于羽山 四罪而天下咸服

벌이 없다).

  (범죄의 심각성에 대해) 의심이 들 때는 피고를 낙인찍는 형에서 면제하되 대신 600냥(黃銅)을 징수한다. 그러나 죄과를 충분히 확정해야 한다. 의심이 들 때는 코 베는 형을 면해 주는 대신 2배의 黃銅(1200냥)을 징수한다. 단 죄과를 충분히 확정해야 한다. 의심이 들 때는 발꿈치를 베는 형을 면해 주는 대신 2.5배의 황동(1500냥)을 징수한다. 그러나 죄과를 충분히 확정해야 한다. 의심이 들 때는 거세를 면해 주는 대신 황동 3600냥을 징수한다. 그러나 죄과를 충분히 확정해야 한다. 의심이 들 때는 사형을 면제하고 황동 6000냥으로 대신한다. 다만 죄과를 충분히 확정해야 한다. 이마에 문신을 새기는 형에 해당하는 죄 1천 가지는 벌금으로 대신할 수 있고, 코 베는 형에 해당되는 죄 1천 가지, 발꿈치를 베는 형에 해당하는 죄 500가지, 거세형에 해당하는 죄 300가지, 사형에 해당하는 죄 200가지는 벌금으로 대신할 수 있다. 대략적으로 3천 가지 죄는 오형의 하나에 해당한다.[72]

  이와 같이 중국에는 유구한 옛날부터 이미 발달된 (刑事) 立法이 있었다. 『書經』에 따르면, 오형은 舜 이전에 이미 제정되었다. 舜은 은혜를 베풀기 위해 재판관에게 오형의 경감을 허가하고 이를 유배형으로 대신할 권력을 부여하여 4가지 유배형(추방, 일정 지역으로의 유배, 유형지에서의 금

---

72) *Chou‑King*, Part Ⅳ, Chap. ⅩⅩⅦ, Para. 15~19.
  역주:『周書』의 呂刑에 나오는 원문은 다음과 같다.
  兩造具備 師聽五辭 五辭簡孚 正于五刑 五刑不簡 正于五罰 五罰不服 正于五過……黑辟疑赦 其罰百鍰 閱實其罪 劓辟疑赦 其罰惟倍 閱實其罪 剕辟疑赦 其罰倍差 閱實其罪 宮辟疑赦 其罰六百鍰 閱實其罪 大辟疑赦 其罰千鍰 閱實其罪 墨罰之屬千 劓罰之屬千 剕罰之屬五百 宮罰之屬三百 大辟之罰 其屬二百 五刑之屬三千
  또한 그 주에 '六兩曰鍰'이라고 되어 있다.

고, 유형지에서 쇠사슬로 묶는 형)을 정했다. 또한 舜은 채찍형(鞭形), 몽둥이형(棒刑)을 정하고 이를 벌금으로 대신할 수 있게 했다. 이 시대에도 이미 고문이 채용되었다고 한다.73) 1250년 이후(穆王시대)에도 이같은 체제는 더욱 상세한 형태로 행해졌다. 『서경』에서 이에 관련된 부분을 보면 다음과 같다. 오형에 해당하는 죄는 벌금으로 대신할 수 없으나 오형에 해당하지 않는 죄는 벌금으로 대신할 수 있다. 벌금은 황동 600냥, 1200냥, 3000냥, 6000냥에 이르는 무거운 것이었다. 채찍형 및 고문도 사용되었다. 범죄는 극도로 개별화되었다. 『서경』은 기본적 오형에 해당하는 죄의 종류를 3천 가지로 적고 있다. 피고에게는 충분한 증거가 요구되었고, 형을 가감해야 할 사정이 있으면 죄 1등을 가감하는 등의 제도도 있었다.

이와 같이 정밀하고 상세한 체제는 큰 변화없이 秦나라(B.C. 255~206)까지 유지되었는데, 진나라는 제국을 형성하는 제후의 원심적 경향을 극복하고 통일을 유지하기 위해 형벌을 준엄히 해야 했다. 진을 이은 漢나라(B.C. 202~A.D. 226)는 형벌을 경감하여 법전의 원리를 창조했다(한나라 法 9장, B.C. 200). 隋나라(581~618)는 기본적 오형 중 종래 관습적으로 생겨난 변화를 형식적으로 확정하였다. 이에 형벌은 笞刑, 杖刑, 徒刑, 유배형, 사형의 5가지로 제한되고 宮刑, 劓刑, 剕刑, 鞭刑은 폐지되었다. 태형은 10~50의 5급으로, 장형은 60~100의 5급으로, 유형은 1천~3천 리의 3급으로, 사형은 교수형과 참수형 2급으로 나뉘었다. 속죄금, 형의 경감과 일반사면제도 있었다.

수나라가 채용한 형벌체계는 '大淸律令'까지 그 후 중국 법전의 기초가 되었다. 唐나라(617~917) 이후의 역대 왕조들은 여기에 약간의 변경을 가했을 뿐이다. 각 왕조는 모두 그 왕조의 법전을 발포할 필요를 느꼈는데,74) 순수한 형사규범뿐 아니라 공법규범, 나아가 사법 관계 규범도 일부 포함하고 있다. 그러나 사법규범도 형법적 관점, 즉 사법 관계의 위법행위에도

---

73) Ibid., §3(5종류의 고문).
74) 654년 당나라 법전 '永徽律令'도 그 하나이다.

형을 내리는 방침에 따라 규정되어 있었다. 이 모든 법전의 특색은 기본원칙이 일관되어 있다는 점이다. 공자 시대 이후 중국 문명의 일반적 경향은 본질적으로 보수적이어서 가족제도의 유지를 주안점으로 하고 조상숭배로 가득차 있었다. 이 경향에 순응하여 각 법전은 전대로부터 내려온 법전의 기본원칙을 그대로 답습하고 부분적으로 이를 보충하고 개변한 데 지나지 않았다. 따라서 후에 나오는 법전은 앞의 법전에서 본보기를 취했고, 이렇게 하여 그 근원은 유구한 옛날로 거슬러 올라가게 되었다.

믿을 만한 기록에 따르면, 중국의 첫 법전화 시도는 중국 최초의 통일제국의 지배자인 시황제(B.C. 210년 사망) 때 행해졌다. 한 대(B.C. 202~A.D. 9/A.D. 25~226)에는 현재 전해지는 小法典이 이미 출현하였다.

그러나 그 후의 중국 입법에 영향을 끼친 기본적 법전은 당나라 법령과 주석을 포함한 당대의 법전 '唐律疏議'였다. 이 법전은 30권 500조로 이루어져 있으며 名例, 衛禁, 職制, 戶婚, 廐庫, 擅興, 賊盜, 鬪訟, 詐僞, 雜律, 捕亡, 斷獄 12편으로 구분된다.[75]

법전(名例)은 ① 笞 ② 杖 ③ 徒(감옥에 들어가는 것과 일종의 추방 중 하나)[76] ④ 流 ⑤ 死의 五刑 등급으로부터 시작한다.

이에 이어 十惡이 총괄되어 있다. ① 謀反 ② 謀大逆(황제 및 황실 침범) ③ 謀叛(외국에 투항) ④ 惡逆(존속 직접 살해) ⑤ 不道(무고한 사람을 살해) ⑥ 不敬(신, 황제가 타는 수레·복장에 대한 불경), ⑦ 不孝 ⑧ 不睦(친족간 다툼) ⑨ 不義(지위가 낮은 벼슬아치가 장관을, 제자가 스승을 살상) ⑩ 內亂(亂倫)이 그것이다.

형벌에 관한 八議(형벌의 경감에 대한 것)로는 議親, 議故, 議賢, 議能, 議功, 議貴, 議勤, 議賓이 있었다.

법전은 형벌의 완화 및 준엄화를 규정하고 輕重의 정도를 정했다. 앞서

---

75) 제6편은 주로 군사문제, 제7~12편까지는 형벌문제를 다룬 것이라고 본다면, 당나라 법전은 내용상 다음 7편으로 나눠진다. 즉 ① 名例 ② 衛禁 ③ 職制 ④ 戶婚 ⑤ 廐庫 ⑥ 軍事 ⑦ 刑事이다.
76) 隋代의 일시적 流罪에 대응하는 것으로, 항상 강도 높은 노동을 수반했다.

언급한 十惡 외에 법전은 5편에 걸쳐 수많은 범죄를 기술하고 있다. 각 편의 머리 부분에 언급되어 있는 것만이 아니라 그 밖에 매우 여러 가지 범죄, 즉 살인, 강도, 상해, 폭행, 구타, 간통, 법령 무시, 위증, 사기, 恐喝取材, 방화, 중량과 수량의 속임, 요새 포기, 적에게 등을 보임, 화폐 위조, 건축물 위반, 도박 등 여러 가지 형식을 다루고 있다. 다른 편에도 일련의 범죄가 기술되어 있다. 요컨대 우리는 여기에서 범죄 및 그에 걸맞는 형벌에 대한 상세한 체계를 가진 고도로 발달한 형법을 볼 수 있다.

私法에 관해서는 뒤에서 기술하겠다.

일반적으로 당나라 법전은 이후 들어선 왕조들의 법전의 기초가 되어 보다 큰 발전을 이룩하였다.

당나라를 이은 (50년 계속된 五代를 거쳐) 남방의 宋나라(920~1280) 법은 당나라 법전의 기본원리를 채용했으며 이 점에서 북방의 金나라(1126~1234)도 마찬가지였다. 다시 당나라 법전의 본질적 부분은 元나라(1271~1368), 明나라(1368~1644) 각 왕조 법전의 기구를 관통하였다. 이들 법전은 (주로 개별화와 각 조의 변화로) 보충되고 발전되었으나 그 공통의 기초는 여전히 당나라 법전이었다.

淸나라(1644~1911) 법전 '大淸律例'(청의 기초적인 법)와 보충규정도 마찬가지였다. 이 律이란 것은 명나라 법전에서 취한 기본법으로,[77] 그 자체가 법전의 불변의 기초이며 고대에 연원한 것이다. 例란 청대에 발포된 보충규정에 불과하다.[78]

청나라 법전은 7편으로 구성되어 있으며(名例律, 吏律, 戶律, 禮律, 兵律, 工律), 순수한 형법은 제6편에 들어 있다. 앞서 언급했듯이 형법 이외의 규범도 형법적 관점에서 규정되어 있다.

---

77) 이는 '大淸律例' 시행에 관한 告諭(1647, 순치 4)에 명료하게 보인다.

78) '大淸律例'는 스톤턴(Staunton)이 영어로 번역하고(Ta‐Ts'ing‐leu‐lee, 1810 : 주로 기초법), 부레(Boulais) 신부가 불어로 완역했다(*Manuel du Code Chinois*, 2vol., 1923, 1924, 완역). 또 레온티에프도 옛 러시아어로 번역했다 (2vol., 1778, 1789). 필자는 부레의 번역을 이용했다.

전 법전의 첫 부분에는 4개의 표가 있다. 즉 ① 형벌 ② 불법으로 얻은 재산 ③ 속죄금 ④ 服喪이다. 앞의 3개의 표는 형법과 관계가 있고 형벌체계를 설명하고 있기 때문에 먼저 이를 소개한다.

제1표의 첫 규정은 "刑에는 苔, 杖, 徒(일시적 유배), 流(무기 유배), 死의 5가지가 있다"고 되어 있다. 여기에서는 581년경에 이루어진 수나라 법전의 기본 규정이 반복되고 있다.

이들 기본적 형벌은 다음과 같은 등급으로 나뉘어져 있다. 태형은 10~50의 5급, 장은 60~100의 5급, 또는 1~3년의 5급으로 구분되며 여기에는 杖 60~100과 큰칼 20~40일의 부가형이 있다. 例(보충법)로는 4년의 徒刑, 杖 100, 큰칼 45일과 特命의 徒刑 5년, 杖 100, 큰칼 50일 형이 있다. 徒刑囚에게는 苦役이 내려진다. 流刑은 2천~3천 리의 3급으로 구분되며 50~60일의 큰칼과 杖 100이 부가된다. 또한 군인에 대해서는 더욱 무거운 流罪가 내려지는데 이는 4급으로 구분되며 2천~4천 리, 70~90일의 큰칼, 杖 100이다. 이 유죄는 보통 黥刑(얼굴에 먹물로 글씨를 떠 넣는 형)을 수반한다. 또 중국의 국경 밖(이를테면 이리나 흑룡강변)으로 추방하여 노예로서 고역에 종사시키는 형도 있다. 死刑은 교수형과 참수형 2급으로 구분되며 刑部의 재심을 거친다. 여기에는 즉결(집행도 즉시 행해진다)을 내리는 것과 가을로 연기하는 秋審(감형 또는 황제의 은사를 받을 가능성이 있다)이 있다. 범죄가 비열하고 흉악하면 죄인의 머리는 바구니에 담겨져 효수된다. 일부이긴 하지만 팔렬형도 행해졌다.[79]

형벌과 형벌용 도구로는 대나무 채찍, 큰칼 즉 죄인의 목 및 어깨에 얹고(그 자신이 풀 수 없다) 머리를 넣을 구멍이 뚫린 사각형의 무거운 널빤지, 수갑, 쇠사슬, 발갑(중죄인에 한해 사용), 발바닥을 죄며 비트는 나무, 손가락을 죄며 비트는 나무, 손과 발을 잡아늘이는 도구, 고통을 주는 고리 달린 쇠사슬이 있다.[80]

---

79) 어떤 경우에는 (종종) 공중 앞에서 처형이 행해졌다.
80) Boulais, *Manuel*, Ⅰ, 1923, pp. 2~6.

청대에 법령에 따라 정해져 실제로 행해진 형은 다음과 같다.[81]

死刑 : 가족(특히 범인 자손 중 남자)의 族誅를 수반하는 팔렬형, 단순한
  팔렬형, 효수, 단순 참수(刑部의 추심을 거치는 것과 거치지 않는 것
  이 있다), 교수형
流刑 : 군인에 대한 무기유형(4급), 단순한 무기유형(3급), 유기유형(5
  급), 徒刑(멀리 변경 지방에서의 징역, 여기에는 3종 5급이 있다)
枷刑(칼을 씌우는 형) : 독립된 형과 다른 형에 부가되는 것이 있으며 유
  기와 무기의 구별이 있다.
쇠사슬이나 쇳덩어리로 묶는 형(유기·무기)
黥刑(보통 누범자에게 내려진다)
금고(有期)
재산형 : 재산 몰수(국가 또는 개인의 수입으로 된다)

알라바스터(Alabaster)에 의하면, 법령화되어 있지는 않으나 질식사(뉘
우칠 가능성이 없는 살인범)와 거세(國事犯의 남자 자손)형이 실제로 행해
진 적이 있다.[82]

여러 가지 범죄에 대해서는 속죄금의 비율이 정해져 있다. 이러한 특권
은 예외적인 경우를 제외하고 정상을 참작하여 특히 황제의 용인이 있으면
부여되는 은전이다. 그러므로 일반적 대사면에서 제외된 범죄에는 적용되
지 않는다.[83]

형량을 정할 때는 정상을 참작하여 감형을 하는 경우가 있다. 즉 특권을
가진 경우와 병약, 연소, 자수 등등이다. 또 형을 가중할 사정, 이를테면 가
해자와 피해자의 혈연관계 및 기타의 사회적 관계(師弟, 主從)도 참작된

---

81) Alabaster, *Notes and Commentaries*, p. 17과 그 이하(러시아판).
82) Op. cit., pp. 60~61.
83) Boulais, *Manuel*, Ⅰ, pp. 11~16, 특히 par. 6 참조.

240 몽골의 관습과 법

다. 대사면도 행해지나 중범죄는 제외된다.

중국의 형법이 규정하는 범죄는 六門으로 구분되어 있다(이는 법전 제6권 첫번째 5부에 있다). 즉 ① 강도와 절도 ② 살인 ③ 鬪毆, 罵詈 ④ 소송, 고리대, 收賄, 사기 및 이와 비슷한 범죄 ⑤ 정조유린과 잡범[84] ⑥ 禁獄 및 재판이다.

형사범죄의 규범은 법전의 다른 부분 전반에 걸쳐 나타난다.

히아친스(Hyachinth)에 따르면 청나라 법전에 포함된 범죄 종류는 2,852를 헤아리고 그 중 644개는 사형에 해당한다.[85]

이들 범죄 중 가장 무거운 것은 다음 10종이다. ① 반란 ② 황실에 대한 죄 ③ 大逆 ④ 부모 살해 ⑤ 비인도적 살인 ⑥ 고관에 대한 불경(5가지 경우가 있다) ⑦ 부모와 존속에 대한 불순종(5가지 경우가 있다) ⑧ 가정불화(친족 살해 및 몸값을 받고 파는 것 등) ⑨ 非道(연장자 및 은사 살해 등 5가지 경우가 있다) ⑩ 亂倫(근친상간).

이상의 범죄는 대사면의 은전대상에서 제외된다.[86]

여기서 필자는 중국 법전에 규정된 범죄를 상세히 관찰, 분석할 생각은 없다. 이 글의 목적과 그다지 관련이 없기 때문이다. 단 여기서 주의해야 할 것은 범죄가 개별적으로 규정되고 있으며, 분류가 발달한 점, 형벌이 준엄하여 종종 잔인성을 띤 점, 속죄금이 허가되고 대사면이 모든 범죄에까지 미친 점, 심리할 때 고문을 허가하고 있는 점 등이다.

이상 중국 형법에 대한 개요 설명을 마치고 다음으로 중국법이 몽골에 준 영향을 살펴보기로 하자.

몽골법은 중국법만큼 발달하지 못했다. 몽골의 사회발전 수준이 낮았기 때문에 몽골법은 보다 단순하며 보다 원시적이었다. 몽골 왕조의 형성과

---

84) 역주 : 원서에는 제5항이 빠져 있다. 같은 랴자노프스키의 『몽골 관습법의 연구』를 참조하여 보충하였다.
85) *China*, Ⅱ, pp. 18~19(러시아어).
86) Father Hyacinth, *China*, Ⅱ, 5~6 ; Alabaster, *Notes and Commentaries*, p. 129. 알라바스터는 대사면으로부터 제외된 범죄 70종을 들고 있다.

시대를 같이하는 송대에 발달한 중국법을 몽골법의 법전화를 처음 시도한 칭기즈 칸 야사와 총체적으로 비교한다는 것은 불가능하다. 사회생활의 기원과 발전에서 현저한 차이가 나기 때문이다. 그러나 보다 발달된 법은 보다 좋은 조건하에서 덜 발달된 법에 영향을 줄 수 있고 또한 줄 수밖에 없기 때문에 필자는 중국법이 칭기즈 칸의 야사 및 그 후의 몽골법에 미친 영향을 검토해 보고자 한다.

수대의 五刑은 그 후 역대 왕조를 통해 변함없이 (1911년 형법이 발표되기까지) 그대로 계승되었는데 사형, 유형, 도형, 장형, 태형의 오형을 논리적으로 묶어 보면 사형, 유형, 태형의 셋이 된다. 오늘날 전해지는 야사 단편에는 기본형으로서 사형과 태형 두 가지가 보이며 그 밖에 제3의 형으로서 유형이 채용되고 있다(칭기즈 칸 격언 제23).[87] 즉 중국법과 몽골법의 형벌체계는 상당히 비슷하다는 것을 알 수 있다. 야사에서 몽골인의 기본형벌인 가축법 - 보통 가축 9마리를 단위로 부과되는 재산형 - 이 거의 자취를 감춘 것(겨우 한 군데서만 발견된다. 제29조 참조)을 고려하면 이 유사성은 우연으로만 볼 수 없을 것이다.

더욱이 야사의 기본적 2가지(또는 3가지) 형 중 하나가 태형이다. 이는 야사에 빈번히 나타나고 있거니와 몽골의 기본적인 형인 채찍형을 구축한 칭기즈 칸 시대에 흔한 형이었다.[88] 태형은 1640년 몽골 오이라트 법전과 1709년 칼카 지롬에서는 모습을 감추었다가 중국이 몽골을 지배한 시대에 다시 나타났다(1789년 및 1815년 이번원칙례). 이같은 사정으로 보건대 다음과 같은 해석을 내릴 수 있다. 笞形(대나무로 때리는 형)은 중국인에게는 흔한 형이다. 이것은 수나라(실제는 그 이전) 이래로 중국의 형벌체계 중 기본적인 것의 하나가 되어 공화국에 이르기까지 채용되었으며 오늘날에도 행정적 의미를 가진 것으로서 중국에서 채용되고 있다. 유목민은 처

---

87) 대략적으로 몽골법에서는 추방, 즉 종족 아이막으로부터의 제외가 빈번히 사용되고 있다.

88) Marco - Polo, *Voyage*, p. 91.

벌도구로서 흔히 鞭(채찍)을 사용하고 笞(杖)를 사용하지 않는데 이는 몽골인도 마찬가지다(1640년 몽골 오이라트 법전과 칼카 지롬 참조). 칭기즈 칸 야사에서 기본적인 형벌로서 鞭 대신 笞가 사용된 점, 1640년 몽골 오이라트 법전과 칼카 지롬에 笞가 사라졌다가 다시 1789년·1815년 이번원 칙례와 자치외몽골(1911~1924)의 관습에서 부활된 점 등은 칭기즈 칸 야사 및 최근 150년간의 몽골의 법과 관습에 중국법이 영향을 미쳤음을 분명하게 보여준다.

또한 야사의 규정 내용 그 자체에 중국법이 영향을 끼친 것도 볼 수 있다. 이 점에서 야사의 제1조, 제5조, 제25조가 주목을 끈다.

야사 단편 제1조는 간통에 사형을 내리고 있다. 간통에 대한 이러한 태도는 몽골의 법과 관습에 어울리지 않는다. 몽골의 여러 종족 간에는 혼인을 전후하여 성관계가 일정하게 자유로웠다는 것은 이 방면 연구자들이 이구동성으로 지적하는 점이다. 또한 遇客婚(亂交)의 흔적도 지적된다.[89] 몽골 관습법은 간통에 매우 관대하여 경미한 형(재산형)을 부과하는 데 그치든가 전혀 처벌하지 않는다. 이를테면 구 차진 비치크는 간통에 대해 말 1마리의 재산형을 부과하며(제3조), 승려의 첩과 간통할 경우에는 처벌을 내리지 않는다(제1조). 1640년 몽골 오이라트 법전에 따르면 간통에는 아주 적은 재산형을 부과할 뿐이고(가축 너더댓 마리), 처녀의 간통은 전혀 처벌하지 않는다(제70조).

자치외몽골의 관습법에서 간통은 현행범인 경우에만 처벌하며, 姦夫만 말 1마리의 재산형에 처한다. 불교의 영향을 받아 형벌이 일반적으로 완화되었기 때문에 그러한 현상이 일어났다고 볼 수는 없다. 구 차진 비치크는 불교가 몽골에 들어오기 이전에 만들어졌기 때문이다. 이는 분명 몽골인의 생활양식과 원시적 습관의 표현이다.

중국에서는 간통을 엄벌에 처하여 가족관계의 순수성을 면밀히 보호하고 있었다. 중국의 기본적 형벌에 속하는 고대의 宮刑은 불륜관계에 적용

---

89) 레온토비치·이바노프스키(Ivanovsky)·페트리(Petri) 참조.

하였다.[90) 청나라 법률에서는 간통에 대해 처벌을 약간 완화시키고 있으나 (杖 100에서부터 죽음에 이른다)[91) 알라바스터에 따르면 본남편은 간통현 장에서 姦夫와 姦婦를 살해할 수 있었다.[92) (중국법의 직접적 영향하에) 간통을 死罪로 다스리는 것이 1789년 및 1815년 이번원칙례에 다시 출현 한 것은 특필할 만한 일이다. 전자에 의할 것 같으면, 평민 간의 간통일 경 우 姦夫는 본남편에게 벌 9의 5배의 재산형을 지불하며 姦婦는 '살해되기 위해' 본남편에게 인도된다. 만약 살해되지 않으면 가축으로 갚는 재산형 을 왕공에게 지불해야 한다. 왕공의 妃와 평민이 간통할 경우 남자는 팔렬 형에 처하고 비는 참수하며 姦夫 일족은 노예로 삼는다.[93) 후자에 의하면, 일반평민으로서 같은 계급끼리 간통할 경우 姦夫는 1개월의 큰칼과 杖 100대, 姦婦는 杖 100대와 재산형(속죄금)에 처한다. 사형 대신 재산형을 부과한 것이다. 왕공의 비와 평민이 간통했을 경우 남자는 팔렬형, 비는 참 수한다.[94) 성문법은 간통을 매우 가혹하게 다루었으나 몽골 관습법은 현행 범의 경우 姦夫에게 안장이 달린 말 1마리를 부과할 따름이었다.[95)

이와 같이 대야사가 간통에 대해 가혹한 형벌을 내린 것은 입법자가 중 국법의 영향을 받아 간통에 엄한 형벌을 부과했기 때문으로 보아야 한 다.[96)

세번째 파산에 사형을 부과하는 대야사 제15조는 분명 당시 몽골인 간 에 존재하는 것 이상으로 발달한 교역의 결과이다. 당시는 물론이고 그 후 에도 몽골인은 상업에 종사하지 않았다. 몽골에서 상업에 종사한 사람들은

---

90) *Chou‐King*, p. Ⅰ, chap. Ⅱ, par. 11 rem., p. Ⅳ, ⅩⅩⅦ, par. 18 rem.(부인에 대한 유폐).

91) Boulais, *Manuel*, Ⅱ, N 1590.

92) Alabaster, op. cit., p. 115.

93) Mongolian code of 1789(1789년 이번원칙례), Ⅹ, 14~16.

94) Ⅲ, 75~78.

95) 본서, 제2장 몽골법의 기록내용 중 제8절 자치몽골의 법, 2. 형법, 2) 범죄 항목 참조.

96) 본장 제1절 관습 1. 대야사의 맨 처음 부분 참조.

중국인과 페르시아인 등이고, 그 후에는 중국인과 부분적으로는 러시아인이었다. 이 규정은 분명 외국상인을 위해 그리고 외국상인의 습관에 따라 특별히 제정된 것이었다.[97] 끝으로 대야사 제25조는 상설 역전제의 설치를 규정하고 있는데, 이것이 중국 제도를 모방한 것임은 몇몇 역사가(Groom - Grzimailo, Bagaley)가 증명한 대로이다.

중국의 영향에 대한 야사의 대결을 보여주는 것은 이 밖에도 더 있다. 제17조와 제24조는 몽골인의 생활양식의 단순성, 특히 그들의 대칸에 대한 관계의 단순성을 보여주는 것으로서 몽골인의 생활에 침투하기 시작한 중국적인 번잡한 관계와 좋은 대조를 보인다. 이에 관해서는 맹공의 기록이 좋은 증거가 된다.

이상이 대야사가 중국법의 영향을 받았다는 필자의 의견을 일정하게 뒷받침하는 자료와 고찰이다.

1640년 몽골 오이라트 법전은 몽골법(주로 관습법)의 집대성이었다. 칼카 지롬도 마찬가지다. 그러나 중국법이 칼카 지롬에 일정하게 영향을 미쳤다는 것은 부정할 수 없다. 영향은 주로 강희제의 대몽골 법전(1696)을 통해 이루어졌고, 이 법전이 북몽골에는 효력을 미치지 못했다고는 해도 그 법에 상당한 영향을 주었다.

1728년 법전의 속편(칼카 지롬 중에 포함)에서는, 타이지가 절도를 저지르면 황제(즉 강희제)의 법령에 따라 초범 이후에는 타이지 자격을 박탈한다고 명백히 기술하고 있다(제6부. 1789년의 이번원칙례 제6편 제10·11·12조 참조).[98]

중국법의 영향은 다시 강도와 절도에 대한 처벌 규정에서도 보인다. 1709년의 기초적 법전에 따르면 강도는 채찍 80대와 수갑 족쇄 1년형에 처한다. 그러나 1728년의 법전에 의하면 형벌이 매우 무거워져 강도는 1년

---

97) 특히 중국법에서는 상인의 파산에 대해 개인의 파산보다 더한 엄벌을 내렸다.

98) Riasanovsky, *Customary Law of the Mongol Tribes*, p. 112 ; 본서, 제2장, 제6절 1789년 이번원칙례, 2. 형법, 2) 범죄 항목의 맨 마지막 부분 참조.

간 우물 안에 감금되고 주범의 처자와 가축은 몰수되며 가축은 도둑맞은 자에게 인도된다.

우물 안에 감금하여 자유를 박탈하는 형은 이것이 처음이다. 몽골법에서는 범인의 자유를 박탈하는 일이 드물다. 이 형벌은 스텝에 거주하는 몽골인의 관습 및 정신과는 이질적인 것이다.[99] 이러한 자유박탈형은 중국법에 연원을 둔 것이고 분명 이를 차용한 것이다.『金史』刑法誌에 '其獄則掘地 深廣數丈爲之'[100]라는 기록이 있다. 다 아다시피 금나라의 법은 원대에 적용되었다. 이 형벌 규정은 아마 중국법에서 온 것으로 강희제 법전(1696)을 통해 몽골법으로 들어왔다고 생각된다. 다시 범인 일족과 재산에 대한 가혹한 처분은 바로 중국법의 영향하에 제정된 몽골에 대한 중국의 입법 가운데 포함된 형벌을 상기시킨다(1789년 이번원칙례 제6편 제1조 참조).[101]

후에 1746년 법전에서는 강도 우두머리에 대한 처벌이 더욱 엄격해져 死刑이 등장한다. 이와 좋은 대조를 보이는 것이 강희제 시대의 법전에 보인다. 즉 "모든 강도는 處刑해야 하며 그 장막과 가축, 처자는 황제의 법령에 따라 가축의 원소유자에게 주어진다"(제6부).

여기서 1696년 법전과 관련하여 유사하게 참고가 되는 것은 가축 벌을 채찍형으로 대신할 수 있다는 점이다. 이는 범인이 지불해야 할 가축을 충분히 가지고 있지 않은 경우에 한한 것으로, 마리당 25대로 정해져 있었고 합해서 100대를 넘을 수 없었다(제6부. 1789년 이번원칙례 제12편 제9조 참조).[102] 같은 대신형은 강희제 시대의 법전과 관계 없으나 1709년 법전

---

99) 1640년 몽골 오이라트 법전에는 단 한 군데 즉 123조에서 철 족쇄형(禁錮)을 언급하고 있다.

100) 刑法志 러시아역은 Riasanovsky, *The Great Yassa of Jenghiz Khan*(러시아어)의 부록 I 의 p. 64에 실려 있다. 같은 지시는 Vassiliev, op. cit., 207에서 보인다.

101) Riasanovsky, *Customary Law of the Mongol Tribes*, p. 111 ; 본서, 제2장, 제6절 1789년 이번원칙례, 2. 형법, 2) 범죄 항목의 마지막 부분 참조.

102) Ibid., pp. 104~105 ; 본서, 제2장, 제6절 1789년 이번원칙례, 2. 형법, 1) 형

의 속편에 포함된 혼인 관계 조항에 포함되어 있다(제8부).

중국법의 영향은 간통 관계 조항에서도 보인다. 칼카 지롬에서는 이 범죄에 대한 형벌이 매우 준엄했다. 중국법과 對몽골 중국법전에서처럼 死罪로까지 다뤄지지는 않았다고 해도[103] 그것에 매우 가까웠다(평민과 왕공비가 간통한 경우 姦夫의 전 재산은 몰수되며 그 가족은 노예가 된다). 이들 형벌과 그 법규를 구 차진 비치크와 1640년 몽골 오이라트 법전과 비교하고 또한 자치외몽골의 관습법과 일반 몽골인의 관습 및 견해를 비교하면 중국법이 칼카 지롬에 영향을 주었다는 사실은 명백해진다.[104]

1789년 및 1815년 이번원칙례(아마 1696년 법전도 마찬가지일 것)는 중국의 입법가들에 의해 특별히 몽골을 위해 제정되었고 중국법의 영향을 크게 받은 것임은 의심할 여지가 없다.

이 두 칙례의 형벌체계는 중국적 원리와 일치한다. 형벌은 지나치게 무겁고, 종종 몽골 관습과 완전히 상반된다. 즉 상세한 범죄 규정이나 심리중에 사용되는 고문이 그 좋은 예이다. 팔렬형, 참수, 교살(목을 베어 달아 놓는 경우와 그렇지 않은 경우가 있다) 등이 존재하는 것은 중국법과 같다. 徒, 중국의 먼 지방으로의 유배, 장기 투옥, 큰칼, 笞, 속죄금 등은 모두 순수한 몽골법에서는 거의 찾아볼 수 없는 중국의 형벌제도이다. 이들 두 형벌체계만을 비교해 보더라도 중국법이 몽골법에 얼마나 큰 영향을 미쳤는가를 알 수 있다. 그러나 몽골법전(이번원칙례) 가운데 일부 순수한 몽골 관습이 고려되었다는 점에는 주의할 필요가 있다. 즉 여기서는 보통 재산형, 특히 벌 9의 재산형과 노예에 대한 채찍형도 보인다.

이들 범죄와 처벌에 관련해서 보건대, 그 중 어떤 것은 중국법의 영향을 보여준다. 이를테면 간통과 분묘훼손에 대한 태도나 강도를 엄벌에 처하는

벌체계 참조.

103) 칼카 지롬은 불교 사원법의 영향하에 있었으므로 모든 사형을 피했다.

104) 강희제의 對몽골 법전(1696)은 최근 몽골에서 발견되었다. 이 법전이 속히 발표되기를 기대한다. 발표된다면 그것이 칼카 지롬에 미친 영향의 정도만이 아니라 중국 입법이 미친 영향도 보다 분명해질 것이다.

것, 더욱이 그에 대한 상세한 규정이 존재한다는 점이 그렇다.105) 중국법에
서는 특히 조상에 대한 제사와 그 묘를 신성시한 데106) 비해 몽골인은 죽
은 사람을 반드시 매장하지는 않으며, 오히려 시체를 초원에 유기하고 모
독에 대해서도 매우 가벼운 형을 부과할 뿐이다(칼카 지롬 제14부 제2조와
비교). 이 법전들은 남의 주택에 불을 지른 경우에 대해 상세히 규정하고
있으며107) - 이는 몽골인에게는 전혀 알려지지 않은 범죄이다. 몽골에서 목
조건축물을 보기란 극히 드물다 - 그 위에 다른 범죄에 대해서 기술하고 있
다.

중국적 규범을 1789년과 1815년 이번원칙례에 적용했음을 증명하는 다
른 예나 이 규범이 이번원칙례에 준 영향을 다시 살펴볼 필요는 없을 것이
다. 앞에서 기술한 것으로도 분명하기 때문이다. 그리고 이러한 적용은 쉽
게 이해할 수 있다. 이는 지배민족이 피지배민족에게 자신의 문화 및 영향
을 미치고자 하는 정책을 대표한다.

그런데 몽골이 중국인의 지배하에 있던 약 2세기 동안 중국법은 몽골인
의 생활과 관습법에 어느 정도 영향을 주었을까. 이 문제는 흥미롭다. 형법
과 소송수속법 분야에서는 영향이 강하게 나타난다고 답할 만한 충분한 이
유가 있다. 이 분야에서 중국의 형법과 소송수속법은 몽골 관습법에 큰 영
향을 미쳤다(특히 1789년과 1815년 이번원칙례를 통해, 또 北京의 刑部의
재판소송의 실제와 일부 행정의 실제를 통해).

한편, 만약 그에 관해 명확한 조사를 행한다면 몽골에서 중국세력이 철
수한 후 몽골의 형법이 의미하는 바를 알 수 있을 것이다(1911~1924년의
이른바 자치외몽골). 그리고 앞에서 기술한 설을 승인하지 않을 수 없을 것
이다.

---

105) 1815년 이번원칙례 제3편 제173조 참조.
　　역주 : 원문에는 111 - 173, 즉 제111조에서 제173조로 되어 있으나 분명 제3
　　편 제173조의 잘못이므로 정정하였다. 또 주 107도 마찬가지이다.
106) Boulais, *Manuel* Ⅱ, 1911~1915 ; Alabaster, op. cit., pp. 294~296.
107) 1815년 이번원칙례, 제3편 제183조 참조.

결국 이들 법전은 중국의 성문규범과 몽골의 관습법이 결합된 것이되 전자가 우위를 점하고 있다. 그러므로 형벌체계에는 사형(여러 형태가 있다), 속죄금, 유형, 장기 감금, 큰칼과 쇠사슬, 족쇄, 중국 州縣으로의 유형, 벌 9를 기초로 하는 재산형, 채찍형, 호슌과 아이막으로부터의 추방 등이 보인다. 그 중 어떤 것, 이를테면 여러 종류의 사형, 특히 고문 치사형, 속죄금, 중국 州縣으로의 유형, 장기 감금, 큰칼, 여러 사람 앞에서 공개적으로 행해지는 큰칼, 쇠사슬로 묶는 형 같은 것은 중국 형빌과 일치하고, 채찍형 이나 재산형 혹은 아이막으로부터의 추방은 몽골 형벌과 일치한다. 보통 형벌이 무거운 것은 차진 비치크나 칼카 지롬과 병립될 수 없는 것들이다. 자치외몽골에서 잔인한 형(아버지를 살해한 경우 팔렬형, 궁형 같은 것)을 적용한 것은 중국의 영향을 받은 결과이다.108)

물론 중국이 2세기에 걸쳐 몽골을 지배했음에도 불구하고 중국법의 영향이 몽골 체제를 전부 없애지는 못했음을 염두에 두어야 한다. 이를테면 간통은 여전히 그다지 중시되지 않았고 분묘 발굴도 모독행위로 간주되지 않았다. 이러한 관념은 몽골의 관습법에 존재하지 않았다. 또한 순수한 몽골풍의 형벌인 채찍형, 가축 벌 등도 사라지지 않았다. 그러나 중국법의 영향으로 중국 제도가 가장 중요한 자리를 차지하게 되고, 형법과 소송법 분야의 경우 몽골 사법에 뚜렷한 흔적을 남겼다. 특히 형벌체계 같은 것은 몽골법보다 중국법쪽에 가까울 정도이다.

이상은 형법과 소송법에 대한 것이다. 그러나 민법 분야는 이와 다르다. 농업민족과 유목민족이라는 문화적 차이로 인해 중국은 몽골에 깊은 영향을 미치지 못해 내적인 사법생활에까지는 침투하지 못했다. 몽골의 내적 사법생활은 여전히 지방 관습법에 맡겨져 있었다. 아무리 그렇다고는 해도 2세기에 걸친 지배와 두 지방 간의 통상관계가 사법 분야에 어느 정도 영향을 주는 것은 당연하다. 여기에서 중국 사법을 개관109)하고 이것을 몽골

---

108) 본서, 제2장, 제8절 자치몽골의 법, 2. 형법, 1) 형벌체계 참조
109) 中國私法의 개요는 Riasanovsky, *Fundamental Institutions of Chinese Civil*

사법과 비교해 볼 생각은 없다. 전자의 후자에 대한 영향이 너무 희박하여 그럴 필요를 느끼지 못하기 때문이다. 그러한 영향은 토지관계와 상업관계 방면에 흔적이 남아 있다.

중국 본토에서의 토지부족으로 인해 중국 농민들은 몽골로 이주하여 그 곳에서 토지를 임차하게 되었다. 중국 농민이 이주하기 이전에는 몽골에 토지임차라는 것이 존재하지 않았다. 이는 중국의 영향하에서 일어났으며, 외몽골에서는 외국인(주로 중국인, 일부는 러시아인)과의 관계에서만 행해졌을 뿐 몽골인 상호간에는 행해지지 않았다. 토지를 농업용으로 이용하는 이러한 경향은 몽골인 사이에 소규모이지만 독자적인 농업을 발달시켰다.

중국 상인이 몽골로 가지고 들어온 일부 상업관습을 제외하면, 상업 관계에서 중국의 성문법이 직접적으로 영향을 발휘한 것은 법정이율이었다. 몽골에서 이율은 3할 6푼까지로 정해져 있었는데 이는 분명 중국 상인을 통해 중국법에서 차용한 기준이다.110)

타이지의 과부가 亡夫의 상속인을 정할 권리를 가지고 있다는 것(1815년 이번원칙례에 따름)도 중국법의 영향을 받은 것이다.111)

이상이 중국법의 영향을 현저히 받은 몽골 私法의 예이다.112)

Law, 1926 ; *The Modern Civil Law of China*, p. Ⅰ‐1927, p. Ⅱ‐1928에서 기술하고 있다.

110) Boulais, Ⅰ, 729.

111) Riasanovsky, *The Modern Civil Law of China*, Ⅰ, p. 179.

112) 한 마디 덧붙여 두어야 할 것은 중국법이 몽골법에 미친 영향이라는 것은 모두 옛 중국법이 옛 몽골법에 준 것이라는 점이다. 중국과 몽골 모두 각각 사회적 변동이 일어나고 이것은 새로운 법을 만들어 낸다. 그리고 새로운 법으로 대체된 옛 법을 연구하는 데는 옛 법의 흔적이 아직도 생생한 오늘날이야말로 정말 가장 좋은 시기이다.

제3절 몽골법의 다른 원류

1. 라마교의 사원법

몽골에서 우월성을 점하는 종교는 불교(라마교)이다. 이는 16세기에 티베트에서 전래되었는데, 그 발전을 위한 절호의 토양을 발견하였다. 신앙의 정신적 중심은 티베트이고 법왕은 달라이 라마와 판첸 에르데니(Panchen Erdeni)이다. 몽골인은 대단히 신앙심이 깊은 민족이었다. 각 가정은 적어도 한 사람을 라마승으로 만드는 것을 의무라고 생각하고 있다. 최근까지 전 몽골은 승원망으로 덮여 있었다. 라마승은 겔룽(Gelung), 게출(Getsul), 반디(Bandi)의 3계급으로 나뉜다. 라마교도의 신앙 특징은 지상에서 불타 및 보살(미래의 불타)에 대한 신앙과, 불타와 보살의 화신 즉 후빌간(Hubilgan)에 대한 崇敬이다. 몽골에서 후빌간의 수는 수백 명에 달하는데 그 중 가장 탁월한 자는 게겐(Gegen) 및 후투크투(Hutukhtu)로 불린다. 후빌간 중에서 가장 존숭을 받는 자는 보살 우르가(Urga : 지금의 울란바토르 호트)의 제브춘 담바(Djebtsun Damba), 즉 우르가의 보그도 게겐 후투크투(Bogdo Gegen Hutukhtu)인데, 몽골에서 최고의 정신적 지배자이다. 1911년부터 1923년까지 그는 또 속세의 군주도 되어 에젠 칸(Edzen Khan : 군주)이라고 불렸다. 다른 후빌간 중 가장 존숭을 받은 것은 창치아(Changchia), 셰레트(Sheret), 민돌(Mindol), 삼사(Samsa), 아츠지아(Achzia), 돈후르(Donhur), 차인(Tzain), 톤군(Tongun) 등 8후투크투이다.

16세기 이후 라마교는 점차 몽골인의 모든 생활 속으로 침투해 들어갔다. 라마는 몽골인의 생활에서 정신적 아버지, 의사, 교사가 되었다. 몽골인의 중요한 가정문제는 모두 라마의 조언을 받아 결정되었다. 라마의 수는 대단히 증가하여 1918년 인구조사에 의하면, 모든 몽골 남성의 약 4할 5푼을 차지하였다. 승원과 그 종속민(Shabi)의 수도 크게 증가했다. 이리하여 우르가 게겐의 寺領管區民만도 9만 명에 달하게 되었다. 기타 대부분의 게겐, 후투크투, 승원 등도 각기 사령관구를 가지고 있다. 따라서 라마교의 영향은 라마승과 같은 유력한 지위와 함께 당연히 몽골법에 영향을 미치지 않았을 리 없다.

종교에 대한 특별히 경건한 표현 및 그 발췌는, 항상 몽골법전의 前文이나 後文에 포함되어 있으며, 그것은 종교적 聖歌를 연상시킨다. 이러한 전문은 1640년 몽골 오이라트 법전, 칼카 지롬(1709년 법전 전반에 대한 前文 및 1728년과 1746년 법전의 특별전문), 돈두크 다쉬 칸의 법령의 부칙과 기타의 法文 앞머리에 나와 있다. 이들 전문을 보면 법전의 입법적 규정은 종교의 보호하에 놓여 있다. 이러한 법전의 편찬에 관계하는 사람들 중에는 항상 고위의 라마승 대표자가 있고, 몽골법전의 내용도 라마교의 영향을 반영하고 있다.

1640년 몽골 오이라트 법전의 경우, 이같은 영향은 비교적 적다. 그러나 대야사와 달리 이미 이 법전은 불교를 유일한 참된 신앙이라고 간주하며 샤먼교를 박해하고 있다. 즉 온곤[113]을 몰수하고 샤먼의 巫覡과 무녀를 부른 몽골인을 재산형에 처한다고 규정되어 있다. 마술을 부린 샤먼은 재산형에 처하며 제사의식을 위해 붉은오리, 제비, 개 등을 살해하면 재산형에 처한다(제111·112조). 승려를 모욕하면 엄벌에 처한다(제5·17조). 또 법전은 다음과 같은 일반적 규정을 포함하고 있다. "승려는 열 사람 중에서 한 사람을 얻을 권리가 있다." 이는 10명 중 1명은 부처에게 바쳐야 한다는 의미이며 신대금(몸값)은 그의 빈부에 따라 정해진다(제9조).

그러나 앞에서 언급한 1640년 법전의 규정은 몽골인의 생활보다 훨씬 뒤떨어져 있었다. 겨우 70~100년 후의 칼카 지롬 속에서는 종교와 승려의 영향이 커져 있음을 알 수 있다. 칼카 지롬에서는 1746년의 특수한 '승속

---

113) 역주 : 온곤(Ongon)은 샤먼교의 偶像. 옛날부터 사용되었던 이것은 칭기즈 칸 시대에 존재한 기록이 있으며 오늘날 몽골, 특히 서북 몽골에서 많이 사용되고 있다. 이에 관한 가장 상세한 조사는 포타닌이 행했다(*Outline of Northwestern Mongolia* 『서북 몽골 개설』 제4권 참조).

간의 관계 규정', 승려의 특권을 기술한 1676년 또는 1736년의 '사원재산의 절취에 관한 법령' 등과 같은 성질을 가진 규정이 보인다.

칼카 지롬은 '至高'한 우르가 게겐의 특별한 지위를 잘 보여준다. 그는 특별히 존숭받을 만한 사람으로서 그의 의지는 모든 사람이 받들어 행해야 하고 죄악과 형벌을 초월하여 칸과 왕공의 높은 지위를 차지한 인물이다. 더욱이 그의 사원은 법률이 미치지 못하는 특권을 가지고 있어 그의 재산은 특별보호를 받고 있었다. 이 법전은 승려와 사원이 가질 수 있는 특권을 규정하고 있다. 이들은 조세와 부역을 면제받았고 그 재산은 습격이나 강도 등으로부터 특수한 보호를 받았다. 즉 이러한 행위를 저지른 자에게 내려지는 형벌은 일반보다 더 무거웠다. 승려는 특히 중상, 모욕, 공격으로부터 보호를 받았다. 출가하는 방법은 쉽고 간단했다.

불교의 살생계는, 칼카 지롬에서 게겐의 명령으로서 "생물을 살해하지 말며 야간에 생물을 굶주리게 하지 말라"(제1~3조)는 형식으로 표현되고 있다. 이 기본적 교훈이 일정하게 영향을 미쳐 칼카 지롬에 사형이 적었을 것임은 충분히 상상할 수 있다. 법전에서는 사형에 처하는 경우를 단 두 가지로만 한정하고 있다. 1746년 법전(제6부)에 의하면 강도에게 사형이 내려진다. 이는 강희제의 법전과 일치하는 것으로서 중국법의 영향을 받은 것이다. 또 하나는 사원 습격자에 대해 사형이 내려진다(제7부). 그러나 후자는 몽골에 기원을 둔 것으로서 분명 1676년에 나타났으므로 칼카 지롬이 편찬되기 이전의 것이다. 더욱이 칼카 지롬에서 일정한 동물(말, 거위, 뱀, 개구리, 붉은오리, 종달새)의 살생을 금하는 조항(이는 같은 영향하에 일어난 것이다)이라든지 매달 일정한 날(8 · 13 · 15 · 25 · 30일)에 살생을 금하는 조항도 보인다(제9부 마지막 조).

라마교의 영향은 또한 칼카 지롬의 형벌체계에도 반영되어 있다. 이 법전은 형벌로서의 고행 - 사원 예배와 사원 돌기(제4부 제1 · 5조, 제11부 제1조), 계율 위반에 대한 처벌, 같은 교도에 대한 차 대접과 우르가 게겐 사원의 특권 損壞에 대한 특별한 엄벌, 게겐에의 존숭 거역 금지 등을 포함하고 있다(제11부 제3조).

이렇듯 몽골에서는 라마 사원의 지위뿐 아니라 라마교가 사원법에 미친 영향이 1640년 몽골 오이라트 법전의 일부 규정과 특히 칼카 지롬의 규정에 반영되어 있다. 그러나 이 영향은 입법의 기본적 원류를 이룬 것이 아니고 다만 부가적인 것에 불과하다.

남부랴트인의 법과 칼묵인의 법도 마찬가지로 라마교의 영향을 받았음에 주의해야 한다.114) 여기에서는 사원 및 라마교의 보급과 라마승의 특권적 지위(1759년의 차자, 셀렝가 부랴트족의 관습 제95조, 진지리 결의 제1·2·4조), 샤먼교에 대한 투쟁(셀렝가 부랴트족의 관습 제95조, 스텝 법전 제105조), 특수한 처벌적 고행(예배, 후회, 희생, 사원에 대한 茶 공출, 사원에 대한 재산형 지불 : 호리 부랴트족의 관습 제2편 제1조와 제12편 제26조, 셀렝가 부랴트족의 관습 제80조, 돈두크 다쉬 칸 법전 제73조와 제4조, 진지리 결의 제185조와 199조) 등이 보인다. 그러나 라마교가 남부랴트인과 칼묵인의 생활과 법에 큰 영향을 주었다고는 하지만 그 영향은 러시아의 행정과 문화의 영향을 받아 약화되었다. 따라서 그 영향의 정도는 북몽골의 그것과 비교할 수 없다.

2. 러시아법

몽골 민족의 2대 종족 부랴트인과 칼묵인은 오랫동안 러시아 정부의 통치와 그 법의 지배를 받으며 러시아에서 거주하였다. 따라서 러시아의 문화와 법이 부랴트인과 칼묵인에게 영향을 주지 않을 수 없었다.

형법 분야에서 러시아는 부랴트인의 중대한 '형사' 사건을 심리하고 종족내 재판소와 경찰의 판결에 대한 공소를 지역재판소가 심리하는 방식을

---

114) 남부랴트인(호리족과 셀렝가족)은 라마교도이며 북부랴트인(에히리트족과 부라하트족)은 샤먼교·기독교도이다. 또 칼묵인은 라마교도이다.

통해 영향을 미쳤다.

러시아 私法은 주로 물권과 채권 관계에 영향을 미쳤고 토지 이용 분야에 적용되었다. 러시아의 영향하에 부랴트인이 농업생활로 이행함에 따라 토지임대가 상당히 발전했는데 특히 북부랴트인에게서 현저했다. 이는 종래 부랴트인에게서는 행해지지 않았던 것이다(베르콜렌스크 부랴트족 관습 제38·50조). 부분적으로는 토지사유도 나타났다(셀렝가 부랴트족의 관습 제163조, 베르콜렌스크 부랴트족의 관습 제38·40조). 이 변천은 이후 부랴트법의 발전에 관계하게 된다. 그것은 목초지의 울타리(셀렝가 부랴트족의 관습 제154·155·163조, 호리 부랴트족의 관습 제10편 제8조와 제12편 제26조, 스텝 법전 제74·78조), 가축 작물의 손상·파괴에 대한 배상(베르콜렌스크 부랴트족의 관습 제41·44조)에서 보인다. 地代의 발달 등과도 관계가 있다. 또한 화폐경제의 일반적 발전은, 고대 러시아법에도 있듯이 최대 이자 허용율을 6푼~1할 2푼으로 하는 貸借(호리 부랴트족의 관습 제7편 제5조, 셀렝가 부랴트족의 관습 제103조), 일반적으로 러시아인 사이에 존재하는 신용거래, 러시아 제도인 10년 시효 등도 출현시켰다.115)

러시아 혁명 바로 전의 50년간 부랴트법에 미친 러시아법의 영향은 부랴트인의 뚜렷한 문화 발전과 함께 강화되었다. 이 시대에 러시아법이 영향을 미치는 데 중개역할을 한 것은 무엇보다도 시베리아 유목민족의 스텝 법령집이다. 이는 부랴트인 사이에 효력을 가지고 있으며 성문화된 원주민법을 기초로 하고 있는데, 부족한 부분을 러시아법 규정으로 보충했다.116)

---

115) 러시아 관습의 영향은 다른 데서도 볼 수 있다. 즉 러시아인으로부터 농업을 차용하는 동시에 농업과 관계있는 러시아 관습을 받아들였다. 이를테면, 호리 부랴트족(라마교도)의 1808년 스텝 법전 제74조는 '聖處女 斡旋' 축제(러시아정교의 축제일로서 10월 1일부터 14일까지 행해진다) 이후 경작지에 가축을 방목하는 것을 처벌대상으로 규정하고 있다. 또한 호리족의 결의(1817. 12. 18)에는 전 공동체의 문서를 부랴트인의 유르트가 아니라 러시아 가옥 안에 보관해야 한다고 규정되어 있다.

116) 그 두서너 가지 예를 생각해 보자. 부랴트법에서는 시효의 대상이 생략되어 있으나 부랴트 법정(부랴트 상업의 실제에서도 마찬가지)은 스텝 법전에

따라서 러시아 혁명 후인 1918년, 부랴트인이 고유한 부랴트 민족재판소를 창설하고, 이 재판소가 부랴트인의 법의식에 반하지 않는 한 러시아의 실체법 적용을 허용한 것도 그다지 이상할 것 없다(부랴트 민족재판소에 관한 신법 제3호 제4조, 호슌 재판소와 아이막 재판소의 소송수속에 관한 법규 제366조 참조). 이상과 같은 사정은 러시아법이 부랴트인의 법의식에 영향을 주었다는 충분한 증거가 된다.

칼묵법도 러시아의 행정과 법정을 중개로 러시아법의 영향을 받았다. 보다 중대한 형사사건은 칼묵인의 재판소 자르고(Zargo)의 권한을 벗어나 정규 정부재판소에서 심리되었다. 더욱이 보다 가벼운 형사사건과 민사사건의 경우, 러시아 재판소가 상급법정의 역할을 하였으므로 그 판결과 결정은 하급재판소(칼묵의 자르고)에 대해 영향력을 가지고 있었다. 대략적으로 보아 러시아인의 높은 문화와 국가조직은 칼묵인의 문화와 그 행정 및 사법에 영향을 줄 수밖에 없었다. 돈두크 다쉬 칸의 보충법령은 러시아의 스텝에 거주하는 칼묵인의 새로운 생활상태를 배경으로 생겨난 것이다. 러시아법과 러시아 정부의 요구에 따라 촉진된 변화는 1822년부터 1827년의 진지리 결의 중에도 나타나 있다.

3. 입법적 성질의 규정(명령규정)

앞에서 기술한 몽골법의 모든 규정이 다른 법체계의 영향을 받아 나타난 산물이 아니며, 순수하게 내부에 기원을 둔 입법적(명령적) 규정도 존재한다는 사실을 무시해서는 안 된다. 칭기즈 칸의 대야사는 대정복자의 개혁운동으로부터, 또한 그의 세계제국 창건 의도로부터 나온 이같은 규정을 많이 포함하고 있다. 1640년 몽골 오이라트 법전도 족내 관계 법규와 공동

상세히 기술된 러시아의 10년 시효를 적용하고 있다. 개인의 사적인 경우에 대한 최대 기한 등에 관해서도 마찬가지 태도를 취했다.

방위 내지 공격에 대한 문제 등에 관한 규정을 많이 포함하고 있다. 갈단 칸의 보충칙령은 재판 수행의 규칙화를 도모하기 위한 새로운 규정을 많이 포함하고 있다.

북몽골의 법전 칼카 지롬에는 승려의 특권을 기술한 규정만이 아니라 상업에 관한 약간의 규정, 불법행위로부터 몽골인을 보호하는 규정, 전염병을 예방하는 규정, 기타 많은 행정법규를 포함하고 있다. 이 점에서는 부랴트법과 칼묵법도 마찬가지라고 할 수 있다. 시대가 내려올수록 몽골인의 법생활 속에 입법 부분이 증대한다는 자연스러운 추세를 볼 수 있다. 그것은 칭기즈 칸의 대야사보다 몽골 오이라트 법전에서 더 많으며 몽골 오이라트 법전보다 칼카 지롬에서 더 많다. 그러나 항상 증대해 가는 입법적 활동은 기본적 성격을 남기고 있던 관습법 규정을 폐기하지는 못했다. 단지 이를 보충하고 시대에 뒤떨어진 것을 대체하고, 국가적 요구에 따라 그 관계를 설명하는 데 그쳤다. 법관습의 경우, 법전화된 것이든 그렇지 않은 것이든 그 변화는 지지부진했다. 유목 스텝 민족의 생활의 일반구성이 뒤쳐진 데서 기인한 관습법의 지지부진한 변화는 부랴트 법전과 마찬가지로, 1640년 몽골 오이라트 법전이 볼가의 칼묵인, 칼카 지롬이 북몽골인 사이에서 장기간 효력을 유지하는 바탕이 되었다. 이들 법전에 침투한 대부분의 명령규정은 오래 전에 효력을 상실하거나 신규정으로 교체되었다. 관습법 중 일부 규정은 그 의의를 상실했으나 대부분은 유목 스텝 경제의 법관습과 부권제 사회를 표현하면서 20세기에 이르기까지 그 효력을 유지해 왔다. 그러나 이 20세기는 1917년 러시아 혁명 후 그 경제나 몽골인, 부랴트인, 칼묵인의 모든 생활에 일대 변혁을 가져왔다.

요컨대 몽골 민족의 법관습이 이 법의 중요 원류였음은 이상의 설명으로 분명해졌다. 보조 원류로서는 몽골법에 대한 중국법, 부랴트법과 칼묵법에 대한 러시아법, 남부랴트법(북부랴트는 아님)에 대한 라마교 사원법의 3가지를 들 수 있다. 몽골 민족의 법은 중요한 몽골 기록, 즉 칭기즈 칸 대야사, 1640년 몽골 오이라트 법전, 칼카 지롬, 부랴트의 여러 법령, 칼묵의 진지리 결의 등으로 법전화되었다. 그러나 전술한(제1장) 몽골법의 여러 기록 중 어떤 것은 명령규정이 대부분을 차지한다는 사실을 염두에 두어야 한다. 이를테면 1789년과 1815년 이번원칙례 같은 것이 그것이다. 여기서는 명령적 규범이 행정과 형법(사법은 아님) 분야에서 우위를 차지한다. 그러나 이들 법전은 몽골의 민족적 기록이 아니라 몽골에 대한 중국입법을 대표하는 것으로서 몽골법이라기보다 중국법이다.

몽골법에서 관습법이 영향력을 발휘한 것이 언제까지일까. 그에 대한 형식적인 대답은 이렇다. 몽골법 자체로 보면 18세기 말까지, 즉 1789년 이번원칙례가 발포될 때까지 우위를 점하였다. 그러나 이같은 해답은 정확하지 않다.

사실 1789년과 1815년 이번원칙례의 영향하에 놓였을 때조차 사법은 관습의 규정을 받았다. 나아가 오랜 민족적 법전 칼카 지롬은 보그도 게겐, 기타의 후빌간, 大寺領衙門 및 보그도 게겐에 종속하는 여러 사원의 관할하에 있는 종속민 사이에서 여전히 효력을 발휘했다(약 1925년까지).117) 따라서 외몽골의 경우 관습법은 1789년까지 우월하게 효력을 발휘했음은 물론 최근, 즉 몽골인민공화국의 형법과 민법이 발포될 때까지도 대부분 효력을 유지했다고 보아야 한다. 부랴트법과 칼묵법에서 관습법은 신 소비에트의 법령이 발포되기까지 우위를 차지하였다.118)

---

117) 보그도 게겐 외에 자신의 영지를 소유한 4후빌간도 각자 아문을 두고 있었다. 이 아문도 보그도 게겐의 최고 권위에 속해 있다.

118) 물론 몽골인민공화국, 부랴트 자치공화국, 칼묵 자치공화국에서 법령 발포 후에도 관습은 전반적으로는 파괴되지 않았다(특히 私法 영역). 그러나 이 문제는 이 책의 연구범위를 벗어난 것이다.

제4장 몽골법의 기본제도

몽골법의 많은 특징과 특유한 제도는 두서너 가지 예외는 있으나 구미 여러 민족 사이에서는 이미 (1천 년 전에) 사라져 버린 1단계 법생활을 보여준다. 이 단계는 사회학과 비교법학상 매우 중요하다. 몽골법에서 보이는 과거의 많은 특징은 오늘날 생활의 여러 양상을 해명하는 열쇠이며, 그것은 명확한 형태로 전해지고 있다. 현재 전해지는 몽골법은 과학에 의해 진보된 사회조직과 비교법학상 일부 학설을 뒷받침하는 논거가 되기도 하고 반박의 재료가 되기도 한다.

이를 더욱 명백히 하기 위해 먼저 몽골법의 계통적 개요를 기술하고 나아가 공법과 사법 분야에 관해 가능한 한 그 발전 경향을 살펴보면서 이 법의 기본제도를 상세히 고찰하기로 하겠다.

제1절 몽골법 소사

역사의 과정은 연속적이다. 따라서 모든 구분은 반드시 인위적 성질을 띠고 있다. 소개의 편의상 그리고 자료연구를 용이하게 하기 위해서라도 구분은 필요하다. 몽골법사는 그 법의 성질에 따라 대략 다음 4기로 구분할 수 있다.

(1) 칭기즈 칸과 그 후계자 시대의 일반 몽골법

(2) 몽골의 지방주민법

(3) 중국 기원의 일반법

(4) 자치외몽골의 법

연대상으로 보면, 제1기는 대개 13~14세기, 제2기는 15~18세기(1789년 이번원칙례까지), 제3기는 1789년부터 1911년까지, 제4기는 1911년 이후가 된다.

1. 제1기(13~14세기)

1) 영토

칭기즈 칸에 의해 기초가 닦인 대몽골제국의 판도는 극히 방대하여 당시 알려진 세계의 약 절반을 차지하고 있었다. 이 제국은 만구(Mangu : 문케 Munkè) 칸의 치세 즉 아시아의 대부분(최북부·일본·한국·티베트·인도·아라비아 제외), 동유럽, 남유럽 일부를 편입시킨 시기에 최대의 판도를 자랑하였다. 만구 칸이 사망한 후, 1260년 칭기즈 칸의 손자 쿠빌라이가 대칸에 즉위한다는 성명이 발포되었다. 이 성명은 쿠룰타이(Kurultai)를 소집하지 않고 그의 중요 부하들에 의해 開平에서 이루어졌다. 이 사건은 서방 封地가 분리되고 몽골제국이 분해되는 원인을 제공하였다. 분해가 더욱 진행되면서 페르시아, 자가타이, 킵차크 등의 몽골제국은 점차 더욱 독립적으로 되었다. 쿠빌라이 칸은 한국·남중국·티베트·인도의 일부1)를

---

1) 역주 : 쿠빌라이가 인도의 일부를 정복한 적은 없다. 중국을 인도로 잘못 기록했을 수도 있다.

정복했으나 서방의 여러 울루스가 그의 권위를 인정하지 않았기 때문에 단지 대몽골의 명목적 지배자로 군림하는 데 그쳤다. 그의 권력과 그 후계자의 권력은 1368년 그가 중국에 수립한 원나라가 몰락할 때까지 중국과 몽골, 그 인접 지방으로 확대되었다.[2]

2) 인구

원래 몽골인은 결코 큰 민족이 아니었으며 대몽골제국의 일부분을 구성하는 데 지나지 않았다. 현재 인구는 약 250만~300만으로 추측되는데 대제국 시대에도 이보다 많았을지는 의문이다(마이스키는 250만으로 계산). 만구 칸의 치세에 몽골인의 지배하에 있던 인구는 1억을 돌파하고 있었다. 군대 내에서도 몽골인은 소수였다. 대부분의 몽골군은 피정복민족으로 이뤄진 支隊로 구성되었으며, 몽골인 대장의 통솔을 받고 있었을 뿐이다. 이를테면 바투의 러시아 및 유럽 원정 당시 몽골인은 전 군인의 1/4에서 1/3을 차지했다.[3]

사회적으로 대제국의 몽골인은 두 계급으로 나눠진다. 하나는 白骨 즉 귀족인 황족·울루스(邦王)·베크(Bek)·무르자(Murza)이며 다른 하나는 黑骨 즉 평민인 상인·기능인·농민·군인·노예이다. 그들의 생활수단은 전쟁·수렵·목축이었다. 당시 몽골인은 샤먼교 신자로서 자연의 힘과 그 자연의 외적인 표현을 숭배했다.

3) 국가권력

몽골제국의 사회제도는 씨족제의 원칙에 기초를 두고 있었다. 국가원수

---

2) 가끔 일부 서방의 여러 칸(칭기즈 칸 왕조)은 정치적 고려 때문에 대칸을 부득이하게 인정하기도 했으나(이를테면 킵차크 칸), 이를 거부한 칸도 있었다(이를테면 페르시아의 칸). 그러나 이는 제국의 통일을 재건하는 것이 아니었다.

3) 이를테면 플라노 카르피니는 바투의 병력을 60만, 그 중 16만을 몽골인으로 추정하고 있다.

로서 독재적 지배자인 대칸이 있었고 대칸의 씨족(칭기즈 칸의 황금씨족)
이 정권을 장악했다. 칸과 가장 가까운 친족은 울루스와 피정복민족을 통
치했다. 칭기즈 칸은 제국을 봉토(즉 藩國, 또는 울루스)로 나누어 아들들
에게 나눠주고 이들 번국이 모인 쿠릴타이에서 뽑힌 대칸이 최고의 자리를
차지했다. 대칸의 권력은 관습을 제외하고는 어떤 제한도 받지 않았다. 번
국의 칸은 대칸이 전 제국에 휘두르는 권력과 마찬가지의 권력을 자기 영
토에서 휘둘렀다. 단지 대칸의 권력에 의해 일정하게 제한을 받기는 했으
나 이 제한도 제국이 분열된 후 없어졌다.[4]

아무튼 중요문제는 모두 쿠릴타이, 즉 지배귀족의 세임(회의)에서 해결
되었다. 이 회의는 협의권을 갖는 데 불과했다고는 하나 관습상 중요한 의
의를 지녔다. 이는 대몽골제국이 대칸 개인의 것이 아니라 그가 속하는 씨
족 전체의 공통 세습재산이며 또한 중요 결정은 전체의 협의에 따라 행해
진다는 사실을 나타내고 있다.

4) 법기록

이 시대의 중요 입법자료는 칭기즈 칸의 대야사이다(여러 칸의 법령 또
는 조칙이 이를 보충). 대야사는 1218년경 공포되었으며 13~14세기의 대
몽골제국 전체와 이후 분열된 여러 국가에서 효력을 발휘하였다. 단 이는
몽골인과 기타 유목민족에게만 적용되고 국내의 정주 농업민족(이를테면
중국·페르시아·러시아)에게는 적용되지 않았다.

5) 행정

칭기즈 칸과 같은 시대의 孟珙(또는 趙珙)은

> 타타르인(韃人 : 몽골인)은 금나라 제도를 답습하여 領錄尙書令, 左右
> 相, 左右平章 등의 벼슬을 두고 太師, 元帥 등을 두었다. 몸에 차는 金

---

4) Plano Carpini, op. cit., pp. 23~24.

牌5)는……

라고 기술하고 있다.6) 그리고 다른 자료를 통해 보건대 오고타이 칸과 만구 칸의 치세 때 상서성 제도가 마련되고 비서 벼슬이 설치되었으며 행정의 여러 아문과 관련된 법령이 발포되었다.

6) 사법

고대 몽골인들 사이에서는 토지사유나 일반적인 부동산 매매는 행해지지 않았다. 그들은 농업에도 종사하지 않았다. 토지는 종족의 공동사용에 맡겨지거나 사냥과 유목용으로 이용되었다. 민법상의 생활(민법상의 거래)은 일정한 발달을 보였다(야사 단편 제5조 참조). 몽골인은 족외혼, 광범위하게 행해진 일부다처제, 가족 내에서의 강력한 부권제적 씨족제도 밑에서 생활했다. 그러나 한편으로는 모권제적 잔재가 일부 남아 있었으며 처들 중 한 사람은 가장 높고 우세한 지위를 인정받았다.

결혼은 신부를 그 씨족원으로부터 떼어내어 데려가기 때문에 몸값을 지불하는 매매형식을 통해 이루어졌다. 남편의 권력은 강대했으며 가족 내에서 처의 지위는 그리 나쁘지 않았다. 남편이 외출하여 집에 없거나 사망한 후에는 처는 가정과 가족의 경제를 지배하며 명예로운 지위를 차지했다(야사 단편 제19조, 격언 제14).

상속인은 첩의 아들을 포함한 모든 아들이며, 맏아들은 다른 아들보다 많이 상속받았다. 막내아들은 가재도구와 처첩을 상속받았다. 따라서 그는 생모를 제외한 아버지의 처첩의 운명을 전반적으로 지배하여, 자신의 처로 삼거나 다른 사람에게 시집보낼 권력을 쥐고 있었다(야사 단편 제21·34·35조, 플라노 카르피니, 루브루크, 마르코 폴로).

---

5) 역주 : 이 부분은 원서에 오식이 있는 듯하여 여기서는 王忠慤公의 遺書本 『蒙韃備錄箋證』에 따라 고쳤다.

6) Vasiliev, "History and Antiquities of the Eastern Part of Central Asia", *Works of the Or. Sec., R. Arch. Soc.*, 1859, Ⅳ, p. 229.

7) 형법

대야사의 형벌체계는 간단하며 형벌로는 사형·笞刑·유형이 있었다.

이 시기의 처벌법은 엄중하기로 유명한데 중요하고 가장 일반적인 형은 사형이다. 야사는 칸의 권력과 많은 軍律을 유지하기 위해 사형을 규정하고 있는데 다수의 범죄, 이를테면 살인·수간·대규모 절도만이 아니라 일부 가벼운 범죄 즉 고의적인 위증, 물이나 타고 남은 재에 방뇨하는 행위 등에도 내려졌다. 그러나 야사는 사형을 속죄금으로 면하는 것을 허용하였다. 신체훼손형은 알려져 있지 않다.

8) 재판제도

재판소 조직은 아직 초기 단계였다. 칭기즈 칸은 재판장의 官衙를 설치했고, 그의 한 후계자는 소송과 쟁론을 칸의 재판소로 가지고 와서 판결하라는 조칙을 내렸다. 그러나 이 처치는 사법적이라기보다 행정적 성질을 띠었다. 재판소의 구성과 사법적 수속은 명확히 존재하지 않았다. 보다 중요한 사건은 재판장에게 제출되었고 원고는 재판관이 될 수 있었다. 그다지 중요하지 않은 사건은 행정적 결정에 따라 해결되었다. 몽골인은 현행범에게 마음대로 제재를 가했는데 당시의 잔혹하고 미신적인 관습에 따른 처단이 허용되었다.

2. 제2기(15~18세기)

1) 영토

이 시기에 몽골인의 영토는 매우 축소되어 몽골 본부, 이와 관련있는 종족 및 정복한 종족, 즉 바르구 부랴트족, 알타이 칼묵족, 우리안카이족(Uriankhai) 등의 영토로 이루어졌다. 그러나 이 제한된 영토에서조차 하나의 단위를 이루지 못해 남(내)몽골과 북(동)몽골 즉 칼카, 그리고 서몽골 즉 준가리아 3부로 분열되어 있었다.

2) 인구

주민의 대부분은 몽골족이었는데, 남몽골에는 차하르인(Chahar)·투메트인(Tumet) 등, 북몽골에는 칼카인(Khalkha)·두르베트인(Durbet), 서몽골에는 초로스인(Choros)·코이트인(Khoit)이 있었다. 이 중 키르기스인(Kirghiz)·사르트인(Sart)·중국인처럼 몽골인이 아닌 민족도 있었다. 중국인은 이 시기의 마지막 무렵에 매우 증가했다.

중요한 생업은 목축이었다. 종교는 16세기 후반 불교 일파인 라마교가 전래되어 특히 널리 퍼졌다. 이 시기 몽골인은 귀족·평민·승려의 세 계급으로 나눠져 있었으나 그 밖에 중류계급으로서 타르칸(Tarkhan), 즉 소씨족장이나 약간의 군인층이 있었다.

3) 국가권력

원래 카라코룸(和林)에 있었던 대칸이 전 몽골의 지배자였으나 중국과의 무력항쟁에서 패했기 때문에 대칸의 권력은 현저히 감퇴했다. 1402년 대칸인 골치(Goltzi)[7]는 원이라는 명칭을 과거의 명칭인 타타르(韃靼)로 고치고 중국에 대한 모든 요구와 제왕의 지위를 포기했다. 그 이래 몽골에서는 영주제도가 점차 발전했다. 이따금 에쎈(Essen : 1453년 사망)과 다얀 칸(Dayan Khan : 1544년 사망)[8] 같은 인물이 전 몽골의 통일에 성공했으나 이러한 통일은 오래 계속되지 못했고 다얀 칸은 전 몽골의 마지막 칸이 되었다.

그의 사망 후 영주제도가 몽골에서 정착하고, 그 이래 몽골에서는 실제로는 물론 명의상으로도 최고 주권자가 나타나지 못했다. 북몽골에서는 영지인 호슌(旗)의 왕공은 3아이막(部)으로 정리되었으며 각 아이막은 칸에

---

7) 역주 : 골치(Goltzi)의 한자명은 鬼力赤이다.
8) 역주 : 본서 서설의 주 8) 참조.

의해 지배되었다(투셰투 칸, 체첸 칸, 자사크투 칸).

이들 아이막은 때로 공동의 이해를 위해 특히 공동의 적에 대한 공격과 방어를 목적으로 하여 통합되었다. 서몽골인 즉 오이라트족(네오이라트)도 때로 연합을 결성했다. 이를테면, 15세기와 17세기에 그러했다. 1640년의 44몽골 종족동맹(동·서몽골인)처럼 더욱 광범위한 동맹까지 몽골에서 나타났다. 그러나 이같은 통합은 일시적이어서 공통의 목적을 달성한 후에는 내분으로 무너졌다. 그리고 통일체에 속해 있을 때도 각 왕공은 광범위한 행동의 자유를 누리고 있었다.

칭기즈 칸의 후예는 칸 지농(Djinong : 황태자), 쿤 타이지(Khun Taidji : 여러 울루스의 칸), 타이지[9]라는 칭호를 가지고 있었다. 이러한 칭호는 서몽골인에게서도 채용되었으나 그들의 군주는 칭기즈 칸의 후예가 아니었다.

17세기 후반 남몽골이 중국에게 정복당하고 이어 1691년 북몽골이, 1757년[10]에는 서몽골도 정복되었다. 1757년 이후 중국 황제는 전 몽골의 칸이 되었다.

4) 법기록

이 시기 법의 기본적 기록은 구 차진 비치크, 1640년 몽골 오이라트 법전, 7호슌 대법전, 칼카 지롬이다.[11] 그 중 1640년 법전이 가장 중요하다. 일시적이긴 하지만 동서 몽골에 유효한 법전이었기 때문이다. 44종족동맹이 붕괴된 후에도 이 법전은 준가리아에서 효력을 가졌으며 1789년 이번원 칙례가 발포된 시기까지 유효했다. 동(북)몽골에서는 이 법전이 7호슌 대

---

9) 역주 : 본서에서는 몽골 고유명사를 중국식으로 표기한 어려운 글자는 피했다. 여기서 사용하는 칸을 중국식으로 쓰면 汗·罕, 지논은 濟農, 쿤 타이지는 渾台吉·黃台吉, 타이지는 台吉이다.

10) 역주 : 1756년에 아무르사나의 난이 평정되었다.

11) 사낭 세첸(Sanang Setsen)에는 투메트 칸(Tumet Khan : 1558~1592)이 법을 발포했다고 되어 있지만 그것은 완전히 소멸되었다.

법전으로 대체되고 후에 다시 칼카 지롬으로 대체되었다. 칼카 지롬도 1789년까지 효력을 발휘하였다. 한편 1640년 몽골 오이라트 법전은 러시아의 칼묵인 사이에 (1917년까지) 효력을 가지고 있었다. 칼카 지롬은 1789년 이후에도 우르가 게겐의 寺領民 사이에 여전히 유효했고 1925년에 폐지될 때까지 지속되었다.

5) 행정

여기에서 연구대상이 되는 시기에는, 행정이 영지 또는 울루스(호슌) 왕공의 본거지에 집중되었고 그 곳에는 군사지휘나 행정과 사법 기관과 관계가 있는 특별관리가 있었다. 즉 야사울(Yassaoul : 행정관), 다루가(Daruga : 사령관), 뎀치(Demchi : 集稅吏), 엘치(Elchi : 使者) 등이 있었다. 영지의 일부, 오토크 등을 다스리는 수장은 타이샤(Taisha), 친산(Chinsan), 자이산(Zaisan),[12] 다루가 등으로 불렸다.

중국의 영토로 편입된 후에 몽골의 행정은 개혁되었다. 1719년 몽골 왕공은 외교권을 박탈당했다. 1725년 네번째 아이막인 사인 노욘 칸(Sain Noyon Khan) 部가 만들어졌다. 1727년 칼카의 행정권은 4세임(盟)으로 옮겨지고, 그 각각의 장으로는 선출된 대표가 나왔다. 이 개혁은 칼카의 4칸의 정치적 중요성을 파괴했다. 호슌의 수는 크게 증가했다. 울리아수타이(Uliassutai) 장군(중국군 총사령관)은 호슌과 세임의 행정에 대한 감독기관을 대표하고, 우르가(Urga) 및 코브도(Kobdo) 주재 암반(Amban)은 그 副에 임명되었다.

6) 사법

부동산 소유권은 존재하지 않았다. 토지는 목축경제의 목적에 따라 씨족적 단위 즉 호톤(Hoton), 아이막, 오토크가 공동으로 사용했다(몽골 오이라트 법전 제15조·122조, 칼카 지롬 제4~9부 등). 그러나 동산의 사유권은

---

12) 역주 : 중국측의 기록에는 친산은 知院, 자이산은 宰桑으로 되어 있다.

명확했다. 대부분 자연경제이므로 민법적 생활은 그다지 발전하지 못했으나 칼카 지롬은 이 점에서 1640년의 법전보다 더욱 진보했다.

친족관계는 남계만이 인정되었고 가족의 구성은 성질상 부권제였다. 남편과 아버지의 권력은 강대했으나 전제적이지는 않았다. 결혼은 족외혼이며 신부에 대한 몸값이 지불되고 일부다처제가 존재했다.

그러나 모권제의 잔재도 분명히 남아 있었다. 나이가 든 자식들은 아버지의 집에서 분가할 수 있었다(구 차진 비치크 제5조). 유산상속은 관습에 따라 행해져 자식들에게 분배되지만 말자상속의 습관은 여전히 남아 있었다(칼카 지롬에 의하면 자식은 누구나 유산을 고르게 분배받는다 : 제8부 제20조). 과부가 된 어머니는 상속재산을 관리한다.

7) 형법

범죄는, 여기에 가해진 많은 형벌과 마찬가지로 성질상 주로 관습적이었다. 1640년 법전과 칼카 지롬의 형벌체계는 대야사의 그것보다 복잡하지만(각기 10종의 다른 형벌이 있다), 관대하기도 하다. 사형은 드물며 가장 일반적 형벌은 가축에 의한 재산형과 채찍형이다. 개인에게 모욕을 주는 형은 모욕을 받은 자의 사회적 지위에 따라 결정된다(물론 모욕을 가한 자의 지위와도 관계가 있다). 1640년 법전과 칼카 지롬의 한 특색은 형벌체계 외에 인명·가축의 구조, 재산의 보호 등과 같이 (이타적) 행위에 대한 포상체계가 규정되어 있다는 점이다.

8) 재판제도

법정은 국가적 제도로 설치되어 있었다. 서몽골인 사이에는 호톤 재판소와 상급재판소가 있었다. 이 두 재판소는 북몽골인 간에도 분명 존재하고 있었으나 여기서는 행정과 한층 밀접히 결합되어 있었다. 상세하지는 않으나 명확한 소송수속 규정이 존재했다. 몽골인이 마음대로 제재를 가할 수 있는 사건의 수는 대단히 줄어들었다.

3. 제3기(1789~1911년)

1) 영토

국가로서 몽골 영토는 지리적 개념에서의 몽골과 일치한다. 즉, 남·북(동)·서몽골로 이루어졌다. 따로이 내(남)몽골과 외(서·북)몽골로도 구분된다. 내몽골은 일찍이 중국의 종주권 밑으로 들어가 중국과 매우 밀접한 관계를 갖게 되었다. 내몽골은 6세임과 49호순으로 나뉘어져 있었으나 외몽골은 칼카의 4세임(아이막) 및 준가리아의 2아이막으로 구성되고, 111호순과 우르가 게겐의 사령지를 포함하였다. 그 밖에 알타이 몽골인의 1아이막(軍)이 외몽골에 포함되어 있었다.

2) 인구

주민의 대부분이 몽골 민족으로 이루어져 있으나, 많은 중국인이 내몽골로 진출하여 상업과 무역에 종사하였고, 외몽골에는 키르키즈인과 우리안카이인뿐 아니라 소수의 러시아인도 있었다. 이 시기의 전 인구는 250만에서 300만(250만이 타당하다) 정도였다. 중요 생업은 유목이었다. 이 시기에 씨족적 유대는 서몽골인 간에 광범위하게 힘을 갖고 있었으나 북몽골인 사이에서는 급속도로 약화되었다.

3) 국가권력

최고권력은 중국황제의 손으로 돌아갔다. 몽골왕공은 친왕(Chin Wang), 춘왕(Chun Wang), 베일레(Beile), 베이즈(Beisse), 투셰트 군(Tushetu - gun),[13] 투살라크치 군(Tusalakchi - gun)[14]의 6계급으로 구분되고 타이지는 4계급으로 나뉘어져 있다. 왕공은 자사크(호순을 다스리는 사람 : 管旗王公)와 노욘(호순을 다스리지 않는 사람 : 間散王公)으로 나뉘어진다.

---

13) 역주 : 투셰투 군(Tushetu - gun)은 중국측에서 말하는 鎭國公.
14) 역주 : 투살라크치 군(Tusalakchi - gun)은 중국측에서 말하는 輔國公.

4) 법기록

이 시기의 중요한 법기록은 1789년(건륭 54)과 1815년(가정 20)에 발포된 몽골에 대한 중국의 법전인 이번원칙례이다(1696년 법전은 내몽골에서 유효했다).

5) 행정

아이막 내부 행정의 최고기관은 세임(盟)이다. 세임은 3년에 한 번 소집되며 재판 안건의 결정, 현물세의 부과, 인구조사를 행한다. 세임의 우두머리는 맹장인 치굴가누 다루가(Chigulganu - Daruga)인데, 그는 아이막 내의 왕공 중에서 선출되고 황제에 의해 임명된다. 그는 1인의 부맹장 또는 대리를 거느리고 행정관청인 衙門을 둔다. 맹장은 아이막의 동정과 호슌 왕공의 행동을 감독하는 임무를 지고 있으며 만주인 관리의 뜻에 거역하여 이번원(중국 외교 관청)에 제소할 권리[15]를 갖는다. 각 호슌의 장은 자사크로서 호슌을 지배하는 왕이다. 자사크직은 세습이지만 황제의 재가를 필요로 한다. 자사크는 1~2명의 보좌(투살라크치)[16]가 있으며 행정을 담당한다. 통상적으로 투살라크치는 호슌의 노욘과 타이지 중에서 임명되는데 세습왕공의 영지인 호슌의 실제적인 행정관이다. 호슌의 군무는 특별사령관인 자히라크치(Zahirakchi)[17]의 손 안에 있고 그 막료는 보좌 1명(차란 Tzalan : 연대장)[18] 또는 2명(차란과 메이렌[19]의 각 1인)으로 구성된다. 투

---

15) 역주 : 盟長의 직권에 관한 기술은 외몽골에 관한 것인 듯싶다. 맹장은 원래 맹내의 동정과 맹내 왕공의 행동을 감독하지 아이막을 관장하지는 않는다. 그러나 외몽골의 경우 아이막과 맹이 일치하기 때문에 이 기술은 그대로 들어맞는다. 즉 본문의 기술은 특별히 외몽골에 대해 기술한 것으로서 내몽골에는 상관이 없으므로 전 몽골의 차원에서는 기사의 정확성이 떨어진다고 보아야 할 것이다.

16) 역주 : 투살라크치는 약칭이며 정식 명칭은 투살라크치 타이지(Tusalakchi taidji)이다. 중국명은 協理台吉이다.

17) 역주 : 자히라크치는 약칭이며 정식 명칭은 자히라크치 타이지(Zahirakchi taidji)이다. 중국명은 管理章京이다.

살라크치 2명, 자히라크치 1명, 차란 1명 및 메이렌 1명이 모여 행정회의인 탐가(Tamga)[20]를 형성한다.

감독기관은 울리아수타이 장군(사령관)과 울리아수타이, 우르가, 코브도에 주차하고 있는 암반(각지 2명씩으로 1명은 만주인, 1명은 몽골인)[21]으로 구성된다.

6) 사법

私法은 거의 모두 관습에 의해 대표된다. 1789년과 1815년 이번원칙례는 다만 두세 가지 사법 규정만을 내포하고 있다. 寺領에서는 칼카 지롬의 규정이 아직 적용되고 있었다. 일반적으로 사법과 관계된 것의 성질은 앞 시기의 것이 그대로 유지되었다.

7) 형법

두 칙례의 형법은 행정법과 마찬가지로 중국법의 영향을 강하게 받고 있다. 형벌체계는 극도로 복잡해져 여러 급의 사형, 여러 종류의 신체훼손형과 신체형을 포함하고 있다. 1640년 법전과 칼카 지롬 등에서 보이는 비교적 관대한 규정 대신 지방적 성질을 띤 형벌 외에 여러 종류의 사형(여러 급의 사형을 포함), 徒刑, 장기 감금, 笞刑 등을 포함한 엄격한 형벌이 보인다. 일부 범죄에 대한 엄벌은 분명 몽골법의 정신과 일치하지 않는다.

---

18) 역주 : 차란은 중국측에서는 札蘭으로 표기하고 있고, 한자 이름은 參領이다.

19) 역주 : 메이렌(Meiren)은 중국측에서 梅倫으로 표기하며, 副章京이라고 번역하기도 한다.

20) 역주 : 자사크의 행정관청을 몽골어로 탐가라 부른다. 중국측에서는 印務處라고 부르고 보통 王府라고도 한다.

21) 역주 : 암반이란 몽골인과 만주인의 호칭이다. 정식으로 울리아수타이에 있는 암반은 定邊參贊大臣과 烏里雅蘇台參贊大臣, 우르가에 있는 것은 庫倫辦事大臣, 코브도에 있는 것은 科布多參贊大臣과 科布多幇辦大臣이며 또한 울리아수타이 장군의 올바른 호칭은 定邊左副將軍이다.

이를테면 방화죄(몽골에는 가옥이 없음), 능묘 훼손죄(몽골인이 죽은 사람을 매장하는 일은 드물다) 등에 대한 처벌이 그것이다.

8) 재판제도

재판소는 행정관청과 일치한다. 제1심은 호순의 왕공과 그의 행정관청(탐가), 제2심은 세임의 장과 맹의 관청, 제3심은 북경의 이번원이다. 소송 수속 규정은 충분히 확립되지 않아 신문할 때 고문이 널리 행해진다. 행적 추구, 가택수색, 목격자의 증언선서가 허용되고 소송 당사자의 출정을 필요로 한다.

4. 제4기(1911년 이후)

1) 영토

전 시대에 비해 몽골국의 영토는 매우 축소되었다. 1911년 몽골은 자치를 선언하고 이어 1915년의 조약에 따라 외몽골(북·서몽골)은 중국의 종주권 아래서 벗어나 러시아의 보호국인 자치국임을 선언했다. 그 이래 (1919년 11월부터 1921년 2월에 이르는 15개월 제외)[22] 외몽골은 사실상 자치를 행했다. 한편 내몽골은 여전히 중국의 직접적인 지배를 받으며 熱河·차하르(察哈爾)·綏遠의 3특별구역(후에 省)으로 나뉘었다. 외(자치)몽골은 칼카의 3아이막과 오이라트의 2아이막으로 나뉘었다.

2) 인구

외(자치)몽골 주민은 주로 몽골 민족(약 55만), 중국인(10만), 러시아인(5

---

22) 역주 : 이 시기에는 혁명 때문에 러시아 세력이 물러나고 중국 세력이 부활하여 자치가 취소되었으나 운게룬의 침입과 동시에 다시 자치가 실시되었다. 또한 원문에 '1920년 11월부터'라고 되어 있으나 이는 분명히 1919년 11월의 잘못이므로 정정했다.

천), 기타 약간의 키르키즈인, 우리안카이인으로 구성되어 있다. 중요한 생업은 종전대로 유목이다. 자치몽골에서는, 1918년 국세조사에 의하면 인구의 5.7%가 귀족, 22.3%(남성 인구의 44.6%)는 승려, 72%는 평민(노예를 포함)이며, 도시(중요도시는 우르가, 즉 지금의 울란바토르)에는 인구가 많지 않고 거기에 永住하는 주민은 원주민보다 외국인이 많다.

3) 국가권력

국가의 주권자는 우르가의 보그도 게겐 후투크투였다. 자치의 초기(1911~1919)에 그는 독재군주였다. 5인으로 이루어진 대신회의가 있었으나 특별히 중요한 문제를 결정할 경우 호슌 왕공회의가 소집되었다. 그러나 대신회의와 왕공회의의 결정은 협찬 성질을 띠며 보그도 게겐의 재가로 좌우되었다. 자치의 제2기(1921~1924)에 보그도 게겐은 제한된 거부권을 가진 입헌군주로서,[23] 국내는 몽골인민임시정부에 의해 통치되었다.

1924년 6월 보그도 게겐의 사망 후, 외몽골은 몽골인민공화국을 선언하였다. 그 최고권력은 대후랄(Great Hural : 인민대표회의)로 돌아가고 정부는 이 대후랄에 의해 선출되었다.

4) 법기록

이른바 자치몽골 시대(1911~1924)에는 일반적 법전은 발표되지 않았다. 그러나 하나의 법전이 준비되어(34책 인쇄) 민법과 형법 초안이 편찬되었다. 자치몽골의 제2기(1921~1924)에 일련의 중요한 법이 발포되었다. 즉 노예폐지법, 국가와 사원을 분리시키는 법, 신체형 폐지령 등이 그것이다. 제2기는 자치몽골로부터 몽골인민공화국에로의 과도적 단계, 또는 그 법률이 제정되는 단계를 대표한다.

5) 행정

---

23) 1921년 11월 21일의 협약에 기초한 것이다.

행정권은 호슌의 당국인 탐가, 또는 아이막의 행정관청인 아문이 장악하였다. 탐가는 호슌의 행정사무에 결정을 내리고, 재판을 행하며 稅賦를 징집하고 도로의 유지에 주의를 기울였다. 또한 호슌 域內에 있는 국가의 재산을 관리하고, 남성 주민의 호적을 관리하고, 군대를 동원하며 훈련시킨다. 군사 방면에서 탐가는 특별한 아이막의 장군 밑에 종속하며 정치 방면에서는 아이막의 관청, 즉 아문에 종속되었다. 맹장과 그 관청은 독자적인 조세 부과, 우르톤(Urton : 의무적 운수부역)의 독자적 수행을 감독하였다. 그리고 호슌의 탐가가 부여된 권한을 남용했는지를 조사하고, 호슌 관리의 임명을 확인하고 제2심 재판소(공소원)를 구성하였다.

호슌과 맹(아이막) 행정의 감독기관은 우르가의 내무성이다.

6) 사법

자치몽골에서는 토지사유권이 인정되지 않아 토지의 매매와 저당이 허용되지 않았다. 다만 외국인에 한해 토지임대가 허용되었다. 민법적 생활은 종래부터 발전해 왔다. 가족은 여전히 부권적이고 일부다처가 허용되었으며 이혼은 용이했다. 남편과 아버지의 권력은 가족 내에서 우월했으나, 어머니도 집안일과 자녀의 양육을 결정하는 데 참여했다. 유산은 우선 과부와 자식(남자)에게 분배되며, 자식이 없을 경우 과부는 결혼시 지참물을 받고 기타는 방계친족에게 돌아갔다. 막내아들은 몽골의 옛 관습에 따라 가재도구를 상속받았다. 관습에 위반되지 않는 한 유언도 허용되었다(보통 구두로 행해진다).

7) 형법

복잡한 형벌체계와 엄형이 규정되어 있어 자치몽골 형법에 중국법(특히 1815년 칙례)의 영향이 강하게 나타난다. 여러 급의 사형, 장기 감금, 큰칼, 태형 등 순수한 중국적 형벌이 오래 전부터 몽골인 간에 행해져 왔는데, 이것들도 가축법이나 채찍형 등 몽골적 형벌과 함께 자치몽골에서 행해졌다. 동시에 성문법은 간통과 능묘훼손 등에 대해 엄형을 규정하였으나 법정은 관습에 따라 판결을 내려 가벼운 벌을 부과했다. 예컨대 자치몽골의 형법 안에는 중국 제도와 몽골 관습이 보이되, 전자가 훨씬 압도적이었다.

8) 재판제도

이 시기에도 여전히 재판소는 행정관청과 일치하였다. 자치몽골에서는 작은 사건일 경우 제1심은 여전히 호슌 왕공의 행정관청이었고, 세2심은 세임의 행정관청(아문)이었다. 중대사건일 경우 후자가 제1심이 되었다. 우르가의 사법성은 작은 사건일 경우 제3심이 되고, 세임의 행정관청이 제1심이 되는 중대사건일 경우 제2심이 되었다. 끝으로 왕공 관계 사건은 호슌과 맹의 권한 밖에 놓여 있었으며 이 경우 사법성이 제1심을 이루었다. 이 경우 최고심은 보그도 게겐이었다.

게겐, 후투크투, 寺領民은 寺領衙門이 재판하였다.

앞서 언급했듯이 몽골법 小史에 제한됨이 없이 다음으로 몽골 민족의 공적·사적 조직의 기본제도에 대해 상세히 살펴보고자 한다.

제2절 공법의 기본제도

1. 사회(씨족)제도

몽골인·부랴트인·칼묵인 사이에서는 몽골법은 그 본질적 표현으로부터 보건대, 씨족관계가 결정적으로 발전된 형식을 보여준다. 모건(Morgan)에 따르면, 씨족제도는 인류의 가장 오랜 제도 중 하나이며 또 가장 보편적인 중요성을 가진 것 중의 하나이다. 그것은 고대의 아시아·유럽·아프리카·오스트리아의 사회적 제도에서 거의 공통된 형식이며 따라서 사회

를 조직하고 유지하는 방법이었다.[24]

씨족제도에는 두 개의 기본적 종류, 즉 부권제와 모권제가 있으며 여기에는 여러 가지 변형이 있다. 몽골인 간에 그것은 부권제적 성질을 가지고 있으며 이 민족의 유목적·부권적 문화와 조화를 이루고 있다. 물론 몽골민족이 이같은 문화의 유일한 대표자는 아니지만, 그들에게서 대단히 분명하게 표현되고 더욱이 완전하게 유지되고 있다고 할 수 있다.

생활상, 부권 씨족제는 이 민족의 軍制와 함께 당대인의 기록만이 아니라 현존하는 칭기즈 칸의 대야사의 단편(단편 제18·22·43조 참조)과 격언(제19·23·24)에 이미 명백하게 표현되고 있거니와 1640년 몽골 오이라트 법전의 규정 등에서도 보인다.

이를테면 격언 제23에 이르기를,

> 또 말하기를 그가 누구든지 짐의 씨족 사람으로서, 승인된 야사의 규정을 위반한 자가 있으면 말로써 이를 훈계하라. 두 번 이를 위반하면 강하게 이를 책망해야 한다. 세 번 이를 위반하면 발줜 쿨주르(Baljuin - Khuljur)의 먼 땅으로 이를 보내야 한다. 만약 그 곳에서 떠나오면 이를 신문하라. 그래도 여전히 마음을 고치지 않으면 쇠사슬로 묶어 감옥에 넣어야 한다. 만약 몸을 바르게 하고 마음을 고쳐 감옥에서 나오면 정말로 좋다. 그렇지 않으면 친족을 모아 회의를 열어 그 처치를 고려해야 할 것이다.

격언 제19

> 짐 등이 사망한 후 짐의 씨족의 자손이 비단 바탕에 호화찬란하게 금실로 짠 옷을 몸에 걸치고, 맛있는 안주와 좋은 술을 제멋대로 먹고 마시며, 좋은 말을 타고 미녀를 품에 안고도, 이것을 가져다 준 것이 그 아버

---

24) Morgan, *Primitive Society*(러시아판), p. 61.

지와 제 형임을 말하지 않거나 짐 등과 그 위대한 날을 잊어서는 안 된
다.[25]

『몽골비사』는 칭기즈 칸과 왕 칸(Wang khan : 케레이트부)의 싸움에
대해 다음과 같이 기술하고 있다.[26]

주르체데이(Jurchedei : 主兒扯歹)[27]가 말하기를, "칭기즈 칸 앞에서
우리 우루우트(Uruut : 兀嚕兀惕)와 만쿠트(Mankhut : 忙忽惕)[28]가 선
봉으로서 싸우겠다"고 말했다. 이렇게 말하고 주르체데이와 쿠일다르
(Khuildar : 忽亦勒荅兒) 두 사람은 우루우트와 만쿠트 [두 씨족]를 이끌
고 칭기즈 칸 앞에 정열하였다. 그러자 적은 지르긴(Djirgin : 只兒斤)[29]
을 선봉으로 하여 밀어닥쳤다. 이에 우루우트와 만쿠트가 맞서 싸워 지르
긴을 깨뜨렸다. 격파하고 돌아갈 때 투멘 투베간(Tumen - Tubegan : 土
綿土別干) [씨족]의 아치크 시 루냐(Achikh - shi - Runya : 阿赤黑失口
侖)의 공격을 받고 쿠일다르[30]는 중상을 입고 말에서 떨어졌다. 만쿠트
부대는 되돌아와서 쿠일다르가 떨어진 곳에 자리를 잡았다. 우루우트의
대장 주르체데이는 공격을 가하여 투멘 투베간을 깨부수고 그들을 추적
하는 중에 오만(Oman)과 둔카이트(Dunkhait)[31]를 만나 역시 그들을 패
배시켰다. 그리고 실레민 타이지(Shilemin - Taidzi : 豁哩失列門太石)가
천 명의 시위대를 이끌고 공격해 왔으나 주르체데이에게 역시 패하였

---

25) *Autobiography of Timur and the Heroic Chronicles of Jenghiz Khan and Aksak
Timur*, 1934, p. 263(러시아어).

26) *Works of the Members of the Russian Orthodox Mission*, vol. IV, 1910, p. 42
; Vladimirtzov, *Social Organization of the Mongols*, p. 92.

27) 우루우트(Uruut) 씨족의 장.

28) 몽골의 두 씨족.

29) 케레이트 씨족의 하나.

30) 만쿠트(Mankhut) 씨족의 장.

31) 케레이트의 두 씨족.

다.32)

　여기서 인용한 글에 따르면 몽골인과 케레이트인이 씨족과 함께 전쟁에 출전하였고, 그 각 씨족은 씨족장의 통솔하에 각기 지대를 형성했음이 분명하다. 전 군대 중 숙위병만이 여러 씨족으로부터 선발되었다. 이 씨족제의 형식은 칭기즈 칸에 의해 응용되었다(대야사 제22조 참조). 그는 십인조(20인조 및 40인조), 백인조, 천인조, 투멘(1투멘은 1만 명)이라는 옛 제도를 유지했다. 한 종족은 울루스 투멘을 형성하고, 대씨족은 천인조, 소씨족은 백인조가 되었다33)

　고대 몽골에서 씨족 내의 친족관계는 공통의 남자계 선조로부터 시작된 남계만이 인정되었고 씨족은 남계적, 부권제였고 혈통이 매우 중시되었다. 몽골部는 족외혼을 행하여 씨족 내부의 결혼을 금하였으므로 처는 다른 씨족에서 취했다. 따라서 처를 얻거나 혹은 약탈하기 위해 때로는 먼 곳으로 여행을 해야 했다.34)

　몽골 오이라트 법전에서 보이듯이 몽골인의 키비트카(장막)가 모여 아울(Aoul), 즉 호순이 되고(제15~125조), 아울은 아이막이 되고(제23조), 아이막은 오토크가 되고(世代, 울루스 : 제122조), 오토크는 종족이 되고, 종

---

32)　역주 : 이 『몽골비사』로부터의 인용문은 那珂通世 譯補, 『成吉思汗實錄』(211~212쪽)에 따른 것이다. [ ]안은 那珂通世의 번역서에 있는 것은 아니고 이 책을 일역한 靑木富太郎가 첨가한 것이다. 랴자노프스키의 원문에는 那珂通世의 글과 일치하지 않는 곳과 오역으로 생각되는 부분도 있는데, 아마 원저자가 근거한 팔라디우스의 번역본에 이미 잘못이 있었다고 여겨진다. 이를테면 오론둔카이트 같은 것을 오론(오만이라고 되어 있다)과 둔카이트의 두 씨족으로 나눈 것 같은 것을 들 수 있다. 이 모두는 那珂通世의 번역문에 따랐다.

33)　그러나 어떤 경우에는 천인조의 구성이 한층 복잡하여 서로 다른 여러 씨족의 대표자들로 구성되는 경우가 있고, 투멘은 다른 종족으로 구성되는 경우도 있었다(Rashid Ed‐din, op. cit., ⅩⅤ, pp. 33, 147 등 ; *Secret Chronicle*, pp. 49, 56~58, 60). 물론 이 도식은 대강이다.

34)　Vladimirtzov, op. cit., 46~48.

족은 동맹을 이루었는데, 1640년 4개로 이루어진 동맹 즉 서방 4종족의 데르벤(Derben) 오이라트와 몽골 44종족의 일반연합이 그 예이다. 호슌 즉 아울(천막)은 대가족을 상징하며 같은 아이막의 일부를 이루는 인접한 여러 아울은 근친(씨족원)들이 모여 살았다. 오토크는 여러 아이막이 결합된 것으로서, 종족의 일부를 형성하였다.[35] 보통 종족은 독립된 한 영지를 형성한다.

씨족을 유지하기 위해 법전은 의무결혼을 명하였다. 매년 40키비트카 중의 4키비트카는 그 자식을 결혼시켜야 했다. 신부를 데려오기 위한 칼림(신부값)은 대단히 많아 종종 신랑의 능력을 넘었기 때문에 10키비트카의 재산으로 1명의 남자를 결혼시키도록 규정하였다(제37조). 개개의 몽골인, 또는 전 아이막은 그 막영지를 변경해서는 안 되고 도망자는 그 아이막으로 되돌아오게 되어 있다(제132·133조).

씨족적 생활, 전쟁 및 공동수렵 양식에 따라 발전한 씨족의 상호부조와 사회적 연대책임은 몽골인 사이에서 일반적이었다(뒷부분 참조).

몽골인 가족은 엄격한 부권제 아래 놓여 있었다. 가장인 아버지와 남편은 큰 권력을 지녔다. 전투중에 남자를 살해한 자는 포상으로 그 처를 얻을 권리를 가졌다(제50조). 남편은 처를 버리거나 살해할 수 있는데 살해했을 경우에는 노예를 살해한 것과 같은 재산형 정도로 끝났다(제32·33조). 존속에 대해 범행을 저지른 경우에는 엄한 형벌이 내려졌다(제27조).[36] 법전은 또한 일정한 경우 친족의 집단책임제를 규정하고 있다(제13·15·11조). 친족관계는 남계만이 인정되었다. 재산은 전 가족에 속하지만 성장한

---

35) 오토크는 씨족제도와 관계가 있는 군사적·정치적 단위이다(Leontovich, *Kalmuck Law*, 1880, pp. 208~212).

36) 역주 : 이 괄호 안의 27조는 원문에 (17‐3)이라고 되어 있어 이해하기 어렵다. 오식으로 보아야 할 것이다. 본서, 제2장, 제4절 1640년 몽골 오이라트 법전과 갈단 쿤 타이지의 보충칙령, 6. 사법, 3) 친족법에 "일반적으로 연장자에게 범한 죄악에 대해 내리는 형은 엄중하다"(제27조)라고 되어 있는 것으로 보아 이를 제27조로 고쳤다.

자식은 그 분배를 요구하고 자신의 가정을 꾸릴 수 있었다(구 차진 비치크 제5조, 법전 제34·118조 참조). 사유재산은 일부 동산에 대해 인정되었다. 또 가정의 수호신으로 화로가 있는데 새로 가정을 꾸밀 때 자식은 이 화로의 불을 새 장막으로 옮겼다.

칼카 지룸의 내용으로 보아 알 수 있듯이, 북몽골인도 이러한 부권 씨족제 가운데서 씨족장의 지배를 받으며 생활하였다. 이를테면 칼카 지룸은 북몽골인의 씨족제 단위인 호톤·울루스·오토크에 대해, 또 술렝가·뎀치·다루가 같은 씨족장에 대해(제16·15·8부), 나아가 북몽골인을 10단위로 나눈 것에 대해 말하고 있다(제15부). 아버지가 그 아들의 생활에 대해 어떤 권력도 갖지 못하였음은 특별히 짚고 넘어가자(제14부). 친족관계는 남계만 인정되고 갑작스러운 불행을 도와준 자에 대한 포상도 규정되어 있다. 1789년과 1815년 이번원칙례도 씨족을 언급하고 있다(1789년 칙례 제2편 제11·12조, 1815년 칙례 제1편 제61·63조 참조).[37]

러시아의 저명한 몽골 연구가 포스드네에프(Posdneev)는 다음과 같이 기술하고 있다.

분명 몽골 씨족사회의 원형은 직접적으로 같은 핏줄이며 또 3단계 내지 4단계의 친족관계에 의해 상호 결합된 사람들(즉 조부에서 증손까지)로 이루어진 가족이다. 이러한 가족 중 최연장자인 가장은 보통 존경을 받고 가족적 집단의 각 성원과 전 가족의 재산에 대해 권력을 가지고 있으며 전 성원은 그에게 복종해야 한다. 가장은 자식을 결혼시키고, 이때 각기 키비트카를 세워 주며 또한 이를 자신의 장막 바른편, 즉 서쪽에 나란히 세운다. 성장한 딸에게도 같은 새 장막을 세워 주는데 이 경우 왼편, 즉 동쪽 - 여기에는 먼 친족의 장막이 있다 - 에 세운다. 이렇게 해서 장막의 전 집단, 즉 호톤이 발전하게 되고 그 중앙에 가장의 장막이 서게 된

---

37) 따라서 블라디미르초프가 '동몽골인이 칼카 지룸 시대에 이미 씨족제도를 방기하였다'(Op, cit., p. 171)고 본 것은 옳지 않다.

다. 이를 主장막, 즉 오르고(Orgo)라고 한다. 이 장막 안에는 화로와 가정 경제의 필수품이 갖춰져 있으나 다른 장막에는 독립된 화로가 없으며 호치(Hochi)라고 불린다. 성장하여 결혼한 자식은 부모와 형의 슬하에서 독립하여 자신의 화로를 만들며 자신의 호톤을 건설할 수 있다. 그들은 이 호톤의 주인공이 되어 종속사로 구성된 가족인 손아래 사람에게 권력을 미친다. 이리하여 그간 다소 긴밀한 친족적 결합을 갖는 완전한 일족이 몽골인 사이에서 생겨난다.[38]

그러나 세월이 흐름에 따라 북몽골인 간의 씨족제도는 변화하게 되는데 서몽골인보다 훨씬 약화되었음에 주의해야 한다. 20세기에는 다만 그 잔재만이 남아 있다. 이를테면, 외몽골의 호순은 바크(Bak : 공동체) 또는 오토크로 나누어지고 바크와 오토크는 20호(Horin) 또는 10호로 나뉘어져 있는데 이는 분명 과거의 군사적 씨족제도의 유물이다.

부랴트인은 부라하트족, 에히리트족, 호리족의 세 중요 종족과 각 世代로 나누어져 있다. 이들 종족은 씨족(총 약 200)으로 나뉘어져 있는데 각기 태고 때부터 씨족장 - 술렝가와 자이산 - 의 통치를 받았다. 각 종족의 장은 타이샤이다. 부랴트 여러 씨족의 명칭의 대부분은 거주 지역의 이름과 강 이름에서 기원한다. 이를테면, 이르쿠츠크 현에는 ① 툰킨스크(Tunkinsk) 부랴트족 - 14씨족, ② 키토이스크(Kitoisk) - 3씨족, ③ 쿠빈스크(Kubinsk) - 16씨족, ④ 캅살스크(Kapsalsk) - 4씨족, ⑤ 알라르스크(Alarsk) - 11씨족, ⑥ 발라간스크(Balagansk) - 24씨족, ⑦ 이딘스크(Idinsk) - 29씨족, ⑧ 베르콜렌스크(Verkholensk) - 7씨족, ⑨ 렌스키(Lenski) - 7씨족, ⑩ 올콘스크(Olkhonsk) - 9씨족, ⑪ 니즈네우딘스크(Nijneudinsk) - 2공동체가 있다. 트란스바이칼 지방에는 부랴트인의 ① 바르구진스크(Barguzinsk) - 5씨족,

---

38) A. M. Posdneev, *Mongolia and the Mongols*, vol. Ⅲ, chap. '칼카 몽골인'. 이 인용문은 포스드네에프의 뛰어난 제자 포즈타빈(G. V. Podstavin)의 호의로 이용할 수 있었다.

② 쿠다린스크(Kudarinsk) - 4씨족, ③ 셀렝가(Selenga) - 38씨족, ④ 호리 (Hori) - 14씨족(舊 11씨족과 新 3씨족), ⑤ 아긴스크(Aginsk) - 10씨족이 있다. 이 밖에 많은 다른 세대가 있다. 이들 씨족단위는 종래 부랴트인에 대한 러시아 기구의 기초를 이루었다. 15호로 된 1막영(Kochevi)은 1울루 스를 형성하며 장로(Zasaoul, 술렝가)와 1~2명의 보좌가 있는 씨족 행정 관청을 두고 있다. 여러 개의 울루스는 하나의 씨족을 형성하며 씨족 집행 관청(그 장은 자이산과 술렝가)에 속해 있다. 상호 결합한 여러 씨족은 주 씨족원, 즉 1타이샤와 선발된 여러 명 즉 타이샤·자이산·술렝가로 구성 된 스텝 의회를 가지고 있다.[39] 행정과 재판(하급심)은 씨족장이 담당했는 데, 19세기 말을 연구한 한갈로프에 의하면 그 권위는 대단히 컸다고 한 다.[40] 각 종족과 종족 내의 각 씨족은 할당받은 땅에서 막영을 해야 했다. 부랴트인은 씨족마다 씨족장을 통해 야사크(조세, 종전에는 모피)를 바쳤 다. 가족은 공유재산을 가졌으며(동산에 한해 사유도 인정되었다) 가족의 연대책임도 존재했다. 부모나 씨족원의 윗사람을 모욕하면 무거운 처벌을 받았다.

　　다음 기사는 1874년에 부랴트 부락을 직접 목격한 샤포프(Schapov)가 기록한 것을 발췌한 것이다.

　　　보통 각 울루스는 원형 또는 타원형으로 낮은 경계 울타리가 쳐져 있 다. 각 울타리 안에는 창고, 헛간, 축사, 곳간, 빵굽는 곳 등 부속건물을 갖는 1~3 또는 그 이상의 장막이 있다. 이들 장막 중 하나에 가족의 어 른이 산다. 그는 노인으로서 그의 처, 어떤 경우에는 고아가 된 여러 명 의 친족과 함께 산다. 옆 장막에는 노인의 자식이 처자와 함께 산다. 노 인에게 결혼한 자식이 있으면 그들은 역시 같은 울타리 안의 아버지 장

---

39) 부랴트인 사이에서도 옛 병제의 유물, 즉 호린(20호)으로 나누는 것이 유지 되고 있었다. Bogdanov, *Outlines*, p. 101.

40) Hanglov, ″Juridical Customs of the Buriats″, *Ethnographic Review*(러시아어), No. 2, 1894.

막의 양쪽 장막에서 산다. 피로써 결합된 이 씨족적 가족집단의 내부에서는 경지, 건초더미, 목장(Outougs), 가축 등에 이르는 모든 것이 공유이다. 울타리 안의 전 주민은 열심히 일한다. 어느 때는 같이 식사를 하는데 보통 불고기가 있거나 손님이 모이면 그들은 한 가족처럼 행동한다. 더군다나 살고 있는 곳에서 가까운 다른 울타리 안에는 앞서 언급한 장막 집단의 연장자와 근친관계에 있는 사람, 이를테면 그 형제가 가족 및 혈연 가족과 함께 살고 있다. 여기서도 지위가 높은 친족의 장막이 자식의 장막으로 둘러싸여 한 가운데 서 있다. 더욱 먼 주변지역에는 좀 더 먼 친족이 살았는데, 이들은 '이웃사람'이라고 불린다.41) 이렇듯 울루스의 씨족공동체는 원시적 씨족과 마찬가지로, 확대되고 분파를 만들어 내고 각각의 울타리나 장막 집단으로 갈라져 나간다. 끝으로 가장 인연이 먼 사람은 자신의 울루스를 조직하며 그 안에서 똑같은 울루스의 씨족공동체 제도가 되풀이된다. 그리고 서로 인접한 울루스의 전 집단은 단일한 하나의 씨족을 형성하며 이 단일 씨족공동체는 울루스 공동체의 형태를 이루는 같은 계통의 분파로 갈라진다. 그것은 마치 울루스 공동체가 보다 작은 가족공동체로 갈라지는 것과 똑같다.42)

또한 샤포프는 19세기의 70년대까지 공동수렵, 즉 아바가 존재하고 있었다는 것을 증언하고 있다. 아바는 과거와 같은 의의를 상실했다고는 하나 어느 씨족 내부에서는 고대 수렵의 본질적 특징 - 선발된 수령의 지휘하에 행하는 집단적 수렵과 포획물의 공동분배 - 을 유지하고 있다.

그와 동시대의 부랴트인 생활 연구자 페트리(Petri)는 다음과 같이 말하

---

41) 이와 유사한 관계에서, 몰수지에 대해 이웃 사람이 갖는 권리의 근원을 찾아야 한다. 이는 유럽인 사이에 *Jus vicinorum*, Nachbarshaftrecht(이웃사람의 권리)로서 알려져 있다(Heussier, *Institution des deutschen Privatrechts*, II, para, 191 ; Schroeder, *Lehrbuch der deutschen Rechtsgeschichte*, 5th Ed., 347 참조).

42) Schapov, "The Buriat Ooloos Clan Community", *Journal of the Siberian Section, Russ. Geog. Soc.*, vol. V, 3 - 4, p. 129.

고 있다.

　　부랴트 씨족은 매우 특수한 공동체이다. 씨족의 세습적 장로가 있고
　공동토지, 울루스, 공동막영지, 공통 씨족신, 공동 의식과 제물(Talaiga),
　더구나 뒤에서 논하게 될 기타 많은 요소로 이루어져 있기 때문이다. 이
　같은 공동체는 공통의 가계와 혈연관계에 의해서만이 아니라 물질적 이
　해를 같이함으로써 긴밀히 결합된 부권제의 대가족으로서 생활하고 있었
　다.43)

　같은 저자에 의하면 북부랴트인에게서 보이는 씨족 관계적 요소는 공통
가계와 혈연관계, 씨족장로의 존재, 씨족의 토지, 씨족의 관개조직, 씨족신
과 씨족의 제물, 씨족의 샤먼, 씨족의 聖火, 씨족의 쿠룬가(Kurunga : 酸
乳), 씨족의 명예, 씨족재판소이다.
　칼묵인의 생활 안에서는 두 가지 기본적 특징, 즉 씨족의 생활양식과 옛
병제의 유물이 인정된다.
　칼묵인의 유목 사회제도의 기본은 키비트카 코스(Kibitka - Khosh)이다.
친족관계인 키비트카가 모여 호톤을 형성하고, 위로 씨족의 장로를 추대한
다. 호톤 무리가 아이막을 이루며 1명의 자이산이 이를 다스린다. 여러 아
이막이 하나의 안기(Angi : 오토크)를 형성하며 여러 안기가 하나의 울루
스를 이루고 여러 울루스는 종족이 된다. 각 종족은 종족 타이샤를 추대하
고, 이 타이샤는 중요 울루스를 통치한다. 다른 울루스는 그의 근친, 이를
테면 자식이나 형제를 받든다. 칼묵인은 토르구트(Torgut), 두르보트
(Durbot), 코슈트(Khoshout)의 3종족으로 갈라져 있으며 따로 준가리아에
서 온 이민도 있다(아스트라칸 칼묵인의 8울루스, 37아이막, 180호톤과, 돈
[Don] 칼묵인의 3울루스 등 약간으로 형성). 한때 1명의 칸이 전 칼묵 종족
을 지배한 적도 있었다. 또한 오토크와 아이막은 10, 40, 100으로 구분되는

---

43) *Elements of Clan Relations Among the Northern Buriats*, 1924, pp. 2 sqq..

옛 유목적 병제를 유지하였다.

칼묵인은 씨족제의 원칙에 따라 조직되었고, 부권제였다. 씨족장인 노욘은 정치적 지배자로서 평민의 一身 및 재산에 큰 영향을 미쳤다. 칼묵인은 호톤, 아이막, 울루스를 형성하여 스텝에서 막영생활을 했다.

레온토비치는 1880년 다음과 같이 기술하고 있다.

> 키비트카의 구성과 이를 호톤으로 조직하는 제도는 씨족의 옛 관습에 따라 결정된다. 오늘날 칼묵인 사이에서 자식과 호톤의 다른 성원의 키비트카는 아시아 전 유목민에게 보이는 관습적 형식에 따라 보통 아버지의 키비트카 부근에 설치된다. 칼묵인의 관습에 따르면, 키비트카는 약간 규칙적 원형을 이루며 나란히 서 있다. 아버지의 키비트카는 호톤의 중앙을 차지하며 가족의 키비트카는 그것으로부터 반원을 그리듯이 줄지어 있다. 칼묵인 사이에서는 먼 친척이나 빈곤한 친족도 씨족제의 호톤에서 떨어져 나가지 않기 때문에 키비트카의 배열 순서는 태어난 해 및 친족관계의 친한 정도에 따라 결정된다. 요컨대 키비트카의 배열 순서는 씨족제도와 엄격히 일치하며 어떠한 위반도 행해지지 않는다.[44]

단일 키비트카는 그 아이막 이외의 곳으로 막영을 옮겨서는 안 되며, 또 아이막은 그 울루스 안에 머물러야 한다. 칼묵인은 강제적으로 씨족의 자이산 등에게 종속되어 있다. 몽골 오이라트 법전은 씨족의 유지에 관해 명확한 규정을 내리고 있으며 각 40키비트카는 매년 2쌍(4쌍이 아님)을 결혼시키며 그 결혼비용은 공동으로 내야 한다. 친족관계는 남계만 인정된다. 최근까지 칼묵인 사이에서는 사유동산을 제외한 가족 공유재산제와 씨족의 공동책임제가 존재하고 있었다(진지리 결의 제119~121, 154, 196조).

사회적으로 보면, 몽골인은 동질집단을 대표하는 것이 아니며, 계급 즉 개별적인 사회적 집단으로 나뉘어 있었다.

---

44) Leontovich, *Kalmuck Law*, 1880, p. 190.

칭기즈 칸의 야사를 기초로 해서 보건대, 白骨(귀족)인 왕공, 베크, 무르자(Murza)와 黑骨인 상인, 기능인, 평민 및 노예(사회계급의 최하층을 이룬다)라는 두 개의 중요한 계급으로 구별된다. 1640년 몽골 오이라트 법전도 이 두 계급, 백골 즉 귀족(왕공, 타부난, 씨족장)과 평민 및 노예의 존재를 증명하고 있다. 그러나 여기서는 타르칸(훈공의 보수로 면세를 받은 자), 旗手,45) 몇몇 계급의 군인으로 구성된 중류계급(사회적 집단)도 있었다.

법전은 특별집단으로서 승려의 출현을 기술하고 있는데, 이는 70년 후 칼카 지롬에서 현저한 발전을 보이며 몽골에서 특별한 중요성을 획득하고 있다. 칼카 지롬은 다음과 같이 사회적 집단을 구분하고 있다. ① 귀족 ② 타르칸 및 군인 ③ 반종속적인 사람, 노예 ④ 승려(그 수는 매우 많음). 외몽골에서는 1918년 통계에 따르면, 전 인구의 5.7%가 귀족, 22.3%가 승려, 72%가 평민이다.

여기서 연구대상이 되는 시기에는 부랴트인 간에도 상층계급 즉 고위 씨족장(주타이샤, 타이샤, 자이산)과 하층계급 즉 평민을 구별해야만 한다. 그 중간계급은 지위가 낮은 씨족장과 지위가 높은 씨족원이 차지하고 있다. 그 밖에 승려집단이 남부랴트인 사이에 존재하였다.

칼묵인도 서몽골인과 마찬가지로 중요한 두 가지 계급으로 나눠진다. 백골 즉 귀족은 칸, 그 대리자, 노욘, 자이산이며 하층계급은 자유민과 노예로 구성되어 있다. 타르칸과 하위 씨족장은 중간집단을 형성하며 승려는 특별집단을 이루고 있다.

---

45) 역주 : 원문에는 banner - bearer라고 되어 있는데 어떻게 번역해야 할지 분명하지 않다. 원저자인 랴자노프스키가 어떤 몽골어를 직역한 것으로 보이나 짐작되는 바 없다. 중류계급으로 들고 있는 예로 보건대 호슌의 관리 또는 호슌의 관리를 배출하는 계급을 가리키는 듯하다.

2. 국가의 구성

씨족제도의 강고함이라는 측면에서 보았을 때 몽골인의 국가제도는 고도한 단계의 것이 아니었음에 주의할 필요가 있다. 이는 가장 위대하며 비교적 강고한 몽골인의 결합체였던 칭기즈 칸 제국도 마찬가지였다.

칭기즈 칸의 국가조직은 분열된 몽골 민족에 순수한 군사적 성격을 부여하고, 이것을 영구적으로 조직된 군의 일부로 짜 넣었다. 각 유목민은 그 키비트카(가족)와 함께 십호에 속하였는데, 십호는 백호를 형성하고 백호는 천호를, 천호는 만호 즉 투멘(1군)을 형성하였다. 그리고 이들 각 단위는 각기의 장을 위로 받들고 있었다(칭기즈 칸의 대야사 단편 제22조와 격언 제3 참조). 이 병제는 씨족제와 밀접하게 결합되어 백호는 소씨족에서 나오고 천호는 대씨족으로부터 나왔다. 1군(1만 키비트카)은 1울루스를 형성하였다.

칭기즈 칸 시대와 그 직후 몽골인의 군사적 기술은 고도의 수준에 이르러 다른 민족과 국가의 모범이 될 수 있었다. 그러나 그들의 행정 방면도 그러했다고는 할 수 없다.

칭기즈 칸은 위대한 군인이며 정복자였고 유능한 정치가이기도 했다. 그의 야망은 다음 세대에 강대한 국가를 창건하는 것이었다. 그는 당시의 몽골인에게는 이같은 사업을 달성할 준비가 되어 있지 않음을 잘 알고 있었다. 그래서 제국의 건설을 보좌하게 하기 위해 부득이 많은 위구르인, 중국인 등의 외국인(塔塔統阿,[46] 鎭海, 耶律楚材)을 주위로 불러들여야 했다.

칭기즈 칸은 다른 종교에 대해 관용적인 태도를 보이면서 국정의 일정 부문을 다스리는 특별관리를 임명하고 특히 主베크 및 재판장직을 두었다. 나아가 국가적 필요에 따라 특수한 교통기관(역전제도)을 조직하고 기록과 문서를 보관하는 직을 마련하는 동시에 몽골 청년에게 위구르 문자를 습득

---

46) 역주 : 원문에는 Tashatung이라고 되어 있는데 이는 분명 『몽골비사』 등에서 보이는 塔塔統阿를 말한다. 정정했다.

할 것을 명했다. 대야사로 알려진 법전도 만들었다. 칭기즈 칸의 후계자 오고타이 칸 시대에는 몽골인 지배자의 정복지에 대한 권력의 한계도 제정되었고, 국무규칙이 확립된 동시에 조세제도도 정비되었다. 이 시대 재판은 명확히 대칸의 법정에서 행해지게 되었다.

그러나 몽골인은 여전히 원시적 씨족생활에서 벗어나지 못한 약탈적 유목민이었다. 전혀 교육을 받지 못했을 뿐 아니라 고유문자조차 갖고 있지 못했다. 이러한 국민으로부터는 칭기즈 칸과 그의 보좌, 또는 그의 후계자가 제아무리 유능했다 해도 강고하고 문화적인 국가를 창조하는 데 필요한 인재를 공급받을 수 없었다.

칭기즈 칸 제국은 이미 사실상 그의 손자대에 獨立藩國으로 분열하고 말았다. 이들 번국은 정복자의 4명의 아들의 후손들이 통치하였다. 이들 번국도 다시 더 작은 단위로 갈라져 칭기즈 칸 왕조의 권력은 오래 이어지지 못했다. 이는 서방의 페르시아, 트란속사니아(Transoxania), 러시아 등의 영토뿐 아니라 중국 동쪽 영토에도 해당되었다.

그 후 몽골에 강국을 만들려는 시도가 있었으나 같은 이유로 실패했다. 북방에서 다얀 칸(Dayan Khan),[47] 남방에서 링단 칸(Lingdan Khan), 서방에서 에쎈(Essen), 갈단 칸(Gardan Khan)의 시도도 실패로 끝났다. 그리하여 마침내 몽골은 중국의 속령이 되었다.

몽골인과 관련된 여러 종족은 왕왕 그들간에 어떤 명확한 연계를 갖지 못했다. 이를테면 부랴트인은 3종족(부라하트, 에히리트, 호리)으로 갈라져 영속적인 통일 내지 공동 정부를 만들지 못했으며, 러시아인이 그들의 영토를 정복한 무렵에는 남부랴트와 북부랴트로 나뉘어 싸우고 있었다.[48]

---

47) 역주 : 다얀 칸은 북방에서 활동했다고 하지만 그의 활동범위는 내몽골로 국한되어 있으므로 북방은 남방으로 정정해야 할 것이다.

48) 보그다노프는 러시아인이 도래하기 이전의 부랴트인의 제도에 대해 다음과 같이 기술하고 있다. "하나나 그 이상의 수장의 권력하에 한 종족 때로는 같은 지역에 거주하는 두 종족, 또는 적어도 두 종족의 대다수 사이에 통일이 이루어졌음을 보여주는 증거는 분명 존재한다. 그러나 이같은 통일이 존

아다시피 서몽골인, 즉 준가리아인 사이에는 오이라트 동맹이 존재하여 강고해지기도 하고 분열하기도 했는데, 그렇게 되도록 자극을 가한 주된 요인은 공통의 위협이었다. 이 통일은 강고하지 않아 영속적인 국가적 통일을 이뤄내지 못했다.

칼카의 북몽골인은 동족으로 구성되었음에도 불구하고 많은 왕공령으로 갈라져 (20세기까지) 공통권력 내지 공통국가를 창조하지 못했다. 그들에 관해 포스드네에프는 다음과 같이 기술하고 있다.

> 내적 생활에서, 이들 왕공령은 완전히 독립되어 서로 관계가 없다. 그들은 공통법을 가지고 있지 않았다. 상호관계는 모두 씨족 형식의 생활에 의한 관념에 기초를 두었으며, 칼카의 전 주민은 이 관념을 교육받았다. 이 칼카의 왕공령을 하나의 전체로 융합시켜 감동적인 민족적 통일을 이룰 수 있는 영속적인 동맹 내지 협약은 존재하지 않았다. 각 왕공은 제멋대로 행동하고 독립하여 그 종속민을 통치하였고 자신의 개인적 결정에 따라 판결을 내리거나 처벌하였다. 이 결정이라는 것은 관습과 자신의 우발적인 충동에서 나온 것들이었다. 또 자신의 의지에 기초하여 왕족 관계자와 동맹을 맺거나 적대적 행동을 취했다. 사적인 일이나 공통의 사회적 의의를 갖는 특별한 사건이 있는 경우 칼카의 왕공은 공동세임에 참석하여 동맹을 맺지만, 이들 세임의 결의는 의견을 달리하는 사람을 구속하지 못한다. 그래서 동맹 참가자라 하더라도 동맹이 자신의 희망이나 이해에 상충된다고 생각하면 탈퇴할 수 있었다.[49]

외부로부터의 공격에 대항할 공동방위의 필요가 있거나 군사적 위험이

속된 기간을 보여주는 증거는 없다. 결국 몽골인의 영유지와 마찬가지로 각각의 울루스, 씨족, 종족은 일정한 목적을 달성하기 위해 결합하고, 이 통합은 공통의 목적이라는 범위 안에서만 유효했다고 보는 것이 타당할 것이다"(*Outlines*, p. 41).

49) *Erdeniin Erikhe*, p. 141.

있으면 몽골 민족 간에는 통일의 기운이 우세해진다. 이를테면, 적의를 가진 주민들 사이에 살고 있던 오이라트와 친척관계에 있는 칼묵인과 같은 경우이다. 칭기즈 칸이나 갈단 칸 시대처럼 어떤 경우에는 통일이 단순한 무력에 의해서만 달성되었다. 그러나 공통의 위험이 지나가거나 지도자인 정복자와 통일자가 역사의 무대에서 사라지면 몽골 민족의 동맹은 즉시 와해되어 다시 구성 요소들로 분열되었다.

이것은 쉽게 이해할 수 있는 일이다. 씨족이 강력하여 경제적, 종교적, 정치적 기능을 갖고 있으면 국가원리는 항상 약한 법이다. 국가와 개인 간에 씨족(또는 종족 - 씨족 집단)이 있으며 그 이해관계는 국가의 그것보다 유력하고, 그 보호는 국가를 보다 불필요한 존재로 만든다. 이러한 환경하에서라면 정부는 강력해질 수 없고 국가권력은 강고하지 못하다.

지난 2세기 반 동안 몽골 왕공령의 약체화와 고립화를 촉진시킨 중국의 통치하에서 몽골의 사회생활은 승려세력에게 장악되어 신권정치의 정신이 널리 보급되었다는 사실에 주의할 필요가 있다. 몽골인의 돈독한 믿음, 많은 사원과 라마승, 그 특권적 지위와 경제적 중요성 때문에 승려계급은 몽골인 생활의 전 양상에 큰 영향을 미쳤다. 이 영향은 이 지방의 사회조직뿐 아니라 정치조직에까지 미쳐 승려정치라는 낙인을 찍었다. 이러한 것들이 우르가 게겐에 대한 숭배를 야기시켰다. 그는 몽골의 정신적 지주인 동시에 가공하리만큼 많은 수의 사령민(8호슌으로 구성됨)의 세속적인 우두머리로서[50] 칸과 왕공 위에 군림하였으며 생존시에 거의 신과 같은 지위를 누렸다. 동시에 종래의 칸과 왕공의 혈통(칭기즈 칸의 자손)이 갖는 의의는 점차 상실되고, 일반으로는 씨족제 원리의 의의도 상실되어 갔다. 이 양자의 발전으로 결국 몽골에서는 세속적 및 정신적인 두 권력이 법왕의 손에서 통합되기에 이르렀다. 1911년 외적인 사정으로 단명한 半신권국가,

---

50) 이들은 샨조트바 라마(Shanzotba Lama)를 위로 추대하는 특별관청 즉 아문 밑에 있었다. 같은 해(1727) 여러 칸들은 단순히 자기 호슌의 지배자로 몰락했다.

이른바 자치몽골이 우르가 게겐의 지배하에 창건되었다.

이렇듯 청나라 황제의 봉건적 권력 대신 1911년 몽골의 역사적 무대 위에 등장한 정권은 더욱 시대착오적인 형태를 취하고 있었다. 즉 半신권적, 半봉건적 성질을 띤, 몽골의 정신적 지배자로서 보디사트바 제브춘 담바의 화신인 보그도 게겐 후투크투가 출현한 것이다. 그는 에젠 칸(Edzen Khan)이라고 불렸다. 보그도 게겐은 그 권력의 기초를 정신적인 면에서의 높은 권위에 두었다. 그리고 사원과 지배계급인 몽골 귀족에게 두었다. 이 귀족 가운데는 세속적인 왕공뿐 아니라 정신적 지배자, 즉 사원에 있는 왕공도 포함되어 있었다.

몽골에서는 보그도 게겐의 정신적 권위가 절대적이었다. 보디사트바의 화신으로서 범죄를 초월하고 있었다. 사원은 의회를 인정하지 않았고, 종교와 관련된 보그도 게겐의 결정과 몽골 소재 사원에 대해서는 어떤 고소도 행해지지 않았다. 법왕은 모든 사원의 고승을 임명하고, 이를 확인하고 전국의 신앙과 사원 문제를 개인적으로 해결했다. 이론적으로 그의 정신적 권위에 못지않은 존재는 티베트의 다라이 라마와 판첸 라마였으나, 사실상 보그도 게겐의 권력이 몽골에서 최고였다. 그의 밑에는 大寺領省이 있었고, 몽골의 라마 사원을 관장하고 보그도 게겐의 사령민(종속민)을 통치했다.

앞서 언급했듯이 보그도 게겐은 정신적 권위뿐 아니라 강력한 세속의 지배자였다. 그는 8호순에 달하는 사령민(179오토크)을 소유하였으며 이 사령민은 코소골(Kosogol)호수 근방의 본래 지역뿐 아니라 칼카의 다른 호순 가운데로 이동했다. 코소골 호수 근방의 본래 지역 안에는 1만 5천에서 2만에 이르는 사령민이 살고 있었다. 보그도 게겐이 소유한 사령민은 모두 9만 명에 달했다(1918년 국세조사에 의하면 외몽골의 총 인구는 54만 2천에서 55만 명 정도이다).

별도로 외몽골에는 13개의 종교적인 왕공 영토(그 중 4개는 독자적인 영토를 가짐)와 3만의 사령민이 있었다. 국내에는 약 150개의 왕국과 100

명 이상의 후빌간, 11만 5천 명의 승려가 있었다. 승려의 수는 외몽골 전 인구의 22.3%, 남자 인구의 44.6%나 차지한다. 대부분의 승려는 사원에서 살지 않고 속세에서 살며 경제상 업무에 종사하고 다만 축제 때만 사원에 나타났다는 점을 덧붙일 필요가 있다. 마이스키의 계산에 따르면, 몽골의 사원 歲入은 사원의 행사 및 기증에 의해 100만에서 150만 루불에 달했다 (단위는 1913년의 금 루불).[51] 더구나 가축 매각과 임대, 돈놀이 등으로 들어오는 수입도 상당했다. 합계하면 사원은 몽골 전체 國富의 약 23%를 차지하고 있었다.

보그도 게겐의 법률상 지위는 항상 예외적으로 높았다. 앞서 언급한 것만이 아니라 세속적 권력도 겸하고 있었기 때문에 더욱 높아지게 된 것이다. 그는 정신적으로나 세속적으로나 독재군주가 되었다. 대신회의도 결정적 권력을 갖지 못해 모든 결의는 보그도 게겐의 인가를 얻어야 했다. 마찬가지로 가장 중요한 안건을 토의하기 위하여 소집된 외몽골 왕공회의도 단지 자문기관적인 성질을 갖는 데 불과했다.

보그도 게겐은 왕공과 관계된 사건에서 최초이자 최후의 법정이었으며 외몽골의 僧俗 양 권력을 한 몸에 체현하고 있어 티베트의 다라이 라마와 같은 지위를 차지하고 있었다.[52]

자치외몽골의 왕공계급은 100 이상의 王公家로 구성되어 있었고,[53] 그 안에는 왕공계급의 남녀 약 400명이 포함되어 있었다. 이보다 훨씬 수가 많은 것은 귀족(타이지)인데 약 2만 7천 명으로 인구의 5.6%를 차지했다. 칸, 왕공, 타이지는 종속민인 함지글라(Hamjigla)를 소유하고 있었다. 그들은 고문, 신체형, 조세, 부역을 면제받았다. 왕공은 호슌과 아이막을 다스리

---

51) Maisky, *Modern Mongolia*, 1921, p. 307.
52) 1921년 말 이후 보그도 게겐은 입헌군주가 되었다. 1924년 그의 사망과 함께 앞서 기술한 정부조직과 그것으로 대표되던 사회제도도 멸망했다.
53) 1920년에는 우르가 게겐의 특별한 省 외에 칼카에 91호슌, 코브도에 20호슌, 13개의 寺領 호슌(그 중 4개는 독자적인 영지를 가짐)이 존재했다. Maisky, *Modern Mongolia*, 1921, pp. 27, 271, 278.

고 타이지는 호슌과 아이막의 행정 방면에서 관리층을 형성하였다. 왕공과 타이지는 그 종속민에게 노동봉사를 시킬 권리를 갖고 있었으며 관기왕공은 部民에게 많은 부역 등을 지울 권리를 갖고 있었다. 더구나 그들은 호슌의 인민에게 '알바(Alba : 조세와 부역)'를 부과하고 돈을 거의 무제한적으로 빌릴 수 있는 권력을 가졌는데, 이는 모든 종속민에게 강제적으로 행해졌다.

신하인 인민(자유민과 종속민)은 전 인구의 약 72%를 차지하였고, 전 가축의 77%를 소유하고 있었다. 그들은 모든 조세 납부와 부역의 의무를 지고 있었다. 중요 생업은 목축이고 수렵은 부업이었다.

일부 연구자는 몽골인의 사회제도를 형태상 봉건제로 보고 있다.[54] 필자는 이러한 의견에 전폭적으로 찬동을 할 수 없으며, 다음과 같이 보류가 필요하다고 생각한다. 사실 봉건적 제 관계의 특징을 이루는 약간의 양상이 몽골인의 사회제도 속에서 나타난다. 그러나 많은 나라에서 일정한 사회발전 단계에서는 봉건적 관계를 연상시키는 그런 사회생활 형식들이 나타난다는 점에 유념해야 한다. 예컨대 국가권력의 약화나, 그것이 교권하에 종속된 많은 지배자에게 분열된다는 점, 권력을 가진 자에 의해 빚어지는 공법과 사법 기능의 혼란, 권력과 토지소유의 결합 등이 그것이다(서유럽에서 승직과 봉토, 이슬람교도의 Iktach, 비잔틴의 Pronia, 러시아의 Vochina 참조). 이들 여러 제도 중 학문상 봉토(봉건적 영토)로 인정되는 것은 전부는 커녕 그 중 극히 일부에 지나지 않는다.

러시아의 역사가 밀류코프(Miliukov)는 그 일반적 성격에서 보아, 처음에 언급한 제도를 봉건제의 일반적 양상으로 간주하고, 다른 나머지는 일종의 형태로 특징지웠다. 필자는 이 정의가 결정적인 것이라고는 생각하지 않으나, 주어진 많은 사회형태 중에서 봉건제에 특별한 성질이 있는 동시에 일반적 양상도 있음을 바르게 표현한 것으로 생각한다. 그 공통의 양상(사회관계의 중세적, 또는 봉건제와 유사한 형태)에 서유럽의 봉토나 러시

---

54) Vladimirtzov, *Social Organisation of the Mongols*, 1934(러시아어).

아의 보치나, 몽골의 호슌 등과 같은 제도를 포함시켜 좀더 광범위하고 일반적으로 분류를 행하는 것은 분명 가능하다. 그러나 이러한 분류는 아직 제기되지 않았으며 또한 학문적으로 사용되지 못하고 있다. 단지 (사회관계가 봉건제와 비슷한 국가의) 일반적인 의의 안에서만 우리는 몽골인의 봉건제에 관해 기술할 수 있다.

따라서 카라코룸에 있는 대칸을 宗王으로 보고 페르시아 칸이나 킵차크 칸 등을 그 신하, 키예프(Kiev) 대공과 모스크바 대공을 그 陪臣으로 본다던가, 중국 황제를 호슌 왕공의 종왕으로 보고 호슌 왕공을 그 신하, 몽골의 아라트(평민)를 그 배신으로 보는 의견은 다만 앞에서 지적한 입장에서만 허용할 수 있다고 생각한다. 그러나 이 초원의 봉건제는 특수성을 갖고 있어서 여기서 상세히 논하기 어렵다.

3. 형벌과 포상체계

대야사의 형벌체계는 엄격하지만 간단한데, 사형·鞭刑·笞刑·流刑이 있었다. 사형은 종종 행해졌으나 대야사는 살인과 절도, 더욱이 좀더 가벼운 범죄에 한해 속죄금을 대신 바치는 것을 허용하였다. 야사는 신체훼손형을 규정하지 않고 사형에도 등급을 매기지 않았다.

이 체계의 기본적인 형은 사형이며 편형과 유형은 보조적인 형이었다.

1640년 법의 형벌체계는 좀더 복잡했다. 여기서는 형의 종류가 10가지 이상이었다.55) 그러나 이 법전의 형벌 규정은 대야사보다도 훨씬 관대했다. 사형은 신체훼손형이나 자유박탈형과 마찬가지로 드물었다. 재산몰수형(전부 또는 일부)은 종종 나타난다. 그러나 기본적 형벌은 보통 가축 9마리를 단위로 하는 재산형이며 그 다음이 鞭(笞)刑이었다.

---

55) 본서, 제2장, 제4절 1640년 몽골 오이라트 법전과 갈단 쿤 타이지의 보충칙령, 7. 형법, 1) 형벌체계 참조.

칼카 지롬의 경우도 마찬가지라고 할 수 있다. 여기에서는 사형 및 신체 훼손형이 법전보다 더 드물었다.[56]

몽골법의 중요한 (민족적인) 기록의 내용을 비교하면 그 안에 포함된 형벌 규정이 점점 관대해지는 경향이 있음을 알 수 있다. 1640년 법전이 부과하는 형벌은 야사보다도 가벼우며 칼카 지롬에 적혀 있는 형벌은 법전보다 관대하다. 부랴트인의 고대 형벌과 18~19세기에 행해진 형벌을 비교하거나[57] 돈두크 다쉬 칸의 형벌 규정과 칼묵 법전의 형벌을 비교해 보아도[58] 마찬가지 양상이 틀림없이 나타난다.

이 변화는 형벌 적용자가 중세적인 생활상태에서 현대적인 생활상태로 이행함에 따라 형벌이 관대해진다는, 학문적으로 인정된 경향과 일치한다.

그런데 몽골법에는 형벌 규정과 관련된 흥미로운 하나의 현상이 있다는 것에 주의할 필요가 있다. 즉 형벌체계와 마찬가지로 포상체계가 존재한다는 점이다.

이 점에 대해서는[59] 이미 지적한 바 있다. 즉 그 기원은 씨족의 상호부조로 설명할 수 있는 바, 이러한 환경하에서는 불행한 자에 대한 사회적 원조가 포상할 가치가 있는 선행으로 인식되고, 이 도움을 거절하는 것은 처벌할 가치가 있는 악행이라는 것,[60] 또한 몽골인 사이에서 이 원칙이 강화된 것은 수차례의 군사적 원정(대야사 단편 제9조 참조)과 공동수렵(제게테 아바) - 이는 사회의 모든 관습의 발전에 대한 훌륭한 배움의 전당이었다 - 의 결과였던 것이다.

포상과 형벌을 수반하는 사회적 상호부조의 규칙은 씨족적 생활양식에

---

56) 본서, 제2장, 제5절 칼카 지롬, 6. 형법, 1) 형벌체계 참조.

57) Riasanovsky, *Customary Law of the Mongol Tribes*, pp. 203~204.

58) Ibid., pp. 268, 279.

59) 본서, 제3장, 제1절 관습, 3. 1640년 몽골 오이라트 법전 참조.

60) 레온토비치는 이것을 불교의 '자비'에 영향받은 것(Kalmuck Law, pp. 383, 384)이라고 보았으나, 실제로 이들 관행은 몽골인이 불교를 신봉하기 이전부터 일어나고 있었다.

서 생겨나 원정을 행하고 공동으로 수렵을 행하는 사이에 발전했다. 이는 몽골 민족의 다른 생활 방면으로 확산되었다.

『서유기』에는 칭기즈 칸 시대의 몽골인이 다른 사람의 모든 불행에 뛰어들 준비가 되어 있음을 기록하고 있다. 즉 "재앙이 있으면 그들은 서로 급히 달려든다."[61] 플라노 카르피니는 칭기즈 칸의 후계자 시대의 몽골인에 대해, "사람들은 타인을 충분히 존경하며 그들간에는 누구나 우호적이다. 가진 음식물이 매우 적더라도 그들은 기쁘게 이를 절반으로 나눈다"라고 기록하고 있다.[62]

1640년 몽골 오이라트 법전에 의하면 전투중에 적을 살해한 자는 그의 갑옷과 투구를 가지며(레온토비치판본 제67조), 전투중에 왕공과 관리를 위기로부터 구한 자는 타르칸(이 위치에 있는 자는 면세된다)의 지위를 받는다. 전투중에 왕공과 관리를 위기에 그대로 방치한 자는 사형, 闕所刑에 처해진다(앞의 책, 제14조). 적으로부터 퇴각중인 자를 구하면, 갑옷과 투구 1벌, 말 2마리를 받는다(제68조). 그물망에 걸린 자를 구한 사람과 출산중인 산모를 구한 자는 포상으로서 말 1마리를 받는다(제109조). 질병을 치료한 자는 말 1마리를 포상으로 받는다(제110조).

전투 또는 수렵중에 사람을 그의 말등에 태우고 돌아온 자(제111조)나, 들짐승의 해 또는 '진흙 구덩이 안에서 익사할 뻔한'(제108조) 가축을 구한 자에게도 포상이 주어졌다. 도적의 손으로부터 가축을 빼앗아 돌아온 자가 격투를 벌였으면 가축 5마리에 대해 1마리를, 격투를 벌이지 않았으면 각 10마리에 대해 1마리의 포상이 내려졌다(제69조). 말 아래로 떨어진 아이를 구한 자에게도 포상이 주어졌다(앞의 책, 제144조). 하룻밤 재워달라는 부탁을 거절하거나 목마른 자에게 물 주기를 거절한 자에 대한 형벌과 재산형도 정해져 있었다(제24·87조).

---

61) Op. cit., p. 138(*Works of the Members of the Russ. Orth. Mission*, Ⅳ, 1910).
　　역주 : 왕국유본 『서유기』에는 '難則爭赴'로 되어 있다.
62) Op. cit., p. 13.

칼카 지롬에 의하면, 병든 자를 사람이 없는 곳에 버린 여행자에게는 재산형이 내려지며 병든 자와 함께 머물러 병을 간호해준 자에게는 포상이 내려졌다(제12부). 도적을 뒤쫓아가서 도둑맞은 가축을 빼앗아 온 자에게는 포상이 주어졌으나 추적을 거부한 자에게는 처벌이 내려졌다(제7·10부). 위기에 놓인 가축을 구하고 도망한 가축을 붙잡은 자에 대한 포상도 정해져 있었다(제15부 제3조). 하룻밤 묵기를 청한 자의 요청을 거절한 자에게도 처벌이 내려졌다(제15부 제3조). 칼카 지롬 중에는 "만약 강·절도가 행해지는 중에 특히 선행을 베푼 자에게는 노욘이 포상을 해야 한다"는 것과 같은 일반적 성질의 규정이 있다(제4부 제23조).

마찬가지로 부랴트법도 물이나 불 속에서 사람을 구한 자에게는 포상(말 1마리)을 규정하고 있고 이와 같은 불행에 처한 자의 구조를 피했거나 게을리한 자에게는 형벌(鞭刑)을 부과하고 있다. 1781년 호리족의 구법전 제2조에 이르기를, "죽을 지경에 처한 자를 구하지 않은 자는 신체형에 처하며 이를 구한 자에게는 말 1마리를 포상으로 준다." 같은 규칙은 스텝 법전 제85조에도 들어 있다. 즉, "물·불의 재난중에 빠진 것을 목격한 자는 이를 구출해야 하고 이를 돌보지 않고 빤히 쳐다만 보고 있어서는 안 되며 이 경우 어떤 자라도 이를 도와주고 구출해주어야 한다. 이의 포상으로서 말 1마리를 준다.……이에 유의하지 않는 자는 鞭刑에 처한다"(스텝 법전 제85조 중).

칼묵법휘찬에도 가축을 이리의 공격, 폭풍우, 눈보라, 비로부터 구조하거나 늪지대, 우물 안에서 끌어낸 자에게 '구조된 가축수'에 따라 포상을 규정한 조항이 있다(제168조). "다른 사람의 가축을 불 속에서 구조한 자는 구조된 가축수에 따라 포상을 준다"(제221조).

앞에서 인용한 여러 규정은 아주 옛날 사회관계가 처음 정해진 시대에 용감한 행동과 선행에 대해 행해진 포상체계가 범죄에 대한 처벌체계와 함께 존재했음을 보여준다. 당시의 정의관념은 씨족(및 그 성원)의 이익에 반대되는 범죄에 대해 처벌을 요구하고 씨족, 종족, 민중에게 이익을 가져다 준 용감한 행위나 선행에 대해서는 포상을 요구하는 것이다. 현대사회에서는 이 관념이 법의 분야로부터 후퇴하여 도덕의 영역 안에 갇혀 있다. 그러나 몽골법 가운데 포상체계의 유물이 존재한다는 것은, 우리의 도덕적 평가 중 일부는 씨족의 상호부조 원칙에 기원을 두고 있으며 한때 일정한 (이타적인) 행위에 대한 포상과 이를 소홀히 한 것에 대한 처벌에 의해 배양되었음을 보여준다.[63]

4. 재판제도

칭기즈 칸 시대에 몽골인 간에 존재한 재판제도에 대한 예는 어떤 기록에서도 보이지 않는다. 몽골의 여러 씨족은 자기와 그 성원에게 가해진 危害에 대해 복수를 하였다(혈족간의 반목). 관습에 따라 시인받은 개인적 판단은 모든 씨족 내에서 내부 사건에 관한 한, 재판의 대행자였다.[64]

칭기즈 칸은 그 국가 안에 결정적인 재판제도를 창조해 내지 못했으나 재판장직을 마련했고 이는 그 후계자 시대에도 나타났다. 더구나 바로 그의 뒤를 이은 후계자 시대에는, 고소는 칸의 법정으로 넘겨졌고 그러면 분명 특별관리에 의해 판결이 행해졌다. 그러나 이 제도는 (실행력 있는) 행정적 결정과 같은 정도의 법정이라는 성질을 띤 것은 아니었다. 따라서 피해자가 마음대로 제재를 가할 수 있는 영역은 대단히 넓었다(특히 현행범인 경우).

이에 대해 플라노 카르피니는 다음과 같은 기록을 남기고 있다. "앞서 언급한 황제는 총리대신, 서기장, 서기를 두었고 公私 사무에는 따로 관리가 있었다. 단 변호사는 없다. 이는 모든 것이 황제의 의지에 따라 소송이

---

63) 퉁구스 민족에게서도 마찬가지 현상이 현존하고 있다(네르친스크 퉁구스족의 관습 제41조, Samokvasov, *Collection*, p. 34).

64) Palladius 역, Yuan Ch'ao Mi Shih, p. 32 ; Rashid Ed‐din, op. cit., ⅩⅣ, 56 ; 칭기즈 칸의 격언 제21.

잡음 없이 행해졌기 때문이다. 또 다른 타타르 왕공은 자신들과 관련된 일에 대해 똑같이 행동하였다."65)

루브루크는 다음과 같이 적고 있다. "재판에 대한 관습에서는, 두 사람이 서로 다투면 어느 누구도 여기에 간섭할 수 없으며 아버지일지라도 그의 아들을 도와줄 수 없다. 그러나 분명히 신체적으로 허약하다고 인정된 사람만은 왕의 법정에 고소할 수 있다. 고소 후에 원고에게 부상을 입힌 사람은 사형에 처해진다. 원고는 지체없이 즉시 법정에 출두해야 하며 부상을 입은 자는 가해자를 붙잡아 가지고 가야 한다. 유죄로 인정된다든가 죄를 자백하지 않는 한은 사형을 선고할 수 없다. 그러나 많은 사람이 그의 나쁜 행실을 인정하면 그의 죄를 자백받기 위해 괴로운 고문을 가하게 된다."66)

대부분의 사건은 당시 우세한 관습(그것은 왕왕 잔혹하고 미신적이었다)을 기초로 하여 관계자의 판단에 따라 해결되었다. 이를테면 간통중에 붙잡힌 자, 강도, 명확히 절도를 저지른 자는 수장의 천막 문턱을 넘은 자나 천막 안에서 방뇨한 자, 음식물을 토한 자, 미신 파괴 행위를 한 자와 마찬가지로 현장에서 사형에 처해진다.67)

몽골인은 피고의 자백을 판결을 내리는 데 불가결한 전제로 생각하고 있다. 그리하여 자백을 받기 위해 고문대나 기타의 고문기구를 사용했다.

오이라트족 법전이 만들어졌을 때 사법제도는 좀 더 발전하였다. 그리하여 국가의 영구적 제도로서 법정이 마련되었는데, 이는 씨족제도(호톤)와 관계를 갖고 있었으며 호톤 법정과 대법정(Zargo)의 2심 제도로 이루어졌

---

65) *History of the Mongols*(러시아어), p. 59.

66) *A Journey to Oriental Countries*, p. 79 ; Minaev, *Travels of Marco Polo*, 1902, p. 91(러시아어).

67) Plano Carpini, op. cit., pp. 9~10. 저 유명한 耶律楚材는 오고타이 칸 황후가 칭제한 시대의 몽골제국의 司法·行政에 대해 다음과 같이 기술하였다. "몽골제국의 고관은 매관을 하고 돈에 좌우되어 불공평한 짓을 저질러, 몽골 감옥은 단지 압제자의 폭행에 반대한 이유만으로 유죄 처분당한 사람들로 꽉 차게 되었다"(Groom‐Grzimailo, op. cit., p. 440).

다. 여기에는 법정기구와 권한을 제약하는 결정적 규칙이 들어 있었으며 실질적 규정과 소송수속 규정을 포함하고, 국가의 강압도 규정하고 있었다. 그러나 오이라트족의 법정기구와 권한 안에는 과거 개인적인 복수시대의 유물이 잔존하고 있었다. 이를테면, 모든 소송(형사사건을 포함)은 원고가 법정에 직접 피고를 불러들이고 이 소환으로 법정을 조직함으로써 시작된다. 또 양 당사자의 출석은 불가결하다고 생각되었으며 증인은 재판에 출석함으로써 낭비한 시간에 대해 보수를 받았다. 기타 분명 일부이긴 하지만 일정한 사건에서는 당사자가 자유롭게 처리하는 것이 가능했다. 이를테면, 세 차례 지불을 요구한 후 증인을 입회시키고 술렝가에게 통고하면 채권자는 채무자에 대해 채권을 차압할 수 있다(제63조). 신용있는 증인 앞에서 행적을 추구하는 데 성공하면 절도에 관한 법률이 (법정의 판결 없이) 즉시 적용된다(제62조). 이같은 자유로운 제재는 명확히 의론의 여지가 없는 경우에 허용되었다. 즉 앞의 첫째 경우 채무자가 채무에 대해 반박을 하지 않는 것을 전제로 하며, 둘째 경우 분명히 신용있는 증인 앞에서 유죄가 입증된 경우를 가리킨다. 소송수속 분야에서 국가원리의 더한 발전은 북몽골인의 법전 안에서 발견되며, 칼묵인 사이에서 보다 광범위한 확산이 보인다.

이를테면 칼카 지롬은 (현행중인) 절도범의 참살을 금하고 있으나 이미 참살해 버렸을 경우에는 처벌하지 않는다. 대신 살해자는 도둑맞은 재산을 도로 되찾을 수 없으며 살해당한 도적에게 재산형을 부과하지 못한다(제4부 제24조). 이 법전도 채권자의 채무 탈환을 금하고 있다. 만약 탈환이 낮에 행해지면 채권무효가 선언되며 밤에 행해지면 범인으로 간주되어 절도범과 마찬가지로 처벌된다(제14부 제13조). 이같은 경우 노욘에게 裁定嘆願이 당연히 이루어져 회수의 집행은 엘치(사자)에게 맡겨지고(제14부 제26, 29조) 이 경우에도 증인은 보수를 받는다(제14부)고 규정되어 있다.

칼묵인이 남러시아 초원으로 이주함과 동시에 오이라트 동맹의 재판제도도 따라 들어왔다. 칼묵인도 지방재판소와 상급재판소, 즉 자르고의 2심

제도를 가지고 있었다. 재판소 직원 중에는 야르가치(법정 경관)와 엘치가 있었다. 소송수속 규칙은 보통 오이라트족의 그것과 같았다. 국가원리는 훨씬 발전해 있었다.[68]

돈두크 다쉬 칸의 법에 의하면, 칼묵인 사이에서 소송은 원고의 피고소환으로 개시된다. 소송수속상 양 당사자의 출석은 불가피하며 증인은 재판진행을 도와준 것을 이유로 포상을 받는다. 원고로부터 소환을 받고도 피고가 출석하지 않으면 원고는 야르가치에게 신청하여 상대방을 엘치를 통해 소환해야 한다. 엘치에 의해 세 차례 소환을 당했음에도 불구하고 피고가 출석하지 않으면 결석재판으로 사건은 원고가 승소한다.

채권자는 증인 앞에서 채무지불을 요구해야 한다. 그러나 채무자가 지불을 거절하면 채권자는 엘치에게 제소해야 한다. 그리하여 채권은 엘치를 통해 회수된다(만약 이 수속이 이행되지 않으면 채권은 무효가 되고 재산형이 부과된다 : 제68조 제1항).[69] 예를 들면 채권자가 개인적으로 채권을 강제로 회수하는 행위는 칼묵인 간에는 이미 돈두크 다쉬 칸 시대에 철폐되었다. 지불을 요구하였는데도 채무를 이행하지 않으면 회수를 위해 정규의 사법적 처치에 제소해야 한다. 범죄가 늦게 발각되었을 때 범인을 그 자리에서 개인적으로 처치하는 것도 마찬가지이다. 1822년 칼묵 법전에서 그러한 상황을 찾아볼 수 있다. 단 여기서는 국가원리가 더욱 큰 역할을 하고 있다. 이는 절도와의 타협(개인적 처리) 금지(제18조), 피고는 다만 한 차례만 법정에 소환되며(제75·61조), 절도는 추적당했더라도 재판소를 통해 기소되고(제106조), (절도 사건에서) 증인은 포상을 받지 않는다(제111조, 주석70)) 등의 규정으로 증명된다.

---

68) 부랴트인의 경우, 재판소는 씨족제와 관련하여 씨족장과 그를 보좌하는 신용있는 씨족원으로 조직되어 있었다. 그러나 1822년 러시아가 법률을 발포할 때까지 통일적인 재판소는 전혀 없었다(Riasanovsky, *Customary Law of the Mongol Tribes*, pp. 217, 233).

69) Riasanovsky, *Customary Law of the Mongol Tribes*, pp. 270~272.

70) 그러나 집안에 침입했거나 추적을 받는 강도를 살해하는 것은 자기 방어로

이상 몽골법이 씨족적 복수와 개인에 의한 편리한 제재를 가할 수 있는 체계로부터 공법적 형식의 재판소라는 영구적 조직으로 점차 변경되었음을 알 수 있다.

제3절 사법의 기본제도

1. 가족

부권제 사회와 부권 씨족제의 기본적 특징은, ① 남계만의 친족관계 인정 ② 결혼의 영구성(특정한 한 남자와 특정한 여러 부인과의 결혼) ③ 가족에 대한 아버지의 지배권(Patria Potesta)[71]이다. 물론 보다 오래 된 제도, 즉 모권제의 잔재가 몇 가지 남아 있기는 해도 몽골인 간에는 위와 같은 특징이 뚜렷하다.

1640년 몽골 오이라트 법전과 칼카 지롬에 의하면 친족관계는 남계만이 인정된다. 이는 부랴트인의 관습에서도 마찬가지였다. 그들간에 남계의 친족관계는 결혼에 장애가 되었으나 어머니쪽의 친족관계는 전혀 문제가 되지 않았다. 마찬가지로 칼묵법에서 친족관계는 남자측만 인정되고 어머니쪽 사람은 친족으로 인정되지 않아 결혼에 장애가 되지 않았다.[72] 여기서 우리는 부권 씨족제의 가장 명백한 표현과 모권제의 명백한 소멸을 볼 수

보고 유죄로 간주하지 않는다(제107조).

71) Jenks, *The Origin of Supreme Power*, 1907, p. 17(러시아판).

72) Hyacinth, *Notes on Mongolia*, 1828, Ⅱ, 182 ; Prjevalsky, *Mongolia and the Land of the Tangauts*, vol. Ⅰ, p. 49 ; Hangalov, "Juridical Customs of the Buriats", *Ethnographic Review*, 2, 1894, p. 141 ; Nefediev, *Detailed Information Concerning the Volga Kalmucks*, p. 199 등. 최근에는 일부 몽골 종족 사이에 모계 무시가 다소 수정되어 모계에 의한 긴밀한 친족관계도 결혼의 한 장애로 여겨지게 되었다.

있다.

그러나 이처럼 몽골인의 생활에 이러한 부권 씨족적 특징이 뚜렷하게 나타나는 데도 불구하고 몽골 민족의 관습법에는 모권제 또한 그 흔적을 남기고 있다. 이것은 모권제가 부권제에 의해 대체되고, 다시 부권제가 서로 대등한 (개별) 가족에 의해 대체되었다는 설에 분명한 증거를 부여하는 것이다. 최초의 제도하에서 대표적인 결혼형태는 群婚이고 제2의 제도는 일부다처, 제3의 제도는 일부일처이다.[73]

다음으로 몽골인의 가족제도와 혼인형태에 대해 살펴보겠다.

족외혼, 즉 공통된 자손의 한 무리 안에서 혼인을 금지하는 것은 인류 공동체의 가장 오랜 제도 중 하나이다. 최초의 족외혼은 모권제와 밀접한

---

73) 여기서는 상세히 언급하지 않고 다만 본질적 양상만을 지적하는 데 그쳤다. 상세히 서술하면 흥미는 있을 것이나 이 책의 기본목적에서 멀어지기 때문이다. 이를테면 가족의 형식을 스펜서는 무질서한 성적 동거, 일처다부제, 일부일부제로 나누고 있다(*Principles of Sociology*, II, 1877, part III, chaps. V‑VIII). 그리고 모건(Morgan)은 혈연 가족, 대우혼 가족, 부권적 가족, 일부일부 가족으로 나누고(*Primitive Society*, 1900, chap. VI), 뮐러 리어(Muller‑Lier)는 무질서한 성적 동거, 군혼, 일처다부제, 일부다처제, 일부일부로 나누고 있다(*Formen der Ehe, der Familie und der Verwandtschaft*, chap. III). 그러나 이 연구자들이 지적하는 가족의 기원으로서 무질서한 성적 동거에 관한 설은 학술상 많은 반대의 표적이 되고 있으며(특히 Westermarck, *The History of Human Marriage*, I, 1921, chaps. III‑IX ; M. M. Kovalevsky, *Outline of the Origin and Development of the Family and Property*, pp. 17~18 과 그의 또 다른 저서 ; Crawley, *The Mystic Rose*, II, 1927, chap. XVII 등) 현재로는 인정받지 못하고 있음을 염두에 두어야 한다. 일처다부제 같은 제도는 일반적 경과 중 특별한 양상에 지나지 않는다. 모권제, 부권제, 개인적 가족과 이어진다는 설에도 반대가 없지는 않다. 이 설은 대부분의 연구자들에게 지지받고 있으나(그 중 Bachofen, *Das Mutterrecht* ; MacLennan, *Primitive Marriage* ; L. Morgan, *Primitive Society* ; Kovalevsky, op. cit. ; Engels, *Origin of the Family, Private Property, and the State*, 1906 ; Kohler, *Zur Uhrgeschichte der Ehe*, 1897, 특히 Chap. II, para. 7) 반대설도 있다(Westermarck, op. cit., I, VIII ; Rivers, *Social Organization*, 1924, V ; Leontovich, "On the Origin of the Family", *Jour. of the Min of Just.*, 1900, VII).

관계를 가지고 있었으나, 부권제 사회에서도 유지되었다. 그 기원에 대해서는 학자에 따라 여러 가지 설이 있는데, 이를테면 맥레넌(MacLennan), 모건(Morgan), 웨스터마크(Westermarck), 콜러(Kohler), 코발레프스키(Kovalevsky) 등의 설을 들 수 있다.

코발레프스키는 이 문제에 대해 다음과 같이 기술하고 있다.

현재 알려져 있는 가족제도 형태 중 가장 간단하며 가장 오래 된 것은 ……각 종족 내에서 다만 두 무리의 존재만이 허용되고, 그 각 무리의 남녀는 공통된 가족명을 가진다. 이 제도하에서 친족관계는 어머니측만이 인정되고, 같은 무리 내의 사람들은 서로 성관계를 맺어서는 안 된다. 한 예를 들어보자. 남오스트레일리아 간비야 산의 카미라로이 종족은 씨족 또는 로마의 씨족(gens)을 떠올리게 하는 단 두 무리, 즉 쿠미트(Kumit) 무리와 크로키(Kroki) 무리로 나뉘어져 있다. 각 무리는 모두 남녀로 구성되어 있고, 같은 무리 내에서의 혼인은 금지된다. 즉 이들 무리는 족외혼을 취한다. 동시에 쿠미트 무리에 속한 남자는 크로키 무리 여자의 정규 남편이며, 크로키 무리의 각 남자는 쿠미트 무리 각 여자의 남편이다. 크로키 여자와 쿠미트 남자 사이에서 태어난 어린아이는 크로키 무리로 들어오는 한편, 크로키 남자와 쿠미트 여자와의 동거로 태어난 아이는 쿠미트 무리에 속한다. 아이의 이름은 모두 어머니가 붙이며 어머니쪽 사람이 된다. 어떤 무리든 따로 특별한 지역을 가지고 있지 않다. 양자 모두 같은 토지에서 거주하며 수백 마일의 거리에 산재해 있다. 따라서 크로키 남자나 여자는 모두 쿠미트 여자나 남자의 남편과 처가 될 권리를 가지고 있었으므로 항상 스쳐 지나가는 크로키 무리에 속하는 한 남자가 일찍이 태어난 고향을 떠난 적 없는 쿠미트 여자와 우연히 관계를 맺는 경우도 있을 법하다. 여기서 遇客婚이라는 이름으로 알려진, 스쳐 지나가는 손님의 침실시중을 들기 위해 부인을 제공하는 관습의 기원이 나타난다.……

오스트레일리아와 북아메리카의 토착민 간에도 복잡한 사회제도 형태가 빈번히 보인다. 여기서는 두 개의 근본적인 무리가 다른 여러 씨족으로 세분된다. 앞에서 언급한 제도에서 나온 이보다 복잡한 형태의 잔재는 다음과 같은 사실로 증명된다. 즉 이들 씨족원들 간에는 무차별 결혼이 금지되어 있고, 어떤 무리에 속하는 씨족원은 다만 그 반대 무리의 씨족원하고만 결혼할 수 있다.……74)

몽골인 사이에서도 이 족외혼이 존재하고 그 본질적 특징은 최근까지도 유지되었다. 친족간이거나 공통된 먼 친족을 가진 사람들 간의 결혼은 고대 몽골인 사이에서 허용되지 않았다. 이를테면『몽골비사』와『알탄 톱치(Altan Tobchi)』를 통해 칭기즈 칸의 아버지가 며느리감을 찾아 다른 씨족이 사는 먼 곳으로 갔음을 알 수 있다.

몽골 오이라트 법전 제116조에 의하면 버려진 처는 그 형제와 아이막의 형제(씨족원)가 (몸값을 지불하고) 데려올 수 있었다. 이 규정은, 적어도 부인이 그 아이막 이외의 사람과 결혼했음을 나타낸다. 1815년 이번원칙례는 같은 세대의 몽골인 간의 결혼을 금하고 있다(제1편 481조).75) 부랴트인과 칼묵인 사이에서도 혼인은 족외혼의 성격을 띠며 남계 친족관계는 결혼에 장애가 되었다. 이는 현대 부랴트인 생활의 연구자 페트리(Petri)에 의해 확인된다.76) 그는 다음과 같이 지적하고 있다. "부랴트 씨족은 완전한 족외혼제를 취하고 있어 씨족 내에서는 어떤 결혼도 행해지지 않는다. 어떤 씨족에 대해 다른 모든 여러 씨족은 '할루(Halu 또는 Halun : 따뜻한, 자신

---

74) M. M. Kovalevsky, "Outline of the Development of the Family and Property", Lectures given at Stockholm University, 불어로부터의 번역, pp. 19~21, 1895 ; L. Morgan, *Primitive Society*, 1900, p. 49 sqq., 351 sqq.(러시아판).

75) 몽골어에서 '세대'라는 말은 오토크와 같은 뜻이다(몽골 오이라트 법전 제122조 등 참조).

76) "Marriage Provisions of the Northern Buriats", *Collection of Works of the Government University of Irkutsk*, Ⅷ, 1924, p. 5.

의)'와 '하리(Hari : 外人)'의 두 무리로 구분되고 '할루'와는 절대 결혼할 수 없다. '할루' 무리는 지역적으로 관계가 있는 씨족과, 아직 '뼈의 분리' 의식을 행하지 않은 같은 혈통에 의해 연결되어 있는 여러 씨족을 포함한다. '하리' 무리는 다른 모든 씨족을 포함하며, 그들과의 결혼은 허용되었다."

앞서 언급했듯이 몽골법은 특히 친족관계의 조직면에서 부권제 원리의 영향을 강하게 받고 있으나 몽골 민족의 관습법은 어느 정도 모권제의 흔적을 남기고 있다. 이를테면 『몽골비사』·『알탄 톱치』·『칭기즈 칸 연대기』에서는 알란 고아(Alan Goa)77)라는 여자를 칭기즈 칸 족보의 맨 처음에 싣고 있다.

아다시피 사망한 아버지를 대신해 그 자매와 아이들의 후원자, 보호자가 된 어머니쪽 백숙부(avunculus)는 모권제하에서 매우 중요한 지위를 차지하였다. 반드시 어머니가 아니더라도 그는 종종 가족의 장이 되었다. 모권제하(또 어느 때는 더 이후 시기에도)에서 그는 친족 중 최고의 지위를 차지하고 있었다. 그 결과 자식이 없으면 처의 조카(처의 형제의 아들)가 죽은 남편의 상속인이 되었다. 이러한 가족관계는 백숙부권제를 나타내는 것이다. 많은 연구자들은 백숙부권제 시대가 모권제와 부권제의 과도기라고 생각하고 있다.78)

『몽골비사』에 이르기를, "테무친(帖木眞)이 9살 때 그의 아버지 예수게이바아토르(也速該巴阿禿兒)는 호에룬에케(訶額崙額客)의 외가인 올쿠누드(斡勒忽兀惕) 씨족(오르훈 씨족)이 사는 곳으로 테무친을 데려갔다. 어머니의 외삼촌으로부터 며느리를 얻기 위해서였다"79)고 한다.

---

77) *Secret Chronicle*, pp. 25~30 ; *Chronicle of J. Kh.*, 254~5 ; *Altan Tobchi, Works of the O. S., Russ. Arch. Soc.*, VI, p. 121.

78) 그러나 다른 연구자는 백숙부권제를 보통 모권제의 한 양상으로 생각한다. 이 문제에 관한 논쟁에 대해서는 러시아 문헌으로는 Kovalevsky, *Scientific Results*, vol. X, pp. 31 sqq. 참조. 덧붙여 말하지만, 슈라더(Schrader)는 avunculus의 어원을 avus(아버지의 조부)에서 구하지 않고 그 古形인 avi(라틴어 avia, 조모)에서 구하고 있다(*The Indo‐Europeans*, 1913, pp. 143~144).

79) P. 35. Altan Tobchi, *Works of the O. S. Russ. Arch. Soc.*, VI, 1858, p. 124 참

이 인용문으로 보아 어머니쪽 씨족은 다른 씨족일 것이며, 그 씨족으로부터 며느리를 구하고자 한 것이 틀림없다. 그리고 어머니쪽의 백숙부는 결혼에서 중요성을 갖고 있어 우월한 대우를 받았음을 알 수 있다.

모권제의 잔재는, 또 처의 친정집에 자식을 양자로 보내 그곳의 딸과 약혼하는 관습 가운데서 엿볼 수 있다. 이렇게 해서 칭기즈 칸은 다이 세첸(Dai Setsen, 德薛禪)의 집으로 보내졌다.[80]

당시 몽골인의 결혼에 대해 플라노 카르피니는 다음과 같이 보고하고 있다. 몽골인은 50명에서 100명이나 되는 처가 있으며, "그들은 그의 생모, 딸, 생모의 자매를 제외한 모든 친족과 결혼할 수 있다. 또한 어머니가 다른 자매와도 결혼할 수 있고, 아버지의 사망 후 아버지의 처와도 결혼할 수 있다."[81]

이 점과 아울러 앞서 언급한 증거를 통해 보건대, 몽골 오이라트 법전 시대, 즉 17세기 부권 씨족제도는 몽골인 사이에서 매우 正則的인 것이었으나 이보다 약 4세기 전에는 일부다처제를 수반하는 부권제가 아직 모권제의 중요한 유제를 동반하고 있었다. 같은 아버지를 둔 자매와는 결혼할 수 있었던 반면 같은 어머니를 둔 자매와는 결혼할 수 없었던 것은, 13세기 외가 씨족(다른 씨족으로서)으로부터 처를 취하는 것이 허용되고 있음에도 불구하고 어머니쪽 친족이 아직 엄격히 인정받고 있었으며, 결혼에서 어머니쪽의 친족관계가 주로 고려되었음을 말해준다. 물론 아버지가 자기의 딸과 결혼할 수 었었다는 것은 역시 아버지쪽의 친족관계가 가장 엄격히 인정받았음을 나타낸다. 야사 제34조에서 (어머니쪽의 조카가 아니라) 아들에게 인정한 상속권은 다시 부계 혈통의 권리를 분명히 하고, 또한 아버지쪽 자손 (및 이를 통한 친족)의 승인을 분명히 하고 있다.

이렇듯 13세기에 부권제는 이미 몽골인 간에 지배적이었으나 그 정점

조.
　역주 : 이 글은 那珂通世, 『成吉思汗實錄』에 따른 것이다.
80) *Secret Chronicle*, p. 17.
81) *History of the Mongols*, p. 5(러시아어).

또는 충분한 발전 단계에는 도달하지 못했음이 명확하다. 자손은 남계에서 인정되었으나 친족관계에서는 모권제의 잔재가 남아 있었다. 이같은 잔재는 이후 몽골의 관습법 속에도 남아 있었다.

1640년 몽골 오이라트 법전은 친족관계를 남계에 한해 인정했는데도 불구하고 어머니쪽의 아버지 및 백숙부와의 채무관계는 존재하지 않았으며 어머니쪽 친족으로부터 절취하는 것은 범죄로 간주하지 않아 지불이나 선물로 손해를 배상함으로써 해결되었다(제118조). 마찬가지로 칼카 지롬도 어머니쪽의 친족(조부, 또 그의 사후 백숙부와 어머니쪽의 손자[조카])에 대해 얄(Yal : 재산형)의 징집을 금하고 있다(제8부). 부랴트인 사이에서 어머니쪽 씨족은 나크사누트(Nakhsanut), 즉 어머니쪽 백숙부의 씨족으로 불렸다(나크사는 어머니쪽 백숙부라는 뜻). 이 씨족과의 관계에서 부랴트인 본인은 제 후 분(Ze‐hu‐bun), 즉 자매쪽의 조카로 불렸다. 나크사누트의 전 씨족은 그 제 후 분을 후원하고 우대하며 관심을 나타내고, 궁핍하여 불행해지면 구휼해 주어야 했다. 한편 제 후 분은 어머니쪽 씨족 전원을 윗사람으로 존경하는데, 예컨대 그 씨족 중 누군가가 자신의 손자뻘이 될 만큼 어리더라도 시중을 들어야 했다. 균등하게 그들 전부를 '나크사'라 부르고 존경과 예절로써 대했다. 나크사누트 씨족 사람과의 결혼은 특히 경사스러운 것으로 간주되었다.

부랴트인은 똑같이 그 처의 씨족을 특별히 존경해야 했다. 그 씨족 전원에 대해 예컨대 최연소자까지도 '아케(Akhe : 長上)'라고 부르고 그들이 무관심한 태도를 보이더라도 이를 참아내야 했다. 사위는 무슨 일이든 참고 따라야 하며 처의 친족이 행한 징계와 질책에 대해서도 의의를 제기할 수 없었다. 장인과 처의 형제들을 욕하는 것은 큰 죄로 간주되었다.[82] 칼묵법에서는, 어머니쪽 조카 등 친족은 백숙부 등 친족의 가축을 선물로 요구하였는데 관습을 위반하고 승낙하지 않았을 경우에는 이를 몰고 갈 권리를 가지고 있었다(제54・47조, 칼묵법휘찬).

---

82) Petri, *Marriage Provisions*, pp. 27~29 참조.

이 모든 것은 모권제, 또 그 시대의 친족법, 상속법의 유물임이 명백하다.

몽골인 간에 群婚은 보이지 않고 다만 특정한 남자와 특정한 여자들과의 결혼, 즉 일부다처 형태에서 영속적 결혼이 보일 따름이다. 그런데도 전기(군혼)의 유물은 주목할 만한데, 예컨대 몽골 민족 간에는 환대를 위한 雜婚이 행해졌다.

예를 들면, 몽골 오이라트 법전 제24조는 아이 없는 부인이 하룻밤 숙박을 거절하지 못하게 하고 있다. 환대하지 않았을 경우에는 재산형을 부과하고, 나아가 그 여자가 환대를 거절할 경우 선서를 요구하기조차 했다. 레온토비치는 이를 환대를 위한 매음의 증거로 보았고, 이바노프스키(Ivanovsky)는 환대를 위한 잡혼관습은 타르바가타이(Tarbagatai)의 토르구트인(Torgut) 사이에 보존되고 있다고 지적하고 있다.[83]

레온토비치와 이바노프스키의 이같은 증언은 부랴트인의 관습을 통해 일정하게 증명된다. 페트리는 멀리 북부랴트인이 살고 있는 지방에 환대를 위한 잡혼이 여전히 존재하는 것으로 생각된다고 보고하고 있다. 그러나 그 곳의 주민들은 이 사실을 부정하며 다른 곳에 이런 관습이 존재한다고 주장하고 있는데 왕왕 조사자가 방문한 곳을 예로 드는 경우가 있다. 이러한 사정으로 보건대, 위와 같은 관습은 최근까지 존재하였으나 조사한 시대에는 유행하지 않은 듯하다.

그러나 페트리는 쿠딘스크(Kudinsk) 초원에 이것과 약간 관련이 있는 다른 습관, 즉 다른 씨족으로부터 아직 미혼의 벗이 방문하면 자기의 첩인 탈라(Tala)에게 방문자의 시중을 들게 해야 한다는 가르가제 우고(Gargaje Ugo : 끌어내어 주다) 습관이 존재하고 있음에 주목하였다.[84]

더구나 몽골인 간에 군혼의 또 다른 잔재, 즉 수혼제(아들 없는 과부를

---

83) *Anthropological Sketch of the Torguts of the Tarbagatai Region of the Chinese Empire.*

84) Op. cit., p. 25.

죽은 남편의 형제가 취하는 것)가 존재하였는데 이 경우 과부는 죽은 남편의 동생이나 형의 처가 된다. 이는 긴밀한 친족, 즉 형제가 처를 공유하는 제도의 유물이다.[85] 이는 모권제 시대에도 남아 있었으며, 보다 높은 발전단계에 이른 민족 이를테면 유대인·그리스인·인도인들에게서도 보인다. 이런 습속이 남아 있었던 것은 죽은 남편의 혈통을 계승하기 위해서만이 아니라 경제적 고려(혼인지참물과 과부를 집안에 보류하며, 처를 데려올 때 구입비 내지 몸값을 지불했기 때문에 이를 재산으로 간주) 때문이었다. 플라노 카르피니는 몽골인 간에 수혼제가 존재하는 사실에 대해 다음과 같이 기술하고 있다. "바로 밑의 동생 또는 다른 동생은 죽은 형의 아내를 취해야 한다."[86]

같은 관습은 북부랴트인에게서도 보인다. 베르콜렌스크 부랴트족의 관습 중에는 다음과 같은 항목이 있다. "교환혼, 또는 칼림으로 얻은 처는 어떤 이유로든 남편의 곁을 떠날 수 없으며, 아들이 있으면 더더욱 떠날 수 없다(제20조). 남편이 사망했다 해도 어떤 이유로든 남편의 친족을 떠날 수 없다. 그녀를 데려오는 대신 죽은 남편의 자매나 가까운 친족의 여자 또는 칼림을 주었기 때문이다. 따라서 그녀는 죽은 남편의 형제나 근친, 심지어는 시아버지의 처가 되어야 한다"(제21조. 스텝 법전 제90조와 비교).

그러나 부랴트법에서는 수혼제가 수정되어, 의무의 강도가 약화되었다. 과부는 남편의 형제나 그 친족과의 결혼을 거절할 수는 있으나 이 경우 재산청산이 이루어지며 시부모는 과부며느리를 다른 곳에 시집보내고 칼림에 충당해야 한다. 그리고 칼림은 남편의 상속인에게 주어진다. 한편 죽은 남편의 친족이 모두 이 과부와의 결혼을 희망하지 않으면 그녀는 자유로운 몸이 된다. 단 결혼을 하게 되면 그녀에게 주어진 칼림은 첫 배우자의 상속인에게 부여된다(제21·22조).

---

85) 일부 사회학자(Bachofen, MacLennan, Kautsky)는 수혼제를 일처다부제(처 1명과 형제의 군혼)의 유물로 보고 있다.

86) Plano Carpini 저, Mahlein 역, *History of the Mongols*, 1911, p. 5 ; G. Gomboev, op. cit., p. 246 참조.

일처다부제는 모권제 시대와 밀접한 관련이 있고 일부다처제는 부권제와 밀접히 관련되어 있으나 그 근원은 모두 군혼제에서 찾아야 한다. 부권제 아래서 일부다처제는 사회적, 특히 경제적 요소(처는 가정경제에서 가치있는 노동자였다)와 함께 인접한 여러 씨족과 종족과 친교를 유지할 필요에서 행해졌다. 그러나 부권제 아래서도 일부다처제는 점차 일부일처제로 옮겨갔다. 그 과도적 양상으로는 다음과 같은 것이 있다. 처 한 명이 첫째 부인으로서 우월한 지위를 점하며(조상에 대한 제사의식과 화로를 지키는 일에 참가할 권리를 가짐), 다른 처는 둘째 부인 또는 종속적인 처, 심지어 첩의 지위로 떨어진다. 어떤 경우에는 둘째 부인을 취하는 것이 중대한 이유(아들이 없어 첫째 처가 승낙하는 경우 등)[87]가 있을 때에 한해 허용되는 것 등이다.

몽골법은 일부다처제를 친족법의 관습적 제도라고 인정하고 있다. 이에 관한 기록은 칭기즈 칸의 대야사(제21·34·35조), 1640년 몽골 오이라트 법전(제33조), 1789년 이번원칙례(제2편 제12조),[88] 1815년 이번원칙례(제1편 제164조),[89] 부랴트법에서는 부랴트인의 관습(셀렝가 부랴트족의 관습 제59·60조), 북부랴트인의 관습(베르콜렌스크 부랴트족의 관습 제17조 補遺, 한갈로프의 제6조) 등에서 보인다. 일부다처제는 또 칼묵인 간에도 행해졌다.

플라노 카르피니에 의하면 당시 몽골인 간에는 일부다처제가 고도로 발달해 있었다. 동시에 대야사는 이미 처 한 명을 윗사람, 즉 첫째 부인으로 간주하고 있었다(제34조).[90] 구 차진 비치크는 화로의 수호자로서 처의 중

---

87) Muller Lyer, *Formen der Ehe*, p. 48.

88) 역주 : 원문에 (11, 12)라고 되어 있으나 분명 제2편 제12조, 즉 (II, 12)의 잘못이다.

89) 역주 : 원문에 (1, 164)로 되어 있는데, 제1조 제164조로 읽을 수 있다. 그러나 이것은 제1편 제164조의 오식, 즉 (I, 164)의 잘못으로 생각되어 정정하였다. 제1편은 민사법전이다.

90) Plano Carpini, op. cit., 15 참조.

요성을 강조하고 있는데, 화로 숭배는 몽골인 사이에서도 잘 알려져 있다.[91]

부랴트인 간에는 이르쿠츠크 지구(바르딘스크 지방이 분리한 사이구트 씨족)와 발라간스크 지구의 샤먼교를 믿는 부랴트인의 결혼풍습과 마찬가지로, 화롯불 숭배의식이나 신부가 새 씨족의 불에 기름이나 지방을 붓는 의식이 행해졌고 이는 결혼식의 일부였다("On Marriages Among the Buriats" 「부랴트인의 결혼에 대하여」, *Siberian Archives* 『시베리아 자료』 제7, 1912 ; Potanin, *Outline of Northwestern Mongolia* 『서북 몽골 개설』 제4권, 31쪽 참조). 한때 신부의 지참물 중에는 화로에 거는 가마가 포함되었는데, 그녀가 남편의 새로운 장막(유르트)의 수호자가 되기 때문이다.

칼카 지롬은 왕공의 딸인 경우 일부다처제에 제한을 가했다. 즉 타부난의 둘째 부인으로 되는 것이 금지되었고, 타부난도 첫째 부인이 왕공의 딸인 경우 둘째 이하의 부인을 취해서는 안 되었다(제8부 제1·2·3·4조). 1815년 이번원칙례는 정규 처와 종속적인 처를 구별하고 있다(제1편 제164조). 마이스키에 따르면 현대 몽골에는 일부다처제가 드물다.[92]

18세기의 사람 게오르기(Georgi)가 이미 지적했듯이 부랴트인은 보통 2명의 처를 갖는데 4~5명이나 혹은 단 1명의 처만을 갖는 자도 있었다. "그들은 살 수 있는 한 많은 처를 취한다. 어떤 사람은 4~5명, 대부분은 2명, 또 어떤 사람은 빈곤, 정절, 연애 등을 이유로 단 1명의 처를 갖는다."

현대 부랴트인 간에는 일부다처제가 존재하고 있으나 보급되어 있지는 않다. 이를테면 셀렝가족의 관습에 의하면, 부부간에 아이 특히 남자아이가 없으면 남편은 첫번째 처의 동의를 얻어 다른 여자와 결혼할 수 있다. 그래도 남자아이가 없으면 먼저 두 명의 처의 동의를 얻어 셋째 처를 취할

---

91) 칼카 지롬도 화로에 손을 대지 말 것을 기술하고 있다. 그 제4부 제19조 "맹세를 할 때, 화로 위 가마(혹은 화로)를 건드리면 괜찮고, 만약 가마가 엎어지면 배상을 해야 한다"는 부분 참조

92) 역주 : 원서에는 각주가 나와 있지 않다. 아마 "Modern Mongolia"일 것이다.

수 있다. 다만 셋 이상의 처를 취하는 것은 금지되어 있다(제59조). 그러나 1명의 남자아이를 가졌더라도 둘째 처를 필요로 하면 라마와 주된 윗사람의 동의를 얻어 다시 결혼할 수 있다. 라마와 윗사람은 그가 다른 처를 원하는 데 충분한 이유가 있다고 인정되면 허가한다. 이러한 허가 없이 결혼하면 처벌받는다(제60조).

1841년 스텝 법령집에서는 이 규칙이 부랴트인의 호리족·셀렝가족·바르구진스크족(Barguzinsk)에 대해 발포되고 있다. 한갈로프(Hangalov)에 의하면, 북부랴트인은 2~3명의 처를 취하는 경우가 드물다. 혹 그럴 경우는 보통 첫번째 처가 임신하지 못하고 둘째 처에게 남자아이가 없기 때문인데, 이같은 이유로 인해 비로소 셋째 처를 취한다(한갈로프 제6조). 부랴트인의 첫번째 처는 가정에서 우세한 권력을 가지고 있어 가정경제를 감독하며, 둘째 및 셋째 처는 첫째 처에게 종속되어 있을 뿐 아니라 그의 동생으로 여겨진다. 부랴트인은 누구나 3명 이상의 처를 취하지 못한다. 대부분의 부랴트인은 처가 1명뿐인데, 그 주된 원인은 민중의 경제적 상황과 둘째 처를 취할 만한 이유가 없기 때문이다. 더구나 북부랴트인 간에 보급된 기독교가 이같은 변화에 큰 역할을 하고 있다. 요컨대 현대 부랴트인은 일부일처제에 가깝다고 할 수 있다.

혼인형태를 볼 때, 가장 오래된 형태 중 하나는 신부의 약탈 또는 유괴에 의한 결혼이다. 처를 얻는 이러한 형식은 분명 종종 족외혼의 요구에 따른 것이다. 신부유괴가 결혼에서 개인적 소유(무리의 소유가 아니고)의 기초가 된 것은 있을 수 있다. 원시적인 신부유괴 형태가 수정된 것은 신부의 동의, 즉 남녀의 밀통에 따른 유괴였다.

이 혼인형태의 유물은 몽골법 안에서 보인다. 1640년 몽골 오이라트 법전 제41조는 약혼하지 않은 처녀에게 사랑의 도피를 설득한 자에게 재산형을 내리고 있다. 1815년 이번원칙례는 다른 사람과 약혼한 여자를 유괴할 경우, 신부는 자기 집으로 돌아가며 유괴한 자에게는 막대한 재산형을 규정하고 있다(제1편 제382·484조). 다른 사람의 처 및 처녀에 대한 유괴는 칼카 지롬에도 언급되어 있는데 게겐에게 피난처를 구한 유괴자는 보통의 칼림과 같은 액수를 재산형으로 부과한다.

스텝 법령집(1841) 제12조 및 39조는 결혼을 목적으로 처녀를 유괴한 범인에게 적당한 칼림을 지불하게 하고 있다(이러한 사건에 관련된 처녀는 양친의 제소가 있을 경우, 편형에 처해진다). 당사자의 동의하에 행해진 신부유괴는 현재 몽골에서 행해지고 있다.[93] 북부랴트인 간에도 현재 신부의 동의에 의한 유괴는, 신랑에게 지불능력이 없거나 신부의 양친이 딸을 주기를 거절할 때 행해진다. 유괴는 남편이 속한 씨족의 젊은이가 모두 참가한 가운데 행해진다(페트리). 유괴를 보여주는 것은 몽골인 결혼식의 일부를 이룬다.

루브루크는 다음과 같이 말한다.

이를테면 어떤 사람이 다른 사람으로부터 딸을 얻는다는 약속이 이뤄지면 처녀 아버지는 잔치를 열며 처녀는 가장 가까운 친족에게 달려가 숨는다. 그러면 아버지는 "자아 딸은 네 것이다. 찾아냈으면 데리고 가거라" 하고 말한다. 이에 신랑은 친구들과 함께 처녀를 찾아내 있는 힘을 다해 꽉 붙잡아 외면상 난폭하게 그녀를 집으로 데리고 간다.[94]

이같은 관습은 현대 부랴트인 사이에도 존재한다. 신부를 신랑에게 데리고 가는 친족들은 신부를 자신들 쪽으로 잡아당기고 다른 방향의 친족들은 자기 방향으로 끌어당긴다. 이렇게 끌어당기는 사이에 전자가 이기면 비로소 신부를 신랑에게 데리고 갈 수 있다.[95] 유괴의 상징은 칼묵인의 결혼식

---

93) Maisky, *Modern Mongolia*, p. 52.

94) Rubruquis, *A Journey to Eastern Countries*, 1911, p. 79 ; Hyacinth, *Notes on Mongolia*, Ⅱ, 184 참조.

95) 알라르 부랴트(Alar Buriat)족 사이에서 남자들은 신부를 억지로 끌어내려 하고 여자들은 신부가 가지 못하도록 잡아당긴다(Potanin, *Outlines of Northwestern Mongolia*, Ⅳ, p. 31 참조).

에서도 행해지고 있다.[96]

아다시피 신부유괴로 빚어지는 여러 종족이나 씨족간의 분쟁은 유괴자가 몸값이나 구입비를 지불하는 것으로 해결되었다. 이러한 관습의 유물은 신부에 대한 지불금(Veno, 칼림)이며, 이는 결혼에 매매양상을 띠게 하였다.

이 마지막 혼인형태는 몽골법에서 관습적으로 보급된 것으로 인식되고 있다. 고대 몽골인에 관한 기록 중 루브루크가 언급한 "그들의 결혼을 보면 아내를 사지 않는 한 이를 얻을 수 없다"[97]라는 부분이 있다. 플라노 카르피니는 "그들은 다른 모든 여자를 아무 차별 없이 처로 삼으며 그 부모에게 큰 비용을 지불하고 처를 산다"고 기술하고 있다.[98]

몽골 오이라트 법전에 따르면 딸을 결혼시킬 때 그 부모나 보호자는 몸값이나 구입비를 받는다(지불은 주로 가축으로 이루어짐). 그리고 따로 신부에게 지참물을 주는데 그 액수는 상대방의 사회적 지위에 따라 정해진다(제35 · 40조). 같은 규정은 칼카 지롬(제13부), 1789년 이번원칙례(제2편 제13조 : 여기서 몸값은 '신부에 대한 선물'로 불린다),[99] 1815년 이번원칙례(제1편 제471 · 481조)[100]에도 보인다.

이처럼 부랴트법은 몸값을 칼림이라는 이름으로 부르고 있으며(스텝 법전 제12 · 13조, 호리 부랴트족의 관습 제6장 제1 · 2조, 베르콜렌스크 부랴트족의 관습 제17 · 19조, 발라간스크 등의 부랴트족의 관습 제6장, 한갈로프의 법관습 제3조 등), 이러한 칼림은 일찍이 가축으로 지불되었으나 최근에는 화폐로 지불되고 있다.

---

96) 이를테면, Lubbock, *The Beginning of Civilization and Primitive State of Man*, 2nd. Ed., p. 83.
97) Rubruquis, Ibid., 1911, p. 78.
98) Op. cit., p. 78.
99) 역주 : 원문에 (11, 13)으로 되어 있으나 분명 제2편 제13조, 즉 (II, 13)의 잘못이므로 정정했다.
100) 역주 : 원문에는 (11, 471, 481)이라고 되어 있으나 (I, 471, 481)의 잘못이므로 정정했다.

몽골법에는 또 하나의 오랜 혼인형태가 남아 있다. 즉 노동에 의해 신부를 얻는 형태인데, 바로 성서시대에 야곱이 라반 밑에서 레아를 얻기 위하여 먼저 7년, 그 후 라헬을 얻기 위해 다시 7년간 노동을 제공했다는 이야기를 떠올리게 한다. 이에 관해 칼카 지롬은 다음과 같이 규정하고 있다. "무릇 가축(칼림)을 지불하지 않고 처를 얻기 위해 일하는 사위가 되어 (신부집으로) 들어갔다가 뒤에 약속을 어기고 그 집을 떠나게 되면 10보다와 30마리의 양을 지불해야 한다." 한갈로프의 법관습에는 다음과 같이 보다 상세한 규정이 인용되고 있다. 이르기를, 빈곤하여 칼림을 지불하고 처를 얻을 수 없는 자는 일정 기간 동안 노동을 하면 주인은 칼림을 대신 지불해주고 처를 얻게 해주겠다고 약속한다. 소정의 기간이 지난 후 주인은 마구, 쟁기와 써레가 달린 말 1마리, 썰매 1대, 새끼를 밴 소 1마리, 새끼를 밴 말 1마리, 새끼를 밴 양 1마리를 곁들여 휴가를 보낸다. 때로 주인은 집이나 장막(유르트)을 세워주며 밭 1데사친, 파종한 토지 1데사친을 주어야 한다. 이것들을 위해서는 6년에서 8년간을 노동해야 한다(한갈로프 법관습 제7조). 이 경우 주인은 보통 신부의 친족이나 장래의 장인이다.

스텝 법령집 제347~349조에도 똑같이 신부의 몸값을 신부 부모에게 노동으로 지불하는 것이 예시되어 있다. 페트리는 다음과 같이 기술하고 있다. "신부를 얻기 위해 노동하는 습관은 오랜 옛날부터 존재해 온 것이다. 칼림을 지불할 능력이 없는 젊은이는 약혼한 신부의 씨족에게 가서 거기서 보통 고용인으로서 일정한 연한을 일했다.……신부를 얻기 위해 노동하는 관습은 지금도 남아 있으나 옛날과 달리 칼림의 반은 화폐로 지불하며 나머지 반은 노동으로 제공하게 되어 있다."101)

부랴트법도 중매결혼과 교대혼을 인정하고 있다. 남부랴트인은 교대혼을 '안다(Anda)', 북부랴트인은 '교환혼'으로 부르고 있다. 이는 두 부모가 두 쌍의 아이들을 서로 결혼시키는 방법이다. 이를테면 한쪽 집안의 아들과 다른 쪽 집안의 딸을 결혼시키고 다시 한쪽 집안의 딸과 다른 쪽 집안

---

101) Rubruquis, op, cit., p. 19.

의 아들을 결혼시키는 것이다(스텝 법전 제14조, 호리 부랴트족 관습 제6장 제1·2조 등, 베르콜렌스크 부랴트족의 관습 제17·19조, 발라간스크 부랴트족 등의 관습 제6장, 스텝 법령집 제343·304조). 이러한 경우 칼림은 상쇄되는데 이 방법은 이 혼인형태의 경제적 기초가 된다.

신부의 몸값을 지불해야 할 필요 때문에 당연히 몽골인들은 처에 대해 더 많은 관심을 갖게 된다. 발라간스크족 등 북부랴트인의 기록 중에 다음과 같은 기사가 보인다. "부랴트인이 얻은 처는 남편과의 동거생활에서 서로 대등한 조력자로서, 노예가 아니며 구매된 자로 간주되어야 한다"(제6편 서문).

몽골인의 혼인 종류와 형태에 대해 이미 언급한 것 이외에도 그들간의 혼인은 당사자만의 개인적 성질을 띤 것이 아니라 전 씨족과 관련된 것으로 여겨졌음을 덧붙일 필요가 있다. 현재 그 유일한 유물은 결혼 전에 부모의 동의를 구해야 하고, 구하지 못할 경우 존속의 동의를 구해야 한다는 것이다. 더욱이 그들에 의해 그리고 그들에게 칼림을 지불해야 한다.

이를테면 몽골 오이라트 법전에는 씨족을 유지하기 위해 40키비트카(戶)당 4키비트카는 그 자식을 결혼시키고, 양친 (및 보호자)은 몸값을 주고 혼인지참물을 받아야 한다는 규정이 있다(제37·35·40조). 이 규정은 약간의 변화는 있지만 칼묵법에서 되풀이되고 있다(칼묵법휘찬 제154조). 그러나 칼묵법에는 부모가 딸의 동의 없이 딸을 결혼시키는 것을 금지하는 조항이 있다(동 161조). 부랴트법에 의하면 약혼은 신부와 신랑의 부모에 의해 행해지며 부모가 없으면 가장 가까운 친족에 의해 증인이 되는 씨족원의 윗사람 앞에서 행해진다. 이러한 약혼은 종종 연소자(1763년과 1788년 호리족의 결의, 호리 부랴트족의 관습 제6·1장, 스텝 법전 제12조, 셀렝가 부랴트족의 관습 제42조, 베르콜렌스크 부랴트족의 관습 제17·19조, 발라간스크 부랴트족 등의 관습 제6장)나 어떤 때는 아직 태어나지도 않은 아이에게도 행해진다.

부모끼리 약속한 약혼의 실천을 신부나 신랑측에서 거부한다거나 부모

모르게 혹은 부모의 동의를 얻지 않고 결혼을 치르는 경우도 있지만, 이러한 행위는 범죄로 간주되어 재산형이나 칼림의 지불을 부과받는다(셀렝가 부랴트족의 관습 제43·45조, 베르콜렌스크 부랴트족의 관습 제24·28조).

결혼이 전 씨족과 관련된 것으로 여겨지는 것은 여기에 수반되는 재산처리 방법에서 분명하다. 이를테면 몽골 오이라트 법전은 10명의 남자가 1명의 결혼을 도와주어야 하며 칼묵법에서는 (의무적인) 결혼비용을 공동체가 부담하도록 규정하고 있다. 부랴트인에 관해 페트리는 다음과 같이 기술하고 있다. 칼림은 신랑측 가족이 지불하지만 전 씨족도 그 지불과 결혼잔치 비용의 지불에 가담한다. 즉 칼림의 지불을 위해 신랑의 아버지에게 돈을 (무이자로) 빌려주며 결혼비용으로서 (돌려받을 가망이 없더라도) 돈을 빌려준다. 더구나 전 씨족원은 결혼에 즈음하여 타라슨(술)을 지참하는데 이는 손님접대에 가담하기 위한 자신의 의무로 생각한다. 이러한 사실만 보더라도 결혼이 한 가족의 행사가 아니라 전 씨족의 행사라는 것이 분명하다. 과거 가축을 전 씨족이 공유하던 시대에 칼림은 한 씨족의 공동자금에서 성원 1명의 감소에 대한 보상으로서 다른 씨족에게 지불되었다.[102] 칼묵인도 전 씨족이 신부의 몸값인 칼림의 지불에 가담했다.[103]

몽골법에서 이혼은 간단했다. 1640년의 몽골 오이라트 법전으로 보건대 남편은 그 처를 버리고 처의 친족은 처를 되살 수 있었다(제100·116조 참조). 남편에게 이혼은 자유이고, 이번원칙례에 의하면 이혼당한 처는 그 혼인지참물을 되찾을 권리를 갖고 있었다(1789년 이번원칙례 제2편 제14조,[104] 1815년 칙례 제1편 제484조).[105]

자치몽골의 관습에 따르면, 두 사람의 동의와 관습상 인정된 구실에 기

---

102) Op. cit., p. 19.

103) Leontovich, *Kalmuck Law*, p. 218.

104) 역주 : 원문에는 (11, 14)로 되어 있으나 칙례에는 편수가 있어야 한다. 조사 결과 (Ⅱ, 14), 즉 제2편 제14조의 잘못임이 밝혀져 정정하였다.

105) 역주 : 원문에는 (1, 484)라고 되어 있으나 조사 결과 제1편 제484조, 즉 (Ⅰ, 484)의 오식임이 밝혀져 정정했다.

초한 일방적인 상고만으로도 이혼은 쉽게 이루어졌다. 어떤 경우에는 정식으로 라마를 통해 이혼이 행해지기도 했지만 보통은 당사자의 간단한 별거로 이혼이 이뤄졌다. 남편은 아들이 없는 처 또는 남편의 곁에서 세 번 달아난 처를 그 부모에게 보낼 권리를 가지고 있었다. 이리하여 남편에게 세 번 내쫓긴 처는 이혼할 권리를 가지고 있었다. 이혼에 즈음하여 처는 그 혼인지참물을 되찾는다(마이스키 참조).

부랴트법에서도 이혼에는 큰 장애가 없었다. 상호 동의한 경우이든 남편의 일방적 의지이든 처가 남편과의 동거를 완강히 거부하는 것이든 모두 이혼이 허용되었다(재산에 대해서는 여러 가지 결과 동반).

상호 동의에 의한 이혼은 자유이며 다만 지참물은 처에게 반환되었다(호리 부랴트족의 관습 제6장 제7조, 발라간스크 등 부랴트족의 관습 제6장 제2조). 남편의 일방적 의지(처에게 아들이 없는 경우)에 의한 이혼도 허용되고(호리 부랴트족의 관습 제6장 제7조), 남편이 처와의 동거를 거부할 때도 허용되었다(셀렝가 부랴트족의 관습 제49조, 베르콜렌스크 부랴트족의 관습 제26조). 단 이 경우 칼림은 반환되지 않는다. 마지막으로 처가 의지를 표시한 경우, 즉 완강히 동거를 거부할 경우에도 이혼은 허용된다(셀렝가 부랴트족의 관습 제51·52조, 베르콜렌스크 부랴트족의 관습 제26·27조 : 페트리에 의함). 그러나 이 경우에는 칼림이 반환된다.

몽골인 간에 이혼이 간단한 것은 결혼과 성관계에 대한 그들의 일반적 견해와 일치한다. 그럼에도 불구하고 이혼 분야에서는 큰 변화가 있었다. 예컨대 고대 몽골법에서는 남편만이 자유롭게 이혼할 수 있었으나(1640년 몽골 오이라트 법전, 1789년과 1815년 이번원칙례), 점차 처도 이혼할 권리를 획득하게 되었다. 이는 자치몽골의 관습법과 부랴트법에서 특히 분명하다. 동시에 이혼은 물질적 결과를 수반했다. 즉 이혼 사유야 어찌 됐든 간에 칼림을 보류하거나 반환하는 것이다.

몽골인의 가족관계를 보면, 가족생활은 강력한 부권제의 원칙에 기초를 두고 있어 가장인 아버지와 남편은 처와 아들에게 커다란 권력 - 고대에는 대단히 커서 생살권을 쥐고 있을 정도였다 - 을 휘둘렀다. 칼카 지롬이 아버지가 아들의 생활을 지배하는 존재가 아니다(제15부)라는 것을 상세히 기록해 둘 필요가 있을 정도였다. 이 점으로 보아 과거에 아버지가 그러한 권력을 쥐고 있었음을 알 수 있다. 그렇다고 해서 이 시기에 그 권력이 완전히 압제적이었다거나 가장을 제외한 가족원 모두의 지위가 전혀 형편없는 노예 같은 것이었다고는 생각되지 않는다.

처를 얻기 위해 거액의 몸값을 지불하는 제도가 남편에게 처에 대한 평가를 바르게 했고, 나아가 가정 내에서 처가 수행하는 경제적 역할이 그 지위를 높여주었다. 칭기즈 칸의 대야사 중 종군하는 부녀는 "남편이 전쟁에서 물러나면 남편의 일을 하는 등 그 책무를 대행한다"고 기록되어 있다(단편 제19조). 격언 제14는 부인의 역할에 관해 기술하고 있다. "사람은 태양과 같지 않아서 어디서나 사람 앞에 나타날 수 없다. 처 되는 자는 남편이 수렵이나 전투에 참가하는 사이에 집안을 아름답게 만들며 질서가 잡히도록 해야 한다.……"

어머니로서의 처는 남편이 부재중(또는 그 사후)인 가정과 가정경제를 지배하는 등 명예로운 지위를 점한다. 부권 씨족제적 국가에서는 칸의 비도 그 남편인 칸이 사망한 후 왕국을 지배했다. 이를테면 오고타이가 사망한 후의 투라키나(Turakina), 구유크 칸이 사망한 후의 우굴 가미시(Ugul-Gamish)가 그러했다. 노욘의 처도 남편이 와병중이거나 사망한 후에는 그 직무를 수행했다.

구 차진 비치크를 통해 보건대 부인은 존경을 받았고, 그녀를 모욕할 경우 엄벌에 처해져 가정의 주부는 다른 사람이 건드릴 수 없었음을 알 수 있다(제7·8조).

몽골 오이라트 법전은, 가정 내의 懲治處置를 인정하고 있지만 시어머니가 '이유 없이' 며느리를 구타할 경우 재산형을 부과한다고 규정하고 있다. 즉 심하게 때리면 벌 9, 그다지 심하지 않을 경우 벌 5, 가볍게 때리면 말 1마리이다. 마찬가지의 조건하에서 시아버지가 때리면 가축 벌 9의 2배,

벌 9, 말 1마리를 재산형으로 부과한다(제29조). 칼카 지롬에서 보면 과부가 된 어머니는 남편 사망 후 가족의 공유재산의 지배자가 되며, 일정한 경우 임의로 재산을 처리할 수 있었다(제8부 제17·20조).

부랴트인의 경우 아버지 생존중에는 아버지의 권력이 우세하지만, 자식을 양육하고 보호하는 권리와 의무는 어머니가 함께 나누어 관장하고 있다. 발라간스크족·이딘스크족 등 북부랴트족의 관습 중에 "부랴트인이 얻은 처는 남편과의 동거생활에서 노예가 아닌, 대등한 조력자로 사들인 사람으로 간주되어야 한다"는 부분이 있는 것도 당연하다(제6장, 서문).

남편 사망 후 부랴트인의 과부는 아이들과 함께 남편의 집에 남을 수 있는데, 이 경우 완전한 주부로서 남아 독자적으로 전 재산을 처분할 수 있다. 그녀는 자녀를 교육하며 아들을 결혼시키고 며느리를 얻는 대가로 칼림을 지불한다. 또한 과부는 혼인지참물을 갖고 부모나 친족에게 돌아가며 의지가 있으면 재혼할 수 있다(한갈로프의 법관습 제7조, 호리 부랴트족의 관습 제6장 제11·16조,106) 셀렝가 부랴트족의 관습 제61·62·65조).

친권이 강대하다 해서 자식이 보호를 받지 못한 것은 아니다. 구 차진 비치크는 성장한 아들에게 아버지의 집에서 분가할 권리를 부여하고 있다(제5조). 몽골 오이라트 법전은 자식을 죽인 부모에게 전 재산의 몰수형을 부과한다(제31조). '이유 없는' 구타에 대해서는 재산형, 즉 심하게 구타하면 벌 9, 이보다 가벼우면 벌 5, 가벼운 구타면 말 1마리의 재산형에 처한다(제29조).107)

부랴트법에서 부모는 자식을 양육하고 혼인지참물을 줄 의무가 있으며 아들이 분가하면 재산을 분배해 주어야 한다(1781년 호리족 법전, 호리 부

---

106) 역주 : 원문에는 6, 11, 16으로 되어 있으나 부랴트족의 관습은 장, 조로 나뉘어져 있으므로 의미를 갖지 못한다. 이 관습의 제6장은 약혼, 부부간의 각종 문제에 관련된 것이므로 VI, 11, 16의 오식일 것이다. 따라서 제6장 제11, 16조가 되어야 한다고 생각하여 정정했다.

107) 키르기스인의 관습에 따르면 아들을 살해할 경우 아버지는 책임을 지지 않는데, 이 사실과 비교 참조할 것.

랴트족의 관습 제12장 제6조, 셀렝가 부랴트족의 관습 제130조, 한갈로프의 법관습 제1·2조). 즉 부랴트법은 부모의 자식에 대한 권리만이 아니라 의무도 규정했다.

칼묵법은 부모가 딸의 동의 없이 딸을 결혼시키는 것을 금하고 있다(칼묵법휘찬 제161조). 연구자 마이스키와 페트리는 몽골인과 부랴트인의 생활과 가정 내에서의 남편 및 아버지의 권력은 결코 전제적인 성격을 갖는 것으로 보기 어려우며 가족관계는 상호 관용과 아들에 대한 부모의 배려 등으로 일관되어 있다고 분명히 밝히고 있다.

이상으로 아버지의 권위가 아버지의 이해와 관련된 절대권력으로부터 일반적으로 어버이로서의 권위로 변화되고, 나아가 피보호자의 이익을 헤아리는 보호자의 권력으로 이행한다는 가족관계의 일반적 진화의 흔적을 살펴볼 수 있었다(후자는 아직 정점에 이르지 않았다). 자식에 대한 부모의 권력 외에 부모의 의무와 자식의 권리가 생겨나고, 부권적 가족 안에는 상호 대등한 (개인주의적) 가족 요소가 스며들게 되었다.

나아가 몽골법은 현대 사회학상 다른 중요한 문제, 즉 사유재산의 기원과 발전 등의 문제를 연구하는 데 약간의 자료를 제공한다.

2. 사유재산

사유재산의 기원에 대해서는 많은 설이 있으나 여기서는 이 문제를 취급하지 않겠다. 몽골 관습법은 사유재산의 기초가 노동 즉, 한 사회집단 내에서의 노동의 구분과 관련하여 물자생산에 대해 개인적인 노동을 적용하는 데 있다고 본 코발레프스키(Kovalevsky) 등의 설을 뒷받침하는 증거를 제공한다.

동산 사유권은 부동산 소유보다 훨씬 이전부터 발전했다. 부동산은 훨씬 후까지 종족, 씨족, 마지막으로 가족이 공유하는 권력으로서 남아 있었다.

동산 사유의 기원에 대해서 엥겔스는 다음과 같이 말했다.

일을 하기 위해 남자가 만든 모든 도구는 남자의 재산이 되며 마찬가지로 부인이 만든 도구는 부인의 재산이다. 무기, 사냥도구, 고기잡는 도구는 남자의 것이고 가구는 부인의 것이다.……공동으로 생산하여 소비하는 것은 공동재산으로서 가옥, 야채밭, 작은 배가 있다.[108]

코발레프스키는 다음과 같이 지적했다.

사유재산은 각 개인이 그 힘을 생산에 적용한 데서 기원한다. 야만인이 가지고 있는 부싯돌 도끼는 그가 스스로 만든 것이다. 다른 사람과 함께 사냥할 때 짐승에게 치명적 타격을 가한 자가 모피를 갖는다. 이 점에 관해 야만족의 관습은 매우 꼼꼼하다.……두 사냥꾼이 궁지에 몰린 1마리의 짐승을 쓰러뜨리면 모피는 심장 가까운 곳에 화살을 맞힌 자의 소유로 돌아간다.……과일나무를 심은 자는 그 소유자가 된다. 이는 다만 현대의 야만족뿐 아니라 고대 게르만인도 마찬가지였다. 벌집을 발견한 사람은 그 소유권을 획득한다. 이것이 고대 스웨덴법이었다.……후에는 군인이 전쟁중에 얻은 것은 모두 자기 것이 되었다. 마찬가지로 승려에게 보내진 것은 가족의 공유물이 아니라 개인의 재산이 되었다.

그러나 "각 개인이 친족의 도움을 받았거나, 가족의 재산을 사용했거나, 생산품이 개인이 노력한 결과물이 아니라면, 그 사용권은 전 가족에게 있었다."[109]

---

108) Engels, *The Origin of the Family, Private Property and the State*, 1906, p. 107(러시아어).

109) Kovalevsky, *Outline of the Origin and Development of the Family*, 1895, p. 49. 후년의 저서에서 코발레프스키는 노동이 사유재산 기원의 인자이기는 하지만, 심리적인 하나의 인자를 수반하기 때문에 유일한 것은 아니라는 견해를

비노그라도프(Vinogradov)는 재산의 원시적 취득을 세 가지 형태로 나누고 있다. 즉 취득(점유)·노동·지배이다.[110]

몽골 오이라트 법전이 효력을 발휘하던 시대에는 부동산 소유권이 몽골인 간에 아직 존재하지 않았으므로 토지는 전 씨족이 공동으로 사용하는 것이었음은 앞에서 언급했다. 그러나 동산의 사유권은 존재했다. 이를테면 자동으로 발사하는 활로 인해 살해된 들짐승은 그 활의 소유자의 것으로 돌아가며(제79조), 무장한 자를 살해한 자는 그 무구를 차지하고(제50조), 투구를 준 자는 대신 가축 5마리를 얻는다(제38조). 법전은 武勇에 대한 포상(제50·51조), 아들의 개개의 재산(제27·30·34조)을 규정하고 있다. 이 모든 것은 당시 개인재산은 소유자 자신의 노동으로 얻어진 형태로 존재했음을 보여준다.

유사하게 칼카 지롬에서도 가축 증가분은 가축을 원래 소유한 자의 재산이며(제12부), 발견된 가축은 소유자에게 돌려주며(제14부 제6조), 길 잃은 가축을 착복한 자는 원소유자에게 배상금과 재산형을 지불하도록 규정하고 있다(제12부). 또한 사냥당한 여우는 처음에 이를 잡은 자의 것이 되고(제12부), 자기와 재산을 공동으로 갖고 있는 부모(또는 스승)에게 모욕적인 말을 한 자는 재산을 공동으로 갖지 않은 자에게 같은 행위를 한 것보다 엄벌에 처해진다(제12부).

같은 현상은 부랴트법에서도 엿보인다.

들짐승을 쓰러뜨린 사냥꾼은 그 시체와 모피 소유권을 취득한다. 그물이나 망을 가지고 짐승과 고기를 잡은 자가 공유하는 도구를 사용했으면 획득물은 공유되어 고르게 분배된다. 호리족 관습에 따르면 여우나 이리에게 상처를 입히고 이를 쫓는 자가 있는데 다른 사냥꾼이 그 짐승을 찌른 경우 짐승은 전자가 취득하고 후자는 네 다리를 얻는다. 다만 전자가 암염소를 상처입히고 후자가 이 짐승을 찔렀을 경우 짐승 전체의 소유권은 후자에게

취하고 있다. *Results of Science*, vol. X, 1914, p. 108 등 참조.
110) *Custom and Right*, 1925, p. 70.

돌아간다(스텝 법전 제104조). 작은 짐승에게는 제1격이 치명적이나 큰 짐승은 제2격이 치명적이다. 셀렝가족의 관습은 호리족의 그것과 다소 다르다. 즉 짐승을 상처입힌 첫째 사냥꾼과 이를 찌른 둘째 사냥꾼은 획득물을 공평히 나눈다. 사냥꾼이 검은담비나 여우 또는 이리를 쓰러뜨리는 것을 목격한 증인은 획득물의 앞다리를 얻으며 야생염소나 멧돼지 등 큰 짐승을 목격했을 경우 뒷다리와 엉덩이 언저리를 포함한 뒤쪽의 살을 얻는다(1775년 법전 제129조, 셀렝가 부랴트족의 관습 제142조). 옛날 공식적으로 행해진 공동사냥에서는 사냥에 참가한 자, 즉 사냥꾼과 몰이꾼 등만이 목격자가 되었다. 이같은 사정으로 보아 여기서 언급한 관습도 획득물을 참가자에게 분배하는 공동수렵의 유물임이 분명하다.

가축의 새끼는 가축 소유자의 것이었다. 가축무리 중 길 잃은 새끼는 이를 공고하면 가축무리를 소유한 자의 것이 된다(스텝 법전 제131조). 들짐승에게 물려 죽은 가축 또는 물에 빠져 죽은 가축의 시체는 가축 소유자의 것이다(스텝 법전 제65·66조).

부동산의 경우 몽골법은 사실상 재산권을 인정하지 않았다. 국민 또는 종족의 토지는 명의상 칸이나 왕공이 마음대로 할 수 있는 것으로서 그들의 재산으로 여겨지고 있었고, 이는 사유재산의 의의에서 보아 어느 누구에게도 속해 있지 않는 발전단계에 머물러 있었음을 말한다. 일정한 발전단계에서 이러한 견해는 많은 민족에게 공통된 것이었다. 최근에는 겨우 중국법과 이슬람법에서나 겨우 찾아볼 수 있다. "천하의 토지는 모두 지배자의 것이며 지상의 모든 주민은 그의 從者이다"라고 중국의 고전 『시경』은 기술하고 있다. 그러나 이 사상은 중국에서의 사유권 발전과 모순되지 않았다.111)

같은 상황은 이슬람법에서도 마찬가지이다. 여기서도 토지는 이맘(Imam)의 것으로 여겨졌으나, 이는 투르크인과 타타르인이 토지를 사고 팔거나 저당잡히는 것을 방해하지는 않았다. 대부분의 다른 민족은 훨씬

---

111) Riasanovsky, *Modern Civil Law of China*, Part II, pp. 8 sqq. 참조.

전에 이러한 관념을 내버렸다. 이로써 알 수 있듯이 몽골법은 오늘날에까지 부동산 사유권을 계속 부인하고 있다. 이는 몽골인이 유목적인 목축문화를 계속 유지하는 것과 관계가 있다.

부랴트법에서는 일반적으로 부동산 소유권이 싹트고 있음을 보여준다. 현재 부랴트인은 유목생활에서 정주생활로 전환하는 과도기에 놓여 있다. 그들은 겨울용 작은 가옥을 가지고 있으나 여름철에는 장막으로 옮긴다. 그런데 일부는 겨울 막영지(부락) 부근에 머물기도 한다. 그들의 중요한 생업은 목축이지만 일부는 농업으로 전환하고 있다. 씨족공동체는 공동의 목초지를 가지고 있다. 이 밖에 씨족원 중에는 풀을 베는 목초지(Ootoug)와 경작지를 사유한 사람도 있다. 질 좋은 목초지와 경작지는 씨족원에게 골고루 분배된다. 그러나 자기 장막 주위에 울타리를 두르고 그 안의 토지를 경작하면서 물을 댄 경우 그 토지는 재분배되지 않고 그의 소유가 된다(셀렝가 부랴트족의 관습 제163조).

이상의 여러 규정은 사유재산이 노동에 의해 획득되었음을 보여준다. 이는 다음의 규정으로 더욱 명확해진다. 즉 "농작지나 건초지로 이용하고자 토지의 일부를 경작했으나 그 후 이를 이용하지 않아 둘레가 파괴되었을 때 다른 사람이 이 경작지를 이용하기 위해 전소유자와 다투면 전소유자는 경작을 위해 3년을 할당받는다. 그 기간 내에 경작하지 않으면 토지를 이용하고자 하는 자에게 이를 넘겨주며 그는 여기에 울타리를 칠 수 있다. 다만 전소유주가 쓴 비용에 대해서는 할 수 있는 한 변상을 해준다"(셀렝가 부랴트족의 관습 제160조. 베르콜렌스크 부랴트족의 관습 제34·40조를 참조).

여기에서 토지를 경작하기 위해 개인적 노동을 가한다는 것(특히 물이 없는 스텝에서는 어려운 관개를 행하는 것)이 토지사유의 기초가 되지만, 이 소유는 아직 확정적인 것이 아니며 경작을 중지하면 경작을 원하는 자에게 토지를 넘겨줄 수 있음을 알 수 있다. 동시에 부동산 사유권의 기원이 보다 집약적인 경제 즉 건초용 땅과 농경지로 만들기 위한 토지 경작,

총체적으로 말해 농업으로의 이행과 관계가 있음은 분명하다.

3. 사법의 다른 제도

몽골 사법의 다른 많은 본질적 제도(이를테면 손해에 대한 책임의 기원, 계약의 발전, 법[관습]에 따른 상속·유언 등)에 대한 연구는, 비교법학으로 확립된 일반법과 일치하는 법칙적인 발전을 보여준다.

이를테면 손해에 대한 책임문제의 경우, 원시법은 민사범과 형사범을 구별하지 않고, 그 책임을 손해를 끼친 자의 주관적 과실(culpa)과 별도로 손해의 원인을 만든 자와 관련시키고 있다. 손해를 낳게 한 자가 계획적이건 아니건, 또 악의(dolus)가 있건 없건, 의식적이건 무의식적이건 간에 그 결과 일어난 손해의 사실 그 자체가 책임의 기초가 된다. 따라서 책임은 미성년자나 미친 사람 심지어는 동물에게까지 돌아간다. 사회관계의 발전에 따라 형사범죄는 민사적인 법률 침해에서 분리되고 동시에 책임의 기초가 점차 변화되었다. 법(형법과 민법)은 손해에 대한 외적인 객관적 표준으로부터 공정성 여부를 바탕으로 하는 내적인 주관적 견해 - 손해 야기에 대한 범인의 과실 - 로 옮아갔다. 죄를 범한 자의 과실이 포함되어 있는지를 입증할 수 없는 행위, 또는 그의 악의나 태만의 결과가 아닌 행위는 우연적인 것이므로 누구에게도 책임을 돌릴 수 없다고 보게 되었다. 이미 로마법은 손해책임을 과실주의에 따라 묻고 있다. 이러한 원칙은 로마법에서부터 유스티니아누스법으로, 나아가 현대법으로까지 이어졌다(프랑스 민법전 1382·1148절, 독일 민법전 823·276절, 스위스 계약법 41절 참조).[112]

---

112) 최근 이 견해는 완전히 공통된 의견은 아니다. 많은 민법 연구자 사이에 반대설도 있어 반대자들은 책임의 기초로서 과실이 아니라 손해를 낳게 한 사실을 제기하고 있다(Gierke, Tohn, Adler, Kosak, Saleil 등). 그들의 견해에 따른다면 이는 원시법의 옛 관점으로의 복귀를 나타낸다. 그러나 이 견해는 대부분의 학자와 현대입법에서는 채택되지 않고 있으며, 현대입법의 경우

몽골법은 손해에 대해 원인주의에 기초한 원시적 책임추구에서 과실주의에 기초를 두는 것으로 넘어가는 과도기에 위치한다. 이를테면 몽골 오이라트 법전은 살인의 책임을 미친 자에게까지 물어 재산의 반을 몰수한다(제44조). 사냥하다가 우연히 살인을 할 경우에도 보통 재산의 반을 몰수당한다(제55조).

칼카 지롬은 살상하거나 재산을 훼손한 책임을 미친 자, 개의 상태를 알지 못한 미친 개의 소유자, 사람이 살지 않는 지역에 자동활을 설치한 사냥꾼(제12부), 인구가 조밀한 지역에 못 된 장난으로 자동활을 설치한 자 등에게 묻고 있다.

부랴트법은 과실주의(형사상만이 아니라 민사상으로)에 기초하여 책임을 묻는 단계에 이르렀다. 예컨대 남부랴트인의 관습에 따르면, 가축을 위해 설치된 얼음구멍에 가축이 떨어질 경우, 구멍 넓이가 규정된 것(2chetvert, 즉 ½야드) 이내이면 책임을 지지 않으나 그 이상이면 구멍을 뚫은 자가 손해를 배상해야 한다(스텝 법전 제99조). 말을 붙잡으려다 다른 사람의 말과 충돌하여 말을 죽이거나 상처를 입히면 손해를 배상할 책임이 있다(스텝 법전 제72조). 울타리 문을 열어 놓고 닫지 않은 사람은 이로 인해 생긴 손해를 배상해야 한다(동상 제129조, 셀렝가 부랴트족의 관습 제166조).

소아(8살 이하)는 그가 저지른 손해에 대해 책임을 지지 않는다(스텝 법전 제70조). 우연히 울타리와 부딪친 자가 있어도 울타리 주인은 이로 생긴 손해에 대해 책임이 없다(스텝 법전 제94조). 임금을 받으며 일하는 노동자가 병사하거나 자기 과실로 사망하더라도 주인은 책임을 지지 않는다(셀렝가 부랴트족의 관습 제119조).

북부랴트의 베르콜렌스크족의 관습에 따르면, 가축의 소유자가 감독을

손해 야기의 원칙을 적용하는 것은 주로 직업상의 위험관념이다. 여기에서는 이 현대 민법학적인 흥미로운 문제를 다룰 수는 없다. 여기에 대해서는 Riasanovsky, *Lectures on Civil Law*, Ⅳ, pp. 29, 44가 상세하다.

하다 밭에 손해를 끼쳤다면 손해를 배상해야 하지만 밭 주위의 울타리가 불완전했다면 그 책임은 울타리 주인이 지고 가축의 주인에게는 책임이 없다(베르콜렌스크 부랴트족의 관습 제41, 44조).

이상과 같은 과실주의에 의한 여러 규정 외에 또 오래 된 사고에 입각한 다른 사법 규정이 있으나 이 경우에는 모두 책임이 경감된다. 이를테면, 과실로 다른 사람을 상해하거나 손해를 끼치면 손해는 양 당사자가 똑같이 부담한다(호리 부랴트족의 관습 제2장 제10조).[113] 칼이나 도끼자루를 제작해 달라고 의뢰했는데 청부업자가 일하는 도중에 과실로 부상하거나 죽으면 의뢰자가 비용의 ⅔를 배상한다(스텝 법전 제24·25조, 호리 브랴트족의 관습 제2장 제11조[114] 등). 사냥중에 사냥꾼이 화살을 맞으면 화살을 쏜 사람은 손해를 충분히 배상해야 한다(스텝 법전 제126조).

요컨대 몽골법은 처음에는 손해책임을 그 원인으로 돌리는 원인주의에 따랐다. 시대가 내려오면서 이러한 견해는 변화되어, 손해가 비계획적으로 발생한 경우 책임은 손해에 대해 ⅔ 또는 반으로 경감되었다. 마지막으로 현재의 관행에서 범행에 대한 책임은 손해를 낳게 한 자에게 돌아가고 있다. 동시에 옛 견해의 잔재도 일부 (완화된 형태로) 남아 있다.

몽골 민족 사이에 가장 널리 보급된 계약은 보수를 수반하지 않는 계약이다. 즉 선물, 貸借, 무이자 대차(이자가 붙는 대차는 처벌됨) 등이다. 보수가 붙는 거래는 특히 부랴트인 간에 발전했으나, 여기서도 씨족원에게 빌리는 결혼식 비용은 이자가 붙지 않으며 씨족원의 재산이용이나 토지대차에서 씨족원은 일정하게 특권을 가지고 있다(스텝 법전 제47·83·108·132조 등 참조).

상속과 관련된 규정은 주목할 만한데, 이는 몽골법의 원류를 살피는 데 도움을 준다. 칭기즈 칸의 야사 제34조에는 다음과 같은 규정이 있다. "재

---

113) 역주 : 원문에는 (11, 10) 즉 제11, 10조로 되어 있으나, 이는 분명 (II, 10), 즉 제2장 제10조의 잘못이므로 정정했다.
114) 역주 : 원문에는 11, 11 즉 제11, 11조로 되어 있으나, 이는 분명 II, 11 즉 제2장 제11조의 잘못이므로 정정했다.

산분배는 다음의 원칙에 따른다. 연장자는 연소자보다 많이 받으며 막내아들은 가재도구를 상속한다." 이같은 관습법 규정은 어디에서 기원하는 것일까. 더구나 왜 막내아들이 아버지의 가재도구를 상속하는 것일까.

몽골법은 아버지의 의지뿐 아니라 자식의 의지에 따라 아버지 생전에 분가하는 것을 규정하고 있다. 이를테면 구 차진 비치크 제5조에, "사람이 성장해서 스스로 생활을 꾸릴 수 있게 되면 더이상 아버지의 보호하에 있지 않는다. 만약 원한다면 가축의 일부를 나누어줄 것을 요구하고 아버지의 곁을 떠나 領侯의 신하가 될 수 있다"고 규정하고 있다.[115]

이와 관련하여 사후의 유산분배는 아버지 생전에 행해지는 관행의 되풀이인지에 관심이 간다. 아버지가 나이 든 자식들을 모두 분가시키면 막내아들만이 남는다.[116] 아버지가 사망한 후 가재도구를 상속하는 사람은 이 막내아들이다. 아버지가 사망할 무렵에 자식들이 분가하지 않고 남아 있더라도 사후의 유산분배는 당연히 아버지 생전의 관행에 따라 행해진다. 그 증거는 1640년 몽골 오이라트 법전에 보인다.

몽골 오이라트 법전 제34조에 이르기를, "아버지는 확립된 규정에 따라 자식에게 재산을 분배해야 한다.[117] 단 아버지가 가난해지면 가축 5마리당 1마리를 취할 수 있다(보류한다)."[118]

이 조문에 의하면 유산상속은 규정이나 관습에 따라 결정된다. 그러나 제34조의 규정은 아버지가 사망한 후의 상속(직접적 의미에서 재산분배)뿐 아니라 생전에 분배하는 것도 정하고 있는데, 맨 마지막 규정에서 분명히

---

115) 이 아들의 권리는, 재산이 가족 전체의 것이라는 사상에서 출발하고 있다.

116) 한갈로프는 북부랴트인의 관습에 의하면 나이 든 아들은 부모 곁을 떠나고 막내아들이 부모 곁에 남는다는 것을 명확히 증명하고 있다(Hang., *Jur. Cust.*, 1, 2).

117) 칼묵법휘찬 제161조 참조. 제163조에는 장남이 가장 많은 몫을 받는다고 규정하고 있다.

118) 칼묵법도, 아버지의 생계를 보조하지 않는 아들의 가축무리에서 이만한 몫을 취하면 궁핍한 아버지에게 충분하다고 생각하고 있다(칼묵법휘찬 제53조 참조).

드러난다. 즉 말단에서는 아버지가 자식들에게 재산을 분배하고 가난해져 생활방편을 상실하게 되면 자기가 나누어준 가축 5마리당 1마리를 자식에게서 되찾을 권리가 있음을 규정하고 있다. 여기서 아버지 생전의 상속과 재산분배는 같은 관습적 규범에 의해 지배되었으며, 생전의 이러한 분배는 유산분배(러시아법 제10권 제1부 생전에 상속)와 같은 것으로 여겨졌음을 알 수 있다.119)

여기서 우리는 관습에 의한 상속, 즉 사망 후 행해지는 재산분배는 아버지 생전의 관습적인 분배방법에 기초를 두고 있다는 설이 맞다는 것을 알 수 있다.

요컨대 법(몽골법)과 일치하는 상속은 친족법에 기원을 두고 아버지가 생전에 가족의 공동재산을 분배한 데서 나온 것이다. 그리고 그것은 아버지의 사망 후에도 마찬가지로 분배의 기초로서 남았던 것이다.

유언문제에 관해 몽골법 자료는 법(관습)에 의한 상속은 상속의 원시적 형태이고 유언은 그 후에 나타난 것으로서 충분히 발전하지 못했다는 가정이 옳음을 보여준다.

몽골법에서 유언은 훨씬 후대에 나타나기 시작했다. 칼카 지롬의 규정에 따르면, 아버지는 문서(봉인하고 자사크가 날인)에 의해 '보통 정직하다고 생각되는' 자식의 몫을 늘리고 '보통 정직하지 않은 것으로 여겨지는' 자식의 몫을 감할 수 있으나 이 규정의 적용은 칸과 게겐의 통제를 받았다. 1815년 이번원칙례는 다만 직계비속이 없을 경우에 한해 유언을 인정하고 많은 제한을 두고 있다. 즉 유언에서 지명된 상속인은 고인과 같은 씨족원이어야 하며 그 상속권은 당국의 확인을 필요로 했다(제1부 제63조). 즉 재산은 결코 씨족 밖으로 갖고 나가지 못하며, 유언자의 권리는 근친 대신

---

119) 이 결론에 기초해서 보건대, 설사 제34조를 아버지 생전에 아들에게 행한 재산분배라고 생각하더라도 이러한 분배를 상속과 동일한 것으로 간주할 수 있다는 것은 그 내용으로부터도 분명하다. 유산분배에 관한 칼카 지롬의 규정은 사후의 분배이건 생전의 재산분배이건 모두 적용될 수 있다(제8부 제20조 참조).

먼 친척을 그 상속인으로 지정하는 것으로 변화되었다. 그러나 이 경우에도 그 처치의 타당성 여부를 결정하는 당국자의 동의가 필요했다.

부랴트법에서 유언은 관습에 의한 상속을 보충했다. 이를테면 셀렝가 부랴트족의 관습에 따르면 "처자도 없고 형제 친족도 없으면서 충분한 자산을 가진 사람은 생전에 미리 자기의 재산을 이용할 만한 사람을 지정해야 한다.……그리고 이것을 씨족의 장로와 부락의 지휘자에 의해 증명받은 유언으로 확증해야 한다"(셀렝가 부랴트족의 관습 제133조). 호리족과 셀렝가족의 관습에 따르면 유언으로 양자와 피후견인을 상속인으로 지명할 수 있다(스텝 법전 제311조, 셀렝가 부랴트족의 관습 제132조). 그러나 셀렝가족의 관습에 의하면 위와 같은 사람은 어떤 경우에든, 설사 유언이 없더라도 사망자의 아들과 똑같이 재산을 상속할 수 있다(셀렝가 부랴트족 관습 제131·136조).

여기서 아직 발달이 미숙한 법에서 보통 그러하듯이 유언에 의한 상속보다도 법(관습)에 의한 상속쪽이 우세했음을 알 수 있다. 유언은 훨씬 후에 나타났으며, 그것도 단순히 중요한 상속인 또는 관습상 상속인이 전혀 없는 경우로 국한되던가 법정상속인 간에 분배(몫)를 규정하는 형태로 존재하였을 뿐이다. 씨족과 가족제도의 강고함을 생각할 때, 뭔가 다른 사람을 기대한다는 것은 곤란하다. 씨족적·가족적 유대에 대한 개인의 자유원칙 - 그 표현은 유언에 의한 재산처분의 자유이다 - 은 여기서는 아직 결여되어 있다.

제4절 비교법학상 몇 가지 비교와 주석

앞에서 언급한 몽골 민족의 공적 및 사적 제도는 현대 유럽의 여러 국민들 사이에서는 훨씬 전에 사라져 버린 (일부 소수 종족을 예외로 하고) 법생활의 한 형태가 잘 유지된 예이다. 전 유럽의 국민들은 고대에 몽골인과 유사한 사회생활을 경험했다. 문헌에도 그 증거가 남아 있고 유물도 일부 남아 있다.

이를테면, 씨족제도는 일찍이 고대 그리스인 사이에서도 존재했다. 일리아드 제2권 362절에 "오오, 아트리데스(Atrides)여 전사들은 그 종족과 세대로 갈라지나이다"라고 적혀 있다. 고대 그리스인에게 지구(phila), 종족(fratria), 씨족(genes)의 구분이 있었음은 익히 알려진 대로이다. 최후의 씨족은 공통조상에게서 가계가 시작되어 공통명칭을 가지고 있었으며 공통의 씨족신, 공통의 종교의식, 씨족의 공동성지, 씨족의 공유재산을 가지고 있었다. 상속과 후견의 두 권한은 씨족원에게 속했으며 가장인 아버지의 권력은 매우 강대했다.

파울루스(Paulus), 율리아누스(Julianus), 가이우스(Gaius) 등과 같은 로마의 법률제정자의 저술에 의하면 개인주의자인 로마인도 일찍이 씨족연합, 부권제 씨족이나 이와 관련된 씨족, 씨족이 가지고 있는 권리와 의무를 알고 있었다. 씨족원은 공통명칭을 가지고 있었으며 한때는 일련의 씨족제도, 예컨대 씨족원에게 도움을 주기 위한 씨족신(dii gentiles), 씨족성역(sacra gentilitia), 씨족토지(ager gentilitium), 합법적 보호(tutela legitima), 합법적 상속(successio legitima)이 존재하고 있었다. 로마인 사이에 혼인은 성질상 영구적인 것이었으며 가장인 아버지의 권력과 남편의 권리(Patria Potestas and manus mariti)는 대단히 강대하여 그리스와 마찬가지로 생살권까지 쥐고 있었다.

고대 게르만인과 고대 슬라브인도 같은 종류의 부권 씨족제 아래서 생활하고 있었다. 예를 들면, 케사르는 고대 게르만 사이에 'gentes et cognitiones hominum gui una coierunt(씨족 즉 하나로 묶여진 인간의 관념)'에 대해, 또 고대 게르만이 'suas copias……generatimque constituerunt(각각의 씨족마다 군대를 조직했다)'는 사실을 기술하고 있다(*De bello gallico*『갈리아 戰記』제1부 51절). 여기서 씨족원은 공통씨족명을 가지고

있으며 한 무리의 씨족원에게 가해진 모욕에 대해 복수를 행하며 배상금
(몸값)을 지불하거나 수취하고 씨족원에게 선서하기 위하여 법정에 출두한
다. 남편과 아버지의 권력이 매우 크다 보니 새로 태어난 아이를 마음대로
살리거나 죽일 수도 있었다.[120]

고대 러시아의 연대기 작자도 폴란드인을 다음과 같이 서술하고 있다.
"그들은 모두 씨족 소유와 관련된 토지에서 씨족과 함께 거주한다"(고대
러시아 연대기 『라우렌티안(Laurentian) 문서』 1, 4). 마찬가지의 내용은
세르비아와 체코 역사가의 저술에서도 찾아볼 수 있다. 고대 슬라브인 사
이에서도 씨족의 공통명칭, 씨족의 공유재산, 공동제사, 씨족적 투쟁, 연대
책임, 가장의 강한 권력이 보인다.[121]

더 이상 상세히 기술하지 않더라도 유럽 여러 민족의 발전된 형태의 부
권 씨족제는 공통의 가계를 가진 사람들의 결합일 뿐 아니라 종교적 · 정치
적 · 경제적 결합을 나타낸 것임을 알 수 있다. 이는 몽골인도 마찬가지이
다. 그들의 씨족제도는 본질적으로 유럽 여러 민족의 씨족제도와 유사하며
다소 다른 양상을 보여줄 따름이다.

이를테면, 고대 그리스인이나 로마인 등 유럽의 여러 민족은 씨족으로
나뉘어져 있으며 씨족은 공통씨족명을 가지고 있고 그 가계는 공통의 조상
으로 거슬러 올라간다. 이는 몽골인도 마찬가지이며 그들 간에 가계는 매
우 중요했다. 고대의 그리스인과 로마인은 씨족신(dii gentiles), 공동의 희
생(sacra gentilia), 조상제사(lares et penates)와 가족화로 숭배사상을 갖

---

120) 후의 게르만들은 씨족공동체로부터의 이탈을 허용받았다. 이를테면 사리카
족의 부족법(Lex Salica)에 의하면 "씨족공동체에서 이탈하고자 하는 자는 百
人會議 및 百人長 앞으로 나가, 머리 위로 막대기 3개를 각각 팔꿈치 길이
로 부러뜨려 각 조각을 회의 장소의 네 모퉁이로 던지고 씨족원에게 서약하
는 권리, 상속권, 씨족원과의 모든 관계를 방기하였음을 선언한다. 이후에는
그 씨족 사람이 살해되거나 사망해도 그는 배상금이나 유산을 받을 수 없
다. 그가 버린 재산은 모두 왕의 금고로 들어간다"(제60조).

121) 아리안인들에게 남아 있는 씨족제의 잔재에 대한 증거 개요는 Kovalevsky,
Clan Life, 1905, Part Ⅱ 참조.

고 있는데 이는 몽골인 간에도 존재하고 있었다. 몽골인은 스스로 씨족신, 씨족의 희생(즉 부랴트 씨족의 Talaiga), 씨족의 샤먼, 씨족의 불, 조상숭배(즉 칭기즈 칸 제사) 사상을 갖고 있었다.

고대 유럽의 여러 민족 간에는 강력한 국가권력이 결여되어 있었다. 따라서 씨족과 씨족의 권위가 국가권력을 대신하여 그 성원을 방위(혈연적 복수)하고 보호하며 이를 중재하여 법정에서는 이를 도와주고 벌금을 지불하는 등 보통 필요로 하는 도움을 모두 베풀고 이들을 전투에 동원했다. 이는 몽골인도 마찬가지였다. 그들 간에도 고대에 씨족 이외의 사람으로부터 씨족원을 지켜내는 제도로서의 혈연적 복수가 존재하였다. 몽골인도 씨족의 법정, 씨족적인 보호, 씨족의 권위자를 가지고 있었다. 그들은 씨족마다 씨족장의 지휘를 받으며 전투와 수렵을 행했다. 또 몽골 씨족은 씨족의 막영지, 씨족의 재산(가축), 씨족의 관개, 씨족의 상호원조(원정할 때, 결혼할 때, 말의 전염병이 유행할 때) 등 경제적 결합을 대표하고 있었다.

가장인 남편과 아버지의 권력은 고대 몽골인 간에 강대했다. 고대 그리스인과 로마인 그리고 게르만인 사이에 이 권력은 생살권에까지 미쳤고, 이는 몽골법 기록에서도 발견된다. 이를테면 칼카 지롬에서 아버지는 그 아들의 생살권을 갖지 않는다는 특별한 유보가 보이는데, 이로써 옛 몽골법에 이같은 권리가 존재하였다는 결론을 끄집어낼 수 있다. 민족적 서사시『게세르(Geser) 칸 이야기』안에 어머니가 남편을 향해 새로 태어난 아이, 즉 게세르를 죽이라고 제의했으나 남편은 이를 거절했다고 기록되어 있다.[122]

몽골의 씨족제에서 나타나는 특이한 양상으로는 ① 형벌체계 외에도 크게 발달한 포상제도 ② 가족과 국가에서 몽골 부인이 차지하는 지위가 주목된다.

첫째 특징에 대해서는 본서에서 이미 상세히 다루었다.[123] 둘째 특징을

---

122) Kazin 러역, *The Geseriad*, 1935, p. 45.
123) 본서, 제4장, 제2절 공법의 기본제도, 3. 형벌과 포상체계 참조.

보면, 고대 그리스인의 경우 여성은 분리된 구역(gynekeios)에서 살며 그 아버지나 남편 및 친족의 보호 아래서 생활하였다. 고대 로마도 마찬가지로서 처는 신분상 딸(filiae)과 동등하여 독립적인 행동을 할 만한 능력을 갖추지 못한 존재로 간주되었다. 그래서 남편, 혹은 그가 사망한 후에는 남편이나 자기 근친의 권력 및 보호 아래서 생활하였다. 이같은 여성의 지위는 후일 유럽 입법(프랑스, 독일, 영국 등)에 반영되어 여성, 특히 기혼여성은 독자적으로 행동할 권리를 박탈당하거나 제한받았다.

몽골인의 경우에는 칭기즈 칸 격언 제14에서 알 수 있듯이 처는 가정에서 남편의 부재중에 남편을 대신하였으며, 야사 단편 제19조는 처가 남편의 원정중에 그의 일을 대행하고 있음을 보여준다. 이 점을 역사적 사실에 비추어 살펴보면, 칭기즈 칸의 어머니는 남편이 사망한 후 전 씨족과 그 재산을 지배하였으며 대칸의 미망인은 새로운 칸이 즉위할 때까지 대몽골 제국을 통치하였다. 또한 노욘이 와병중이거나 부재중일 때는 처는 그 직무를 대행하였다.[124] 세월이 더 흐른 후에도 몽골의 부인은 가정과 공동체에서 대단한 독립성을 누리고 있었다.

씨족제는 유럽의 여러 민족(두서너 소수민족은 예외로 하고) 사이에서는 과거의 역사 속으로 사라졌으나 아시아 여러 민족 사이에서 20세기까지 그 힘과 중요성을 유지하였다. 몽골 민족뿐 아니라 야쿠트인, 퉁구스인, 키

---

124) 맹공의 저서에서 보인다. 남편 사후에 白韃靼을 통치한 칭기즈 칸의 딸에 대한 기사는 Vasiliev, "History and Antiquities of Eastern Asia", *Works of the O. S., Russ. Arch. Soc.*, 1859, VI, 221 ; Palladius 역, *Secret Chronicle*의 주 501 ; Vladimirtzov, *Social Organization of the Mongols*, 117 참조.
역주 : 孟珙, 즉 趙珙의 『蒙韃備錄』(王國維 箋證本)은 立國條에 白韃靼을 다음과 같이 기록하고 있다.
今彼部族之後 其國乃韃主成吉思之公主必姬權管國事
왕국유는 여기에 다음과 같은 주석을 달고 있다.
元史阿刺兀思剔吉忽里傳 幼子孛要合 尙阿刺海別乞公主 公主明睿有智略 車駕征伐四出 嘗使留守軍國大政諸稟而後行 是謂公主監蒙古國事 此錄則謂管白韃國事
즉 공주가 관할한 곳은 백달단이 아니라 보다 큰 몽골국이었던 것이다.

르기스인, 골드인(Gold), 알타이인, 텔레우트인, 거기에 다른 아시아의 여러 민족도 씨족제를 보유한 채 20세기로 진입했다.[125]

다음에서 이 설을 확증해 보이겠다.

이를테면 야쿠트인의 사회제도는 씨족적 특징을 가지고 있다. 그 기초는 우사(Usa 또는 Aga‐Usa라고 하며 아버지에 의한 가계를 말한다)이다. 세로셰프스키(Seroshevsky)는 최근까지도 야쿠트인은 이에 우사(Yie Usa : 어머니에 의한 가계)라는 표현을 사용하고 있음을 지적하였다. 야쿠트인은 총 90개 이상의 씨족으로 되어 있고 씨족은 장로를 추대하고 있다. 수 개의 씨족은 하나의 나스레그(Nasleg)를 이루며 上(senior) 씨족이라는 이름으로 불린다. 이 씨족은 왕공을 추대한다. 여러 나스레그는 하나의 울루스를 이루며 그 수장은 왕공과 장로 중에서 뽑히며 우선권은 上씨족원에게 주어진다.

씨족, 나스레그, 울루스에는 회의(집회)가 있는데 회의는 공동체의 사무와 소송을 처리한다. 완전한 족외혼이 존재한 관계로 최근까지 아버지쪽 씨족과의 결혼은 절대적으로 금지되었다. 지금도 이 금지는 8촌이나 8대까지 미치고 있다. 씨족제사가 존재하고 토테미즘의 유물도 분명 남아 있다. 토지 이용의 범주에서는, 건초 저장장소가 씨족마다 따로 만들어져 있다.

통구스족도 씨족으로 나뉘어져 있다(총 70 이상). 씨족은 보통 씨족원 중 유력자의 이름을 그대로 본떴다. 각 씨족은 위로 장로, 즉 다루가를 추대하고 2~3개의 씨족은 각각 위로 자이산을 추대한다. 혈연관계가 있는 여러 씨족은 하나의 종족을 형성하고 토욘(Toyon), 즉 種族公을 추대한다. 씨족 시조의 직계가문은 특권계급 즉 귀족을 형성하고, 그 안에서 다루가와 자이산이 선출되며 그 중 한 명은 노욘에 임명된다. 같은 씨족 내에서

---

125) Seroshevsky, *The Yakuts*, vol. Ⅰ ; Haruzin, "On the Question of the Origin of the Kirghiz People", *Ethnographic Review*, 1895, 3 ; Lopatin, *The Golds*, 1921 ; Riasanovsky, "Some Features of the Customary Law of the Altais and Teleuts", *Monitor of Chinese Law*, 1931, 3 ; Kovalevsky, *Clan Life*, 1905, Ⅱ ; Samokvasov, *Collection of the Customary Law of the Siberian Natives*, 1876.

의 결혼은 퉁구스족 사이에서 금지되어 있다. 즉 분명한 족외혼이 존재한다. 소송과 분쟁이 있을 때는 씨족장로가 재판을 하며, 여기에 씨족원 중 존경을 받는 인물이 참가하기도 한다. 수렵민인 골드족은 씨족으로 나뉘어져 씨족제도 아래서 생활하였다. 칼라(Khala : 家系)는 남계이며 씨족은 1명의 장로, 즉 칼라이다(Khalaida)를 추대한다. 씨족의 제사, 씨족의 희생과 기도가 존재하고 씨족의 원리에 따라 법정이 조직된다. 결혼은 족외혼이었다. 일부다처제와 수혼제도 행해지고 토테미즘과 원시씨족의 잔재도 남아 있다.

키르기스족의 경우는 가계가 혼합되어 있고 3개의 주요한 씨족, 대·중·소의 호르도(Hordos)로 나뉘어져 있다(제3의 支族은 Bukeiv Hordo를 이룸). 이 밖에 카라 키르기스(Kara - Kirghiz)가 있다. 각 호르도는 종족, 종족은 여러 씨족, 씨족은 수예크(Suyeks : 骨)로 나뉘어져 있다. 키르기스족은 씨족장인 아크사칼(Aksakals) 등이 통치하고 각 호르도는 칸을 추대하였다. 씨족 내의 결혼은 포괄적으로 6촌의 범위에서 금해지고 수예크 내에서는 족외혼이 지켜진다. 수혼제가 행해지며 부인에게는 상속권이 없다. 다른 씨족의 성원 간에 宿怨關係도 유지되고 있다. 겨울 목장은 씨족마다 나뉘어져 있다.

알타이족(알타이 칼묵)과 텔레우트(백칼묵)족은 서로 인접한 소수민족이다. 모두 씨족제도 아래서 생활하고 씨족단위인 수예크(Suyek)로 나뉘어져 있으며 수예크는 위로 씨족 장로를 추대한다. 알타이족 사이에서는 수예크가 결합하여 두친(Duchins)을 형성하며 알타이 전 민중은 위로 자이산을 추대한다. 두 씨족의 수예크 성원은 토지를 공동으로 이용하고 씨족적인 상호부조의 관습을 갖고 있다(가축이 사망하거나 칼림을 지불할 경우). 어머니쪽 친족은 직접적인 의미에서 친족으로 간주되지 않는다. 다른 수예크 출신이기 때문이다(그들과의 친족관계는 3촌으로 인식되고 있다). 이들 간에는 매우 오래 된 흥미로운 사회제도의 잔재가 보인다. 이를테면 친족의 등급조직, 백숙부권제, 수혼제 등이 그것이다.

아시아의 여러 민족 중 최대·최고급 문화를 지닌 중국에서도 씨족적 유대는 강하다. 여기서는 전 씨족 또는 그 개개 支族에 속해 있는 재산, 이를테면 씨족묘지와 조상사당이 존재한다. 조상숭배 의식과 친족 중 長上에 대한 존경은 씨족적 결합을 유지해 준다. 조상과 친족 중 죽은 長上의 명복을 빌기 위하여 기일 같은 때 불공을 드리는 등의 일은 친족관계의 遠近에 따라 고인의 씨족원에게 부과된다. 특히 이는 젊은 후계자에게 부과된다(居喪, 조상사당에서의 제사 등). 동일한 씨족성원 간의 결혼은 금지된다. 더욱이 최근까지도 같은 성을 가진 사람은 모두 같은 조상을 가지고 있으니 친족이라고 하는 희한한 관념에 사로잡혀 동성간의 결혼이 금지되고 있다('大淸律令' 제107조). 상속권은 씨족의 성원 모두에게 있으며 일정한 경우 씨족원 중 유력자가 가족회의를 소유한다. 씨족원 중 유력자와 가장의 권력은 대단히 컸다.126)

대부분의 아시아 민족이 유럽에서는 본질적으로 이미 수천 년 전에 사라진 사회생활을 영위하고 있다는 것이 이상의 간단한 설명을 통해 분명해졌으므로 더 이상의 예는 인용하지 않겠다. 몽골인과 마찬가지로 이들 민족 간에도 많은 경우 모권제의 유물과 어떤 경우에는 특수한 것이 섞인 부권적 씨족생활이 발견된다.127)

이 문제와 관련하여 고대의 제도와 법에 대해 저명한 연구자 코발레프스키는 다음과 같이 기술하고 있다. "시베리아와 러시아 동남부 투르크 여러 종족의 제도를 기술하면서 그들의 씨족 구분이 몽골인과 동일하다는 점을 몇 차례 지적했다. 따라서 여기서 연구중인 원주민 무리의 전 씨족제도의 첫 모델을 내륙아시아, 몽골, 만주에서 구한다고 하더라도 독자는 놀라지 않을 것이다. 이 곳에서 이 제도는 매우 오래 되었다."128) 그러므로 몽

---

126) 상세한 것은 Riasanovsky, *The Modern Civil Law of China*, Part Ⅰ, pp. 45~56, 137~139, 177~179쪽 등 참조.

127) 예를 들면 이들 민족 중 일부(키르기스족)는 오늘날도 씨족적 숙원을 보유하고 있고 또 일부(알타이족, 텔레우트족)는 친족의 자격조직을 보유하고 있으며 일부(야쿠트, 골드족)는 토테미즘의 유물을 많이 보유하고 있다.

골인의 씨족제도가 아시아에서 가장 오래 되고 기초적인 것 중 하나이며, 이것과 관련되어 있는 제도의 발전에 분명 영향을 주었을 것이라고 생각할 수 있다.

백, 천, 만으로 구분하는 고대 몽골인의 구분법은 이 제도와 관련되어 있으며 칭기즈 칸의 병제에서 최고의 발전을 보였는데, 이는 또한 14세기 말 15세기 초라는 새로운 시대에 타메를라네(Tamerlane)의 군대 안에서도 사용되었다.[129] 더구나 이 구분법의 잔재는 최근까지도 보여지며(20과 40의 형태로) 몽골인뿐 아니라 부랴트인, 칼묵인, 알타이인, 텔레우트인 등 일부 종족 사이에서도 발견된다.

즉 몽골법은 고대의 씨족제도와 씨족문화에 기초한 일종의 법을 대표한다. 요컨대 그 발전의 기본적인 양상과 경향은 다음과 같이 얘기할 수 있다.

그 주요한 표현상(몽골인, 부랴트인, 칼묵인 사이에서) 몽골법은 국가원리의 발전은 미약하지만 씨족에 대한 구분과 그 세분화 및 씨족행정을 수반하는 유목 부권 씨족문화에 토대를 둔 법이 고도로 발달한 전형을 보여준다. 몽골인 간에 친족관계는 남계만 인정되며 가족은 성질상 부권제이다. 그것은 신부에 대한 몸값 제도를 수반하는 족외혼, 일부다처제, 가장의 권위와 권력 및 윗사람에 대한 존경에 기초를 두고 있다. 부동산의 사유권은 존재하지 않아 목축경제의 (씨족과 종족의) 공동이익을 위해 이용된다.[130] 민법생활은 일반적으로 그다지 발전하지 않았다(부랴트인에게서는 다소 발전이 보이지만). 형벌체계의 기초는 재산형과 채찍에 의한 신체형

---

128) *Clan Life*, vol. II, p. 263.

129) Hara Davan, op. cit., p. 159 참조.

130) 여기서는 몽골법의 내적 발전의 경과에 대해 언급했다. 따라서 칼묵인과 퉁구스인(어떤 경우에는 부랴트인) 귀족이 때로 영지를 소유했다는 사실(스텝 법전 제137조 참조)은 고려에 넣지 않는다. 내적 발전에 관한 한, 단지 부랴트인 사이에 일찌감치 부동산 사유권의 기원이 보인다는 점을 언급하는 데 그친다.

이지만 이 밖에 잘 발전된 포상체계가 존재했다.

몽골법 제도는 그 이상의 진보(씨족 분해, 어머니쪽 사람에 대한 긴밀한 친족관계의 인정, 족외혼의 쇠퇴, 일부다처제의 쇠퇴, 가장인 아버지의 권력 진보 등)에서 주목할 만한 경향을 보여준다. 동시에 몽골법에는 모권제의 잔재(예를 들면 백숙부권제, 잡혼제, 수혼제, 어머니와 처의 씨족에 대한 특별한 존경 등)도 보이는데, 예전에는 강력했으나 사회관계에 새로운 형태가 나타나면서 점차 퇴각했다.

이렇듯 몽골인 간에 사회제도의 시원적 형태는 부권제가 아니라 모권제이며 후자는 부권 씨족제로 교체되고 부권 씨족제는 발전을 거듭하였다.

몽골법의 기록을 통해 보건대, 불행에 빠진 이웃을 도와주는 도덕적 규칙 중 일부는 씨족의 생활형식에 기원하고 씨족의 상호부조에 토대를 두고 있으며, 상호부조는 원래 특별한 포상과 형벌체계에 의해 생겨난 것이라는 점을 확신할 수 있다.

몽골인 간에 국가권력은 씨족장의 권력에서 기원했고 따라서 대몽골제국은 씨족제적 원리를 바탕으로 조직되었다. 그러나 씨족제적 원리 위에 건설된 몽골인의 국가적 결합은 허약했고, 결국 씨족관계는 강력한 국가를 창출해 내는 데 장애물이 되었다.

더구나 몽골법의 기록으로 보아 몽골의 재판제도가 씨족적 복수와 개인이 멋대로 제재를 가하는 체계로부터 점차 공법체계로 발전해 왔음을 알 수 있다.

私法 영역에서 부권제, 모권제, 상호 대등한 가족이 계기적으로 발전한다는 설은 몽골법 자료 속에서 명확히 증명된다.

몽골 민족 간에 사유재산은 동산에 한해 발전하였다. 사유재산은 씨족과 가족의 재산으로부터 점차 이탈했다. 원시적 형태에서 그것은 소유자의 개인적 노동과 전쟁, 수렵 등에서 훈공에 따라 획득한 재산을 의미했다.[131] 부동산의 경우, 몽골법에서는 사유권에 대한 일반적 인식이 존재하지 않았

---

131) 로마법에서 사유재산, *peculium castense* 및 *quasi-castrense*의 기원 참조.

다. 다만 그 싹이 부랴트인 사이에서 보이는데, 이는 그들 간에 농업과 마른풀을 베고 취하는 터를 경작하는 문제와 관련되어 있다.

더구나 몽골 私法의 기본제도(가족, 재산, 손해에 대한 책임, 계약의 발전, 상속)에 대한 연구를 통해, 이들 제도의 기원과 발전이 진화의 일반원칙을 따르고 있으며, 사회학과 비교법학에 의해 확립되었듯이 이 과정은 일반법에 따라 진행되었다는 결론을 내릴 수 있다.

제5장 몽골법과 피정복민족의 법

　칭기즈 칸과 그 후계자들은 당시에 알려져 있던 세계의 반을 정복하고 순식간에 몽골인은 수많은 민족을 지배하게 되었다. 여기에서 당연히 그들의 패권이 종속민족의 법에 어떤 영향을 미쳤으며 정복자와 피정복자의 법전 간에 어떤 관계가 존재했나 하는 문제가 제기된다. 일부 학자는 칭기즈 칸의 대야사가 몽골제국 내의 모든 피정복민족을 지배했다고 생각했다.[1] 그러나 이는 사실과 너무 다르다. 이 문제를 생각할 때, 주목할 만한 것으로 다음과 같은 것이 있다. 즉 몽골법과 정주민족(러시아인, 중국인 등) 법제와의 관계, 다시 한 걸음 나아가 몽골법과 아시아 및 동유럽의 유목민족(퉁구스인, 야쿠트인, 키르기스인 등) 법과의 관계가 그것이다.

제1절 몽골법과 러시아법

---

1) Hara Davan, *Jenghiz Khan as a Military Leader, and His Heritage*, 1929, p. 60 등(러시아어) ; V. Vernadsky, *Essay on the History of Eurasia*, 1934, p. 88 (러시아어) ; J. Barckhausen, *L'Empire jaune de Jenghis Khan*, 1935, p. 88.

몽골의 문화와 법이 러시아 문화와 법에 끼친 영향에 관해 러시아의 역
사과학의 대표자인 사학자나 법학자 모두 크게 주목하고 있는데, 이들의
연구는 상반된 결론을 도출하였다. 카람진(Karamzin)이나 코스토마로프
(Kostomarov), 레온토비치, 자고스킨(Zagoskin), 세르게비치(Sergeevich),
엥겔만(Engelman) 등의 몇몇 권위자는 통치상 몽골적 원칙하에 건설된 모
스크바 공국의 발전에 몽골이 지대한 영향을 끼쳤다고 주장하였다.[2]

반면 솔로비에프(Soloviev), 클류체프스키(Kliuchevsky), 플라토노프
(Platonov), 슈무를로(Shmurlo), 포크로프스키(Pokrovsky), 바갈레이
(Bagaley), 블라디미르스키 부다노프(Vladimirsky Budanov), 디아코노프
(Diakonov) 등의 다수는 이른바 '타타르의 굴레'는 러시아의 역사발전에
큰 영향을 주지 않았으며 러시아의 국민생활에 어떤 커다란 사회적 변혁도
가져오지 못했다는 주장을 했다. 즉 몽골의 영향이 어떤 과정을 촉진하거
나 저지하기는 했으나 과정 그 자체는 몽골 타타르 정복자의 영향을 받음
이 없이 시작되고 계속되었다는 것이다. 그러므로 타타르의 침략과 그 영
향은 다만 역사적 발전의 한 요소를 대표하는 데 불과하며 그 요소는 기본
적인 것이기는 하지만 결코 결정적인 것은 아니었다는 것이다.[3]

최근 공법학쪽에서 '유라시아주의'라는 사조가 등장하여, 몽골 타타르인
의 침입과 그것이 러시아인의 생활에 미친 영향은 주요할 정도가 아니라
절대적인 중요성을 갖는다고 주장하였다. 이러한 생각을 가진 사람들은,
공국시대 즉 藩屬시대의 러시아를 대몽골제국의 일부로 간주하고, 대몽골

---

2) Karamzin, *History of the Russian State*, vol. Ⅴ ; Kostomarov, *Monographs*, vol.
 ⅩⅡ ; Leontovich, *The Mongol‑kalmuck or Oirat Regulations on Punishment*,
 1879 ; Sergeevich, *Antiquities of Russian Law*, vol. Ⅱ 등(모두 러시아어).
3) Soloviev, *History of Russia*, vol. Ⅰ ; Kliuchevsky, *Course in Russian History*,
 vol. Ⅱ ; Platonov, *Lectures on Russian History*, 6th, Ed., 1909 ; Pokrovsky,
 Russian History, vol. Ⅰ, special supplement Ⅲ ; Bagaley, *Russian History*, vol.
 Ⅰ, 1914 ; Vladimirsky‑Budanov, *Outline of History of Russian Law*, 1909 ;
 Diakonov, *Sketches of Social Order and Government in Ancient Russia*, 1912 ;
 Shmurlo, *Russian History*, 1922 등(모두 러시아어) 관계있는 장 참조.

제국이 후에 일반적으로는 몽골 문화의 직접적인 영향을 받으며, 또 특수
하게는 정치면에서 몽골적 원칙하에 한 독립국(모스크바 공국)으로까지 발
전했다고 보았다. 이 국가는 그 후 발전을 거듭하여(세인트 페테르부르그
제국, 소비에트연방) 그 안에 지리학적, 민족지학적, 문화적 세계를 구현하
고 유라시아 초원의 아리아(Arya) 민족 및 투란(Turan) 민족을 통합하였
다. 그러므로 당연히 이 국가는 칭기즈 칸 대제국의 당연한 계승자라고 주
장했다.4)

그러나 이 두 민족의 사회적 발전, 특히 두 민족의 문화에 존재하는 서
로 다른 객관적 자료를 살펴볼 때 일반적으로 몽골 문화, 특수적으로는 몽
골의 법적 문화가 러시아의 문화와 법에 뚜렷한 영향을 전혀 줄 수 없으며
또한 주지도 않았다고 생각된다.

그러나 여기서는 러시아 문화에 대한 몽골 문화의 영향이라는 일반적
문제는 생각하지 않고5) 다만 러시아의 법에 끼친 몽골법의 영향만을 다루
려고 한다.

칭기즈 칸의 야사는 러시아에서 결코 행해지지 않았으며 또한 행해질
수도 없었다. 다른 유목문화를 가진 민족을 대상으로 제정된 것이기 때문
에 러시아 민족의 요구에 응할 수 없었던 것이다. 러시아를 대상으로 한
특별법전(후에 중국이 몽골 때문에 제정한 것처럼)의 제정도 몽골 타타르
인은 계획하지 못했다. 그들은 저급한 문화의 소유자였기 때문에 이같은
사업을 달성할 능력이 없었던 것이다. 몽골 침략시대에 북러시아에서는 칭
기즈 칸의 야사와 후의 몽골법전(차진 비치크, 칼카 지롬)보다도 우수한 법

---

4) Trubetzkoy, "On the Problem of Russian Self‐Knowledge", collected articles,
   1927 ; *Europe and Mankind*(출판 연대 불명) ; Savitzky, *Russian, a Separate
   Geographic World*, 1927 ; Vernadsky, *Sketches in Russian History*, 1927(이상 러
   시아어) ; *A History of Russia*, 1929.
5) 상세한 것은 Riasanovsky, *On the Question of Influence of Mongol Culture
   and Law on Russian Culture and Law*, 1931 ; *On the Study of Ancient Russian
   Painting*, 1934(러시아어) 참조.

전 하나가 편찬되었다. 이것이 '프스코프스카야 수드나야 그라모타(Pskov-skaya Sudnaya Gramota : 프스코프 사법칙령)'이다.

이렇듯 몽골법은 몽골법전의 적용 또는 이에 기초를 둔 특수법전의 편찬을 통해서조차 러시아법에는 전혀 직접적인 영향을 주지 못했다. 따라서 간접적인 영향, 행정에 미친 영향에 대해서만 기술할 수 있다. 그러나 이러한 영향을 전달할 만한 일정한 경로도, 이러한 영향을 미칠 수 있을 정도로 충분히 발달한 국가질서도 존재하지 않았다는 점에 주의해야 한다.

다음에 러시아법 - 민법, 형법, 국가법(행정법을 포함)에 끼친 몽골법의 영향을 상세히 살펴보기로 하자.

민법 관계에서는 몽골의 영향을 받은 흔적을 발견할 수 없다. '프스코프스카야 수드나야 그라모타'와 '수데브니키(Sudebniki)'6)에도 그 흔적이 전혀 보이지 않는다. 이처럼 몽골법이 러시아 민법에 전혀 영향을 주지 못한 것은 문화적 차이(유목과 정주농경) 때문이었다.

형법 분야에서는 '수데브니키'에서 보이는 형벌의 준엄화가 몽골의 영향 때문이라고 지적한다. 이 규범에서는 사형, 채찍형, 고문제도가 받아들여지고 있으나 모두 '루스까야 프라브다(Russkaya Pravda)'7)에는 없는 것이고, 채찍형과 고문 이 두 가지는 '프스코프스카야 수드나야 그라모타'에도 존재하지 않았다. 이러한 변화는 몽골 타타르가 침구한 결과 도덕적 수준이 일반으로 저하한 데 기초한 것이라고 할 수 있다. 이처럼 이것들은 단지 간접적인 영향만을 찾아볼 수 있을 뿐, 몽골법 자체의 영향을 받았다는 흔적을 인정하기는 어렵다.

주의할 것은 법전으로서의 '수데브니키'는 '프스코프스카야 수드나야 그라모타'와 비교하면 약간의 퇴보를 보여주고 있다는 점이다. 이 퇴보는 몽골인의 침략 때문에 문화가 일반적으로 후퇴한 결과이다.

끝으로 국가법 및 행정법 분야에서는 통치에 관한 몽골법과 몽골의 통

---

6) 역주 : 이반 바실리에비치의 법전, 1491년과 1550년 두 개가 있다.
7) The Russian Truth(러시아의 진리)라는 뜻을 가지고 있다.

치 원칙이 모스크바 국가의 발전에 직접 영향을 주었다는 설이 있다.

정말 그러할까. 몽골의 통치조직으로 대표되는 것은 무엇이며 또 그것이 러시아에 영향을 줄 수 있었던 것은 무엇이었는지 생각해 보자.

중앙아시아에서는 몽골인이 역사적 무대에 출현하기 이전 1500년간에 걸쳐 많은 국가가 건설되었고 그 영향은 중앙아시아의 강역을 넘어 확대되었다. 그러나 이들 국가는 그 구성요소인 여러 종족과 민족 사이에 공통되는 강고한 문화도, 내부적 통일도 갖추고 있지 못했다. 결국 외부로부터 가해진 압박 때문만이 아니라 이러한 결함에서 나온 상호 괴멸적인 알력으로 인해 모두 급속히 붕괴되어 버렸다. 이러한 국가 중에 몽골 내부뿐 아니라 중앙아시아, 나아가 전 아시아와 유럽 일부에 이르는 방대한 지역으로까지 세력을 뻗친 투르크계 민족(기원전 3세기부터 기원 초까지) 흉노(훈 [Huns])[8]가 있다. 훈에 이어 鮮卑(1~4세기)와 柔然(4~6세기)이 나타났다. 이들은 퉁구스와 투르크 퉁구스계이며 그 뒤를 이어 나타난 것이 투르크족인 돌궐(Turkish : 6~8세기)이다.

돌궐 국가는 다른 투르크계 민족인 위구르(Uigur, 回鶻 : 8세기 중엽~9세기 중엽까지)[9]에게 멸망당하고 위구르는 혼혈민족인 하가스(Hagas : 9~10세기 초)[10]로 교체되었다. 하가스는 퉁구스족인 거란(Khitans : 10~11세기)[11]으로 교체되고 거란은 12세기 초에 만주족(Manchu)[12]에게 쫓겨

---

8) 역주 : 흉노가 어떤 민족에 속하는가는 세계학계의 문제이다. 일본에서는 白鳥庫吉의 설에 따라 몽골족으로 보고 외국에서는 투르크설을 취하고 있다. 러시아도 마찬가지이다. 따라서 이 책의 저자 랴자노프스키도 투르크족으로 보고 있다. 이 논쟁에 대해서는 생략하지만, 鮮卑와 柔然도 마찬가지로 민족문제를 둘러싸고 논쟁이 계속되고 있어 결론이 아직 내려져 있지 않다. 랴자노프스키가 이를 투르크 퉁구스계라고 한 것은 흉노를 투르크계로 본 결과이며, 흉노를 몽골계로 본다면 몽골 퉁구스계라고 정정해야 할 것이다.

9) 역주 : 위구르는 回紇, 回鶻이라고도 쓰며 후에는 畏兀兒라고도 쓰였다.

10) 역주 : 하가스(Khagas)는 즉 키르기스인, 당시의 黠憂斯이다.

11) 역주 : 랴자노프스키가 퉁구스라고 본 것은 거란이 東胡의 하나이고, 동호는 퉁구스의 음역이라고 본 결과일 것이다. 선비를 퉁구스라고 본 것도 같

났으며 다시 이를 격파한 것이 몽골인이다.

몽골인도 단명한 이들 제국 중 하나를 창건한 데 불과하다. 칭기즈 칸 시대에 그의 유목국가는 성장하여 그 세력권을 파괴된 지역의 흙먼지 위로, 살해된 사람들의 유골 위로 넓혀 나갔다. 그러나 칭기즈 칸이 사망하자 제국은 오래 지속되지 못했다. 그의 바로 다음 후계자 시대에 제국은 이미 그 구성부분으로 분열함으로써 칭기즈 칸 왕조의 세력은 급속히 감퇴했다. 이를테면 1260년 쿠빌라이 칸은 칸발루크(Khanbaluk : 北京)를 건설하고 1280년 남중국을 완전히 평정했으나 1368년 그의 후손인 토곤 티무르(Toghon Timur)[13]는 수도와 영토에서 쫓겨남으로써 몽골 세력은 중국에서 마지막을 고했다. 1256년 훌라구(Hulagu)는 페르시아에서 칭기즈 칸 왕조의 기초를 확립했으나 1344년 멸망했다. 하라 쿨라구(Hara Kulagu)는 1242년 트란속사니아(Trans‐oxiania : Bokhara)에 대한 자신의 지배를 선언하였으나 1370년에는 이 자가타이(Jagatai) 혈통은 타메를라네(Tamer-lane)의 일격으로 분열했다. 킵차크 칸국의 경우, 문명세계의 중심에 존재하지 않고 동남 유럽[14]의 초원에 위치하였기 때문에 정복자에 대한 반항이 훨씬 약했다. 그러나 1240년 바투에 의한 러시아 정복에 이어 이미 1380년에 쿨리코보(Kulikovo) 야전의 패전으로 치명적 타격을 받고 그 세력은 이후 소멸하기 시작했다.

앞에서 언급했듯이 칭기즈 칸의 중요한 후예들이 몰락한 원인은 몽골인이 견고한 국가조직을 창조해 내지 못했기 때문이다. 그들 간에는 씨족적 원칙이 너무 강해 국가관념을 능가하였으며 몽골 민족의 일반적 문화수준은 매우 낮았다.

그런데도 일부 학자는 藩屬시대에 러시아 지방 諸公의 국가관념의 결

은 이유에서이다.

12) 역주 : 금나라를 건설한 여진족을 가리킨다.

13) 역주 : 토곤 티무르는 원나라의 마지막 황제 順帝이다.

14) 역주 : 원문에는 서남이라고 되어 있으나 분명 동남의 잘못이므로 정정했다.

여와 보통 국가조직의 후진성에 비한다면 칭기즈 칸 후예의 국가의식이 특히 견고하며, 몽골적 조직이 모스크바 시대의 러시아 또 가깝게는 성 페테르부르그 제국에서 강한 조직을 창설해내는 데 모범이 되었으며 성 페테르부르그 왕조는 모스크바 왕조의 결과물로서 나타났다고 주장하고 있다. 그러나 이 설은 역사적 사실로 확증된 것은 아니다.

사실 몽골인은 러시아인과 똑같이 아니, 더욱 혼란한 領地시대를 경험하였다. 다만 차이가 있다면 그들이 이를 극복하지 못한 것이다.

칭기즈 칸은 4명의 아들을 위해 그 제국을 영지(울루스)로 나눈 인물이다. 즉 주치(코레즘 : 카스피해 연안, 후에 대불가리아 및 러시아), 자가타이(Maveranagr : 부카라, 즉 트란속사니아 등의 지방), 오고타이(준가리아), 툴루이(Tului : 몽골)이며 페르시아는 후에 툴루이의 아들인 훌라구의 영지, 중국은 툴루이의 아들인 쿠빌라이의 영지로 선언되었다. 칭기즈 칸은 그 사후의 계승법에 대해 어떤 규정을 남기지 않았으므로 제국은 영지로 나눠지고 그 영지도 더욱 작은 범위로 나눠졌다. 칭기즈 칸은 장자인 주치나 가장 재능이 있던 툴루이가 아니라 셋째 아들인 오고타이를 후계자로 지명했다. 이는 곧 대분란을 야기시켰다.

칭기즈 칸이 사망(1227)한 후 툴루이의 監國시대를 지나 1229년 諸王의 회의인 쿠룰타이(Kurultai)는 오고타이를 몽골의 대칸으로 선출했다. 일단 오고타이의 치세 동안 내란을 면할 수 있었던 것은 그를 후계자로 지명한 칭기즈 칸의 권위 덕분이었다. 1241년 음주와 무절제로 인해 오고타이는 사망했다.15) 그의 사망 후 5년간의 空位시대가 계속되는 사이 그 황후 투라키나(Turakina)가 정사를 담당했다. 1246년 쿠룰타이는 오고타이의 장남인 병약한 구유크(Guyuk)을 대칸으로 선출했다. 장자인 주치 혈통의 諸王은 바투를 우두머리로 받들며 구유크을 인정하지 않았다. 따라서 구유크은 바투를 항복시키기 위해 원정을 감행했으나 원정 초기에 사망(1248)하고

---

15) 그러나 플라노 카르피니는 그가 구유크(Guyuk)의 숙모에게 독살당했으며 그 때문에 숙모 등 많은 사람이 살해되었다고 기술하고 있다.

그의 미망인 우굴 가미시(Ugul‐Gamish)가 정사를 담당했다. 1251년 쿠룰타이는 그 후계자로서 인망이 있던 바투의 아들 만구(문케)를 지명했다. 이는 바투의 영향에 의한 듯하다.

이리하여 대칸의 자리는 칭기즈 칸의 막내아들 혈통으로 옮겨져 다른 혈통(오고타이와 자가타이)의 분노를 샀다. 그 결과 오고타이의 자손들이 만구에게 모반을 일으키고 자가타이 계통은 이를 지지했다. 그러나 음모가 폭로되어 시라문(Shiramun), 부리(Buri), 監國 우굴 가미시 등 여기에 가담한 오고타이 및 자가타이의 계통의 제왕은 모두 살해되었다. 바르트홀트는 만구를 선출하면서 일어난 이 사건을 오고타이와 자가타이 영지의 멸망으로 정의내리고 있다.[16]

만구는 동생 쿠빌라이와 훌라구를 각기 중국과 페르시아의 지배자로 임명했다. 1259년 그가 사망한 후 쿠빌라이는 정식으로 쿠룰타이를 거치지 않고 부하 제왕의 추대를 받아 중국 開平府에서 스스로 대칸임을 선언했다. 이 사건은 잔혹한 내부투쟁과 사실상의 제국 분열의 원인이 되었다. 쿠빌라이의 동생 아리크 부가(Arik‐buga)는 카라코룸에서 쿠룰타이를 소집하고 거기에서 대칸에 선출되었다. 이에 원수 사이가 된 형제간의 전쟁이 여러 해 계속되었고 결국 쿠빌라이의 승리로 끝이 났다. 그러나 승리자는 이어서 카이두(Khaidu)와 싸워야 했다. 오고타이의 손자 카이두는 활기 넘치는 인물로 1269년 오고타이 및 자가타이 계통의 지지를 받았다. 후에 카이두파의 우두머리가 된 사람은 자가타이 계통의 두바(Duva)였다. 두바는 강력한 연맹을 형성하여 쿠빌라이를 크게 위협하였는데(특히 1286~1289) 그가 사망할 때(1294)까지 지속되었다. 쿠빌라이 사후에도 카이두와 두바는 그 후계자인 티무르(원의 성종)와 계속 투쟁을 벌였고 이 전쟁은 1301년 카이두의 사망으로 막을 내렸다.

카이두와 쿠빌라이 간의 결정적이고도 잔혹한 분쟁은 카이두와 훌라구(페르시아)와 보락크(Borak) 사이, 베레케(Bereke)와 훌라구 및 알구이

---

16) Lane‐Poole, *The Moslem Dynasties*, 1899(러시아어), p. 175, 각주 3.

(Algui) 사이, 하라 훌라구(Hara - Hulagu)와 만구 티무르와 보락크 사이에
도 행해졌다. 칭기즈 칸의 전 제국은 내부투쟁으로 얼룩지고 주치, 자가타
이, 오고타이의 울루스는 쿠빌라이로부터 사실상 떨어져 나갔다. 쿠빌라이
의 영토 중 그의 지배력이 그대로 남아 있던 곳은 동방뿐이었다.17) 카이두
의 사망 후 약 3년 동안 평화가 계속되었으나 1305년에 분란이 다시 일어
났다. 1307년 티무르의 사망은 중국에서 몽골 세력이 쇠락하기 시작한 것
을 말해주는 것이었고, 곧이어 멸망하였다.

티무르에 이어 즉위한 인물은 쿨루크(Khuluk)18)인데 그는 僭主 아난다
(Ananda)와 그 일당을 살해하고 1311년 음주와 무절제로 사망했다. 그를
대신하여 즉위한 사람은 그의 동생 부이안투(Buiantu)19)로, 비교적 뛰어난
지배자였으나 그의 치세중에 에쎈 부가 칸(Essen - Buga Khan)의 피비린
내 나는 반란이 일어났다. 부이안투는 1320년에 사망하고 그의 아들 쇼디
발라(Shodi - Bala)20)가 계승했으나 1323년에 살해당하고 이어 전혀 무능
한 이쑨 티무르(Yissun - Timur : 1328년 사망)21)가 즉위했다.

이쑨 티무르의 뒤를 이은 로지아베크(Rodjiabek)22)는 같은 해 일단의
제왕에게 쫓겨나고 이어서 케실라(Kheshila)23)가 즉위했으나 그의 치세는
겨우 50일로 끝났다. 다시 그의 누이의 아들 토브 티무르(Tob - Timur :
1329~1333),24) 일란 디에 반(Ilan - Die - Ban : 치세는 수개월에 불과),25)

---

17) 쿠빌라이의 즉위와 동방 영지의 분리에 이어, 러시아 諸王에 의한 대칸 방
    문이 중지됨으로써 대칸과 러시아의 직접적인 관계는 단절되었다.
18) 역주 : 쿨루크는 武宗 海山이며 칸의 호칭은 쿨루크 칸(曲律汗)이다.
19) 역주 : 부이안투는 仁宗 愛育黎拔力八達이며, 칸의 호칭은 보안투 칸(普顔
    篤汗)이다.
20) 역주 : 쇼디 발라는 英宗 碩德八刺를 가리킨다. 이는 그 이름이며 汗名은
    아니다.
21) 역주 : 이쑨 티무르는 泰定帝의 몽골 이름이다.
22) 역주 : 로지아베크는 순서상 분명히 天順帝로서 이름은 阿速吉八인데, 무
    슨 이유로 로지아베크라고 칭하는지 알 수 없다.
23) 역주 : 케실라는 明宗이며, 몽골 이름은 和世㻋이다.
24) 역주 : 토브 티무르는 文宗이며, 몽골 이름은 圖帖睦爾이다. 그러나 그는

토곤 티무르(Toghon - Timur : 1333~1370)[26]가 잇따라 즉위했다. 토곤 티무르의 치세는 내부적 불안, 권신의 전횡, 천재로 가득찼고 그 결과 1368년 드디어 중국에서 몽골 왕조는 전복되었다.

이러한 정세중에 서부의 諸國은 쿠빌라이 시대에 사실상 독립을 달성했다. 그 중 어떤 나라는 티무르 사망 후 대칸에 대한 명목상의 번속관계마저 저버렸으며[27] 주치의 울루스도 사실상 독립했다. 일부의 칸(예를 들면 만구 티무르)은 대칸의 권위를 전혀 인정하지 않았다. 물론 우스바그(Usbag) 칸처럼 명목상으로나마 인정하는 경우도 있었다.

그렇다면 몽골제국은 어떻게 통치되었을까.

몽골인의 국가조직과 통치법의 특징은, "제국은 말 위에서 정복할 수 있으나 말에서 내려서는 다스릴 수 없다"는 耶律楚材의 말로 분명히 드러난다. 사실 馬上에서의 약탈적 지배는 몽골인 특유의 것이었다.

칭기즈 칸은 재능있는 군사지휘자이고 정복자였으나 그 역시 이 몽골족의 아들이며 그 시대의 아들이었다. 그의 약탈적인 유목민족적 이상은 그의 격언 안에서 분명히 엿볼 수 있다.

예를 들면 격언 제30에 이르기를,

사람의 쾌락은 배신자를 복종시키고 적을 모두 멸망시켜 그 소유물을 약탈하고, 그들의 종복들에게 소리 높여 울게 하여 그 얼굴을 콧물과 눈물로 얼룩지게 하고, 우스꽝스럽고 우둔한 그들의 말에 걸터앉으며, 그들 처·첩의 배와 배꼽을 침대나 이부자리로 삼고, 그 장밋빛 뺨을 즐기며 입맞추고 그 붉은 입술을 빠는 데 있다.

명종의 조카가 아니라 동생이며 뒤의 두 사람, 즉 일란 디에 반과 토곤 티무르가 명종의 조카이다.

25) 역주 : 일란 디에 반은 寧宗이며 몽골 이름은 懿璘質班이다.

26) 역주 : 토곤 티무르는 順帝, 즉 惠宗이며 몽골 이름은 脫歡帖木兒이다.

27) 페르시아의 칸으로서 이슬람교도인 하싼(Hassan : 1295~1305)은 이미 티무르 치세 때 이교도인 대칸의 명목상의 주권조차 인정하기를 거절했다.

다른 격언에서도 이와 같은 칭기즈 칸 정신의 특징이 나타나고 있다. 격언 제19에 이르기를,

짐 등이 죽은 후 짐의 씨족의 자손이 비단 바탕에 호화찬란하게 금실로 짠 옷을 몸에 걸치고 맛있는 안주와 좋은 술을 제멋대로 먹고 마시며, 좋은 말을 타고 미녀를 품에 안고도, 이것을 가져다 준 것이 그 아버지와 제 형임을 말하지 않거나 짐 등과 그 위대한 날을 잊어서는 안 된다.

또 격언 제22에는,

짐의 사수와 병사는 밀림처럼 떠오르고 그 처·연인·딸들은 붉은 불꽃처럼 빛난다. 짐의 임무와 의도는 달콤한 사탕선물로 그들의 입을 달콤하게 만들고, 그의 가슴·등·어깨를 비단옷으로 장식하며, 거세고 뛰어난 말을 타게 하고, 말은 맑고 달콤한 강에서 물을 실컷 마시게 하고, 그들의 가축에게 좋은 풀을 실컷 먹이고, 사람들이 지나다닐 도로나 큰길에서 먼지, 그루터기 등 모든 나쁜 것을 청소하게 하는 데 있다. 그리고 천막 안으로 고뇌의 씨앗을 들여오지 못하게 하는 데 있다.

이와 같은 약탈적인 유목민의 특성은 야사에서도 보이는데 야사는 쉽게 사형을 내리고 인명을 가축의 목숨 이상으로 평가하지 않았다.

이를테면 야사 제29조에 이르기를,

그 재산 중에 훔친 말이 발견되면 같은 종류의 말 9마리를 덧붙여서 원소유자에게 반환해야 한다. 이를 변상할 수 없을 때는 그의 아이들로 대신해야 한다. 아이들이 없으면 본인이 양처럼 도살당해야 한다.

제8조 중에는 "……이슬람교도처럼 짐승을 도살하는 자는 스스로 도살

당할 것이다"[28]라고 되어 있다.

칭기즈 칸은 현명하여 높은 문화수준을 지닌 많은 지방을 포함한 광대한 국가를 통치하는 데 유목 몽골 문화를 적용할 수 없음을 이해하고 있었다. 그래서 그 제국의 조직과 행정에 위구르인과 중국인의 참가를 구했다. 그러나 塔塔統阿(Tashatung), 鎭海(Chingai), 야율초재 및 기타 위구르인과 중국인 관리는 탁월한 재능을 갖고 있었으나 열악한 자재 때문에 견고한 집을 지을 수 없었다. 이들 약탈적인 유목민을 당시 가장 문화가 진보한 국가(중국, 페르시아)의 유능한 행정가로 바꾸는 것은 불가능하다는 것이 분명해졌다.

군대를 조직하여 정복을 계속하는 동안 정복민족에게 도움이 되었던 것들은 보통 정복당한 여러 지역의 문화적 통치에는 부적당했다. 군사지휘자와 종족장의 무한한 권력은 평상시에 전제주의로 왜곡되게 나타나 약자에게 권력을 남용하고 법을 완전히 무시하게 만들었다. 모든 기록으로 증명되듯이 몽골 정부는 부패, 교양의 결여, 정규 사법조직과 중앙집중적 재정제도의 결여 같은 결함을 갖고 있었다.

야율초재는 오고타이 시대 국정의 특징을 다음과 같이 전하고 있다. "제국의 고관은 관직과 사법을 사고 팔며[29] 몽골 감옥은 다만 강탈자의 폭행에 저항했다는 죄목을 가진 사람들만으로 들어차 있다." 이러한 상태를 보고 14세기 초의 승려 오도리크(Odoric)는 몽골인은 빈손으로 관리 앞에 나갈 수 없다는 법률을 갖고 있다는 소박한 결론을 내렸다. 더구나 플라노 카르피니의 기록 중에는, "황제와 수장은 인민의 재산을 멋대로 빼앗으며 인민의 신체도 원하는 대로 빼앗는다"는 구절이 나온다. 증거는 다른 곳에서도 얼마든지 있다. 일부 과장이 있다 해도 일반적으로 통치에는 역시 결함이 많았다. 그 결과는 역사상 자명하게 드러난다. 즉 몽골인이 건설한 국

---

28) '루스까야 프라브다(Russian Truth)'가 사형을 규정하지 않은 것을 상기하고 싶다.
29) 킵차크 칸국에서는 大公의 位까지 입찰 경매대상이었다는 러시아 역사가의 증언 참조.

가제도는 중국에서는 1368년, 페르시아에서 1344년, 투르크스탄에서 1370
년에 각각 급속히 멸망했다.

다음으로 주치의 울루스에 대해 살펴보자. 주치가 사망한 후 영지는 많
은 아들의 영지로 나뉘었다. 즉 오르두(白帳汗國 : 동킵차크), 바투(靑帳汗
國 : 서킵차크), 셰이바니(Sheibani : 우즈베크 조원), 테브칼(Tevkal : 시베
리아의 칸국)이다. 킵차크는 金帳汗國(Golden Horde)이라 하며 白帳汗國
(White Horde)과 靑帳汗國(Blue Horde)으로 이루어져 있었다. 또한 킵차
크 칸국에는 우즈베크 초원(셰이바니 계통의 영지)과 대불가리아(Greater
Bulgaria)가 속해 있었다.30)

킵차크 칸국의 종가는 오르두(Ordu) 혈통이었으나 실제 지배권은 이보
다 강력한 바투의 혈통(靑帳汗國)에게 장악되어 있었다.

서방의 킵차크 칸국은 동방의 대칸국에 못지 않은 내부투쟁으로 고통을
받고 있었다.

바투의 아들로서 그 상속자인 사르타크(Sartak)는 그 백부 베레케에게
살해당하고 베레케는 1256~1257년 동안 군림했다. 이 군주는 페르시아의
훌라구와 쿠빌라이가 임명한 자가타이 칸국의 알구이(Algui)에 대해 격렬
한 투쟁을 전개했다. 1266년 베레케가 사망한 후 그의 아들들은 칸위를 지
키지 못해(후에 그의 후예는 참주로 등장) 왕위는 다시 바투 계통으로 옮
겨가 활력 넘치는 만구 티무르(1266~1280)가 즉위했다. 그는 쿠빌라이와
페르시아에서 칭기즈 칸 후예와의 분쟁에 가담했고, 나아가 그의 상속자는
몽골의 다른 여러 울루스의 내정에 간섭했다. 같은 주치 울루스도 내부분
열로 고통을 받고 있었다.

만구 티무르가 사망한 후 그의 친족 노가이(Nogai : 동생 계통) 왕은 킵
차크 칸국 내부에서 큰 세력을 획득하고 흑해 연안과 발칸에서 자신의 유
목민을 거느리는 등 반독립적 지위를 갖고 있었다. 그는 칸 텔라부가

---

30) 어떤 자료에 의하면 대불가리아는 주치의 아들 투카 티무르(Tuka - Timur)
　　의 울루스를 이루고 있었다.

(Telabuga)로부터 제위를 빼앗고 그를 살해하였다(1290년경). 이리하여 드디어 칸 토크투(Toktu)와 노가이 사이에 전쟁이 벌어졌고, 노가이의 패배와 사망으로 전쟁은 막을 내렸다(1296년경). 이래로 그의 칸국은 우랄과 엠베(Embe)로 후퇴하여 킵차크 칸국에서 완전히 분리함으로써 노가이 타타르가 되었다. 우즈베크 칸이 1340년(또는 1341)에 사망한 후 상속인으로 지명된 그의 장남 티니벡(Tinibeg)이 즉위했으나 곧 그 형제 자니벡(Janibeg)이 티니벡을 살해하고 다시 동생 카디르벡(Khadirbeg)도 살해했다. 1357년 그의 아들 베르디벡(Berdibeg)은 자니벡을 살해하고 아울러 형제 12명을 살육했다. 그 자신은 1359년에 사망했다. 이래 킵차크 칸국의 반란은 격화되어 그 후 20년 동안 20명 가까운 칸이 차례차례 즉위하였다. 한편 주치의 혈통을 이은 여러 分家 출신들과 야심만만한 무르자(Murza)들은 패권을 획득하여 암살, 뇌물, 폭행 등의 수단에 호소하면서 싸움을 벌였다. 동시에 여러 명의 칸이 즉위한 적도 있었다. 1380년 무르자 마마이(Murza Mamai)는 킵차크 칸국의 지배권을 장악하여 이름뿐인 칸을 옹립하고 스스로 통치권을 행사했다. 마마이는 쿨리코보(Kulikovo) 들판에서 러시아인에게 크게 패했으며(1380) 후에 오르두 혹은 투카 티무르(Tuka - Timur)의 후예로 백장 칸국의 토크타미쉬(Toktamish)에게 자리를 빼앗겼다.31) 토크타미쉬는 백장 칸국과 청장 칸국을 복속시키고 전 킵차크 칸국을 통일했다(1381년 모스크바 원정). 그러나 1391년 타메를라네(Tamer-lane)에게 격파당하고 칸위에서 쫓겨났다가 1395년과 1398년 두 차례 사라이(Sarai)로 귀환했으나 티무르 쿠틀루크(Kutluck : 오르두 계통으로 우루스 칸의 손자)에게 축출당했다. 그 후 또 다른 대반란이 발발하고, 그 사이에 한때 만호 에디게이(Edigei)가 대두하였으나(1408년 모스크바 원정) 마찬가지로 질서 확립에는 실패했다. 주치의 집안에서 나온 여러 계통(토크

---

31) 토크타미쉬도 白帳汗國에서 우루스 칸(Urus Khan : 1361~1375), 그 아들 토크타카(Toktaka), 티무르 메리크(Timur Merik)와 내부 투쟁을 벌였다. 그는 티무르 메리크로부터 칸위를 빼앗고 白帳汗國의 정권을 장악했다.

타미쉬, 투카 티무르, 셰이바니 등의 후예)이 칸위를 둘러싸고 투쟁을 계속하여 많은 칸이 일시에 즉위하기도 하는 등 킵차크 칸국은 피비린내 나는 내부투쟁으로 혼란에 빠졌다. 이어서 칸국의 분열이 시작되었다. 1430년 크리미아 칸국(Crimea Khanate)의 분리는 유명하며, 이어 1436년에 카잔(Kazan) 칸국(1452년 여기서 Kasimov 공국이 분리했다), 또 1466년에 아스트라칸 칸국(Astrakhan Khanate)이 분리했다. 1480년에는 러시아가 이미 그 이전부터 시작한 독립을 정식으로 선언하였다.[32] 1502년 킵차크 칸국은 러시아의 연합국 크리미아의 일격으로 멸망했다.

이 이상 킵차크 칸국의 역사를 상세히 기술하는 것은 피하기로 한다. 다루고자 하는 주제와 너무 동떨어지기 때문이다. 이렇듯 몽골제국과 칸국의 역사를 개관하는 것은 결국 몽골적 통치조직을 찬미하는 사람들과 러시아 영주시대의 분란을 냉소하는 사람들에게 역사의 현실을 상기케 하는 데 불과하다.[33] 결함으로 가득찬 采領地제도는 동양의 잔혹함과 불신이 덧붙여져 더욱 강도가 높아진 형태로 칭기즈 칸의 후예 시대에도 존재했다. 후자에서는 쿠빌라이, 바투, 베레케, 우즈베크, 토크타미쉬 같은 위대한 인물이 배출되었다. 이는 러시아 루리크(Rurik)의 후예로서 블라디미르 모노마크(Vladimir Monomakh), 안드레이 보골류브스키(Andrei Bogolyubsky), 알렉산더 네프스키(Alexander Nevsky), 이반 3세 같은 인물이 배출된 것과 마찬가지다. 그러나 그 역사적인 결과는 다 아는 바와 같다. 루리크의 후예는 채령지제도와 항쟁하여 이를 극복하고 강력한 통치조직을 창조했다. 이는 칭기즈 칸의 후예가 할 수 없었던 바다. 그러므로 몽골의 통치조직이

---

32) 형식적으로는 1462년, 즉 이반 3세가 즉위한 해라고 할 수 있다. 이반 3세는 킵차크 칸국의 승인 없이 즉위하였으며 그 후에도 칸국을 인정하지 않았다. 사실 그 先代 바실리(Vassili) 2세도 치세 후반에 칸국을 무시하고 독립적으로 행동했다. 이를테면 1452년에는 모스크바에 종속하는 카시모프(Kasimov)의 타타르 采領地(울루스)를 창건했다.

33) 마찬가지 현상은 칭기즈 칸의 다른 후예 사이에서도 일어났다. 자가타이 울루스의 후예에 대해서는 Groom‑Grzimailo, *Western Mongolia*, Ⅱ, p. 510 sqq. 참조.

러시아의 모범이 되었다는 설에는 하등의 근거가 없다.

다음으로는 킵차크 칸국과 러시아와의 직접적 관계에 대해 생각해 보자.

킵차크 칸국은 러시아뿐 아니라 코라산(Khorassan), 카스피 초원, 크리미아를 통치하였으며 그 세력은 대불가리아, 우즈베크 초원, 더구나 처음으로 발칸 반도에까지 미쳤다. 게다가 킵차크 칸국은 아시아의 몽골 諸國의 삶에 참가했다. 이처럼 러시아 이외의 많은 일에도 관계했다. 베레진의 연구에 의하면[34] 킵차크 칸국의 인민은 다음과 같은 여러 무리로 이루어져 있었다.

① 왕공(대·중·소)
② 울루스와 영지를 가진 왕공
③ 영지가 없는 왕공
④ 평민인 왕공(피정복민족)
⑤ 베크
⑥ 무르자
⑦ 타르칸
⑧ 상인
⑨ 職匠
⑩ 자유민이 된 노예
⑪ 경작자
⑫ 소작농

이들과는 별도로 다음과 같은 군사적 계급이 존재했다. 만호, 천호, 백호, 십호의 왕공 또는 베크(왕공이 아님), 부카울(Bukaul), 탐가 부카울(위병). 또한 승려(이슬람교)계급으로는 사법 관계 승려, 승려변호사, 법률집행자, 교사, 승원장, 은둔자(이 안에 Imams과 Sheikhs가 포함)가 있고 궁

---

34) Berezin, "Outline", *Works of the O. S. R. A. S.*, 1864, vol. Ⅷ, pp. 440, 460.

중에 출사하는 廷臣으로는 마구간 長, 매 훈련사(鷹匠), 표범 사육사, 늑대 사육사, 덫 사냥꾼, 掌典長, 승려의 음식을 조리하는 典膳, 문지기 등의 계급이 있었다.

킵차크 칸국의 문관계급은 다음과 같다. 1) 노욘 2) 다루가 3) (한 지방 또는 한 부문의) 장관 4) 한 지구 또는 한 市를 지배하는 왕 5) 大使 6) 바스카크(Baskak : 集稅吏) 7) 궁정비서 8) 서기 9) 관세 관리 10) 계량자 11) 인두세 할당자 12) 使者(Herald) 13) 건축사 14) 道路 관리 15) 통행세 징수 관리 16) 다리 건너는 세 징수인 17) 배타는 세 징수인 18) 연안 경비 관리 19) 역참장 20) 市場 감독 21) 密使 22) 使者(Emissary) 23) 돈을 받아 모으는 集金人 24) 호미세 징집 관리 25) 감독 26) 통역 27) 왕의 서기.

일반적으로 킵차크 칸국 내 행정의 성격은 몽골제국의 중앙과 같다. 만약 후자가 야율초재의 말과 같이 '말 위에서의 통치'에 의해 나타난다고 한다면, 이 정의는 야율초재와 그에 필적하는 정치가가 없었던 킵차크 칸국의 정세에는 한층 더 적합하다. 그 행정은 대칸국과 마찬가지로 권력남용, 뇌물, 사법조직의 결여로 유명하다. 킵차크 칸국에서 사법이 "황금을 가득 실은 마차로 바뀐다"고 얘기된 것도 까닭이 없지 않다. 또 러시아 역사가가 러시아 대공 자리가 경매대상이 되고 있음에 주목한 것도 역시 까닭이 없지 않다.

킵차크 칸국에는 러시아와 관련된 특별관청이 있었고 그 장관은 다루가였다.35) 때로 곳곳의 러시아 도시에는 주로 공납과 징집의 감독관인 바스카크가 임명되었다. 항상 무장하고 있던 타타르 군대를 거느린 바스카크와 사자가 나타나면 평화로운 주민에 대한 폭행, 방화, 학살이 뒤따랐다. 러시아인은 이들 행위를 신이 죄진 자를 바른 길로 이끄는 고통, 천벌로 여겼다.36) 타타르인에게 있어 러시아에 대한 조직적 행정 따위는 존재하지 않

---

35) 몽골 연대기에 의하면, 칭기즈 칸은 칼카(Kalka) 河畔 전투(1223) 후 킵차크의 첫 다루가로서 차크 칸(Chak‑Khan)을, 오로스(러시아)의 첫 다루가로서 후엔 노욘(Huen‑Noyon)을 임명했다. Ts. Jamtsarano, *Mongol Chronicles of the XVII c.*, 1936, p. 116(러시아어).

있다.

몽골 타타르인은, 이를테면 페르시아에서 그러했듯이 러시아 諸公을 폐하고 러시아에 자기 왕조를 세우려 하지 않았다. 또한 후에 중국이 몽골에서 그랬던 것처럼(울리아스타이 장군과 암반) 일정한 기능을 가진 영구적인 총독이나 駐劄 장군을 러시아에 두지도 않았다. 바스카크는 때때로 개개 지방에 임명되었는데, 일정한 행정적 기능은 갖지 못하고 공납을 징수하는 감독으로 한정되었다. 그들은 몽골인이 지배하는 시대의 첫 백 년 안에 일찌감치 실제 행정 분야에서 자취를 감췄다. 행정권은 러시아 諸公의 손에 있었으며 대공이 칸국과 교섭을 행했다. 이처럼 몽골의 영향이 도입될 통로라는 것은 존재하지 않았다.

그렇다면 몽골인이 러시아의 통치원칙에 큰 영향을 주었다고 주장하는 사람들은 이같은 영향의 구체적 표현을 어디에서 발견할까.

그들은 러시아 제공이 몽골인의 인가를 받은 상태에서 지배력을 행사했다고 지적한다. 그러나 이러한 사정은 행정질서를 변경하는 것이 아니었다.

학사원 회원 플라토노프(Platonov)는 다음과 같이 기술하고 있다.

타타르인 치하에서 大公位를 상속하는 원칙을 보면 타타르인이 통치한 첫 백 년 간(1240~1340)은 종래와 마찬가지였고, 그 상속은 일반적인 수정과 위반을 수반하는 세습제였다. 대공 칭호는 여전히 프세볼로드(Vsevolod) '대소(大巢 : Big Nest)'의 집, 즉 그의 아들인 야로슬라프(Yaroslav)의 혈통에게 있었다. 약 1세기 이상 동안(1212~1328) 4公家의 15명이 대공의 자리에 올랐는데 그 중 겨우 3사람만이 백숙부와 형을 무시하고 불법으로 즉위했을 따름이다. 타타르 시대 직전, 즉 이른바 키예

---

36) 클류체프스키(V.O. Kliuchevsky)는 이것을 다음과 같이 적절히 표현하고 있다. "모스크바의 여러 대공은 이 神罰을 자기 동포에게 가장 능숙하게 사용했다."

프 러시아 시대를 보면 똑같은 질서와 똑같은 위반이 발견된다. 분명 타타르인의 패권은 옛 상속제도를 변화시키지 않고 다만 그 실시 인가권만을 보유했을 뿐이다. 게다가 이 권리도 크게 중요하게 여기지 않았고 이를 확보하는 데도 그다지 신경을 쓰지 않아 諸公이 위반하더라도 오랫동안 처벌하지 않고 지나갔다. 프세볼로드 '대소'의 손사와 증손자 시대에 타타르인이 가진 권력과 세력이 얼마나 허약했는가를 잘 보여주는 사건이 발생했다. 영지를 가지고 있는 諸公은 타타르인에게 인정받은 대공과 항상 사이가 나빠 연합하거나 단독으로 대공을 약화시키고자 했다. 한편 ……타타르인은 諸公의 다툼을 수입의 원천으로 간주하고, 냉소적으로 '보다 많은 공납을 바치면', 다시 말해 적대자보다 더 많이 공납을 바치면 대공으로 만들어 주겠다고 말했다. 이것을 들은 諸公은 서로 경쟁적으로 칸국과 거래를 행했다.37)

타타르인은 러시아 정치에 대해 흥미를 갖지 않는 등 신경을 쓰지 않아 모스크바 공국의 강대화를 간파하지 못했다. 현실적으로 그들이 흥미를 가지고 있었던 것은 물질적인 것으로서, 즉 지배자와 인민으로부터 더 많은 재원을 착취하는 것이었다. 이것이 '대공 자리가 거래와 입찰의 대상이 된' 이유이며, 종종 공납과 여러 형태의 조세와 부역이 보이는 까닭이고, 또 금전과 과세에 관련된 러시아어 가운데 몽골어가 많이 보존되고 있는 이유이다. 이러한 종류의 흥미는 자기에게 종속된 지방의 경제적·정치적 지위를 향상시키려 힘쓰는 개화된 국가가 갖는 흥미와는 다르다. 이는 피정복자(50년 또는 백 년 전에 그 정복을 인정했더라도)로부터 가급적 많은 것을 몰수하고 또한 이를 가장 잔혹한 유효수단을 통해 몰수하고자 하는 약탈적 정복자가 느끼는 흥미에 불과하다.

러시아의 통치조직에 영향을 미친 다음과 같은 몽골의 요소도 인용된다.38)

---

37) *Lectures on Russian History*, 6th. Ed., 1909, pp. 107~109.

몽골 정권은 개개 집단 즉 종족에 대한, 그리고 이를 통한 국가에 대한 무조건적인 종속이라는 원칙에 기초를 두고 있다. 이러한 몽골적 개념은 먼저 모스크바 왕국, 다음에 세인트 페테르부르그 왕국에서 국민이 정부에 대해 제공하는 보편적인 봉사가 발전하는 기초가 되었다고 상상하고 있으나 이 설은 오류이다.

무수한 원정과 수렵이 행해진 기간, 특히 12~13세기에 몽골인은 그 군사지휘자의 명령에 무조건 복종하는 원칙을 발전시켰다. 이 군사지휘자는 또한 종족장이기도 했다. 이 복종은 비군사적 생활에서는 일부 사람의 전제와 나머지 다른 사람들의 노예적 굴종으로 변했다. 그러나 국가관념과 국가에 대한 봉사관념은 발전하지 않았다. 몽골인은 씨족제·종족제 상태에서 생활하며 그 사상은 종족적 심리에 의해 좌우되었고, 그 이상의 진전은 이루지 못했다.[39)

그 결과 그들의 사회조직이나 그들의 개념은 사회적 기초를 전혀 달리하는 모스크바 국가 건설의 기초로서는 도움이 되지 못했다. 러시아에서는 훨씬 이전에 씨족제·종족제가 채용되었고(초기 연대기는 이것을 러시아사의 시원적 사실로 기술하고 있다), 몽골 침략시대에 완전히 무너졌다. 이에 이어서 (타타르 시대 이전에 시작된 발전의 결과로서) 가족 세습재산제 및 이것과 같은 성질을 지닌 諸公 지배기가 출현하였고, 이것이 공법적 형식의 전제정권에게 그 지위를 물려주었다. 전 계급을 망라한 국민에게 국가에 대한 봉사를 강제한 것은 내부 사회정세의 영향을 받아 나타난 것(이러한 내부적 과정은 다른 데서 빌릴 수 없다)으로, 이는 모스크바 정권 치하에서 발생하여 피터(Peter) 대제 제국에서 그 정점에 달했다.

여기서 다시 한 번 몽골의 영향에 대한 가설이 피상적인 유추에 기초한 것으로서 취할 수 없는 것임을 알 수 있다.

---

38) 새로운 연구자 중에서는 베르나드스키(G. V. Vernadsky)가 *A History of Russia*(1929, p. 46 sqq.)에서 이를 간단히 공식화시키고 있다.
39) 칭기즈 칸의 제국 또한 씨족적·종족적 원칙 위에 건설되어 급속히 채령지(울루스)로 분열했다.

　좀더 옛날의 연구자, 이를테면 레온토비치 같은 사람은 더욱 강경하게 러시아의 농노제도 몽골인에게서 빌려온 것이라고 기술하고 있다.[40] 그와 동시대의 반대자는 보다 신중했다. 복잡한 내부과정에 기초를 두고 있는 농노제 같은 사회제도를 다른 사회의 개념에서 빌려온다든가 발전시킨다든가 하는 것이 불가능함을 명확히 알고 있었기 때문에 그들은 이같은 단정을 내리지 않았다. 그러나 이 신중한 공식화도 본질적으로 선배의 설과 다를 바 없다. 위에서 언급한 두 가지 제도는 시간적으로 후에 나타났거니와 똑같이 내부적인 사회적 과정의 산물이었다. 이들 과정은 서방에서(동방에서는 아니다) 밀접한 유사성을 갖고 있지만 마찬가지로 그로부터 빌린 것은 아니다.

　모스크바 諸公의 전제적 지배가 몽골의 직접적인 영향을 받아 몽골 여러 칸의 권력을 모범으로 해서 성장했다(몽골 칸의 권력은 소멸되었으나 이를 대신하여 짜르라는 인물로 재생했다)는 설도 마찬가지로 설명할 수 있다.

　아다시피 유럽 여러 나라에서는 봉건제가 일정한 사회상태의 영향하에 절대왕정에게 그 길을 내주었다. 러시아도 마찬가지로서, 여기서 절대왕정은 내적인 즉 지리적·경제적·정치적인 과정의 영향하에 일어난 모스크바의 강화 및 제공이 발전시킨 전제의 결과로 성립되었다.[41] 내적 요소와 더불어 외적인 보조요소도 기본적 과정에 기여하여 이를 촉진했을 것이다. 그 중에는 서북부에서 일어난 스웨덴 및 튜튼 족(Teutonic) 기사단, 서부에서 일어난 리투아니아(Lithuania), 남부에서 일어난 타타르의 압력이 있었다.

　이렇듯 타타르의 영향은 다른 내적·외적 영향과 아울러 러시아의 전제정치 건설에 기여한 간접적 요소 중 하나였다. 당시 관찰자는 몽골의 직접

---

40) Op. cit., 254.

41) 파블로프 실반스키(Pavlov - Sylbansky)는 그의 저서 *Feudalism in Russia*와 기타 논문을 통해 고대 러시아와 서방간의 철저한 유사성을 그려냈다.

적인 영향과 몽골과의 내적 관계를 인정하지 않았다. 전제정치가 형성될 과정이 성숙되고, 일정한 형식을 갖추게 되자 이에 대한 이론적 기초가 요구되었다. 그러나 그것은 동방 즉 몽골 칸의 붕괴되어 가는 권력 속에서 발견된 것이 아니라 블라디미르 모노마흐, 프세볼로드 3세, 알렉산드르 네프스키의 理想 속에서 발견되었다.42) 서방에서는 비잔틴 황제의 붕괴되어 가는 권력으로부터 제3의 로마인 모스크바 이론이 등장했다.

제3의 설, 즉 국가의 모든 토지를 소유한 자로서의 公에 대한 관념이 몽골인에게서 빌려온 것이라고 보는 설도 완전히 잘못된 것이다. 부권적 세습관계가 존재하는 일정한 사회발전 단계에서 이런 관념은 어느 민족에게나 존재한다. 중세 영국과 독일, 이슬람 세계, 중국인, 몽골인과 슬라브인 사이에도 존재하였다. 대부분의 민족은 일찍이 이 단계를 거쳤으며 겨우 두서너 민족만이 20세기까지 이를 지속하고 있을 따름이다.

러시아에서는 이 관념이 타타르가 침략하기 이전에 존재하였다. 이미 11세기, 아니 더 이전부터 (교회·제공·개인의) 사유재산이 나타나기 시작하는데 그간의 사정은 프스코프(Pskov) 사법칙령에서 명확히 드러난다. 대공의 사유재산은 국가의 토지로부터 점차 분리되며, 국유·관유 및 궁정재산도 형성되었다.

이상을 통해 타타르 지배시대의 러시아의 발전은 이 설과는 반대로 진행되었음을 알 수 있다.

나아가 모스크바 정권의 조세제도는 몽골인에 의해 또는 몽골인의 영향 하에 기초가 마련되었다는 설을 주장하는 사람도 있다.

타타르 침략 이전에 러시아의 조세는 농가의 안뜰(쟁기나 煙戶), 즉 한 세대에 의해 경작되는 땅 하나 하나에 부과되었다. 따라서 과세대상은 재산이었다. 조세는 각 寺有地나 공유지에 부과되었고 이는 후에 농가나 쟁

---

42) 프레스니아코프(Presniakov)는 다음과 같이 표현하고 있다. "옛 러시아의 연대기 작자가 강력한 대공의 권력을 지향한 선구자로서 알렉산드르 네프스키, 또는 프세볼로드 3세, 나아가 더 거슬러 올라가 블라디미르 모노마흐를 든 것은 올바르다"(*The Muscovite Kingdom*, p. 12).

기에 할당되었다. 대부분의 연구자에 의하면 타타르인은 대규모로 인두세를 도입하여 전 인구를 조사했다. 더구나 영업세(Tamga) 등과 많은 물납세가 있었다. 이것이 옳다고 해도[43] 여전히 모스크바 조세제도에 미친 몽골 타타르의 영향이 크지 않았다는 것을 인정해야 한다.

타타르인에 의해 도입된 조세제도는 행정개혁이라고는 생각할 수 없고 단지 주민들로부터 물질적 수입을 최대한으로 착취하려 한 순수한 약탈수단이라고밖에 생각되지 않는다. 조세는 가장 가혹한 성질을 띠었고, 빈부의 구별 없이 똑같이 부과되었다(이를테면 전 재산의 10분의 1세 등).

게다가 징세청부를 맡은 회교도들이 몽골군의 원조하에 저지른 폭행은 이미 1262년에 불안한 상황을 조성하였다. 이 불안은 1290년에도 재발하여 봉기로까지 확대되어 칸국은 장차 공납징집을 러시아 제공에게 위임할 수밖에 없었다. 러시아 제공은 즉시 조잡한 인두세를 폐지하고 점차 예로부터의 관행인 쟁기에 의한 재산세로 환원시켰다(약 15세기 중엽). 이렇듯 모스크바의 짜르국가가 창립되기 이전에조차도 러시아의 조세제도는 그 성질상 러시아 특유의 것이었고 빌려온 것이 아니었다.

끝으로 러시아의 驛傳制도 몽골인에게서 빌려왔다는 설이 있는데 이것도 사실과는 다르다. 모든 종류의 우편물을 발송하기 위한 역전제도는 러시아의 경우 유럽의 것을 모범으로 하여 17세기 후반(1663년 이후)[44]에 창설되었다. 이것과 관련이 있는 것은 물자징발의 문제, 즉 여행중인 관리에게 지방민이 운수수단을 공급하는 문제이다(말, 짐수레, 배 등). 이러한 물납과세는 몽골 시대 이전의 러시아에 존재하여 '포보즈(Povoz)'라고 불렸

---

43) 학사원 회원 디아코노프(Diakonov)는 여기에 의심을 품고 타타르인은 보편적인 인구조사를 행할 힘이나 수단을 갖지 못했다고 생각하고 있다. 옛 연대기에 따르면 인구조사가 고급 저택에 대해 행해졌다는 노브고로드(Novgorod)의 예를 그는 인용하고 있다(*Sketches*, p. 189). 그러나 대부분의 러시아 학자는 인두세설을 지지하고 있다.

44) Miliukov, *Outlines*, vol. Ⅰ, 1900, p. 101 ; Vladimirsky‑Budanov, *Outline of the History of Russian Law*, 1909, pp. 84, 208, 209.

고 '스탄스(stans : 驛)'마다 조직되어 있었다. 몽골인이 제정한 징발제도는 운수를 지나치게 요구하였기 때문에 부담이 훨씬 커졌다. 이 때문에 예로부터 존재해 온 '포보즈'와 '스탄스'라는 단어는 점차 타타르의 '얌(Yam)'[45]으로 교체되었다. 용어는 바뀌었으나 타타르인은 이들 부역의 성질을 전혀 변경시키지 않았다. 다만 이미 주민이 지고 있던 부역을 더욱 무겁게 하고 그 다음에 타타르 용어로 대체했을 따름이다.

또한 모스크바 국가의 행정적 계급체계(mestnichestvo)는 몽골에서 비롯된 것으로서 그 근거를 몽골 씨족의 首長제도에서 찾는 설도 있다(레온토비치 설).[46] 이는 피상적인 가정에 지나지 않는다. 몽골에서 씨족장의 귀족제적 원칙이 최근까지 유지되었다는 것은 사실이다. 칭기즈 칸의 '황금씨족'은 국가의 최고권력을 장악하여 대칸과 가장 가까운 씨족원이 중요 영지를 지배하고 있다. 이들 씨족원은 누구든 친족관계의 遠近에 따라 일정한 사회적 지위를 요구할 수 있다. 그 다음 자리를 차지하는 것은 칭기즈 칸 형제의 여러 씨족과, 사회적 계급이 한 단계 낮고 칭기즈 칸과 혈연관계가 없는 바투르(Batur : 공신)[47] 및 종족장의 자손이다. 당시 모스크바의 지방행정 조직은 대개 이 씨족적 원칙과 정반대였다. 그 기초는 세습수장제가 아니라 관리수장제였으며 종종 루리크의 혈통을 이은 諸公조차 일부 보야르(Boyar) 관리보다 낮은 지위에 있었다.[48]

이와 관련된 것으로 또한 타르칸(조세와 의무를 면제받은 사람) 제도를 들 수 있다. 이 제도는 몽골 시대 이전부터 러시아에 존재하였고 단지 그 명칭만 몽골어에서 빌려왔을 뿐이다. 즉 종래에는 '오벨니체스트보

---

45) 역주 : 얌(Yam)은 몽골어 잠(Jam)의 와전이며, 잠은 站으로 번역된다.

46) Leontovich, *The Mongol‑Oirat Regulations on Punishments*, pp. 248~275, 262 참조.

47) 역주 : 원문에는 Batir(heroes)라고 되어 있으나 Batur, Baatur의 잘못인 듯하여 정정했다. 또한 Batur, Baatur는 몽골어로 영웅이나 용사를 뜻하지만 여기서는 공신으로 번역하는 편이 적절할 듯하다.

48) Vladimirsky‑Budanov, *Outline of the History of Russian Law*, pp. 125 sqq. 참조.

(obelnichestvo : 오벨니인들, 즉 조세와 의무를 면제받은 사람)'라는 이름
으로 불렸다.

또 한 가지 지적하고 넘어가야 할 것은 '프리카지(Prikaszi : 官衙)' 제도
가 몽골인으로부터 빌려온 것으로서 그 원형이 몽골의 야멘(衙門)이라고
보는 설이다. 그러나 시간적으로 차이가 있다는 점, 실제적인 요구의 결과
로 '프리카지'가 점차로 정비되었다는 점, 과연 모스크바의 정치가가 몽골
의 야멘 조직을 알고 있었을까 하는 점 등은 이 피상적인 가설을 대단히
의심스럽게 만든다.

요컨대 몽골법은 러시아에서의 몽골법 적용을 통해서든 혹은 특별한 법
전의 제정을 통해서든 러시아법에는 어떤 직접적인 영향도 미치지 못했다
고 할 수 있다.

몽골이 정부와 행정의 실제에 미친 영향도 마찬가지로 크지 않았다. 칸
국은 대공의 叙位 인가제를 시행했으나 종래의 여러 제도를 변경하지 않
고 행정에는 간섭하지 않았다. 타타르인의 지배는 러시아 전제군주제의 형
성에 기여한 요소 중 하나이며 諸公시대 러시아의 조세제도에 일시적인
영향을 주었다. 또한 앞에서 기술한 것처럼 정치 및 형사사건에서는 형벌
이 더 한층 준엄화되는 데 간접적인 영향을 주었다.

제2절 몽골법과 중국법

중국을 정복한 후 몽골은 수도를 중국으로 옮기고 원나라(1271~1368)
를 세웠다. 이 왕조는 중국에서 법률을 발포했고, 따라서 당연히 몽골법이
이 법률에 어느 정도나 영향을 주고 이 시기에 몽골 지방을 위해 특별법전
이 발포되었는지 등의 문제가 제기된다.

원대에 중국을 대상으로 하여 발포한 법전은 5개라고 한다(상세한 것은

뒷부분 참조). 이 문제를 다루는 글들은 칭기즈 칸 야사와 몽골법이 일반적으로 원나라 입법에 큰 영향을 주었다는 의견을 표명한다.[49] 그런 글들은 원나라 법전 중 하나인 '元典章'(1320)이 몽골법령, 즉 원나라가 몽골 지방에 대해 발포한 특별법전이며, 몽골어를 번역한 것으로 칭기즈 칸의 야사를 많이 참고했다고 기술하고 있다. 앞서 언급한 마지막 견해를 피력한 것은 러시아의 중국학자 포포프[50]인데, 필자도 처음에는 이 문제를 다룬 그의 첫 저작이 그럴듯하여 이 견해를 인정하였다.[51]

그러나 보다 상세하고 기초적인 연구를 통해 포포프의 견해가 옳지 않으며 다른 설명법이 있으리라고 확신하게 되었다. 필자는 '원전장'을 포함한 원나라 입법이 중국을 대상으로 하여 발포된 것이며, 당시의 중국법을 대표하는 것이라고 믿는다. 이 입법에서 몽골법의 영향은 극히 적다. 원나라 법제는 중국에 살고 있는 몽골인에게도 (어느 정도는) 적용되었으나, 몽골 지방에는 적용되지 않았다.[52] 다음으로 이 문제를 살펴보고 몽골법과 몽골(元) 왕조의 입법과의 관계를 결정짓고자 한다.

『元史』 권102, 형법지 서문[53]에는 다음과 같은 기록이 나온다.

원나라 초기에는 아직 유력한 법이 없었다. 모든 관리들은 대단히 엄격한 금나라 법에 따라 죄인을 처단하고 소송을 처리하였다. 세조 쿠빌라이에 이르러 송나라를 평정하고 강역 통일을 완성하였다.……비로소 새로운 법률을 정해 관리들에게 반포하였으니 이를 至元新格이라 한다.[54]

---

49) 이를테면 Hara‑Davan, *Jenghiz Khan as a Military Leader and His Heritage* (러시아어), p. 60 등.

50) *Proceedings of the Oriental Section of the Russian Archaeological Society*, XⅦ, 40157.

51) *Customary Law of the Mongol Tribes*, 1929, pp. 23~24.

52) Riasanovsky, *The Great Yassa of jenghiz Khan*(러시아어), 1933, Chap. Ⅴ 참조.

53) Riasanovsky, *The Great Yassa of jenghiz Khan*, pp. 64~65 참조.

54) 역주 : 이 글은 『원사』 형법지 서문을 직역한 것이며 그 원문은 다음과 같

아다시피 북경을 포함하는 북중국 중앙부는 1211년부터 1215년 사이에 칭기즈 칸에게 정복당하고 전 북중국(금의 영토)은 오고타이에 의해 1234년에 정복당했다. 남중국은 1280년(지원 17) 쿠빌라이에 의해 완전히 정복되었다.

여기에서 인용한『원사』는 쿠빌라이가 '지원신격'을 발포(1280년 이후)하기 이전에 중국에서 효력을 발휘한 법률은 금나라의 중국법이었음을 증명한다고 할 수 있다.『중국법률발달사』(2권)의 저자 楊鴻烈은 그의 저서 속에서 '지원신격'은 1291년(지원 28)에 발포되었다고 기술하고 있다.[55] 이것에 따른다면 금나라 법전은 1291년까지 중국에서 효력을 갖고 있었다고 생각해도 좋을 것이다.

금나라 법률의 성질은 어떠했을까. 금나라는 원래 야만족(여진) 왕조로서 여진(타타르인)[56]이 북중국을 정복한 후 이 지방을 통치했다(1126~1234). 이 왕조가 통치한 시기의 법률에 관한 기록은 이 왕조의 정사인『金史』에 나타난다.

『금사』刑志에 의하면,[57] 금나라의 새로운 법률은 天會년간(제2대 太宗)에 발포되어 正隆년간(제3대 章宗)에 증보되었다.[58] 처음에는 옛 관습

다.

元興 其初未有法守 百司斷理獄訟 循用金律 頗傷嚴刻 及世祖平宋 疆理混一……始定新律 頒之有司 號曰至元新格

55) 楊鴻烈,『中國法律發達史』제2권, 682쪽.

56) 역주 : 여진인을 타타르인, 즉 몽골 민족으로 보는 것은 잘못이다. 만주인이라고 해야 한다.

57) Riasanovsky, *The Great Yassa of Jenghiz Khan*(러시아어), p. 64 참조. 여기에서는『金史』刑志가 러시아어로 번역되어 있다.

역주 : 이는『金史』권45, 형지를 요약한 것이다. 그러나 오류가 상당히 많다는 점을 염두에 두어야 한다.

58) 역주 : 이 한 구절은『金史』刑志의 서문 중 '天會以來 漸從吏議 皇統頒制 兼用古律 厥後正隆又有續降制書'를 요약 번역한 것이다. 먼저 제3대 장종이라고 되어 있는 것은 熙宗을 가리키며 장종은 제6대이다. 또 正隆은 海陵王의 연호이다. 해릉왕은 정릉년간에 皇統制와는 별도로 制를 발포했

이 답습되었으나 "제2대 황제 때 정세가 약간 변화하여 송나라 법률을 채용하기 시작했다."[59] 皇統년간(태종)에 옛 법률을 모두 고쳐 쓰고 일부 당·송 법률을 합쳐 새로운 법전을 발포하였는데 이를 '皇統制'[60]라고 불렀다. 泰和년간(章宗)에 名例, 衛禁, 職制, 戶婚, 廐庫, 擅興, 賊盜, 鬪訟, 詐僞, 雜律, 捕亡, 斷獄의 12편으로 구성된 법률이 편찬되었다.[61]

여기에서 인용한 내용을 唐나라(그리고 宋)의 법전 내용과 비교해 보면 완전히 일치한다는 확신이 든다.[62] 이 일치를 『금사』가 금나라 때 당·송 법률이 유용되었음을 밝히고 있는 기사와 함께 고려해볼 때, 다음과 같은 결론을 내릴 수 있다.

설사 초기에는 북중국에서 채용된 금나라의 법률적 규범과 관습[63]이 정복자 여진의 영향으로 중국 본래의 법률과 일부 차이를 드러냈다고 해도 후에는 정복자도 중국의 수준 높은 문화의 영향을 받아 순수한 중국법을 채용하게 되었다.[64] 이 법률은 몽골 정복자에 의해 1291년 무렵까지 계속 채용되었다.

    다. 皇統은 제3대 희종의 연호로서, 이 시기에 皇統制가 발포되었다. 따라서 이 부분은 "제2대 태종의 天會 이래 吏議에 따라 제3대 희종 때 황통제를 발포하고 제4대 해릉왕 정융년간에 이를 증보했다"라고 고쳐야 한다.

59) 역주 : 이 한 구절은 『金史』刑志, 제2단의 '太宗雖承太祖 無變舊風之訓 亦稍用遼宋法'의 요약이다. 요나라 법을 사용한 것은 탈락되어 있다.

60) 역주 : 皇統은 熙宗의 연호이지 太宗의 연호가 아니다. 皇統制는 황통년간에 발포된 것을 말한다. 더구나 이 한 문장은 『금사』 형지 제2단에 보이는 '至皇統間 詔諸臣 以本朝舊制 兼採隋唐之制 參遼宋之法類 以成書 名曰 皇統制 頒行中外'를 요약한 것인데 그 뜻이 제대로 표현되어 있지 못하다.

61) 송나라 법전 역시 12편으로 나뉘어져 있다. 『중국법률발달사』 제1권, 556쪽.

62) 금나라 법전의 사본은 전혀 이용할 수 없기 때문에 이 두 법전 내용을 비교할 수 없다. 楊鴻烈은 당나라 법전은 조금도 변화를 받음이 없이 남아 있다고 기술하고 있다(앞의 책, 제2권, 669쪽).

63) 이러한 법률적 규범과 관습 또한 『金史』로 귀결된다.

64) 송나라 법률은 그 이전의 것에 약간의 변화만 가하고 적용되었다고 『금사』에 기술되어 있는 이상, 분명 이 차이(여진의 영향에 의한)는 크지 않았다.

1291년 이후 원나라 입법도 이미 당나라 법전을 이어받은 중국법의 근본원칙에 기초를 두었다. 그리고 원나라 입법은 이러한 근본원칙의 더한 발전을 보여준 것이다. 이 설을 분명히 하기 위해 당나라 법전을 개략적으로 기술할 필요가 있다.

'唐律疏議'라는 당나라 법전은 30권 500조로 이루어져 있는데 명례, 위금, 직제, 호혼, 구고, 천흥, 적도, 투송, 사위, 잡률, 포망, 단옥의 12편으로 나뉘어져 있다.65) 이들 12편의 내용은 대략 다음과 같다.

제1 명례

법전은 ① 笞(손을 때림) ② 杖(궁둥이를 때림) ③ 徒(감옥에 넣거나 추방) ④ 流 ⑤ 死의 5형으로부터 시작한다.

이어서 10惡이 총괄되고 있다. 즉 ① 모반(임금과 아버지를 해침) ② 謀大逆(황제와 황실 침범) ③ 모반(외국으로 투항) ④ 惡逆(존속 살해) ⑤ 不道(무고한 사람을 살해) ⑥ 大不敬(신을 모시는 사람과 천자의 수레나 옷 등에 대한 불경) ⑦ 불효 ⑧ 不睦(친족간 다툼) ⑨ 不義(하급 관료, 자제가 장관이나 윗사람, 스승을 살상) ⑩ 내란.

형벌의 경감에 대한 8가지 원인 즉 八議는 議親, 議故, 議賢, 議能, 議功, 議貴, 議勤, 議賓이다.

제2 위금

까닭 없이 황궁에 들어간다든가 공적인 허가 없이 궁전에서 밤을 보내는 일 등은 엄금한다.

제3 직제

---

65) 제6편은 근본적으로 군사와 관계되고, 제7편부터 12편까지는 형벌과 관계된 것임을 고려하면 당나라 법전의 내용은 다음 7편으로 나눠질 수 있다. ① 名例 ② 衛禁 ③ 職制 ④ 戶婚 ⑤ 廐庫 ⑥ 軍事 ⑦ 刑事.

맡은 일에 적당하지 않은 자를 추천하면 처벌하고 뇌물을 받는 것을 엄금한다. 개인의 비문을 만들어 줄 것을 요구하는 일은 엄금한다. 만약 부모의 상을 당해 관리가 상을 입지 않으면 3천 리 떨어진 곳으로 추방한다. 관리가 상을 입고 있는 중에 근신하지 않으면 마찬가지로 3천 리 떨어진 곳으로 추방한다. 기타

제4 호혼

아들과 손자는 호주와 별거할 수 없다. 가족 중에 연소한 자는 가산을 처분할 수 없다. 부모의 상중에 약혼해서는 안 된다. 둘째 부인을 취하는 자는 1년의 徒刑에 처하며 그 여자가 사기를 당한 경우 처벌받지 않는다. 축첩자는 2년 徒刑에 처한다. 동성의 사람과 약혼해서는 안 된다. 七去의 이유 없이 이혼하면 杖 1백 대에 처하며, 만약 칠거에 해당하더라도 三不去(부모의 상고 있을 때, 전에 가난했다가 후에 부귀해진 경우, 처가 갈 곳이 없는 경우에는 이혼할 수 없다)를 범하면 이혼은 금지되고 위반자는 장 1백 대에 처하며 결혼은 유효하다. 부부가 서로 화합하지 않으면 (상호 동의에 따라) 이혼할 수 있다. 노예는 양민의 딸과 결혼할 수 없다. 법을 어긴 결혼은 중매인이 있어도 유효하지 않다.

정통상속자는 정처가 낳은 장남이다. 만약 정처가 50세가 지났는데도 아들이 없으면 첩이 낳은 장남이 정통 상속자가 된다. 이를 위반한 사람은 1년 도형에 처한다.

정부의 허가 없이 공유지를 경작한 자는 경작지 1畝당 笞 30대에 처한다. 공유지를 자기 소유지로 삼아 팔아 버린 사람은 1무당 태 50대에 처한다. 다른 집 묘지를 경작한 자는 장 1백 대에 처한다. 기타

제5 구고

말은 건강하고 바르게 조련시켜야 한다. 회계관은 화물과 금품 등을 건네줄 권리를 갖고 있지 않다.

제6 천흥

건축규정을 어긴 자는 태 40대에 처한다. 허가 없이 무기를 만든 자는 1년 반의 도형, 군대파견을 적에게 보고한 자는 死罪, 부하를 내버려두고 퇴각한 장군과 장교도 마찬가지로 사죄에 처한다. 도시를 방어하지 못하고 또한 도시를 적의 수중에 넘긴 사령관도 역시 사죄에 처한다.

제7 적도

정부에 대해 반란을 일으킨 범죄자와 16세 이상의 전 가족은 사형에 처한다. 정부에 대해 반란 의지를 가지고 있는 자는 추방 2천 리에 처한다. 살인미수자는 만약 피해자가 상처를 입지 않았으면 徒 3년, 피해자가 부상당했을 경우 사형(참수 제외)에 처한다. 살인범은 참수한다. 독살은 사형이다. 이유 없이 야간에 남의 마당에 들어간 자는 태 50에 처한다. 사당에서 물건을 훔치고 궁정에서 의식용구를 훔친 자는 추방 2천5백 리에 처한다. 황실재산을 훔친 자는 사형에 처한다. 공문서를 훔친 자는 3년의 금고와 徒에 처한다. 무덤에서 껴묻거리를 훔친 자는 死罪, 절도미수는 태 50대, 1尺의 금액을 훔친 자는 장 60, 10尺은 1등을 늘리고, 50尺에 대해서는 5년 금고와 徒, 500尺은 徒流에 아울러 처한다.

재범자는 2천 리 유형, 3범자는 사죄에 처한다. 친족의 물건을 훔친 자는 그 처벌을 1등 또는 2등 감하며, 상해를 입힌 자도 똑같이 한다. 금액을 훔치지 않은 절도(절도미수)자는 2년 금고와 徒, 1尺을 취하면 3년, 2尺은 1등을 늘리고, 100尺을 취하고 거기에 피해자를 상하게 했을 경우에는 사형, 강도미수는 유형 3천 리에 처한다. 계획적인 방화와 강탈은 강도와 똑같이 처벌한다. 기타

제8 鬪訟

격투중에 맨손으로 구타한 자는 태 40대에 처한다. 다른 사람의 머리에서 사방 한 치의 머리카락을 뽑은 자는 장 80대, 만약 피해자의 귀와 눈에

서 피가 났을 경우 죄 2등을 늘리고 무기를 가지고 다툰 사람은 장 1백, 다
투는 자 중 한 명이 부상당했을 경우 2년 금고와 徒에 처한다. 존속과 다툰
자는 죄 1등을 늘린다. 기타

제9 詐僞

황제의 인장을 위조한 자는 死罪, 省府의 印信을 위조한 자는 유형 2천
리, 권리가 없는데도 관직을 사칭한 자는 1년 금고와 도에 처한다. 거짓 구
실로 재물을 받은 자는 1년 금고와 徒, 위증죄는 장 70대, 외국어를 잘못
번역한 자는 태 10대부터 장 70대, 허위로 사망신고를 한 자는 장 1백 대에
처한다. 기타

제10 잡률

화폐위조는 유형 3천 리, 정부의 服喪中에 악기를 울린 자는 장 1백, 개
인 저택 안에서 사냥한 자는 태 40, 도박한 자는 장 1백, 알몸으로 사람들
앞에 나타난 자는 태 20대에 처한다. 간통죄는 1년 반의 徒, 기혼녀와 간통
한 자는 2년, 상관과 하급 관료의 처나 딸과 간통한 자는 죄 1등을 늘리고
친족과 간통한 자도 1등을 늘리지만 부인은 처벌하지 않는다. 중량을 잘못
잰 자는 태 50, 공포를 일으키며 유언비어를 만든 자는 태 50, 초원에서 마
른 가지 등에 방화한 자는 태 50, 消火를 돕지 않은 자는 장 20대에 처한
다. 기타

제11 捕亡

만약 범인을 현장에서 체포하지 못한 경우 당국자는 30일 이내에 이를
체포해야 한다. 범죄에 대해 책임을 다하지 못한 당국자는 이미 행해진 범
죄에 적용된 것보다 1등을 감해 처벌한다. 범인(들)이 저항을 하거나, 혹은
다수를 의지하여 일어나는 것을 제지하지 못했을 경우, 당국자에 대해 2등
또는 3등을 감해 처벌한다. 체포할 때 범인이 저항할 경우, 참수를 할 수

있다. 체포할 때 저항한 범인은 도형 또는 유형에서 도망친 범인과 마찬가지로 1등을 늘려 처벌한다.

제12 斷獄

체포된 자만을 감옥에 가둘 수 있다. 옥에 갇힌 자에게 옷, 음식, 약품을 공급한다. 옥에 갇힌 자에게 3시간 이상 고문을 가해서는 안 된다. 소송은 訴願狀에 따라 결정하며 소원장 안에 포함되어 있지 않은 범죄에 대해서는 법정에서 심리할 수 없다. 잘못된 판결을 내린 재판관은 태 30에 처하며, 만약 판결이 사형선고를 포함했을 경우 徒 1년에 처한다. 사형선고는 立春 이후에는 집행하지 않는다.[66] 임신중인 부인은 사형에 처할 수 없다.[67]

이상으로 당나라 법전의 중요 부분을 살펴보았다. 이 법전은 5刑의 조직, 10惡의 분류, 범죄 決疑法과 처벌의 중요성, 喪, 유산처분의 허가, 연소한 가족의 별거금지, 동성간의 혼인금지, 이혼에 대한 七去, 첩 아들의 상속권 인정, 기타 중국법의 기본적 규정을 설명해 주고 있다. 이들 규정은 후의 왕조, 특히 송·금·원대에 더욱 발전을 보였다. 宋나라 법전은 당나라 법전의 중요 부분을 요약한 것이며 금나라 법전은 앞서 언급했듯이 앞의 두 가지를 되풀이한 것이다. 다음으로 원나라 입법에 대해 생각해 보자.

『원사』에서는 세 개의 법전이 언급되고 있다. ① 至元新格 : 원나라의 새로운 법률로서 쿠빌라이 칸 때인 1291년(지원 28) 무렵에 발포되었다. ② 風憲宏網 : 기강과 관련된 법률의 집성으로서 부이안투 칸(仁宗) 때인 1312년(皇慶 元年)에 발포되었다. ③ 大元通制 : 원나라의 일반법으로서 요디 칸(英宗) 때인 1323년(至治 3) 무렵에 발포되었다. 이 밖에『원사』에 언급되지 않은 다른 법전이 남아 있는데 그 완전한 명칭은 '大元聖政國朝

---

66) 가을까지 연기되었다.
67) 『원사』 권102, 형법지 제50 序.

典章'(보통 '원전장'으로 약칭)이다. 이 법전에는 지치년간 법률의 집성인 '至治條例'가 덧붙여져 있다. 양홍렬은『중국법률발달사』(제2권, 685쪽)에서 다섯번째 법전, 즉 '至正條格'에 대해 언급하고 있다. 이 법전은 順帝에 의해 1334년(지원 2)68)에 발포되었는데 27편을 포함하고 있다. 明代에도 다시 발포되었으나 이 법전은 전해지지 않는다.

『원사』는 원나라 입법의 중요한 내용을 요약하여 게재69)하고 있는데, 그 입법은 다음 20편으로 나뉘어져 있다.70)

1) 名刑(법률의 적용) 2) 衛禁 3) 職制 4) 祭令 5) 學規 6) 軍律 7) 戶婚 8) 食貨 9) 大惡 10) 姦非 11) 盜賊 12) 詐僞 13) 訴訟 14) 鬪毆 15) 殺傷 16) 禁令 17) 雜犯 18) 捕亡 19) 恤刑 20) 平反

『원사』가 전하는 3법전을 이용할 수 없으므로 여기에서는 이 입법을 상세히 기술할 수 없으나71) 단 제1편과 제7편 내용만을 간단히 기술하겠다.

제1편(명형)은 다음 몇 개의 절로 되어 있다.

1) 5刑 : 태형·장형·도형·유형·사형

2) 5服 : 斬衰(3년, 아들이 아버지상에, 부인이 남편상에 입는다), 齊衰(3년, 아들이 어머니상에, 며느리가 시어머니상에 입는다), 大功(9개월), 小功(5개월), 緦麻(3개월)

3) 10惡 : 모반, 모대역, 모반, 악역, 부도, 大不敵, 불효, 불목, 불의, 내란

4) 8議 : 의친, 의고, 의현, 의능, 의공, 의귀, 의근, 의빈

5) 贖刑 : 관리의 태만죄, 관리가 밤늦게 외출하는 죄, 70세 이상 15세 이하의 사람(장형으로부터), 중병인과 불구자에 대해 속형을 허가한다.

---

68) 역주 :『四庫全書總目提要』에 의하면 이 법전이 나온 것은 至正 5년, 즉 1345년이다. 至正年間에 나왔다면 至正條格이 된다. 1334년이라는 연대는 필자가 잘못 생각한 듯하다.

69)『元史』권102~105 참조.

70) 다른 계산에 의하면 21편이 된다.

71) 상세한 것은 Riasanovsky, *The Great Yassa of Jenghiz Khan*(러시아어), pp. 47 sqq. 참조.

제7편(호혼)에는 다음과 같은 것도 있다. 한 구획의 토지나 집 한 채를 저당잡히거나 팔 때 감독당국에 그 계약을 신고해야 하며 매매 당사자는 적당한 시기에 물납세(곡물)를 당국에 바쳐야 한다. 저당을 잡히거나 매매계약을 할 때 호주의 서명이 필요하며 호주 이외의 가족과 이웃집 사람에게 먼저 거래에 대해 이의가 없는지를 질문한다. 판 것을 되살 때 저당권 설정자는 저당잡힌 물건을 교부하는 데 부당한 가격을 요구해서는 안 되며 이를 위반한 자는 처벌받는다. 혼인과 재산매각을 포함한 모든 민사사건은 1년 내에 완료할 수 있다. 어린이를 팔거나 저당잡혀서는 안 된다.

아직 태어나지 않은 아이를 약혼시켜서는 안 된다. 약혼 후 미래의 남편이 절도나 강도 같은 종류의 범행을 저질러 도형이나 유형의 판결을 받게 되면 약혼은 파기된다. 미래의 처가 사통했을 때도 약혼은 해소된다. 복상기간중에 정해진 약혼은 무효가 되며 예물은 몰수된다. 형이 동생의 처와 결혼해서는 안 되며 이를 어길 경우 남자는 장 107, 여자는 장 97대에 처하고 약혼은 무효가 된다. 처, 첩, 아들을 팔아서는 안 된다. 신부를 주겠다고 약속하고 이를 실행하지 않은 자는 태 37대에 처하며 약혼한 딸을 다른 곳으로 시집보내는 자는 태 47대에 처한다.

약혼한 지 5년이 지났는데도 남편될 사람이 처 될 사람을 취하지 않으면 당국은 여자가 다른 데로 시집가는 것을 허용한다. 姦夫와 姦婦는 결혼을 허가받지 못한다. 승려와 도사는 결혼할 수 없으며 이를 위반한 자는 장 67대에 처한다. 매춘부와 결혼하는 관리는 처벌한다. 저당을 잡은 사람은 저당잡힌 사람의 딸과 결혼할 수 없다. 같은 대의 사촌오빠와 여동생은 결혼할 수 있다. 아버지의 첩과 결혼하는 자는 장 1백 대에 처한다. 도망친 노예는 장 77대에 처한다. 주인의 처 또는 딸과 관계한 노예는 사형에 처한다. 남편을 떠나 비구니 절로 들어간 처는 장 87대에 처하며 남편에게 송환된다. 처녀를 매춘부로 팔면 장 87대에 처하며 그 약혼은 무효가 된다. 낙태는 금한다. 이혼은 문서를 작성하고 양 당사자가 서명함으로써 이뤄진다.

제1편과 제7편의 내용으로 보건대, 원나라 입법은 그 성질상 순수하게 중국적이며 당나라 법전(형벌체계, 부동산권, 중국의 가족관계 등)에서 나타나듯이 중국법의 특색을 재현하고 있다고 할 수 있다.

그러나 앞서 언급했듯이 『원사』에는 기록되어 있으나 현재는 이용할 수 없는 3법전 외에 현존하는 또 다른 법전, 즉 '원전장'과 그 新集인 '지치조례'가 있다. 포포프가 칭기즈 칸 대야사로 거슬러 올라갈 수 있는 것을 포함하는 몽골어의 번역이라고 상상한 법전이 이것이다. 포포프는 그의 가정을 더욱 발전시켜 이 법전은 특별히 몽골 지방을 위해 발포한 것으로 보았다.[72]

'원전장'은 10편[73] 373절 2379조로 나뉘어져 있다. 10편은 다음과 같다. 1) 聖政 2) 聖政(續) 3) 朝綱 4) 臺綱 5) 吏部 6) 戶部 7) 禮部 8) 兵部 9) 刑部 10) 工部

제1 성정

이 편은 먼저 쿠빌라이로부터 쇼디 발라(Shodi Bala) 치세 초까지의 원나라 황제의 칙령을 포함하고 있다. 그 중 가장 중요한 것은 쿠빌라이 황제의 '登寶位詔', '建國都詔', 정부의 사무처리를 다룬 '行蒙古字詔', 원나라의 국호를 세운 '建國號詔'[74]이다. 그 다음으로는 내정 방면의 詔令이 있다. 즉 모든 것은 중앙정부에 따르지 않으면 안 되며 법률에 따라야 한다. 또 賢才를 천거하고 農桑을 권장하며 인민에게 성실하고 정중하게 대

---

72) *Proceedings of the Eastern Section of the Russian Archaeological Society*, vol. XVII, 40157.

73) 그 간행자 沈家本의 의견(뒷부분 및 『중국법률발달사』 제2권, 684쪽 참조)에 따른 것이다. 포포프는 기초가 되는 6편과 부가적인 4편으로 나누고 있다. 엄밀히 말해 沈氏의 견해에 의하면, 처음 4편은 하나의 일반적인 편을 포함하므로(聖政은 2부로 나눠지고, 그 제2부는 부속적인 朝綱, 臺綱 2편을 가지고 있다) 7편으로 나누어져 있다고 할 수 있다.

74) 최초의 詔는 1260년(中統 元年), 두번째는 1270년(至元 7), 세번째는 1269년(至元 6), 네번째는 1271년(至元 8)에 발포되었다.

하라는 지령도 있다.

제2 성정(속)

이 편은 조세 경감, 천재로 인한 희생자 구조, 과부와 고아의 구조, 재판 수속의 촉진, 의례 등에 관한 깃이다.

제3 조강

奏事는 중서성을 경유할 것, 省部의 기강, 소송의 촉진, 소송에 대한 판결은 법률에 의할 것.

제4 대강

감찰기관의 사무 규정.

제5 이부

임관 자격, 選格, 공직의 承襲, 流官, 軍官, 교육 기타의 관리. 관리의 임명, 轉任, 파면, 봉록, 휴가에 대한 규정(즉 복무 규정)에 관한 것.

제6 호부

이 편은 다음과 같이 나뉘어진다. ① 祿廩 ② 分例(관리 임면) ③ 戶計 (인구통계, 분가와 상속, 도망) ④ 婚姻 ⑤ 田宅(매매, 저당, 영구소작) ⑥ 鈔法 ⑦ 倉庫 ⑧ 錢糧 ⑨ 課程 ⑩ 農桑 ⑪ 租稅 ⑫ 差發 ⑬ 賦役 ⑭ 私役 ⑮ 錢債[75]—

---

75) 역주 : 이 부분은 랴자노프스키의 원문에 다음과 같이 기록되어 있다. ① Salaries and wages ② Appointment and discharge of officials ③ Population statistics, division of families and succession, abandonment of land ④ Marriage law ⑤ Land and houses‐sale, mortage, emphiteusis ⑥ Law on the minting of coins ⑦ Grain warehouses ⑧ and ⑨ Taxes ⑩ Agriculture and Silk‐industry ⑪ Requisitions ⑫ Police ⑬ Taxes on produce ⑭ Debt obligations. 이것을 '元

이 편은 다음과 같은 민법 규정도 포함하고 있다.

형제는 별거할 수 있으나 아들 한 명은 반드시 아버지와 동거해야 한다. 다른 사람의 아들을 양자로 삼아서는 안 된다.

약혼에는 문서를 작성해야 하며 지참물은 일정하게 정해져 있다. 약혼은 호주의 동의를 얻어야 하며 신랑 아버지가 이미 사망하고 어머니가 생존해 있으면 어머니의 동의를 얻어야 한다. 약혼에 서명한 후 일정한 기간 내에 혼인이 행해지지 않으면 약혼은 무효가 된다. 간통죄를 범한 사람끼리의 약혼은 무효이다. 동성끼리는 약혼할 수 없다. 일단 정한 약혼은 이유 없이 파기할 수 없다. 시부모는 과부며느리를 억지로 결혼시켜서는 안 된다. 관리는 하급관료의 딸과 결혼할 권리가 없다. 고급관리의 과부는 재혼할 수 없다. 동생은 과부가 된 형수와 결혼할 수 없다. 형이 죽은 동생의 아내와 결혼하면 결혼은 해소된다. 조카와 백숙모는 결혼할 수 없다. 복상중에는 결혼할 수 없다.

아버지 사망 후 아들이 없으면 전 재산은 과부에게 돌아간다. 그러나 딸이 있으면 유산은 딸에게 돌아간다. 자녀가 여러 명이면 평등하게 재산을 분배한다. 첫째 부인의 아들과 둘째 부인의 아들도 동등한 권리를 갖는다. 사망한 아버지의 장례가 끝나기 전에 재산을 분배해서는 안 된다. 고인이 군인으로서 아들이 없으면 재산은 그와 가장 가까운 하급관료의 몫으로 돌아간다. 문관일 경우 그 재산은 같은 어머니의 형제와 그 아들들에게 분배된다.

폭행과 협박으로 다른 사람의 토지를 취해서는 안 된다. 주인 없는 땅을 사용하거나 경작하려면 당국의 허가를 받아야 하며 3년 후에는 사용자의 소유가 되지만 이에 대해서는 세금을 지불해야 한다. 누구든지 100畝 이상의 토지를 소유할 수 없다. 관리는 家作을 소유해서는 안 된다.

토지를 저당잡히거나 팔기 전에 이의를 제의할 수도 있는 사람들, 즉 첫

典章'에 나오는 조목과 비교해 보면, 잘못 이해한 것도 있고 탈락된 곳도 있으며 뜻이 정확히 표현되지 못한 것도 많아 '원전장'의 조에 따라 적었다.

째 근친, 둘째 먼 친족, 마지막으로 이웃사람의 동의를 얻을 필요가 있다. 만약 이의가 있으면 성립된 후 3일 내에 계약은 파기된다. 만약 그들의 동의를 얻는 형식적 수속을 마치지 못하면, 1백 일 이내일 경우 친족과 이웃사람은 매각했거나 저당잡힌 재산을 매각 또는 저당잡힌 가격으로 되살 수 있다.

토지와 가옥 매매, 저당은 비밀리에 이루어져서는 안 된다. 토지와 가옥을 구입할 경우 거래를 소관관청에 신고해야 한다. 이렇게 해서 거래관계가 입증됨으로써 필요한 서류가 발행된다. 그 후 새로운 토지의 소유자 또는 재산을 저당잡은 사람은 규정된 세금을 바친다. 당국자는 매각자와 매수자의 이름, 관련된 토지 가옥의 위치, 지불가격, 납입세액 등을 기재한 서류를 보관해야 한다. 해마다 연말에 이것은 상급관청에 보고된다. 만약 형식상의 수속이 끝나지 않았을 때는 재산은 몰수되며, 그 반은 국고에 나머지 다른 반은 범인을 적발한 자에게 주어진다.

필요한 경우 지주는 소유지를 종자와 낟알을 첨부하여 연 3할 6푼 이하의 이자로 소작인에게 공급해야 한다. 3할 6푼 이상의 이자를 취해서는 절대 안 된다.

1명만이 보증하는 借金(斡脫錢)76)은 엄금된다. 빌린 돈에 대한 이자는 지불 기간에 상관없이 원금을 초과할 수 없다. 연소한 가족은 돈을 빌릴 수 없다. 만약 그러할 경우, 관련 채권자와 주선자는 법에 따라 처벌을 받는다. 부모가 사망한 후 반환하는 조건으로 연소한 가족에게 돈을 빌려주는 것은 금지된다. (月) 3푼 이상의 이식을 취해서는 안 된다. 이 한계를 넘는 높은 이자나 複利를 취했을 경우에는 빌려준 돈의 원금은 몰수된다. 곡물 차용에 대해서는 그 토지의 관습(지방적 관습)에 규정된다.

金銀 등의 물품을 (전당포에서) 담보로 할 경우에는 2년 이내면 허용한

---

76) 역주 : 斡脫錢은 원문에 Kan t'ou ch'ien으로 되어 있다. 즉 斡脫錢이다. '원전장' 목차에는 斡脫錢이라고 맞게 되어 있는데, 본문에서 잘못 斡脫錢으로 적은 것을 그대로 따른 듯하여 정정했다.

다.

제7 예부

여기에서는 황제 탄생일에 즈음한 朝賀, 조하 형식과 문무관리의 제복 등에 관한 규정이 나와 있다. 의식의 준비를 보건대, 의식 전에 관계자는 모두 목욕을 하고 채식을 하며 가족과 별거해야 한다. 그들은 죽은 사람 또는 병든 사람을 방문하는 일, 결혼하는 일, 범죄자에게 판결을 내리는 일, 또는 무엇인가 불결한 것을 휴대하는 일 등을 해서는 안 된다. 사망한 황제에 대한 式典은 능의 옆, 종묘, 사직단, 五山, 공자묘에서 행해야 한다. 초하루와 보름에 지방관리는 공자묘에서 식전을 거행하고 성현의 생애를 인민에게 고해야 한다.

服喪은 다음 5등(5복)으로 나뉘어진다. 1) 斬衰(3년, 아들이 아버지상에, 부인이 남편상에 입는다) 2) 齊衰(3년, 1년, 6개월, 5개월, 3개월) 3) 大功(9개월) 4) 功(5개월) 5) 麻(3개월). 이 구분은 역시 교육사무 및 봉사에 대한 보답과 관계가 있다.

제8 兵部

兵籍, 장교, 민간에서 徵募 금지, 군역으로부터의 도망, 장교의 악행, 軍裝, 군량, 軍器, 驛站, 체포, 捕獲 등에 대해 기술하고 있다.

제9 刑部

법전의 이 부분은 다음과 같이 구분된다. 1) 5刑 2) 贖刑(처형으로부터) 3) 獄具 4) 獄制 5) 鞠獄(심문) 6) 斷獄 7) 諸惡(10악) 8) 諸殺 9) 毆罵 10) 諸姦 11) 諸贓 12) 諸盜 13) 詐僞 14) 訴訟 15) 雜犯 16) 諸禁

5형은 笞, 杖, 流, 死(참수와 교살)로 나뉘어진다.

속형은 70세 이상과 15세 이하의 사람, 불구자 및 병든 자, 육체적 무능력자에게 허가한다. 이같은 경우 태형은 채택하지 않고 한 번 치는 것에 대해 1貫(1천 문)의 비율로 속형을 허가한다.

獄具는 枷(목에 씌우는 칼, 머리를 넣는 구멍이 있는 나무판으로서 10~25근에 이른다), 杻(수갑, 손을 넣는 구멍이 있는 나무판), 鎖(쇠사슬), 鐐(족쇄), 杖(대나무)이다. 이유 없이 고문을 가하는 것은 금지되어 있다.

牢獄은 중죄인용과 경죄인용 두 가지로 나눠진다. 구금자의 심문은 서두르지 않으면 안 된다. 필요한 경우 보석금을 내면 석방할 수 있다. 뇌옥은 청결을 유지하며 감옥에 들어가는 사람은 따뜻한 옷과 이부자리를 지급받는다. 병든 죄수에게는 의료 처치를 강구해야 한다.

죄수 심문은 공개석상에서 해야 하며 재판관은 자신의 확신에 따라 피고의 회답을 고려에 넣어야 한다.

형사사건은 반년 이내에 판결을 내려야 하며 각 반년의 마지막에 상급 관청에 보고를 해야 한다.

'원전장'에 의하면 10악은 不孝, 不睦, 謀反(쿠데타), 謀叛, 大逆(혁명), 惡役(존속살상), 不義(불륜관계), 內亂(근친상간), 不道(잔인한 살인), 大不敬(황제와 황실에 대한 불경)이다.

이 법전에서 취급되는 살인형식은 다음과 같다. '謀殺' : 사형, '故殺' : 사형, '劫殺' : 사형, '鬪殺' : 상황에 따라 사형 또는 장 77대, '誤殺' : 장 37~107대와 장례비용 배상, '戲殺' : 과료(재산형), 손해배상, 또는 상황에 따라 장형, '過失殺' : 상황에 따라 태 27 내지 장 97대, 간통한 처를 죽인 사람 : 장 97대, 義子를 죽인 사람 : 流罪, 어린 여자아이를 죽인 사람 : 장 57대, 술취한 아들을 죽인 사람 : 장 77대, 노예를 죽인 사람 : 장 77대, 매춘부를 죽인 사람 : 장 107대, 자기의 처와 간통한 자를 죽인 사람 : 태 47대, 자기 처를 강간한 자를 죽인 자와 간통한 자기 첩을 살해한 자 : 무죄.

맨손으로 격투를 벌인 사람은 부상자가 나오지 않았으면 태 40대, 부상자가 있으면 장 60대, 칼을 가지고 상해한 자는 徒 2년에 장 77대, 다른 기구로 상해를 가한 자는 태 47대에 처한다.

기혼녀를 강간한 자는 死罪, 미혼녀일 경우 徒 5년과 장 107대, 유아일 경우는 死罪, 기혼녀와 기혼남이 결탁해서 간통할 경우 徒 2년에 장 87대, 협박에 의한 간통은 장 107대, 남편이 간통을 묵인할 경우 남편은 태 47대, 姦夫는 도 1년에 장 70대, 姦婦는 태 47대, 노비 간의 간통은 태 47대에 처한다.

무기를 휴대한 강도는 손해가 없을 경우 도 2년에 장 87대, 돈을 훔치면 도 3년에 장 107대, 무기를 휴대하지 않은 강도는 도 1년에 장 67대에 처한다. 또한 법전에는 노상강도, 불을 지른 강도에 대해서도 취급하고 있다.

10관 이상을 훔친 강도는 도 1년, 10관 이하의 경우는 재판관의 판단에 맡긴다. 재범한 절도는 도 3년, 3범은 流罪에 처한다. 절도범은 모두 손에 낙인을 찍는다. 능묘를 침범하면 死罪에 처한다.

詐僞 : 관명을 사칭한 자는 도 2년에 장 77대, 차와 소금 수출과 관련된 문서를 위조한 자는 사형과 재산몰수, 해관세 인장을 위조한 자는 장 87대와 재산몰수에 처한다.

소송수속은 다음과 같이 정해져 있다. 제소하고자 하는 자는 긴급한 경우를 제외하고 먼저 소장을 써서 제출해야 한다. 재판관은 이 사람들에게 제소가 좋지 않다는 것을 설명하여 서로 화해하도록 힘써야 한다. 군사 관계 당국자는 재판 안건을 결정할 수 없다. 사건에 대한 심문과 판결은 재판관 자신에게 맡겨야 한다. 그 하급관료는 여기에 관여해서는 안 된다.

원고는 피고의 거주지 재판소에 제소해야 한다. 허위로 고소할 경우는 범인이 피해자를 협박한 경우와 똑같이 처벌한다. 재판사건에 중요한 규칙 위반이 있으면 감독관청에 공소할 수 있다. 모든 사건은 먼저 지방재판소에서 처리해야 하며 직접 상급재판소에 제소해서는 안 된다. 재판소 순위는 구역, 府縣, 지방, 형부로 되어 있다. 제소는 최후에 황제에게 할 수 있다. 다만 관리에 대한 고소는 상급재판소에 직접 제출할 수 있다. 병자와 노인은 법정에 대리인을 보낼 수 있다.

잡범 : 잘못된 판결을 내렸으면 10냥 이하의 감봉에 처한다. 잘못된 판결에 따라 사형이 집행되었다면 그 처벌은 1급 감봉에 태 37대, 벌금 50냥과

희생자의 장례비용을 변상한다. 사건의 심문을 늦추면 태 37대에 재산형에
처한다. 사무처리를 위한 보증으로서 여자를 취하는 것은 금지되어 있으며
이것이 발각되면 그 처분은 취소되고 범인은 처벌받는다. 말·소를 죽인
자에 대한 처벌은 죄의 경중에 따라 형량을 정한다.

도박, 독약 판매, 도로에서 집합, 무기 은닉 등은 금지되어 있다. 이들에
대한 처벌은 죄의 경중에 따라 각각 차이가 있다.

제10 工部

황제와 황족 이외의 자는 용봉을 수놓은 비단과 포목을 사용할 수 없다.
기타 의복에 관한 몇 가지 규정이 있다. 각 도시에서는 성벽과 홍수를 막
는 제방을 만들고 모든 길옆에는 나무를 심어야 한다. 강 연안에 부두가
있는 각 路縣에는 강을 건널 손님을 위해 渡船을 설비해야 한다. 각 路府
州縣의 長과 驛站은 그 관청을 매년 修築해야 한다. 개인의 집을 징용해
서는 안 된다.

이상이 '원전장'의 개략적인 내용이다.

이 법전을 수정한 '지치조례'가 후에 발포되었는데 이는 8편 245조로 되
어 있다. 그 내용의 대부분은 지치 2년간(1321~1322)에 발포된 詔令으로
이루어져 있다.

'원전장'의 내용이 중국법의 전형적인 실질을 갖추고 있음을 증명할 필
요는 없을 것이다. 이 법전의 일반적 조직과, 여기에 포함된 민법·형법 규
정의 기초는 일반적으로 말해 모두 '大元通制'와 당나라 법전 중에 포함된
것들과 일치한다. 증거는 확실하다.

일찍이 몽골인이 달성한 것보다 높은 문화수준을 보여주는 이 법전이
풍부한 내용에 법전의 조직과 그 규정의 기초가 순수하게 중국적 성질을
갖고 있는 것 등으로 보건대 같은 결론에 이르게 된다. 5형(태, 장, 도, 유,
사)이라는 전통적인 중국제도, 매우 상세하게 열거된 범죄와 형벌의 준엄
성, 10惡에 대한 특별취급, 속형, 간통과 능묘 침범에 대한 준엄한 처벌, 낙

인, 중앙·지방 행정의 중국적 조직과 관계가 있는 소송수속 등의 규정은 중국 형법의 특징이다. 5服, 유산처분, 아직 태어나지 않은 아이와 동성 간의 약혼 금지, 수혼제 금지, 姦夫·姦婦에 대한 결혼 금지, 아버지 첩과의 결혼 금지 등은 중국 사법의 특징으로서 몽골과는 다르다.

이 법전을 당나라 법전과 비교하면 당나라 법전의 기본원리가 되풀이되고 있음을 확인할 수 있다. 그러나 원나라 입법이 당나라의 그것보다 충분히 또한 한층 더 발전되었음은 주의할 필요가 있다.[77] 이는 놀랄 만한 일이 아니다. 이 두 법전은 650년 이상의 시간적 간격을 두고 있다. 더구나 이 두 법전 사이에는 적어도 두 개의 법전, 즉 12세기 송나라 법전과 금나라 법전이 발포되었는데 모두 당나라 입법보다 큰 발전을 보여준 것임을 염두에 두어야 한다.

몽골에서 '원전장'이 효력을 발휘했는지를 밝히기 위해 현재 이용할 수 있는 자료는 아무것도 없다. 이 법전이 몽골어의 번역이라는 것은 사실이다. 그러나 이는 쿠빌라이 칸이 1269년(지원 6)에 方形문자(파스파 문자)를 관청의 공용어로 지정했기 때문이다. 당시 모든 문서는 먼저 이 문자로 씌어졌고 다음에 중국어 등으로 번역되었다. 더구나 승원장 팔라디우스가 기술했듯이[78] 이것은 두 가지 중국어로 번역되었다. 하나는 문어체로 번역된 것이고 다른 또 하나는 몽골인이 이해하기가 쉬운 구어체로 번역된 것이었다. '원전장'은 바로 구어체[79]로 번역된 것이다.

이 법전에 보이는 모든 입법은 중국적 성질을 띠고 있으며, 그 집성 중에는 몽골 지방에 적용할 수 없는 많은 규정이 들어 있다. 그것은 토지 가

---

77) '원전장'은 2,379조로 이뤄져 있다. 에스카라(Escarra)는 '원전장'을 행정적 규정의 집성으로 보고 있지만(Le Droit Chinois, 1936, p. 99), 법전의 내용으로도 분명하듯 이는 행정법·형법·민법을 포함한 보통 형식의 중국 법전을 대표한다.

78) 러시아어로 번역한 『몽골비사』 서문(*Works of the Russian Church Mission*, IV) 참조.

79) 역주 : 속어가 포함된 중국어는 '元典章'과 '通制條格' 등에서도 알 수 있듯이 난해하며, 당시의 口語 외에 몽골어 사투리까지 섞여 있다.

옥의 재산권(가옥은 몽골인에게 알려져 있지 않았다)과 부동산 처분(즉 구입과 매각, 저당), 소작료, 소작 등에 관한 규정과 농업과 양잠업의 단속, 수혼제와 동성 간의 결혼 및 부모의 생존중에 아들의 별거 금지에 관한 규정이다. 이 모든 것은 당시의 몽골에는 알려져 있지 않았으며 그 일부는 현재도 몽골 지방에 알려져 있지 않은 생활양식이다.

결국 칭기즈 칸 야사와 몽골법이 '원전장'에 준 영향은 매우 근소했다고 밖에 할 수 없다. 포포프는 「칭기즈 칸 야사와 元의 '원전장'」[80]이라는 논고에서 '원전장'에서 칭기즈 칸 야사와 직접 관계를 가지고 있는 것은 세 가지라고 기술하고 있으며, 팔라디우스는 이러한 관계 중 하나를 기록하고 있다(*Works of the Russ. Orth. Mission*『북경전도단휘보』제4권, 각주 536). '원전장'이 2, 379조로 이루어져 있음을 상기한다면 야사와 직접 관계된 것이 서너 개 있다고 하는 것은 오히려 야사의 영향이 근소하다는 것을 강조하는 데 불과하다. 게다가 이러한 관계가 중국법의 기본원리에 영향을 미치지 않았다는 점에서 더욱 그러하다.

다음에서 소개하는 유사성은 한 번 생각해 볼 필요가 있다. 마르코 폴로는 몽골법정에 대해 다음과 같이 기술하고 있다. "재판은 다음과 같이 행해진다. 무엇이든 조금이라도 훔친 자는 곤장으로 맞는데 그 수는 7, 17, 27, 37, 47, 그 이상의 경우에는 훔친 물건의 정도에 따라 10씩 늘려 307에 이른다."[81] 『원사』 형법지와 '원전장'에서도 이같은 형벌에 대한 규정 즉 27, 37, 47에서 107에 이르는 태형과 장형을 발견할 수 있다. 의문이 생기는 것은 당연하다. 여기서 보이는 것은 중국법이 몽골 관습에 미친 영향일까, 그렇지 않으면 몽골 관습이 중국의 입법에 미친 영향일까.

당나라 법전에서 대나무로 때리는 형은 20, 30, 40, 50, 100 등으로 규정

---

80) "The Yassa of Jenghiz Khan and the Code of the Yuan dynasty, Yuan C'hao Tien Chang", *Proceedings of the Oriental Section of the Russian Archaeological Society*, vol. XVII, issue 4.

81) Minaev 판, 91. Komroff 역, *The Travels of Marco Polo*, 1926, pp. 95~96 sqq., 107까지에서.

되어 있고 금나라 법전 '皇統制'에서는 60, 80, 100이며 이후 명나라와 청나라에서는 10, 20, 30······100으로 규정되어 있다. 결국 원나라에서 10이라는 단위에 7이라는 우수리를 더해 수를 계산한 것은 몽골에서 빌려 온 것이며 따라서 중국법에 대한 몽골법의 영향이 아닌가라는 추측을 하게 한다. 그러나 이같은 영향은 그다지 중요한 문제가 아니고 기본적인 중요성도 갖지 못한다.

이렇듯 '원전장'을 포함한 원나라 입법이 본질적으로 중국법을 대표하는 것이라는 결론을 내릴 수 있다. 칭기즈 칸 대야사와 몽골법이 이 입법에 준 영향은 문자상에 나타나 있는 것과는 반대로 일반적으로 보면 매우 적다.

이 중국적 입법이 당시 중국에 거주하는 몽골인에게도 적용되었다는 것은 『원사』와 '원전장' 안에 포함되어 있는 두서너 가지 명령과 설명(즉 초급 과거시험에 합격한 몽골인과 중국인은 정부의 교육기관에서 학습해야 한다, 몽골인과 부인에게는 낙인의 형을 적용하지 않는다, 중국인을 살해한 몽골인은 강제적으로 군역을 할당받으며 희생자의 장례비용으로 50냥을 지불해야 한다 등)으로부터 보건대 명확하다.

그러나 이 입법이 몽골 지방에서 적용되었다고 생각할 수 있는 어떤 지시도 이유도 없다. 더구나 중국에서조차도 몽골인은 이 입법의 적용을 면제받거나 예외로 취급되고, 그 일부에게만 적용되었음을 보면 더욱 그러하다. 어떤 종류의 범죄와 민사 사건에서는, 몽골인은 그들 자신의 당국자 앞에 출두하며, 그 밖에 다른 사건에서는 보통법정에 출두한다고는 하나 이 경우 몽골인 당국자의 대표자 출석이 요구되었다는 것은 『新元史』의 기록으로 분명하다.

이렇듯 몽골인 관리는 자신의 당국자 앞에서 심문을 받았다. 결혼 관계 사건, 負債사건, 구타 등은 몽골인 당국자의 심리를 받는다. 그러나 이를테면 살인, 강도, 화폐위조처럼 보다 중대한 범죄일 경우 몽골인은 정식으로 문관 앞에서 심리를 받으나 이 경우에도 몽골인은 당국자의 대표가 출석하게 되어 있었다.

제3절 몽골법과 피정복 정주민족의 법

원나라 법전 내용을 연구한 결과 이 역시 몽골인(그 일부)에게 적용되었음을 알 수 있다. 중국 땅에 거주하는 몽골인은 일부의 형사·민사 사건에서 정규 사법기관에 출두하지만(분명 중국법에 기초한 것)[82] 이 경우 몽골인 당국자의 대표가 출석했으며 그 밖의 다른 사건에서는 (분명 몽골법에 따라) 그들 자신의 당국자에게 심리를 받았다는 것은 『신원사』의 기사로 분명하다.

이같은 경우는 이집트와 시리아에서도 찾아볼 수 있다. 이집트인 마크리지는 이를 다음과 같이 기록하고 있다. "이집트와 시리아(술탄 베이바르스 치하)[83]는 몽골인으로 가득차고 그들의 관습은 방방곡곡으로 퍼져 나갔다. 칭기즈 칸과 그 후계자의 위협은 상당히 강력하여 이집트 주민의 뼛속까지 몽골인에 대한 존경과 공포심이 스며들었다. 그러나 몽골인이 이슬람교를 신봉하게 되면서 그 민족적 관습을 종교가 명하는 것과 일치시켰다. 이를테면 그들은 기도, 단식, 합당한 자선과 성지순례 같은 종교와 관련된 것, 사원 소유지(Wakufs), 고아, 혼인 관계에 관련된 사법상 규정 등에 관한 모든 사무를 카지 쿠자트(Kazi - Kuzat)에게 위임하였다. 그리고 동시에 몽골인과 관련된 모든 사적 관계는 칭기즈 칸의 법에 따라 규정되고 야사의 규정에 따라 결정되었다. 이를 위해 특별관리가 임명되었다."[84]

---

82) 여기에 대해서는 '원전장' 및 『원사』에 증거가 있다.

83) 베이바르스(Beibars) 1세는 1260년부터 1277년까지 이집트를 지배했으며 그 군대는 몽골군을 격퇴시켰다. 베이바르스 2세는 1309년에 지배했다.

84) Berezin, *Proceedings of the Oriental Section, R. Arch. Soc.*, Ⅷ, 421.

14세기의 페르시아에서도 마찬가지였다. 앞에서 인용한 셈술 문 쉬 (Shemsul‐mun‐shi)의 문서로 분명해지듯이, 에미르 바얀을 페르시아의 재판장으로 임명한 서임장에는 다음과 같은 기술이 나타난다. "그는 나아 가 '에미르 이 야르구(emir‐i‐yargu)' 관청의 일도 위임받으며 그 '성질과 원칙에 따라' 그와 관련된 몽골인 사이의 모든 사건을 심리해야 한다." 여 기서도 분명히 종교와 관련된 몽골인 사건은 보통 당국자의 관할에 속하고 그 지역의 지방법에 따라 결정되지만, 몽골인의 민족적 관습과 관계있다고 여겨지는 그 밖의 모든 사건은 특별한 몽골인 재판관이 맡는다. 그리고 재 판관은 이것을 칭기즈 칸 야사와 몽골인 관습에 따라(문서에는 야사와 야 샤크에 따라) 결정했다.

이렇듯 몽골인이 정복한 선진 문화지역(몽골인은 정복한 민족 안에 거 주하고 있었다)에서 몽골인은 일부 그 지방의 법과 재판소 관할하에 놓여 있었으나 대부분의 경우 고유한 법과 재판소를 가지고 있었다(13~14세 기).

그러나 몽골인은 그들이 정복한 문화수준이 높은 민족에게 그들 고유의 법을 강요한 것은 아니었다. 이는 정복자와 피정복자 간의 문화적 차이에 서 비롯되었다. 유목 몽골인의 문화와 법은 정주 농경민족 또는 상업과 수 공업 지대의 고도로 발달한 도시생활의 문화 및 법과는 근본적인 차이가 있었다. 농경민족의 문화와 법은 토지소유자와 경작, 그리고 거기에 부수 된 여러 제도에 기초를 두고 있으며, 상업과 수공업 국가의 문화와 법은 상업, 수공업, 기능과 그와 관련된 여러 제도에 바탕을 두고 있었다.

이들 모든 제도, 이를테면 부동산 사유권, 저당, 전자의 경우 임대료, 후 자의 경우 그들 자신의 규칙을 갖는 상업·공업 길드와 여러 가지 상거래 는 몽골 유목민처럼 맹아적인 국가에는 전혀 없거나 있다 하더라도 약간에 불과하였다.

몽골인의 원시적인 법은 페르시아·시리아·이집트(또 중국과 러시아) 등과 같이 보다 높은 문화를 가진 농경·상업 민족의 요구를 충족시킬 수 없었으며 또한 그들 사이에서 전체적으로나 본질적으로나 그 기능을 발휘할 수 없었음이 분명했다.

그러나 이 때문에 일부 몽골 관습이 피정복민족 사이에 퍼지거나 일부 몽골 제도가 그들의 국가조직에 도입되지 못한 것은 아니었다. 이들 정복자의 치하에서 몽골인과의 끊임없는 접촉이 종속민족의 관습과 국가형식에 영향을 주지 않을 수 없다. 그러나 법률학과 관계해서 볼 때, 이러한 영향은 피정복민족의 법에 대해 몽골법이 직접적으로 영향을 미치는 그런 방식이 아니었다(러시아에서 그러했던 것처럼). 영향은 직접적이지도 않고 조직적이지도 않았다. 그것은 간접적이었으며, 그것도 주로 행정의 실제 영역에서 그러하였다. 지방법은 일정하게 몽골의 영향을 받았으나, 그것은 공법 분야에서뿐이고 여전히 본질적인 법제를 가지고 있었다. 결국 이 영향은 지방법에 근본적인 변화를 주지 못했다. 시간의 흐름과 함께 정복자는 그 종속민족에 흡수되고, 몽골법은 지방법에 흡수되어 그 영향의 흔적만을 남기는 데 불과하게 되었다.[85]

이상과 같이 몽골법은 피정복 정주민족에게 큰 영향을 주지 못했으며 다만 2차적인 영향밖에 주지 못했다고 할 수 있다.

그러나 아시아와 동유럽 유목민족에게 미친 몽골법의 영향은 자못 크다.

제4절 몽골법과 아시아·동유럽 유목민족의 법

대몽골제국이 개개 울루스로 분열된 뒤에도 칭기즈 칸의 대야사는 몽골

---

85) 페르시아법에 있는 이러한 몽골법의 흔적(일부 제도와 관직에 관한)은 베레진의 앞의 책에 언급되어 있다. 바르트홀트도 페르시아와 중앙아시아에서 나타나는 일부 관직과 제도는 몽골인에게서 차용한 것으로 지적하고 있다. Brockhaus - Efron, vol. 76, p. 843 참조.

인·투르크인·퉁구스인 등 여러 종족 사이에서 여전히 효력을 가지고 있었다. 이를테면 대야사는 오고타이와 툴루이(몽골, 준가리아 및 여기에 속한 여러 종족)에서뿐 아니라 자가타이와 주치(중앙아사이와 동유럽)에서도 분명 적용되고 있었다.

칭기즈 칸은 스스로 대야사에 큰 중요성을 부여하였다. 야사를 보면(단편 제26조), 그가 엄격한 둘째 아들 자가타이에게 이 법전을 준수하기 위한 특별감독을 위탁했음을 알 수 있다. 또한 유언(구두에 의함)을 통해 "짐의 사후 짐의 야사를 바꾸어 고쳐서는 안 된다"라고 밝힘으로써 야사의 어떠한 개정도 금했다.[86] 아다시피 자가타이는 야사를 위반했다고 하여 형 오고타이까지 고발한 정도로 그의 영지 내에서 모두에게 야사의 엄격한 준수를 요구했다. 14세기 말 주로 자가타이 울루스의 폐허에서 일어난 티무르, 즉 타메를라네(Tamerlane : 1405년 사망)의 국가는 주로 중앙아시아와 동유럽의 유목민족으로 이루어져 있었으나, 이 나라에서도 대야사의 규정은 똑같이 적용되었다. 학사원 회원 바르트홀트는 이에 관해 다음과 같이 기술하고 있다. 즉 "군정과 민정은 거의 칭기즈 칸의 법에 따라 행해졌다. 후에 종교계 권위자는 티무르가 칭기즈 칸의 법을 종교법규보다 우위에 둔다는 이유로 그를 신앙심 돈독한 이슬람교도로 인정하기를 거부했다."[87] 부바트(Buvat)도 티무르가 샤리아트(Shariat)를 야사의 규정과 일치시키고, 종교 관계 범죄는 카디(Cadis)에 따라 재판하였으며, 민사사건에는 야사를 적용했다는 점을 지적하고 있다.[88]

킵차크 칸 바투의 유명한 격언에는 "야사를 위반한 자는 목을 벨 것이다"는 일절이 있다. 이 격언은 분명 우선 그 자신의 울루스에 적용되었으며, 킵차크 칸국 내의 상태를 보여준다. 그 후에도 야사가 유효했음은 킵차크 칸국이 러시아교회에 부여한(13세기와 14세기) 야르리크 속에 그에 대

---

86) Rashid Ed‑din, op. cit., *Works of the O. S. R. A. S.*, vol. ⅩⅤ, 97.
87) Barthold, Brockhaus‑Efron, vol. 65, p. 196 ; Hara‑Davan, op. cit., 159~160.
88) Buvat, *L'Empire Mongol*(2‑me phase), 1927, pp. 67~69.

한 내용이 기술되어 있는 것으로 알 수 있다. 이 야르리크에 대해서는 이미 언급했다(제1장).

그러나 14세기 이후에는 대야사는 효력을 발휘하지 못하고 이후 개개의 경우로만 보류되었을 뿐이다. 대몽골제국의 분열, 몽골인과 다른 유목민들의 서방에서의 새로운 잡거생활, 이슬람교(및 불교)의 채용 등 이 모든 것은 야사의 효력을 상실시키는 데 기여했다.

일반적으로 대야사와 몽골법은 몽골인에게 종속된 많은 민족 간에 효력을 발휘했을 뿐 아니라 종속 혹은 인접한 유목민족의 토착법에도 영향을 주었다. 이 영향의 흔적은 현재도 남아 있다.

먼저 여기서 거론해야 할 것은 부랴트인과 칼묵인이다. 물론 몽골법은 명확히 부랴트법과 칼묵법에 영향을 미쳤다. 그러나 부랴트인과 칼묵인은 몽골인과 같은 기원을 가진 민족으로 근세역사상 같은 상황에서 생활하고 있었다. 칼묵인은 몽골과 공통된 기원에서 나와 17세기에 분리했는데도 오랫동안 그 본 고향과 접촉을 유지하고 있었다.

그들은 공통된 몽골 법관습을 가지고 러시아 초원으로 이주했을 뿐 아니라 그 법생활에서 길잡이 노릇을 한 것은 1640년 몽골 오이라트 법전이었다. 즉 그들의 법생활이란 주로 이 법전의 여러 규정을 새로운 생활에 적응시키는 것이었다. 부랴트인은 훨씬 오래 전(13세기 이전)에 주체인 몽골인으로부터 분리했다. 그러나 그들은 같은 환경에서 생활하며 주체인 몽골인과 계속 관계를 유지하여 칭기즈 칸 대제국의 구성분자가 되었으며 또한 17세기에는 몽골 44종족 대동맹에 포함되어 있었다(1640년 법전은 바르구 부랴트인을 언급).

그 후에도 이들은 북몽골과 계속 접촉하고 칼카의 많은 씨족과 오토크는 부랴트 종족의 일원이 되었다(예를 들면 셀렝가 부랴트족과 툰가 부랴트족). 부랴트법은 새로운 생활 속에서 옛 몽골의 관습보다 더욱 발전을 이룩하였음을 보여주었다. 그러므로 부랴트법과 칼묵법은 몽골법의 구성분자이자 한 변형이라고 할 수 있다. 다음에 몽골법, 즉 몽골 민족의 법이 아시아의 비몽골 민족의 법에 미친 영향에 대해서 생각해보기로 하자.

앞에서 언급했듯이 몽골 민족은 오늘날 아시아에서 유목적 부권 씨족제의 유일한 대표자가 아니다. 이 제도는 오늘날에 이르기까지 아시아의 많은 원주민족의 사회적·사적 생활의 기초를 이루고 있었다. 더구나 이들 민족의 대부분은 일찍이 몽골인에게 정복당해 그 유목제국의 일부가 되었다가 제국이 여러 나라로 분열되자 다시 그 일부가 되었다. 그 결과 그들은 몽골의 영향을 받을 수밖에 없었다. 이들 일부 비몽골 민족, 즉 통구스인(Tunguses), 야쿠트인(Yakuts), 키르기스인(Kirghiz), 알타이인(Altais), 텔레우트인(Teleuts)인 등의 법에 미친 이 영향의 결과를 연구하는 것은 흥미롭다.

저명한 몽골 연구자 레온토비치[89]는 몽골법이 통구스인과 키르기스인 같은 아시아 유목민족의 법에 큰 영향을 주었다는 의견을 토로했으나 구체적인 증거는 제시하지 못하고 단지 이들 민족의 법규정이 몽골법 규정과 일반적으로 같다는 점을 지적하는 데 그쳤다. 이러한 논술은 불충분하다. 법관습이 같다고 하는 것은 공통된 문화적 발전에 기인한 것일 수도 있고 공통된 근원으로부터 나온 독립된 발전을 보여주는 것일 수도 있으므로 보다 구체적인 증거가 요구된다.

이 점에 관해 필자는 다음과 같이 생각한다.

물론 몽골법의 주된 영향은 행정 분야에 미쳤다. 아시아의 유목종족 중 일부는 몽골인에게 멸망당했다. 어떤 종족은 강제적으로 종속되었으며 또 어떤 종족은 자진하여 항복했다. 그 결과 이들 종족 중 일부는 상호 흡수

---

89) Leontovich, *Mongol - Kalmuck Regulations on Punishments*, 1879, pp. 238~239. "몽골 민족과 인접한 종족들 사이에 존재하는 것과 마찬가지 형식을 갖는 종족적 법전이 통구스인 간에도 나타난다는 것은 통구스인이 몽골인에게 정치적으로 예속되었다는 점으로 설명할 수 있다. 그들은 속국으로서 몽골인에게 종족적 관습과 법전을 차용했다"(Ibid., p. 240). "몽골인에게 종속된 시대에 옛 몽골법전이 키르기스인 사이에 효력을 발휘했음이 틀림없으며, 키르기스인은 특히 칭기즈 칸 대야사에 의해 규정된 질서를 채용하고 있었던 듯하다"(Ibid., 244).

되고 또 일부는 불가피하게 거주지를 변경하거나 그 수장과 사령관이 변경되었다. 더구나 몽골제국 치하에 있던 모든 유목종족은 불가피하게 그 국가권력과 군사적·행정적 조직(몽골인의 만호와 천호 등으로 들어간 것)[90]에 따르거나 몽골의 입법규정에 따라야 했다.

그러나 이 모든 것은 유목민의 족내 생활에 큰 영향을 주지 않았고, 따라서 족내 생활은 주로 지방적 관습의 규정을 받았다. 동시에 보다 잘 통일되고 보다 높은 문화를 지닌 종족의 관습법은, 필연적으로 서로 접촉하고 있거나 이 종족에게 지배되고 있는 낮은 문화를 가진 종족에게 영향을 미친다. 이 사실은 몽골 민족의 관습으로 증명할 수 있다. 그들의 공통된 유목적 부권 씨족제 문화는, 언급한 여러 종족의 일련의 제도들이 일치하거나 혹은 유사하다는 근본적인 이유에 기초한 것이기는 하지만, 아시아 유목민족의 법에 미친 몽골법의 직접적인 영향을 부정할 수는 없다.

일반적으로 아시아의 유목 비몽골 민족의 법과 몽골 민족의 법을 비교해보면 많은 법적 제도와 법관습이 같다는 것을 알 수 있다. 그러나 이 동일성은 한 종족의 어떤 제도가 다른 종족에게 영향을 주었다거나 종족 상호간에 법관습의 차용이 있었다는 결론을 내는 데 충분한 근거가 되지는 못한다. 이 일반적 동일성이라고 하는 것은 앞서 언급한 종족들의 모든 문화가 우선 동일하다는 점에 의해 설명할 수도 있기 때문이다.

몽골인·부랴트인·칼묵인·퉁구스인·야쿠트인·키르기스인·알타이인·텔레우트인 등은 모두 같은 형식의 사회제도인 유목 부권 씨족제도의 대표자이다. 동일한 법적 제도는 이 동일한 문화적 성격에서 기원했다. 이를테면 씨족장의 권력, 부동산 사유권의 결여(또는 그 미약한 발달), 주로 수렵과 유목경제를 목적으로 하는 씨족단위의 토지 사용, 그다지 발달하지

---

90) 라시드 에딘에 의하면, 칭기즈 칸은 개개 대종족으로 투멘, 즉 萬戶를 조직하여 이전의(토착의) 수장을 그 지휘자로 삼거나 새로이 수장을 임명한 일도 있었다고 한다. 그러나 대개의 경우 칭기즈 칸은 그 내부조직에 손을 대지 않았다. 어떤 경우에는 혼성 萬戶나 千戶를 만들기도 했다(op. cit., XV, p. 33 등 참조).

않은 민법생활, 호주인 아버지의 강권을 수반하는 부권제, 일부다처제, 칼림을 지불하고 처를 구입하는 유풍, 그리고 이러한 형식의 사회조직의 필연적 혹은 일반적인 특성을 형성하는 다른 몇몇 제도. 따라서 강력하고 진보된 문화를 가진 유목종족이 다른 유목종족에게 준 영향은 동일한 문화 속에서 구할 것이 아니라 보다 중요하지 않으며 보조적인 것 속에서 찾아야 한다. 그러나 이 경우에도 일부 관습이 유사하다고 해서 차용 운운할 수는 없다. 공통의 기원, 공통의 문화 속에서 일어난 다른 종족의 생활에도 같은 관습이 일어날 가능성은 있기 때문이다.

이를테면 이미 기술했지만 몽골인은 이타적 행위(인간, 재산, 가축을 위험으로부터 구하는 일)를 장려하고 이러한 행위를 하지 않는 자, 즉 물·불의 재난과 들짐승의 위해 등으로부터 벗어나는 데 도움을 제공하지 않는 자에 대해 처벌을 내렸다. 이는 1640년 몽골 오이라트 법전과 칼카 지롬에서, 또 부랴트법과 칼묵법에서 찾아볼 수 있다.[91] 마찬가지 현상은 퉁구스인 사이에서도 보인다.

네르친스크 퉁구스족의 관습(제41조)[92]에는 다음과 같은 법령이 있다. "물·불의 재난에 빠져 있는 것을 본 자는 이를 자유롭게 하거나 구조하기 위해 가능한 모든 노력과 수단을 강구해야 한다. 다만 구조가 불가능하면 그들이 어떤 공동체에 속하든 간에 근처 사람들에게 이를 즉시 통지해야 한다. 사람이 위험에 처해 있음을 보고도 그 구조에 노력하지 않는 자는 법에 따라 打刑에 처한다."

이 두 가지 경우는 현상은 유사하지만 차용을 논하기는 곤란하다. 어느 경우나 모두 씨족생활과 씨족의 상호부조가 엿보인다. 퉁구스인도 몽골인과 똑같이 방위 및 세력증가의 수단을 강구했다. 씨족과 종족의 성원을 위한 이타적 행위의 장려는 그러한 수단의 하나였다. 그들의 배움터는 수렵

---

91) 상세한 것은 본서, 제4장, 제2절 공법의 기본제도, 3 형벌과 포상체계 참조.
92) Samokvasov, *Collection of the Customary Laws of the Siberian Natives*, 1876, pp. 25~41.

과 원정이었다.

특히 퉁구스인 사이에서는 몽골인과 마찬가지로 수렵이 행해지고 대규모 수렵도 조직되었는데 이는 위와 같은 특성들을 발달시키기 위한 우수한 배움터였다. 따라서 이러한 유사한 관습은 차용의 결과라기보다는 독립적으로 일어난 것으로 보는 편이 더 타당하다. 동일한 사회적 원인은 같은 사회적 결과를 낳기 때문이다.

다른 예를 들어보자. 호리 부랴트족의 고대법전(1781) 제4조와 호리 부랴트족의 스텝 법전(1808)은 남의 아내와의 간통을 처벌하기 위해 姦夫와 姦婦에게 채찍형을 내리고 姦夫로부터 말 1마리를 취해 피해자인 본남편에게 주고 있다. 유사한 규정은 네르친스크 퉁구스족의 관습 제6조와 간티무로프(Gantimurov)[93] 관할하의 퉁구스인의 관습 제46조[94]에도 나타난다. 그에 따르면 간통죄를 범한 姦夫와 奸婦는 杖刑에 처해지며 피해자인 본남편에게는 말 1마리의 재산형을 지불한다.

姦夫가 본남편에게 말 1마리를 지불하는 것은, 첫번째 경우처럼 부랴트인과 퉁구스인의 어떤 공통된 근거에서 나온 것이 아니며 더욱이 다른 유목민족에게서는 보이지 않는 것이다.[95] 그렇다면 이는 차용한 것이라고 생

---

93) 역주 : 간티무로프는 틀림없이 퉁구스인일 것이다. 퉁구스인 중에는 간티무르(Gantimur : Gan-timur)라는 이름이 많다. 이들 퉁구스인은 러시아의 통치를 받게 되면서 그 이름을 러시아식으로 간티무로프로 바꿨다. 포타닌의 『서북 몽골 개설』 제4권 「동화와 전설」의 장 가운데 이야기꾼으로서 표트르·간티무로프라는 자가 나타나는데 이 역시 그 한 가지 예이다. 표트르·간티무로프는 부랴트인화한 퉁구스인이다.

94) Samokvasov, *Collection of the Customary Laws of the Siberian Natives*, pp. 25~41, 43~66 참조.

95) 이를테면 야쿠트인들 사이에서 간통죄가 발각될 경우, 姦夫는 채찍형을 부과받으며 본남편에게 '치욕'(모욕에 대한 다액의 재산형)을 지불해야 한다(야쿠트인 관습 제18장 참조). 키르기스인 사이에서는 모욕을 당한 본남편은 姦夫로부터 여자를 취하고 아내와 이혼할 권리를 갖게 된다. 그러나 본남편이 이를 희망하지 않으면 姦夫와 姦婦는 신체형에 처해진다(키르기스인 관습 제121조). 야쿠트인의 관습에 대해서는 Samokvasov, *Collection of the*

각할 수 있다. 그렇다면 어느 쪽이 차용한 것일까. 퉁구스인이 부랴트인에게서 차용했다고 보는 것이 타당하다. 이 점으로부터 간통의 경우 말 1마리를 姦夫에게서 취해 본남편에게 주는 재산형은 몽골의 옛 관습임을 증명할 수 있다. 이 관습은 구 차진 비치크(15세기) 제3조와 자치몽골의 관습법에서 발견된다. 몽골, 특히 서몽골에서 멀리 떨어져 있으며 문화수준이 몽골인보다 낮았던 15세기의 퉁구스인이 구 차진 비치크와 일반 몽골법에 영향을 주었다고 보기는 곤란하다. 옛 몽골 관습이 부랴트인의 법을 통해 퉁구스법에 영향을 주었다고 보는 쪽이 보다 자연스럽다.

다른 예를 들어 보자. 매매를 통해 처를 얻는 것은 옛 관습으로서 유목적 부권적 문화와 관계가 있다. 보다 덜 엄격한 형태의 이 관습은 중앙아시아의 유목민족 사이에서 행해지고 있다. 이를테면 처에 대한 칼림의 지불인데 앞에서 언급된 모든 민족에게서 나타난다. 그러나 부랴트인에게서는 특수한 형식의 결혼이 발전하고 있다(칼림 지불의 관습에서 벗어남) - 남부랴트인의 '안다 혼(Anda婚)' 즉 '상호혼'(스텝 법전 제14조, 호리 부랴트족의 관습 제6장 등), 또는 북부랴트인의 '교환혼'이 그것이다(베르콜렌스크의 부랴트족의 관습, 이딘스크족 등 부랴트인의 관습 제6장).

이러한 정의를 통해 비로소 두 가족 간에 행해지는 두 쌍의 상호혼 - 甲의 아들과 乙의 딸, 甲의 딸과 乙의 아들, 즉 甲집의 아들·딸과 乙집의 아들·딸의 관계(아들·손자 - 딸·손녀)가 이해된다. 이것은 퉁구스인 사이에서도 보인다. 간티무로프 관할하의 퉁구스인의 관습 제11조에는 "우리의 신용에 따라 아들을 위해 다른 집안에서 며느리를 데려올 경우 가축을 지불하지 않고 서로 바꾸어 약혼을 맺을 수 있다"(간티무로프 관할하의 퉁구스인의 관습보유 제3절 참조). 그렇다면 여기에서 보이는 관습이 차용한 것인지 아니면 독자적으로 일어난 유사한 관습인지를 구별하는 문제가 생긴다. 부랴트인 사이에서는 이 관습이 더욱 발전하여 司法기록 속에 충분

Customary Laws of the Siberian Natives, 1876, pp. 199~243 ; ibid, The Customs of the Kirghiz, pp. 245~282 참조.

한 설명이 되어 있다. 유사한 혼인관습이 남부랴트인과 북부랴트인 사이에 서는 다른 이름으로 나타나고 있다. 퉁구스인 사이에서는 더한 발전은 보이지 않고 간티무로프 관할하 퉁구스인의 관습에서 보일 따름이다.

이 퉁구스인은 북부랴트인의 이웃에 거주하고 있는데 그들 사이에서는 같은 명칭을 사용하고 있다. 따라서 이러한 형식의 결혼은 (북과 남의) 부랴트인들 사이에서 행해졌으며 간티무로프 관할지역을 제외하고는 다른 유목민족들에게서는 보이지 않는다. 이 관할지역 내의 퉁구스인은 북부랴트인의 이웃에 거주하며 그들과 끊임없이 접촉함으로써 그러한 결혼풍습이 북부랴트와 같은 명칭을 갖게 되었다. 위에서 기술한 바에 따라 당연히 간티무로프 관할하 퉁구스인은 이 결혼형식을 북부랴트인에게서 차용했다는 결론을 내릴 수 있다.

이상의 여러 가지 예를 통해 문화수준이 보다 낮은 퉁구스족(네르친스크와 간티무로프 관할하 퉁구스인)의 관습에 미친 보다 강력하고 보다 문화수준이 높은 몽골 민족의 영향에 주목해야 할 것이다.

이를테면 스텝 법전 제40조에 8세 이하의 어린이는, 놀다가 상해나 손해를 입혔을 때는 책임을 지지 않는다는 법령이 있다. "아이가 놀다가 불만을 사고 손해를 주더라도 8세 이하이면 이같은 불만과 손해에 대해 책임을 지지 않는다"(스텝 법전 제40조). 네르친스크 퉁구스인의 관습 제25조에도 똑같은 법령이 나타난다. "어떤 사람의 아이가 나가 놀다가 다른 사람에게 손해를 주더라도 그 아이가 8세 이하이면 손해배상을 하지 않는다"(네르친스크 퉁구스족의 관습 제25조). 이 두 법령은 밀접하게 관련되어 있고, 상호 반복되고 있는 듯이 보인다. 여기에서는 처리능력이 없는 연령이 일치하고 있을 뿐 아니라 그 조건, 즉 아이가 놀다가 가해진 손해라야 한다는 것도 똑같다는 것을 알 수 있다. 이같은 일치를 우연이라고 생각하기는 어렵다. 분명히 이는 차용된 관습이다.

시효규정에 관해 스텝 법전(제48조)과 네르친스크 퉁구스족의 관습(제29조)은 같은 성질을 가지고 있다.

"오래 된 채무가 있을 때, 증거문서나 증인이 있으면 30, 40년이 경과하더라도 갚아야 한다. 그러나 증거문서도 없고 증인도 없을 때는 15년 이내에 갚아야 한다"(스텝 법전 제48조). "채권이 있을 때는 30, 40년이 경과하더라도 영수증서와 증인이 있으면 회수할 수 있다. 그러나 증서나 증인이 없으면 15년 이상이 경과했는지의 여부를 조사해야 한다"(네르친스크 퉁구스족의 관습 제29조). 비록 두번째 법령 말단의 의미가 명료하지는 않다 해도 차용이라는 점은 의심할 여지가 없다.

호리 부랴트족의 관습 제9장 제13조에는 습득물에 관한 다음 규정이 있다. 도로상에서 물품이나 돈을 습득한 경우 이를 씨족장 또는 씨족원에게 신고해야 한다. 소유자가 발견되면 습득자는 습득물 가격의 1할을 받는다. 소유자가 3년 내에 밝혀지지 않으면 습득물은 습득자의 소유로 돌아간다. 습득자가 습득한 사실을 은폐했다면 습득물은 반환되며 습득자는 鞭刑에 처해지고 은닉을 통보한 자에게 1할의 포상이 주어진다.

네르친스크 퉁구스족의 관습 제32조는 간단하지만 유사한 규정을 갖고 있다. 여기서는 3년 기한은 명시되어 있지 않으나 습득자는 마찬가지로 습득물 가격의 1할을 받으며 습득물을 은폐하면 신체형을 받고 은폐 사실을 통보한 자도 1할의 포상을 받는 것으로 되어 있다. 물론 여기서 습득자에 대한 1할의 포상,[96] 숨긴 것을 통보한 자에 대한 같은 포상에 대한 공통의 기초를 입증할 수 없다. 여기에는 분명히 관습의 차용(약간의 생략은 있으나)이 있다.

스텝 법전 제25조에는 다음과 같은 규정이 있다. 끝이 날카롭고 뾰족한 무기를 휴대하고 말이나 소, 수레 또는 썰매를 타고 가는 자가 도보로 통행중인 사람으로부터 동승을 요구받아 함께 여행하던 중에, 첫번째 사람이 부상당하거나 죽었을 때 또는 말이나 소에게서 같은 일이 일어났을 때는

---

96) 야쿠트인 사이에서 습득자에 대한 포상은 때로 2할 5푼까지 이른다. 키르기스인 사이에서는 물품의 2할 5푼, 가축의 1할 2푼 5리, 아니면 소유자가 주는 만큼으로 되어 있다(야쿠트인의 관습 제17장 ; 키르기스인의 관습법 제156·157조와 비교).

전체 비용의 3분의 2를 두번째 사람이 부담한다. 반면 두번째 사람이 죽으면 그것은 그의 불운이다. 그러나 첫번째 사람이 스스로 도보자에게 동승을 권유하여 함께 여행하던 중에 두번째 사람이 부상당했을 때는 그 비용은 반씩 분담한다.

네르친스크 퉁구스족의 관습 제13조에도 유사한 규정이 발견된다. 여기서는 승객이 도보자의 요구에 따라 그를 태우고 여행하던 중에 승객이 부상당하거나 죽었을 때, 또는 말·소가 죽었을 때는 전체 비용의 3분의 2를 도보자가 부담한다. 만약 도보자가 죽으면 이는 그의 불운이다. 승객이 스스로 도보자에게 권하여 태웠다가 도보자가 부상당했을 때는 비용의 반은 탈 것을 권유한 자가 부담한다. 중요한 규정과 그 자세한 항목이 일치하고 있는 것은 차용임을 보여주는 것이다.

스텝 법전 제46조와 네르친스크 퉁구스족의 관습 제28조도 같은 성질의 것이다. "어떤 사람이 보증인을 세우고 그 신용으로 물품을 받아 기한을 정해 놓고서 지정된 시기에 미리 정해진 조건에 따라 갚지 못했을 때는 법정으로 넘어가고, 그가 가진 모든 것은 일반적으로 통행되는 가치로 계산하여 처리되며, 채무를 지불하지 못한 사람은 무거운 편형에 처해진다"(스텝 법전 제46조). "일정한 기한을 정해 물품을 받은 사람이 기간이 지나도 갚지 못했을 경우, 이 사건이 법정으로 넘어오면 그의 소유물로 발견된 것은 모두 몰수되어 실제가격으로 양도되며 채무를 이행하지 않은 사람은 편형에 처해진다"(네르친스크 퉁구스족의 관습 제28조). 이 두 가지 규정이 완전히 일치하고 있는 것은 차용이 있었음을 말한다.

스텝 법전 제33조에는 다음과 같은 규정이 있다. 가난뱅이가 부자의 허락을 받지 않고 가축을 가져다 먹고, 부자가 이를 발견하여 가축을 요구했을 때, 가난뱅이가 배가 고파 가축을 먹었으며 돌려줄 것이 없다며 "무엇을 요구하는 것인가? 나의 손과 발을 절단하여 당신에게 주기를 바라는가"라고 말했다고 가정하자. 만약 법정에서 심문이 행해질 때, 가축을 잡아먹은 가난뱅이가 가축을 잡아먹기 전에 미리 사람들에게 그것을 보여주고 사정을 설명했다는 사실이 입증되면 그에게는 편형이 부과되며 잡아먹은 가축 수와 같은 수의 가축을 지불해야 한다. 그러나 가축을 아무에게도 보여주지 않고 먹었다면 절도로서 재판에 회부된다. 유사한 법령은 네르친스크 퉁구스족 관습 제20조에도 보인다. 이 법령에서는 마찬가지의 사건이 일어났을 때, 가능한 두 가지 변형 즉 공동체에 통지한 후 가축을 먹은 경우와 통지하지 않고 먹은 경우로 나누어 심문이 행해진다. 그리고 스텝법전 제33조와 같은 처벌이 적용되고 있다. 후자의 법령의 경우 손·발의 절단에 관한 부분에서는 전자의 법령의 문구와 같은 문구까지 사용하고 있으며, 단지 1인칭 대신 3인칭을 사용하고 있다. 차용 사실은 명료하다.

셀렝가 부랴트족의 관습 제34조를 보면 남의 가축의 털을 몰래 깎은 자는 그 털은 반환하며 자신은 처벌을 받는다. 낙타 등의 가축이 털을 깎아 상했으면 범인은 그 가축의 가격을 변상해야 하며 더욱이 절도로 논한다고 기술하고 있다. 유사한 규정은 간티무로프 관할하 퉁구스인 관습 제57조에서 발견되는데, 털을 깎인 가축이 임신중인 낙타라면 보호를 받아야 한다고 덧붙여져 있다. 이는 맨 처음에 나온 관습을 차용한 후 여기에 2차적 조항을 부가한 듯하다.

이상 퉁구스족 사이에서 반복되고 있는 부랴트인의 관습 10여 개를 살펴보았다. 거기에서는 그 기본원칙이 거의 일치할 뿐만 아니라 2차적 조항까지 부가된 관습도 나타났다. 이를 통해 보건대, 전체적으로 이러한 경향은 관습의 일치에 의해서가 아니라 밀접한 인접관계와 정복을 통해 퉁구스인이 보다 강력하고 높은 수준의 문화를 지닌 부랴트 씨족으로부터 차용한 결과라고 볼 수 있다.

그러나 여기서는 모든 자료를 충분히 이용하지 못했다. 아니 극히 불충분하게밖에 이용하지 못했음을 강조하지 않을 수 없다. 이를테면, 퉁구스법전 제69조와 간티무로프 관할하 퉁구스인 관습 제52조(남의 가축무리에 가축을 넣는 것에 관하여)에는 유사한 점이 발견된다. 또한 셀렝가 부랴트족의 관습 제29조와 30조, 간티무로프 관할하 퉁구스인의 관습 제49조(늑대에게 이리저리 찢긴 가축을 발견한 것에 관한 것), 스텝 법전 제39조와 네르친스크 퉁구스족의 관습 제24조(다른 사람에게 교육을 받게 하기 위해 아들을 주는 것에 관하여), 스텝 법전 제91조와 간티무로프 관할하 퉁구스인 관습 제67조(다른 사람에게 교육을 받게 하기 위해 딸을 주는 것에 관하여), 스텝 법전 제31조와 네르친스크 퉁구스족 관습 제18조(손자를 양자로 삼는 것에 관하여), 1788년의 협정법문(Hipp Toktogol) 제4조와 간티무로프 관할하 퉁구스인 관습 제9조(결혼 이전에 신랑이 사망하는 것에 관하여), 스텝 법전 제30조와 네르친스크 퉁구스족의 관습 제17조(몰수재산에 관하여), 1781년의 고대법전 제8·9·10조와 스텝 법전 제50·51조와 퉁구스인의 구관습(18세기) 제1·2·3조(절도에 관한 것) 사이에 각각 유사성이 발견된다.

마찬가지로 위에서 언급한 것과는 별도로 다음 사실을 언급해 둘 필요가 있다. 즉 같은 관습이 부랴트인과 퉁구스인 간에 존재하며, 그 기원은 퉁구스인의 경우 부랴트인에게서 차용한 것으로 설명할 수 있을 뿐 아니라 또 다른 원인, 특히 같은 문화가 존재하기 때문에 독자적으로 일어났다고 설명할 수 있다. 네르친스크 퉁구스족의 관습 제31·44조와 간티무로프 관할하 퉁구스인의 관습 제42·50·81조를 그것과 유사한 1808년의 호리 스텝 법전 제63·17·52·66 및 109조와 비교해 보기 바란다.

이상의 연구자료를 토대로 하여 다음과 같은 결론을 내릴 수 있다. 몽골 민족, 특히 부랴트 민족의 관습과 법은 오랫동안 몽골인에게 종속되어 있었으며 그 후 이와 밀접한 인접관계 속에서 살고 또한 그 영향하에 있었던 퉁구스 민족의 관습과 법에 대단히 광범위하게 영향을 주었다.[97]

---

97) 부랴트 문화가 퉁구스인에게 큰 영향을 끼쳤다는 것은 다음 자료로 판단할 수 있다. 1897년의 국세 조사에 의하면 트란스바이칼(Transbaikal) 퉁구스인 중 48,073명 이상(트란스바이칼 지방에 사는 전체 퉁구스의 15% 이상)은 토착어를 사용하고 있었다(Serebrennikov, *The Buriats*, 1925, p. 13, 각주 2 참조). 이러한 자료를 통해서 보건대, 퉁구스 민족의 문화와 법에 부랴트인의 문화와 법이 강력한 영향을 미쳤다는 것은 쉽사리 이해할 수 있다(그 반대

다음으로는 알타이인과 텔레우트인으로 논점을 옮기겠다. 이들 투르크인은 오랫동안 서몽골인, 즉 오이라트인에 종속되어 있었고 따라서 그들과 밀접한 관계하에 놓여 있었다. 알타이인과 텔레우트인의 관습에 대해 기술한 여행가(포타닌)는 텔레우트인의 관습이 몽골인과 동일하며, 그들에게 미친 오이라트인 관습의 영향을 지적하고 있다. 현재 이들 종족의 관습에 관한 상세한 자료는 갖고 있지 않다. 그러나 이용 가능한 정보를 통해 분명 오이라트인의 관습이 알타이인과 텔레우트인의 관습에 영향을 미쳤다는 결론에 이르게 된다.[98]

이를테면, 예로부터 몽골인들 사이에 천·백·십의 구분법 이외에 사십(Docin, Horin)의 구분법도 있었다. 이 구분법은 1640년 몽골 오이라트 법전까지 거슬러 올라가며 러시아아인은 17세기에 부랴트인을 정복할 무렵 이것을 알게 되었다. 이는 오랫동안 오이라트인 간에 유지되었는데 블라디미르초프도 지적했듯이 그들을 통해 알타이인, 텔레우트인에게 전해졌다.[99] 알타이인은 최근까지 이 구분법을 토츈(Töcün)으로 유지하였다.

더구나 몽골인이 죽은 사람을 땅 속 깊이 묻지 않고 '자연'에 맡긴다는 것은 잘 알려져 있다. 즉 시체를 관에 넣어 얇게 흙으로 덮는 것이 아니라 초원에 그대로 방치해 두며, 시체를 나무에 걸어두고 애도할 뿐 불에 태우지 않는다. 그런데 투르크인은 보통 시체를 땅에 묻는다. 알타이인과 텔레우트인은 몽골인의 관습에 따라 시체를 처리하여 '자연'에 맡긴다. 그러므로 분묘 침범이라는 것이 몽골인들에게는 끔찍한 범죄로 여겨지지 않으며 이 점에서는 알타이인과 텔레우트인도 마찬가지이다.

게다가 몽골인 간에 결혼은 3단계로 구분되며 사법상 각각 중요성을 가지고 있고 각 단계 사이의 기간이 길다. 먼저 약혼이 있는데 이는 종종 신부와 신랑이 유아일 때 행해진다. 약혼예물은 그들이 성장한 후 지불되는

는 아니다).

98) Riasanovsky, "Some Characteristics of the Customary Law of the Altais and Teleuts", *Monitor of Chinese Law*, Harbin, 1931, No. 3 참조.

99) *Social Organization of the Mongols*, p. 170, 주 4.

데 칼림이라고 하며, 이어 결혼 자체가 성립한다(결혼식). 알타이인과 텔레우트인들의 결혼은 이것과 완전히 같은 과정을 밟는다. 즉 약혼(Kuda), 결혼예물(Yargashtik), 결혼(Ton)이 그것인데 이 단계도 몽골에서와 같은 의미를 갖고 있다.[100] 포타닌과 에피모바(Efimova)가 기술하고 있는 약간의 결혼 관습과 의식은 서몽골인과 유사하다.[101]

이상을 통해 알타이인과 텔레우트인은 분명 몽골인의 관습으로부터 영향을 받았으며 그 영향의 정도는 크다는 결론을 내릴 수 있다.

키르기스인의 관습 및 법과 몽골법의 관계를 볼 때는, 키르기스인은 몽골인보다 인구가 많다는 사정을 염두에 둘 필요가 있다. 일찍이 그들은 칭기즈 칸 제국의 한 부(部)를 이루고[102] 후에는 서방의 울루스(킵차크 칸국)의 하나가 되었다. 킵차크 칸국이 멸망한 후 그들은 몽골인과 별도로 역사적 존재로까지 발전했다.

키르기스인은 몽골인의 킵차크 울루스, 즉 킵차크 칸국의 구성분자로 들어갔으며 이 칸국에서는 칭기즈 칸 야사가 효력을 발휘하고 있었다. 15세기 칸국이 분열한 후 그들은 몽골인과 별개로 그 역사적 존재로서 계속 존속하였다. 따라서 그들 간에는 대야사와 엄격한 몽골인의 고대법이 효력을 발휘했고, 그 후 이들 법에 나타나는 관대화 경향의 영향은 받지 않았다(16~17세기). 사실 키르기스인의 고대법(17세기 칸 Tevka가 고대민족의 관습에 기초를 두고 발포한 것)은 레온토비치가 바르게 지적했듯이[103] 대야사와 가장 가까웠다. 여기에서는 가끔 사형이 적용되는데 살인, 강간, 강도, 절도, 남의 아내 유괴, 이혼, 간통에 부과되었다. 부모는 그 아들을 살해해

---

100) Samokvasov, *Collection of Customary Laws*, p. 2.
101) Potanin, *Outlines of Northwestern Mongolia*, 1883, vol. Ⅳ ; 그 개요를 기술한 *Materials on the Marriage and Clan‑Family Life of the Peoples of the U. S. S. R*의 Efimova와 Dyrenkova의 논문 참조.
102) 처음에 키르기스인은 자발적으로 몽골인에게 종속했으나 그 후 반란을 일으켰다가 정복당해 주치의 울루스에 포함되었다. Rashid Ed‑din, op. cit., XⅣ, 131 ; ⅩⅤ, 115 등 참조.
103) *Ancient Mongol‑Kalmuck Regulations on Punishments*, 1879, 245.

도 처벌받지 않았다.[104] 물론 대야사가 고대 키르기스법에 미친 직접적인
영향의 범위를 명확히 결정하기란 현재로는 불가능하다. 마찬가지로 유목
적 부권 씨족문화를 가진 몽골인에게 종속된 3세기 동안 키르기스인의 법
이 그 영향을 받지 않았다고 상상하기 또한 어렵다. 실제로 고대 키르기스
법의 여러 규정은 그 일반적(엄격한) 특징(이미 레온토비치가 기술했듯이)
에서도, 그리고 일부 개별 규정에서도 몽골의 고대법을 떠올리게 한다. 이
를테면, 고대 키르기스법(아시아의 다른 유목민족 법과 다른 것으로서)에
의하면 처의 간통을 현장에서 발견한 남편은 그 자리에서 姦婦를 살해할
권리가 있다(제9조). 대야사 제1조도 간통에 대해 사형을 규정하는데 고대
몽골법의 정신을 고려하면 이 처벌은 분명 현행범에게 부과되었다(이는 플
라노 카르피니, 앞의 책, 15쪽에서 확증되고 있다). 지난날 페티 드 라 크로
아(Petis de la Croix)는 그의 저서 『오토만 제국 연대사 개요(Abregé
Chronologigue de Phistoire Ottomane)』(1768) 속에서 이 단편을 지적하고
있다. 즉 "간통은 사형으로 다스린다. 이 죄를 범한 자는 현장에서 살해해
도 좋다." 현장에서 붙잡힌 姦婦를 즉시 살해하는 것은 고대 몽골법을 제
외하면 고대 키르기스법에만 나와 있다. 더구나 19세기 키르기스인의 관습
(제123조)에서는 독신자와 처녀 간의 사통을 사형으로 다스리고 있다(남자
가 결혼을 거부했을 때).[105] 이같은 형벌은 아시아의 다른 유목민족들 간
에는 보이지 않고 고대 몽골인에게만 존재했을 뿐이다(대야사 단편 제1조
: 플라노 카르피니, 앞의 책, 15쪽 참조).

　　고대 몽골인 사이에서는 말 1마리 절취에 대해 사형이 부과되었으나 이
는 범인으로부터 9배의 재산형 지불로 바뀌었다(대야사 단편 제29조와 비

---

104) 상세한 것은 Levshin, *Description of Kirghiz‒Kaisak Hordes and Steppes*, vol.
　　Ⅲ, pp. 170~178(1842년 불어판도 있다).
105) 기혼녀와의 간통에 대한 형벌은 이미 19세기에 변화하고 있었다. 이 경우
　　본남편은 姦婦와 이혼하며, 姦夫로부터 칼림을 지불하지 않고 처녀를 취할
　　권리를 갖게 된다. 본남편이 이혼을 원하지 않으면 姦婦는 신체형에 처해진
　　다(키르기스인의 관습 제121조).

교). 고대 키르기스법에 의하면 절도에 대해서는 사형이나 도난품 가격의 9배의 3배(즉 27배)나 되는 재산형이 부과되었다(제2·17조 참조). 이보다 소규모의 절도, 예를 들면 말 1마리를 훔치면 말 9마리의 재산형에 처해지며 말 1마리의 가격을 넘지 않는 물건을 훔치면 벌 9의 재산형에 처해졌다(키르기스인 관습 제133·135·149조). 여기에서 특징적인 것은 형벌이 일치하고 있을 뿐 아니라(사형과 이를 대신하는 몸값의 지불), 또 몸값의 단위를 9 또는 27로 하고 있다는 점이다.

예를 하나 더 들어보자.

이미 말한 것처럼 몽골인 사이에서는 옛부터 가축 9마리를 부과하는 재산형 관습이 존재하고 있었다. 이 제도는 이미 칭기즈 칸의 야사에 등장한다(단편 제29조 참조). 1640년 몽골 오이라트 법전과 칼카 지롬의 형벌체계는 여기에 기초를 두고 있다. 이들 제도는 키르기스인 간에도 보이는데(키르기스인 관습 제23·28·69·131·135·141·147·149·189조 참조), 이는 분명 몽골인의 영향을 받은 것이다.

당연히 키르기스인 사이에서 가축 9마리의 재산형도 몽골인과 마찬가지로 오래 된 (그리고 별개의) 관습이라고 상상할 수도 있다. 그러나 만약 그렇게 보려면, 우선 이 관습은 키르기스인 간에 행해지는 재산형 체계에서 드러나는 기본적 관습의 특징을 갖고 있어야 한다. 또한 적어도 다른 관습과 같은 표준을 지니고 있어야 한다. 그런데 키르기스인에게 재산형의 기본적인 법관습 단위는 '쿤(Kun : 말 100마리, 노예 2명, 낙타 2마리, 무기류 2쌍)이었다. 1쿤 또는 半쿤은 보통 기본적 형벌로서 사용되었으며 다른 한편으로 가축 9마리 또는 이를 대신하는 가축 27마리 단위의 재산형은 쿤 체계가 적용되는 곳에서 부수적인 형벌로서 적용되고 있다(이를테면 키르기스인의 관습 제23·28조 참조).[106] 단 보다 중요하지 않은 사건, 즉 그

---

106) 제23조에 "재판관 앞에서 다른 사람에게 치명상을 끼치거나 사람을 살해한 자는 1쿤을 전부 지불하고 또한 재판관을 존경하지 않았다는 이유로 재판관에게 낙타 1마리를 포함하여 9마리의 다른 가축을 바쳐야 한다"고 되어 있고, 제28조에는 "재판관을 살해한 자는 1쿤을 전부 지불하고 또한……8마리

형벌이 가축 70마리를 넘지 않는 범위에서 단독으로 적용되었다. 이는 키르기스인 사이에 고대재산형의 기본제도는 쿤이고, 가축 9마리를 단위로 하는 재산형은 부가적이고 보조적인 형벌로서 적용되었다는 견해를 뒷받침해 준다. 가축 9마리를 단위로 하는 재산형이 키르기스인 사이에서 종속적, 이차적 지위를 차지하였다는 것을 통해 이 제도는 오래 된 민족적 제도가 아니며 쿤보다 더 늦게 나타난 것임을 알 수 있다. 이는 키르기스인이, 재산형을 가축 9마리 단위로 부과하던 몽골 울루스의 한 부를 구성하고 있을 때 영향을 받아 성립한 것이라는 가정을 뒷받침해 준다.

키르기스인은 또 몽골인으로부터 탐가(tamga) - 씨족의 동산에 가해진 불도장 - 를 차용했다.[107]

야쿠트인에 대해서는 다음 사실을 고려할 필요가 있다. 즉 고대에 중앙아시아 북쪽 땅에 살고 있었던 야쿠트인은 몽골제국의 한 부를 구성했으며,[108] 14세기 또는 15세기 무렵에 몽골인 때문에 남방으로 물러나지 않을 수 없게 되면서 이후 몽골인과의 교섭은 뜸해졌다. 그러나 야쿠트인의 법령 중 어떤 것 즉 절도, 이혼, 칼림 지불에 관한 것은 부랴트인의 법령과 공통된 특징을 보여준다.

이를테면, 호리 부랴트족의 고대법전(1781) 제8조는 "가축절취에 대해서는 이른바 '얄(Yal)'을 부과한다. 얄이란 도난당한 가축 1마리에 대해 2살에서 4살까지의 같은 종류의 가축을 3배로 배상하는 것이다. 거기에 범인은 신체형에 처해진다"고 규정하고 있다.[109]

이딘스크(Idinsk) 및 발라간스크 부랴트족의 관습에 의하면 도난당한 가축 각 1마리당 4마리를 보내며(재범이면 여기에 신체형을 부가한다 : 발라

의 다른 가축과 칼묵인 여자 한 사람을 바쳐야 한다"고 되어 있다.

107) Levshin, *Description of the Kirghiz - Kaisak Hordes and Steppes*, vol. Ⅲ, 1832, p. 135 참조.

108) 야쿠트인의 옛 전설에는 그들의 황제로서 칭기즈 칸의 이름이 가끔 언급되고 있다(Seroshevsky).

109) Riasanovsky, *Customary Law of the Mongol Tribes*, 1929, p. 157 참조.

간스크 및 이딘스크 부랴트족의 관습 제5장 제1조), 절도 3범은 유배형에 처한다(위의 책).

야쿠트인의 관습에도 유사한 규정이 나온다. 이를테면, 절도를 범한 자(초범)는 훔친 가축 1마리당 같은 가축 4마리를 바치며 훔친 가축이 살아 있으면 돌려보내되 따로 3마리를 덧붙여 주며, 또한 소유자에게 끼친 손해도 배상한다. 이전에 악행을 범한 적이 있던 절도는 신체형을 부과받으며(야쿠트인 관습 제16장 제3조), 재범자는 편형에 처해지고 3범 이상은 뉘우칠 가망이 없는 자로서 유배형에 처해진다(동 제4조). 가축절취에 대해서는 가축에 의한 재산형으로 처벌한다는 기본규정과 재산형의 액수는 물론 보조적인 세부 항목에 이르기까지 부랴트인과 야쿠트인은 일치한다.

더구나 호리 부랴트족의 스텝 법전(제51조)에는 "물품 등을 절취하고 절도품이 발견되지 않았다면 범인은 그 물품의 실제가격을 지불해야 하며 또한 무거운 편형을 부과받는다"고 되어 있다. 셀렝가 부랴트족의 관습(제1장 제5조)에는 이에 관해 다음과 같은 규정이 발견된다. "어떤 자가 다른 사람으로부터 절취한 도난품이 발견되지 않았을 때 이를 대신할 물품을 반환해야 한다. 다만 도난품을 모두 써 버렸다면 이를 계산하여 범인으로부터 손해 부분을 징수하며 또한 범인은 제1절에 따라 처분한다.[110] 도난을 당한 자가 절도행위로 인해 손해를 입었을 때는 사정을 참작하여 공평하게 그 대가를 범인으로부터 징수한다."

이와 유사한 규정은 야쿠트법에서도 발견된다. 즉 "금액과 물품을 훔친 절도범은 그 4배로 지불하는 것이 아니라 도난품의 대가를 지불하며 피해자가 이 절도행위로 입은 손해도 배상한다. 거기에 범인에게는 도난 액수에 상관없이 채찍에 의한 신체형이 부과된다"(야쿠트인 관습, 제16장 제5조).

이상의 여러 자료로 보건대, 절도에 관한 부랴트인과 야쿠트인의 규정은

---

110) 편형을 부과하며(제1조 참조), 지불할 수 없을 때는 강제 봉사를 명한다(제4조).

거의 일치한다. 이는 차용, 즉 야쿠트인이 부랴트인으로부터 차용했다는 사실을 증명한다. 이는 다음의 여러 자료와 부랴트인이 보다 강력하고 높은 문화를 지닌 민족이었다는 사실로 뒷받침된다. 퉁구스인의 옛 법(18세기) 중에는 유사한 절도 규정이 발견된다. 즉 가축절취에 대해서는 훔친 가축의 4배로 지불해야 하고 편형에 처해지나 한편으로는 다른 물품을 훔친 절도범은 이를 돌려주거나 그 대가를 강제적으로 지불하고 거기에 편형을 부과받았다.111)

이상과 같이 부랴트인, 퉁구스인, 야쿠트인에게서는 절도에 관한 유사한 규정이 발견된다. 이것들은 같은 하나의 기원에서 파생되었음이 분명하다. 유일하게 그 공통된 근원이 될 수 있는 것은 몽골법, 정확하게는 부랴트법이며 이들 법 중에서 얄은 기본적으로 가장 널리 적용된 형벌이고 18~19세기의 그것은 북 및 남부랴트인 간에 보인다. 퉁구스인은 이 관습(다른 관습과 아울러)을 부랴트인에게서 차용하였는데, 야쿠트인과 인접한 퉁구스인이나 혹은 부랴트인에 의해 직접 전해졌다.

야쿠트인과 부랴트인 사이의 유사성은 이혼 관계 규정에서도 나타난다. 여기서 이혼은 일방적 희망 - 남편뿐 아니라 처의 희망도 포함 - 에 의해 이루어지며 나아가 재산반환에서도 유사한 규정이 보인다. 이를테면 셀렝가 부랴트족의 관습에 따르면 남편이 처와의 동거생활을 혐오하여 이혼이 이루어질 때 남편은 칼림을 반환받을 권리가 없으며 오히려 '좋은 의복과 장식으로 몸을 치장시켜' 처를 돌려보내야 한다(셀렝가 부랴트족 관습 제49조). 이같은 경우는 남편쪽에서 가혹한 행위를 한 결과 이뤄진 이혼에도 적용된다(동 제42조). 유사한 규정은 야쿠트인에게서도 발견된다. 즉 설득력 있는 동기 없이 그 처를 떠난 남편은 칼림을 돌려받을 수 없을 뿐 아니라 도리어 처에게 지참물, 의복, 장식품, 물품을 준다. 이 권리는 학대 때문에 남편의 곁을 떠나는 처에게도 부여된다(제15장 제5조).

이상을 기초로 해서 보건대, 몽골 민족의 법은 일정한 범위에서 야쿠트

---

111) Leontovich, op. cit., p. 142, 제1·2조.

인의 군사적·행정적 제도뿐 아니라 사법과 형법에도 영향을 주었다는 결론을 내릴 수 있다.

이상을 종합해 보면 다음과 같은 점에 강조점을 두어야 할 것이다. 아시아의 다른 유목민족에게 미친 몽골인의 영향은 당시의 군사와 행정 등의 분야에서 컸다. 몽골 민족의 영향은 또 이들 민족의 족내 생활(그 사법과 형법)에서도 발견된다. 아시아의 일부 유목민족(통구스인과 알타이인)의 관습과 법에 미친 몽골 민족의 관습과 법의 영향은 매우 크다고 하겠으나 다른 민족(키르기스인과 야쿠트인)의 경우에는 분명 매우 적다는 점을 염두에 두어야 한다.

더욱이 톰스크 관구의 타타르인의 일부 관습에서 보이는 몽골인 관습과의 유사성 예를 들면, 결혼관습, 장례식 때 말의 도살 등(사모크바소프, 앞의 책, 8~9쪽), 또 토볼스크(Tobolsk) 관구의 오스탸크인(Ostyaks)·사모예드인(Samoyeds)·보굴인(Voguls)의 일부 관습과 몽골인 관습의 유사성(친족관계의 인지, 이혼관습, 노동봉사에 대한 답례로 신부를 주는 것 등 : 사모크바소프, 앞의 책, 19~20쪽)을 지적할 수 있을 것이다. 위의 원주민은 일찍이 주치 울루스의 한 부를 구성하였으므로 충분히 몽골의 영향을 받을 수 있다. 그러나 필자가 이에 관련된 충분한 자료를 갖고 있지 않으므로 몽골 관습이 위의 원주민에게 영향을 주었으며 그 유사성은 단순한 평행적 발전의 소산이 아니라고는 단언할 수 없다.

물론 여기서 든 몇 가지 예는 이 문제를 푸는 데 도움이 되는 자료의 전부가 아니다. 이것들은 몽골법의 영향을 받은 다른 유목민족의 법, 그것도 과거에는 대단했던 영향 중 일부 잔재를 겨우 대표할 뿐이다.

앞에서 언급했듯이 코발레프스키(M. Kovalevsky)의 의견에 의하면 이들 유목민의 시원적 모델은 씨족제도가 가장 오래 전부터 행해진 몽골과 만주에서 찾아야 하며, 몽골인의 씨족제도는 아시아에서 가장 오래 되고 가장 기본적인 것의 하나이다(본서 제4장 제4절 비교법학상 몇 가지 비교와 주석 참조). 더구나 그 씨족제도와 관계가 있는 몽골인의 군사·행정 제도는 칭기즈 칸 제국에서 최고로 발전하여 타메를라네에 의해 충분히 이용되었고, 그 유풍은 최근까지 몽골인, 부랴트인, 칼묵인, 알타이인, 텔레우트인에게서 명확히 존재했다. 이에 대해서는 이미 기술한 대로이다. 이 장의 마지막 부분에서는 몽골법이 대몽골제국 및 그것이 분열한 개개 국가뿐 아니라 타메를라네의 국가에도 적용되었으며 나아가 그 주요 영향은 아시아 유목민족의 과거와 현재의 법까지 미쳤다는 사실을 기술했다.

이러한 분석을 통해 그리고 동아시아 여러 민족의 법연구를 기초로 하여 아시아 대륙에 두 가지 기본적 법체계, 즉 중국법 체계와 몽골법 체계가 존재했다고 결론을 내릴 수 있다. 전자는 농경민족을 위해 창조되어 정주민의 법체계가 되었고 후자는 유목민족과 수렵민족의 법체계를 대표하였다. 중국법은 인접한 정주민족, 이를테면 한국, 일본, 안남 등의 법에 큰 영향을 미쳤으며 어느 정도는 일부 유목민족의 법에 영향을 미쳤다.

한편 몽골법은 일찍이 칭기즈 칸과 그 후계자의 제국 일부를 형성하였고 후에는 타메를라네 제국의 일부를 구성한 유목민족의 법에 주로 영향을 미쳤으며 나아가 현대 부랴트인, 퉁구스인, 키르기스인, 알타이인, 칼묵인 등의 법에도 영향을 주었다. 그 밖에 몽골법은 정주민족의 법에도 일정하게 영향을 미쳤다.

중국법 체계는 풍부한 내용과 높은 문화를 표현하며, 몽골법 체계는 유목민의 빈약한 문화와 마찬가지로 빈약한 내용을 갖고 있다. 그러나 이들 두 개의 법체계는 전혀 별개의 것이며 다른 문화적 기초 위에서 생긴 것임을 인정할 필요가 있다. 하나는 정주적 농경생활에서 생긴 것이고 다른 것은 유목경제에서 생긴 것이다. 즉 중국은 정주 농경민족의 법과 문화의 기본제도를 동아시아 지역에 발전시킴으로써 후대의 다른, 주로 정주민족의 문화와 법에 큰 영향을 미쳤고 이와 대응이나 하듯이 몽골인은 유목민족의 문화와 법의 기본제도를 발전시켜 주로 아시아 유목민족의 문화와 법에 큰 영향을 미쳤다.

부 록

칼카 지롬의 초록

1. 칼카법의 집성 칼카 지롬[1]

구제의 근원이시며 극락세계의 모든 부처를 한몸에 집중하신 고매한 라마를 공손히 예찬하나이다. 상서로운 징조로 충만된 라마를 공손히 예찬하나이다. 모든 중생을 널리 가르치는 씨앗을 분배하시는 라마를 공손히 예찬하나이다. 자비를 갖고 널리 중생을 인도하는 보리심(자비심)을 가지신 라마를 공손히 예찬하나이다.

중생의 왕관이신 尊者 라마의 장수하심이시여 금강처럼 장구하옵소서. 가르치심이 널리 퍼지옵소서. 가르침을 찬양하는 라마의 장수하심이여 장구하옵소서. 국가와 가르침이시여 번영하옵소서. 나쁜 것은 이름만이라도 듣지 않게 하옵소서. 마음이 평온해지고 선행이 쉬지 않고 흐르듯이 많아지게 하옵소서.

과부가 된 칸의 妃에게 이를 알려 그 동의를 얻은 후 모든 노욘과 사이트(Sait)는 바치라이 투셰투 칸(Vachirai Tushetu Khan)을 우두머리로 추

---

1) 칼카 지롬이 공간되지 않았기 때문에, 독자가 그 일반적 개념을 파악할 수 있도록 법전 초록의 번역을 게재한다.

대하고[2]……부린 칸(Burin - Khan) 산의 남쪽, 이빈 골(Ibin - Gol) 강의 계곡에서 기축년 한여름 달 28일, 길일(에 모여) 3호슌 대법전을 심의 (반포)하다.[3]

2. 3호슌 대법전 초록
(기축년, 즉 1709년 발포)

제1장 후투크투 게겐의 사자에 대한 규정

제1조. 후투크투 게겐이 가는 곳은 어디든 7호슌 대법전에 정했듯이 무한히 말(짐수레 : Ulaga)과 식량(Shigusu)을 공급하라.

짐수레와 식량 공급을 거절하면 (범인의) 전 재산을 몰수하여 (게겐의) 국고로 흡수하며 범인의 신병과 생명은 노욘의 자유에 맡긴다.

제2조. 노욘이 짐수레와 식량 공급을 거절하면 그 개인 소유의 가축 중에서 3백 마리를 취한다.

만약 이 때문에 노욘이 빈궁해져 가축이 1백 마리가 못 되면 그 종속민들로부터 가축 1백 마리를 취해 이것을 준다. 그 비율은 말 50마리와 뿔 달린 가축 10마리이며 모두 4살짜리여야 한다. 타이지나 타부난이 거절하면 그 개인 소유의 가축 전부를 몰수한다. 다만 이 때문에 그가 가난해져 가축이 50마리 이하가 되면 그 아들의 가축 중 말 25마리, 뿔 달린 가축 25마리의 비율로 취해 보충시킨다. 모두 히잘란(hidzalan : 4살짜리 가축)이어야 한다.

없다는 것을 구실 삼아 짐수레와 식량 공급을 거절한 자는 선서를 명령받는다. 노욘이라면 노욘에게, 하라추(haratzu)라면 선출된 사이트에게 선

---

2) 여기에 이어서 법전 입안에 참가한 사람들의 이름이 나오는 긴 표가 있으나 여기서는 생략했다.

3) 이상은 1709년 3호슌 대법전(바룬 쿠렌본)의 전문을 번역한 것이다. 본서, 제1장, 제2절 몽골의 지방법, 2 북몽골, 즉 칼카, 2) 칼카 지롬 참조

서한다.

제3조. 후투크투의 사자는 어디에서든 짐수레 10대, 식량(Shigusu : 양) 2마리를 공급받는다. 그러나 "살생하지 말고 밤에 굶주린 사람을 방치하지 말라"는 게겐의 말을 무시하고 게겐의 명에 따라 여행하는 사자에게 줄 식량이 필요하다는 구실을 대어 짐승 종류를 살해해서는 안 된다. 그러나 야간에 사자를 굶주린 상태로 방치해서는 안 된다.

짐수레 또는 식량 공급을 거절한 자는 벌 9의 3배에 치한다.

사자가 게겐의 재산(가축)을 몰 때는 필요에 따라 그 자신과 자기의 수하물용으로 필요에 따라 사용할 수 있다. 이 범위를 넘어 사용하면 벌 9의 3배의 재산형에 처한다. 벌 9의 비율은 보다(Boda : 큰 가축) 4마리와 양 5마리로 한다. 보다의 선두에 두어야 할 것은 히잘란이다.

달려가는 자(사자, 호출장 지참자)는 짐수레 2대를 공급받는다. 밤에는, 家長은 그에게 먹을 것을 자유재량으로, 또한 입수 가능한 것이면 무엇이든 공급해야 한다. 먹을 것을 공급하지 않으면 1홀(Hul : kul이라고도 하며 다리 하나 또는 엉덩이살)의 재산형에 처한다. 큰 1홀은 1시둘렌(Shidulen : 3살짜리)으로 정한다.

짐수레와 음식물 공급을 거절한 자는 벌 5의 재산형에 처한다. 벌 5의 비율은 시둘렌의 말 또는 뿔 달린 가축 2마리, 시둘렌 양 3마리로 정한다.

없다는 것을 구실로 하여 2명의 사자에게 짐수레와 음식물 공급을 거절한 자가 오토크의 다루가라면 선서케 한다.

제4조. 누구든 使者(Elchi)의 울타리 두른 방목지에서 말을 몰고 갈 때는 범법자가 아무리 많더라도 범법자가 탄 말을 말안장과 함께 빼앗는다.

또한 범인이 노욘이면 벌 5에 처한다. 평민(Haratzu)이라면 타슈르(Tashurs : 채찍형) 50대에 처한다.

어떤 자가 타고 있는 말이 다른 자의 말이라면 선서에 의해 진부를 판정하고 원소유자는 범인으로부터 말을 회수한다.

제5조. 사자가 오고 있다는 것을 듣고 (징발)을 피하기 위해 가축을 몰

고간 자는, 각 소유자로부터 3살된 말 1마리를 취한다.

알단기(Aldangi : 태만, 과실, 우연한 실수로 저지른 범죄에 대한 재산형)는 의무를 이행받지 못한 사자가 속한 노욘의 금고로 인도된다.

공무를 띤 사자에 대한 이데시(Ideshi : 포상)에 관해서도 그것은 마찬가지이다. 희생당한 사자의 이데시에 대해서는 주인 임의대로 한다('이데시에 관해서도'는 '식량공급[의 거절]에 관해서도'라고도 해석할 수 있다).

타르칸 지위에 있는 자가 운수징발의 의무를 가진 자의 가축을 자기 것이라고 하여 부정하게 사자에 대한 공급을 거절하면, 타르칸은 히잘란 말 1마리의 재산형에 처해진다. 자기 가축을 타르칸의 가축 안에 은닉시킨 자는 사자에 대해 가축을 숨긴 자에게 부과하는 것과 같은 형벌에 처한다.

게겐의 사자를 사칭하여 짐수레와 식량을 사용하고, 또는 거짓으로 자를리크(Dzarlik : 칙령)를 발한 자는 게겐의 여행중에 짐수레와 식량 공급을 거절한 자와 똑같이 처벌할 것이다.[4]

3. 1728년 대법전

모든 구제의 근원을 집중하신 고매한 라마의 길이시여 견고하옵소서.

그는 존귀한 신앙과 살아 있는 것을 위하여 쉬지 않고 선행을 행하시는도다.

가르침에 종사하시는 지위 높은 라마의 수명이시여 장구하옵소서.

지위가 높으신 라마시여 그 정치와 바른 수행으로써 모든 사람에게 행복을 주옵소서.

낮과 밤을 선행을 위해 쓰시옵소서.

지위 높으신 라마시여 가치있는 소망으로 그 몸을 가득 채우소서.

---

4) 이상은 본서, 제1장, 제2절 몽골의 지방법, 2 북몽골, 즉 칼카, 2) 칼카 지롬의 제1부로서 서술한 기록의 제1장을 번역한 것이다.

나쁜 것은 이름조차도 듣지 않게 하옵소서.

떳떳하고 바른 선행에 일생을 보내는 사람에게 행복을 내려 주시옵소서.

이른바 '칼리카(Kalika : 문서에는 Kalaya라고 되어 있다)', 즉 무신년 8월 길일 칼카 將軍王의 左翼 부사령관 바치라이 바투 투세투 칸과 다른 자사크(管旗王公)는 고매한 이의 명령에 따라 오르콘(Orkhon) 강과 톨라(Tola) 강의 화살(합류점)에 모여 이 법전을 편찬하는도다.

절도(강도)를 행하는 자는 그 수가 얼마가 되든 모두 1년의 금고(우물 안)에 처한다. 우물은 땅 밑으로 넓게 각기 4알단(Aldans : 1알단은 2m)으로 판다.

절도 주범의 처자, 유르트, 가축은 모두 몰수하여 (도둑맞은) 가축의 원소유자에게 준다.

이보다 작은 규모의 절도는 각기 벌 9의 3배의 재산형에 처한다.

우물에서 석방된 후 절도범은 각기 1백 타슈르에 처하며 또 3년간 뗄감을 모으는 의무를 부과한다. 전 재산 몰수(Talahu) 및 재산형일 경우에는, 절도범의 재산 중 일부를 남겨준다.

벌 9의 내용은 말 2마리, 암소 2마리, 3살짜리(뿔 달린 가축) 2마리, 1살짜리 송아지(Biragu, 시베리아에서 말하는 Burun) 등으로 되어 있다.

전 재산 몰수형에 처해진 절도범에게서 가르가구(Gargagu : 재판비용)로서 우량한 (가축) 1마리와 4살짜리 말 4마리를 취한다.

투시멜(Tushimels)과 사자를 위해 5살짜리 말 1마리와 4살짜리 말 1마리를 보류한다.

고발된 제2의 범인(즉 공범)에게 부과된 벌 9의 3배 중에서 재판비용으로서 말 1마리, 수소 1마리, 암소 1마리, 3살짜리 2마리, 1살짜리 송아지 1마리를 보류한다. 그 중 재판소 자체의 비용으로서 말 1마리, 암소 1마리, 3살짜리 1마리를 보류하며 1살짜리 송아지 1마리는 투시멜과 사자에게 보수로 준다.

벌 9의 3배의 몇 배를 부과하든 간에 각 벌 9의 3배마다 이 규칙에 따라야 한다. 재산형(얄)의 액수가 얼마가 되든 간에 상관없이 범죄자가 속한 호슌의 사자는 3살짜리 1마리 이상을 받을 수 없다.

재산형을 지불할 때 가진 재산이 부족하면 처자를 계산에 넣어 재산형을 지불하게 한다. 범인이 속한 노욘 또는 친족이 그 속죄금을 지불하려고 하면 그 속죄 금액은 구법전에 따라 결정한다.5)

4. 1709년 법전 초록
(혼인과 상속에 관한 것)

1. 이미 다른 왕공의 딸(Abai)과 결혼한 타부난을 사위로 맞아들인 노욘은 낙타 10마리, 말 100마리의 '바(Baa : 자발적 재산형)'를 내야 하며 위정자가 그 '바'를 거둬들인다.

1. 호슌을 다스리는 노욘이 그 호슌 내에서 이미 다른 왕공의 딸과 결혼한 타부난을 사위로 맞으면 이 노욘은 낙타 15마리, 말 150마리를 바로서 내야 한다. 이 바는 이 3호슌 법전의 편찬에 참여한 자사크에게 넘겨진다. 또한 타부난은 벌 9의 5배의 재산형에 처해지며 이 가축은 결혼한 이전의 왕공의 딸에게 인도된다. 왕공의 딸은 부모에게 돌아가며 그녀의 인지(Indji : 지참물)도 되찾는다.

1. 왕공의 딸이 자기 의지로 이미 다른 왕공의 딸과 결혼한 타부난과 결혼했을 때는('다른 왕공의 딸과 결혼한'이란 그 처가 살아 있을 경우를 말한다), 전자는 떠나야 하며 타부난은 벌 9의 5배의 재산형에 처해지고 위정자가 (재산형으로 징발된) 가축을 거둬들인다. 이를 관할하는 자사크가 미리 알고 이를 숨기려고 하면 3호슌 자사크가 이 가축을 자기들끼리 분배한다.

타부난이 처를 버렸을 경우 그는 빈손으로 떠나야 한다. 또 그 처는 지

---

5) 이상은 앞의 주와 동일한 부분의 제5부로서 서술한 기록을 번역한 것이다.

참물을 받고 자기가 속한 호슌 내에서 생활해 나가야 한다. 타부난으로부터 몰수한 모든 가축과 재산은, 그 반을 위정자가 거둬들이고 나머지 반은 처에게 돌아간다.

1. 이미 왕공의 딸과 결혼했는데도 불구하고 평민계급의 딸을 처로 취하면 평민 처를 버리게 하고 평민인 아버지는 전 재산 몰수형에 처해진다. 重婚者가 타부난이라면 타슈르 80대의 형에 처하며 이를 속죄금으로 대신하게 할 수 없다. 이렇듯 모욕을 받은 왕공의 딸이 타부난의 곁을 떠나려(이혼) 하면, 후에 취한 평민 처도 송환되며 별도의 재산형(얄)이 규정대로 부과된다. 왕공의 딸은 그 지참물, 가축 및 유르트를 가지며 호슌 내에서 자기 마음대로 처신할 수 있다.

1. 두 노욘이, 자신과 약혼한 여자들을 서로 교환하면 인민 3에루케(Erukè : 戶)와 300안조(Andzo)의 재산형에 처한다. 3에루케 중 1호는 관리가 아닌 자 중에서 선택하며 나머지 2호는 노욘 자신의 선택에 맡긴다. 결혼한 약혼녀(신부)와는 이혼한다.

1. 3호슌 지역 내에서 노욘이 다른 평민과 약혼한 여자를 취했을 때는 노욘은 평민에게 낙타 1마리를 주며, (약혼녀를 빼앗긴 평민으로 하여금) 그 호슌 내에서 약혼하지 않은 여자를 선택하게 하여 평민에게 (그 처로) 준다.

1. 노욘이 왕공의 딸과 통했을 경우(간통했을 때) 노욘간의 약혼 파괴(이를테면 한 노욘이 다른 노욘과 약혼한 여자를 빼앗는 것)와 동일하게 취급한다. 안조를 지불할 능력이 없으면 그 몸을 징발당한다.

평민의 처의 하반신을 통한(간통한) 노욘은 50안조의 재산형에 처해진다.

평민계급 사람이 왕공의 妃의 하반신을 통한(간통한) 경우 그 전 재산을 몰수하며 그 자신은 호슌 내의 노예의 노예가 된다. 하툰(Hatuns : 王公妃)과 아바이(Abais : 王公妃)의 지위는 그대로 유지된다.

1. 평민계급 사람이 다른 평민의 처의 하반신을 통한(간통한) 경우 300

안조와 베르케(Berkè : 귀중품) 30개의 재산형에 처한다. (안조를 지불할) 충분한 능력이 없으면 범인에게 1보다(Boda)마다 25대의 타슈르를 부과하지만 도합 100대를 넘어서는 안 된다. 남의 처나 처녀를 유괴한(사랑의 도피를 강요한) 자는 남의 처와 육체관계를 맺은('다른 사람의 처와 간통한') 자와 똑같이 처단한다. 모포의 끝을 잡는 자는 벌 9의 3배에 처하며 남자의 곁으로 기어들어간 여자는 벌 9의 3배에 처한다.

1. 딸의 호림(Horim : 결혼잔치)을 행한 후 이 딸을 다른 타부난과 결혼시킨 노욘은 55안조와 귀중품 5개의 재산형에 처한다. 호림을 아직 행하지 않았다면 노욘은 먼저 받은 가축을 반환해야 한다.

1. 노욘이 이미 호림을 행한 평민의 처를 다른 사람과 결혼시켰으면 먼저 앞서 호림을 행한 사람이 속한 노욘에게 이를 통고케 한다.

통고 없이 이 여자를 결혼시켰다면 여자는 앞서 호림을 행한 남자에게 돌아간다. 만약 돌아가도록 보내지 않으면 노욘은 100안조(즉 가축 100마리) 형에 처해진다.

다른 사람과 약혼한 여자를 허위로 약혼하지 않았다고 노욘에게 보고하고 처로 취할 경우, 여자는 원래의 약혼자에게 되돌아간다. 거짓말을 한 자는 자기의 재산 및 가축의 절반을 몰수당한다.

1. 평민이 칸 계급의 딸과 약혼할 경우, 약혼예물로 코에 은판을 붙인(Mongon Builatai) 흰낙타 1마리, 몬추크(Montzuk : 말고삐 장식)가 달린 흰말 1마리, 아라키(Araki : 술)를 채운 은잔 1개, 수바드 에르데미(Subad Erdemi : 고가의 진주로서 티없는 진주) 1개가 있을 때 유효하다.

1. 노욘이 타부난의 딸과 약혼할 때는, 은잔 1개, 진주 1개에 술을 보냈을 경우에 한해 유효하다. 빠진 것이 있으면 약혼은 승인받지 못한다.

1. 평민끼리 약혼할 경우에는, 술과 양 1마리를 통째로 보내면 유효하다고 인정된다. 거기에 덧붙여 증인이 여기에 입회하고 또한 증인이 이것을 알고 있을 경우에 한해 유효하다. 증인도 없고 있어도 알지 못할 경우 승인받지 못한다.

1. (일반 조항) 남자가 약혼한 여자에게 준 가축의 임신 기한은, 낙타는 늦은 여름달, 말은 늦은 겨울달, 소는 늦은 가을달, 양은 8월이다. 이러한 기한 동안은 가축이 임신중이라고 간주한다(즉 그 임신이 입증된다).

1. (일반 조항) 딸의 약혼을 치르고 상대방으로부터 칼림을 받고 수년이 지났는데도 딸을 시집보내지 않거나 딸의 아버지로 인해 분리(이혼 파기)가 이루어졌다면 딸의 아버지는 1년 이내에 받은 가축은 전부 되돌려 주며, 2년 이내에 받은 가축은 그 반에다 증가분(가축의 새끼, Holbogatai)을 아울러 반환해야 한다. 3년 이상이 경과했을 경우에는 모든 가축에 증가분을 아울러 반환해야 한다.

신랑 아버지측의 신청에 따른 약혼 파기라면 신랑 아버지는 단지 자신이 준 가축만을 받는다. 1년은 12개월로 구성된다.

1. 이미 약혼한 남자나 여자가 결혼 전에 죽었을 경우 보낸 가축은 반환된다.

1. 가축(칼림)을 보내지 않고서 처를 취하거나 일꾼 사위의 자격으로 (신부 부모집으로) 들어왔다가 후에 (그들을) 배신하고 떠나간 자는 (그 처와 부모에게) 10보다와 양 30마리를 주어야 한다. 그가 나가기를 원하지 않고 그의 노욘이 강경하게 이를 권했다면 8보다와 양 20마리를 지불해야 하며 아이는 몸값을 지불해도 받을 수 없다. 배신이 그 스스로 행한 것이라면 아들은 아버지를 따라가며, 딸이 있다면 그로 하여금 1명당 2보다를 지불하게 해야 한다.

1. 노욘이 죽은 자의 처(과부)를 다른 데로 시집보냈을 경우, 이 부인의 가축은 그 아들(그 숫자에 상관없이)과 새 남편에게 동등하게 분배되며 아들들은 자신의 본분을 다한다(즉 따로 피과세 단위가 된다). 그러나 노욘의 허가(명령) 없이 결혼했다면 빈 손으로 집에서 내쫓긴다.

1. 지게(Djige)는 나이에 상관없이 그 나가츄(Nagatzu : 어머니쪽의 친척)와 관련해서는 고소를 당하지 않는다(즉 손자는 그 나이에 상관없이 어머니쪽 조상과 관련해서는 고소당하지 않는다는 것으로서 얄을 지불하지

않는다는 것을 의미한다). 나가츄(즉 어머니쪽의 백숙부)가 사망한 후 그의 자식(그 나이에 상관없이)과 관련해서는 그들은 고소당하지 않는다.

1. 나이지(Naiji : 후견인, 가족의 보호자, 후원자, 중개자, 젊은 부부의 代夫, 부부간의 결혼 중매인, 자녀에게 붙은 악마를 없애는 샤먼 또는 라마)가 선물을 받더라도 그가 방문할 때 양과 술(의식용 물건)을 가지고 간다면 답례는 필요없다.

1. 일반적으로 움치(Umchi : 재산)를 자식에게 건네줄 때 이를 게겐과 칸에게 신고하고, 승인 도장을 받기 위하여 이것을 관기왕공에게 등록해야 한다. 이 수속을 밟지 않고 소송이나 반대가 일어나면 아이들의 말이나 '틀림없다'라는 성명, 아무도 보지 못한 문서 등은 어떤 것도 증거물이 되지 못한다. 그러나 자식들 간에 어떤 차별도 없다는 점에 비추어 재산은 그들 모두에게 평등하게 분배되어야 한다. 단 이때 두 가지 경우를 제외한다. 즉 일반적으로 의로운 것으로 알려진 자식과 의롭지 못한 것으로 알려진 자식이 제외된다. 소송을 일으킨 자식의 생모가 살아 있다면 이에 통고한다('그녀로 하여금 알게 한다').

1. 일반적으로 칸 계급 사람이 무엇인가를 평민에게 주거나 평민이 무엇인가를 칸 계급 사람에게 줄 경우 그에 대한 답례는 필요 없다. "버려진 처, 몸종, 또는 노예를 보냈다"고 진술한 사람은 얄라타이 비이(Yalatai Byi : 재산형)에 처한다.6)

5. 1746년 법전

건륭 11년 늦여름달 29일 지산(Djisan : 위정자)이 다음과 같이 전달하였다.

건륭 11년 늦여름달 12일 자사크투 칸, 세첸 칸(Setsen Kahn), 맹장인

---

6) 이상은 앞의 주와 동일한 부분의 제8부로서 서술한 기록을 번역한 것이다.

親王 데친 잡(Dechin - djab), 친왕 에린친 도르지(Erintzin Dordji), 將軍 시추(Shitzu)의 보좌, 將軍 郡王의 보좌, 將軍 베일레(Beile)의 보좌, 將軍 公의 보좌 등은 우르가에서 열린 회맹에서 다음과 같이 결정했다.

강도짓을 범한 자는 데가두(Degedu : 황제)[7]의 구 법령에 따라 처형(死刑)하며 범인의 유르트, 가축, 처자는 모두 (도난당한) 가축의 소유자에게 주어진다.

공범자는 벌 9의 3배의 재산형에 처하고 가축을 원소유자에게 돌려주며 타슈르 1백 대에 처한다. 그가 재산형으로 지불할 충분한 가축을 가지고 있지 않을 경우에는, 그의 유르트·가재도구·잔·타간(Tagan) 등을 취해 지불에 충당하고 이것을 벌 9에 상당하는 것으로 간주한다. 범인에게 자식이 있을 경우 1명은 벌 9, 2명은 벌 9의 2배와 같은 것으로 간주한다. 그러나 아이는 2명 이상을 인도할 수 없다. 아이가 없고 부부만 있으면 처를 준다. 범인이 미혼이면 그 자신을 인도한다. 가축과 처자를 인도하고도 재산형으로 부과된 가축을 지불할 수 없으면 황제의 법령에 따라 말(Mal : 가축, 짐승) 1마리당 채찍 25대를 부과하되 총합 100대를 넘을 수 없다.

"處刑을 받은 후 절도범이 다시 범죄를 되풀이했을 때는 다시 훈계를 해야 한다." 이렇게 말하고 참가자 일동은 일치하여 각각 상세히 기록한 위의 결정에 도달했다. 나아가 장차 다른 사건이 일어나면 4아이막(Aimaks)에서 같은 처치를 한다는 데 일치했다.[8]

6. 1724년 법전

甲辰年[9] 늦은 봄달 7일에 기록된 규정.

---

7) 역주 : 데가두는 『몽골 라마교사』(지크메 나무카 저, 橋本光寶 역, 379쪽)에 '文珠上帝康熙 우르제이트 Bde - skyid 황제'로 되어 있는데 아마 동일 인물 즉 康熙帝일 것이다.
8) 이상은 주 4)와 동일한 부분의 제6부로서 서술된 기록을 번역한 것이다.

채권 회수를 요구할 때 채권자와 채무자는 大쿠렌(Kuren) 근방의 거주자이고 게다가 그 貸借관계가 칸 샨조트바(Khan Shanzotba) 및 왕의 허가 없이(칸 샨조트바와 왕에게 통고하지 않고) 이루어졌다면, 소송은 각하되고 다만 통고 여부만 심리한다. 쿠던(Kudön : 지방)에서는 양 당사자가 같은 소문(Somun) 또는 오토크(Otok)에 속한다든가, 그 오토크에 속하는 귀족 또는 낮은 계급에 속하는 자일 경우, 대차관계를 그 소문의 타이지 및 울루스의 찬긴(Tsangin) 또는 (그들 오토크의) 다루가에게 통고하지 않았을 때는 소송은 각하된다. 양 당사자가 만약 다른 소문과 오토크에 속하는 사람이라면, 계약을 두 사람쪽의 자리크치(Dzarikchis : 행정관)에게 통고하지 않았을 때는 채무관계 소송은 각하된다. 대차관계를 당사자 한쪽만이 통고하여 원고측 다루가나 찬긴만이 이 사실을 알고 피고측의 다루가나 찬긴이 이를 모르고 있을 때도 소송은 각하된다.[10]

---

9) 역주 : 1724년은 甲辰인데 원서에는 Golden dragon, 즉 庚辰으로 되어 있다. 랴자노프스키는 잠차라의 번역을 그대로 인용한 것으로 여겨지는데, 잠차라노의 번역이 잘못된 듯하다.

10) 이상은 주 4)와 동일한 부분의 제7부로서 서술한 기록을 번역한 것이다.

몽골법 연구 참고문헌

1. 러시아어 저작

일찍이 러시아와 현재의 독립국가연합(소련)은 몽골과 접해 왔다. 그리하여 몽골의 2대 종족인 부랴트와 칼묵은 그 영토 안에 거주하고 있다. 이를 통해 보건대, 러시아 학자가 몽골 지방과 몽골 민족에 대한 연구 - 그 중에 법률도 포함되어 있다 - 에서 오랫동안 중요한 역할을 한 이유는 쉽게 이해할 수 있다.

이미 18세기 후반 러시아 과학학사원(Russian Academy of Sciences)은 러시아와 그 주민을 연구하기 위하여 일련의 학술 탐사대를 조직했다. 이 탐구에 가담한 학자는 많은 학술자료를 수집했는데 그 중 일부는 후에 간행되었다. 이 자료 중 일부는 현재 러시아에 거주하는 몽골 민족 법관습의 기술에 관한 것이다. 그 중 흥미를 끄는 것으로는 다음과 같은 저술들이 있다.

"Dnevnie zapiski doktora i Akademii Nauk adiunkta Ivana Lepekhina po raznym provinziam Rossiiskogo gosudarstva v 1768~1769 g. g." Part I (Journal of Dr. *Ivan Lepekhin*, Adjunct to the Academy of Sciences, on Various Provinces of the Russian State, Part I), St. Petersburg, 1771. 여기에는 스타브로폴(Stavropol) 및 아스트라칸(Astrakhan)의 칼묵

인의 씨족제도와 법관습에 관한 기술이 보인다.

Georgi, "Opisanie vsekh obitaiuschikh v Rossiiskom gosudarstve narodov……", Ⅳ(Description of All the Peoples Inhabiting the Russian State, Part Ⅳ), St. Petersbrug, 1776~1778. 이 책과 다른 독일어 저작(여행기 등 뒷부분 참조)에서는 부랴트인과 칼묵인의 제도와 관습에 대한 기술이 보인다.

Pallas, "Puteshestvia po raznym provinziam Rossiiskoi Imperi" (Travels in Various Provinces of the Russian Empire), 1773~1778 ; "Sobranie istoricheskikh svedenii o mongolskikh narodakh"(Collection of Historical Data on the Mongol Peoples) ; "S. P'burgski Vestnik"(St. Petersburg Herald), part Ⅰ. 이 저작들은 몽골 민족의 생활과 법률에 관한 귀중한 자료를 포함하고 있다.

1776년에는 "Opyt trudov Volnogo Pusskogo Sobrania pri Moskovskom Univ‐te"(Essay of Works of the Private Russian Society at Moscow University), part Ⅲ에서 세레메티에프(Count *Sheremetieff*)가 "Perevod s prav mungalskikh i kalmytskikh narodov"(Translation from the Laws of the Mungal and Kalmuck Peoples)라는 제목으로 1640년 몽골 오이라트 법전을 처음 발간했다. 같은 해(1776)에 학사원 회원 팔라스는 구 차진 비치크의 단편 여러 개조와 이 법전의 독일어판을 간행했다(팔라스의 제2저작인 독일어판 "Sammlungen Historischer Nachrichten" 등을 보시오. 상세한 것은 뒷부분 참조).

레페킨, 게오르기, 셰레메티예프 등 앞서 언급한 선구적 저술이 발간되고 그 후 150년 이상이 지난 지금에 이르기까지, 러시아 학계에서는 몽골 민족의 사회제도를 기술한 수많은 저술, 즉 개설서와 초고와 논술 등이 발표되었다. 이 저작물을 모두 소개할 필요는 없을 것이다. 여기에서는 몽골 민족의 법기록과 관습 연구에 특히 필요하다고 생각하는 일부 저작을 소개하는 데 그치기로 하겠다.

제1기[1])에 몽골인, 그 생활, 풍속, 관습 등의 연구에 다대한 도움을 준 것
은 저명한 중국학자 팔라디우스(Palladius) 신부였다. 그는 중국어로 된 다
음과 같은 기록들을 러시아어로 옮겼다.

"Yuan Ch'ao Pi (Mi) Shih"("Sokrovennoie skazanie o pokolenii
Mongol", Secret Chronicle of the Generations of the Mongols), Works of
the Members of the Russian Orthodox Mission in Peiking, 1866, vol. Ⅳ
; "Hsi Yu Tze"("Opisanie Puteshestvia [daosa Chan‐Chuna] na Zapad"
혹은 "Description of the Journey [of the Taoist Chang Chun] to the
West", 같은 책 4권) ; "Putevie zapiski kitaitsa Dja‐de‐hoi vo vremia
puteshestvia ego v Mongoliu v pervoi polovine XIII st."(Travel Notes of
the Chinese, Cha Teh‐hua at the Time of His Journey to Mongolia in
the First Half of the ⅩⅢth Century), 번역과 주는 Proceeding of the
Siberian Section, of the Russ. Geogr. Society, 1867, vols. Ⅸ~Ⅹ ; "Shen
Wu Tsin Chen Lu" 또는 "Opisanie mnogikh pohodov sviaschenn‐
voinstvuiuschego"(Description of the Many Campaigns of the Holy
Warrior [kenghiz Khan], 번역·서문·주는 "Oriental Collection", 1877,
vol. Ⅰ ; "Kommentarii na puteshestvie Marko Polo po Severnomu Kitai‐
u"(Commentaries on Marco Polo's Travels in North China), pub. Russ.
Geogr. Soc., 1902, vol. ⅩⅩⅩⅢ, Ⅰ.

다른 유명한 중국학자 히아친스(*Hyachinth*)의 저작에는 다음과 같은 것
이 있다. "Istoria pervikh chetyreph khanov iz doma Chingizova"(History
of the First Four Khans of the House of Jenghiz), 1829 ; "Sobrania
svedennyi o narodakh obitaiuschikh v srednei Azii v drevnosti"
(Collection of Information Concerning the Peoples Inhabiting Central
Asia in Ancient Times), 1851.

학사원 회원 바실리예프(*Vasiliev*)는 Works of the Oriental Section,

---

1) 몽골법의 시대 구분은 본서, 제4장, 제1절 몽골법소사 참조.

Russ. Archaeological Soc.(1859, part Ⅳ)에 몽골·퉁구스·투르크 제 민족에 대한 기술, 특히 맹공이 펴낸 "Meng Ta Pei Lu(몽달비록)"을 포함하여 "Istoria i drevnosti vostochnoi chasti Srednei Azii ot X do XIII veka"(History and Antiquities of the Eastern Part of Central Asia from the Xth to the XIIIth Centuries)을 발표했다.

베레진(*Berezin*)은 페르시아어 원문으로부터 "Sbornik letopisei, istoria mongolov Rashid Ed‑dina"(Collection of Chronicles, History of the Mongols by Rashid Ed‑din)를 번역하고 주를 붙여 출판했다. 그 내용은 다음과 같다. ① "Vvedenie‑o turetskikh i mongolskikh plemenakh" (Introd., Concerning the Mongol and Turkish Tribes), Proceedings of the R. Arch. Soc., 1858, vol. XIV ; ② "Istoria Chingis‑Khana do vosshestvia ego na prestol"(History of Jenghiz Khan Before His Accession to the Throne), Works of the Oriental Section, R. Arch. Soc., part XIII ; "Istoria Chingiz‑khana ot vosshestvia ego na prestol do konchiny"(History of Jenghiz Khan From His Accession to the Throne to His Death), *Ibid.*, part XV, 1888. 여러 기록 중 칭기즈 칸 격언을 가장 많이 인용하고 있는 것은 이 책이다. 베레진은 또한 Works of the Or. Sec., R. Arch. Soc., 1864, part VIII에 "Ocherk vnutrennego ustroistva oloosa Djuchieva"(Outline of the Internal Organization of the Ooloos of Juchi)라는 중요한 연구논문을 발표했는데, 그 안에는 현재 남아 있는 페르시아와 아라비아 자료를 러시아어로 번역한 칭기즈 칸 대야사의 단편이 포함되어 있다.

파트카노프(*Patkanov*)가 발표한 저작은 다음과 같다. "Istoria Mongolov po armianskim istochnikam"(History of the Mongols According to Armenian Sources), Part Ⅰ, 1873 ; Part Ⅱ, 1874 ; "Istoria Mongolov inoka Magakii"(History of the Mongols by the monk Mahakia), 1871.

대몽골제국의 여행자가 남긴 저작을 러시아어로 번역한 것으로는 다음과 같은 것이 있다. *Minayev*, "Puteshestvia *Marko - Polo*"(Travels of Marco Polo), Proceedings of the R. Geogr. Soc., Section of Ethnography, 1902, vol. ⅩⅩⅥ ; *Plano Carpini* 저, *Mahlein* 역, "Istoria Mongolov" (History of the Mongols), 1911 ; *Rubruquis* 저, *Mahlein* 역, "Puteshes-tvia v vostochnye strany"(Travels to Eastern Countries), 1911 ; Lama Galsan *Gomboev*, "O drevnikh mongolskikh obychaiakh i suieveriakh, opisannikh u Plano - Karpini"(On the Ancient Mongol Customs and Superstitions Described by Plano Carpini), Works of the Or. Sec., R. Arch. Soc., 1859, Ⅳ 참조. 이 저작은 플라노 카르피니 시대의 관습이 19세기에도 얼마나 많이 남아 있는가를 지적한 것이다.

Grigoriev, "O dostovernosti yarlykov dannykh khanami Zolotoi Ordy russkomu dukhovenstvu"(On the Authenticity of the Yarliks Given by the Khans of the Golden Horde to the Russian Clergy), 1842. 야르리크 원문이 소개되어 있다.

Barthold, "Turkestan v epokhu mongolskogo nashestvia"(Turkestan in the Epoch of the Mongol Invasion), vol. Ⅱ, 1900(1928년 영역본 간행) ; "Obrazovanie imperii Chingiz - khana"(Formation of the Empire of Jenghiz Khan), Proceedings, Or. Sec., R. Arch. Soc., 1896, vol. Ⅹ.

Meliornsky, "O Kudatku Bilige Chingiz - khana"(On the Kudatkou Bilig of Jenghiz Khan), Ibid., 1900, vol. ⅩⅢ(초판).

Vladimirtzov, "Chingiz - Khan", 1918(1930년 영역본 간행).

Hara - Davan, "Chingis Khan kak polkovodetz……"(Jenghiz Khan as a Military Leader and his Heritage), 1929. 오늘날 칼묵인 사이에 존재하는 고대 몽골의 관습에 관한 기록이 소개되어 있다.

Riasanovsky, "Velikaya Yassa Chingiz - khana"(The Great Yassa of Jenghiz Khan), 개요, 1933.

다음에서 언급하는 여러 저작은 제2기 몽골 민족의 사회적, 특히 법적 여러 제도를 기술한 것들이다.

앞서 언급한 세레메티에프가 1776년에 펴낸 *"Ustav 1640 goda"*(*Mongol -Oirat Regulation of 1640*)의 제2판이 *"Zakony mungalskie i kalmytskie"*(Mungal and kalmuck Laws)라는 제목으로 1828년 *"Severny Arkhiv"*(Northern Archive) 및 *"Syn otechestva"*(Son of the Fatherland)의 지상에 발표되었다. Bentkovsky 문서에 의한 1640년 법전의 제3판에 대해서는 *Leontovich, "Drevni Mongolo-kalmytski ili Oiratski Ustav Vzyskanii"*(Ancient Mongol-Kalmuck or Oirat Regulations on Punishments : 1879)를 참조하면 좋을 것이다. 이 책은 러시아어로 번역한 조문과 갈단 칸의 첫 법령을 싣고 있고, 그 밖에 팔라스의 독일어 번역도 재록하고 있다. 레온토비치는 이 판의 법령에다 법전의 기원과 최후의 운명에 대한 연구, 부랴트인과 다른 시베리아 원주민의 법기록에 대한 특수 연구를 부록으로 실었다. 그 제4판인 *Golstounsky, "Mongolo-oiratskie zakony 1640 g……"*(The Mongol-Oirat Laws of 1640, etc. : 1880)은 1640년 몽골 오이라트법, 갈단의 보족칙령, 돈두크 다쉬 칸의 보족법령을 포함한 칼묵법의 번역이다.

잠차라노는 언어학적 인종지학적 여러 저작 외에 칼카 몽골의 지방법과 부랴트법의 많은 자료에 관한 지식을 얻는 데 중대한 도움을 주었고 필자 역시 그에게 힘입은 바 크다. 잠차라노는 북몽골의 법전 '칼카 지롬'을 발견하여 이에 대해 기술을 하고 러시아어로 번역하는 등 현재 간행을 준비하고 있는 중이다. 또한 부랴트법의 많은 기록 - 그 중에는 1808년 스텝 법전 같이 중요한 문서도 있다 - 의 발견과 수집에도 공헌했다. *Jamtsarano ·Turunov, "Khalkha Djirom"*, a description of the record in the Collection of the Irkutsk State University, 1923, 6th issue ; "Obozrenie pamiatnikov pisannogo prava Mongolskikh plemen"(Review of the Records of the Written Law of the Mongol Tribes), *Ibid.,* 초판[2]을 참조

---

2) 우르가(우란 바토르)의 몽골 과학위원회도 몽골 민족의 법률 문서를 소장하

하기 바란다.

위에서 언급된 기간 동안 법의 지위에 대해 뛰어난 견해를 제시한 것으로는 다음과 같은 것이 있다. *N. Popov*, "O pisanitsakh Minusinskogo kraia"(On the Inscriptions of the Minusinsk Region), Proceedings, Sib. Sec., R. Geogr. Soc., vol. Ⅲ, issues 4~5 ; "O pamiatnikhakh tangutskogo i mongolskogo pisma v. Minusinskom kraie"(On the Monuments of Tangut and Mongol Writing in the Minusinsk Region)[3], *Ibid.*, vol. V, issues, 3, 4 ; Kotvich, "Russkie arkhivnye dokumenty po snosheniu c Oiratami v XVⅡ i XVⅢ v."(Documents in the Russian Archives Concerning Relations with the Oirats in the XVⅡ and XVⅢ Centuries), Russian Academy of Sciences, 1919(1640년 법 판본 언급).

이 시대에 관한 보조적인 저작으로는 다음과 같은 것이 있다. *Popov* 역, *"Meng Ku Yu Mu Tze"*(Notes on the Mongol Camping Grounds) ; *Pokotilov*, "Istoria Vostochnykh mongolov v period dinastii Min. 1368~1634, po kitaiskim istochnykam"(History of the Eastern Mongols in the Period of the Ming Dynasty, 1368~1634, According to Chinese Sources), 1893 ; *Posdneev*, "Mongolskaya Letopis 'Erdeniin Erikhe', podlinni tekst s poiasneniami 1636~1736"(The Mongol Chronicle, 'Erdeniin Erikhe', Original Text with Elucidations, 1636~1736), 1883. 이들 여러 저술은 몽골인의 법 및 관습 관계 자료와 함께 그 제도와 생활에 대한 기록을 포함하고 있다.

"Posolstvo iz Tobolska syna boyarskogo *Yudina* k Bushukhtu Ziungarskomu"(The Embassy from Tobolsk of the Boyar's Son, *Yudin*, to the Djungarian Bushukhtu[Galdan Khan]), Sibirski Vestnik(Siberian Messenger), 1821, vol. ⅩⅤ, ⅩⅥ(Cherepanov 문서에서).

고 있다.
3) 미누신스크는 동부 시베리아 예니세이주의 지방 도시이다.

제1·2기에 관한 홍미로운 저작으로는 다음과 같은 것이 있다.

Lama Glasan *Gomboev*, "Altan Tobchi(Zolotoie Skazanie)"(Altan Tobchi, the Golden Chronicle : 몽골 연대기 - 고대부터 약 1627년까지의 번역), Proceedings of the R. Arch. Soc., 1858, XⅣ, Ⅱ ; *Gurland*, "Stepnoe zakonodatelstvo s drevneishikh vremen do XVⅡ veka"(Steppe Legislation From the Most Ancient Times to the XVⅢth Century), Proceedings of the Historical, Archaeological and Ethnographic Society at Kazan University, 1904, vol. ⅩⅩ, issues 4~5 ; *Grum‐Grzimailo*, Western Mongolia and the Uriankhai Region, vol. Ⅱ, 1926 ; *Guins*, "Mongolskaia gosudarstvennost i pravo"(Mongol State Organization and Law), Vestnik Kitaia, 1931, 3 ; *Vladimirtzov*, "Obschestvenny stroi mongolov"(Social Organization of the Mongols), 1934.

제3기에 관련된 것으로서 다음과 같은 것이 있다.

Timkovsky, "Puteshestvie v kitai cherez Mongoliu v 1820 i 1821 gg."(A Journey to China Through Mongolia in 1820 and 1821). 이 저서에는 다른 상세한 기술 외에도 강희제 시대의 몽골법에 대한 자료가 들어 있다(vol. Ⅲ, pp. 222, 343). 또한 이 자료는 후에 레온토비치와 다레스트 (Dareste)의 저서에도 기재되었다. 이 자료는 최근 몽골에서 강희제 때의 몽골법전(1696)이 발견됨으로써 확증되었다.

1828년 히아친스(*Hyacinth*) 신부는 "Zapiski o Mongolii"(Notes on Mongolia) 2권을 발표했다. 이 책은 가치있는 많은 몽골 자료 외에 1789년 (건륭 54)의 '이번원칙례'를 포함하고 있다. 그 밖에도 한문을 러시아어로 번역한 "Opisanie Djungarii i Vostochnogo Turkestana v drevnem i nyneshnem sostoianii"(Description of Djungaria and Eastern Turkestan in their Ancient and Present Condition : 1829)와 "Istoricheskoie obozrenie Oiratov ili Kalmykov c XV stoletia do nastoiasschego vremeni"(Historical Account of the Oirats or Kalmucks from the XVth

Century to the Present Time : 1834)을 발표했다. 이 양자는 제2·3 두 시기에 걸친 것이며 법의 문제와 관계가 있다.

Lipovtsev, "Ulojenie Kitaiskoi Palaty Vneshnikh Snoshenii 1815 g."(Regulations of the Chinese Board of Foreign Relation - 1815 : 1828년 만주어판의 번역).

Igumnov 저, *Spassky* 보충, "Obozrenie Mongolii"(Survey of Mongolia), "Sibirski Vestnik"(Siberian Messenger), 1819, vols. V, VI. 여기에는 구 차진 비치크 단편의 러시아어 번역이 포함되어 있다.

이 제3기와 관련하여 러시아의 여행가나 연구가의 여러 저서가 있는데 이들 저서에는 몽골인의 제도나 생활, 법관습에 관련된 기사가 실려 있다.

Veselovsky, "Puteshestvie k Ziungarskomu Khun - Taidji Tseven - Rapthanu kapitana……Unkovskogo i putevoi jurnal ego na 1722~1724 gg."[4](A Journey Made to the Djungarian Khun - Taidji, Tseven - Rapthan, by Captain……Unkovsky, And His Travel Journal for the Years 1722~1724), Proceedings R. Geogr. Soc., 1887, X, 2.

Palladius, "Dorojnie zametki na puti po Mongolii v 1847 i 1859 g. g."(Travel Notes of the Way Through Mongolia in 1847 and 1859), Notes of Russian Geogr. Soc., Dept. of General Geography, 1892, vol. XⅫ, 1.

Prjevalsky, "Mongolia i strana tangutov"(Mongolia and the Land of the Tanguts), 1875.

Potanin, "Ocherki severo - zapadnoi Mongolii"(Outlines of North-western Mongolia), 1881~83, vol. Ⅳ.

A. Posdneev, "Mongolia i Mongoly"(Mongolia and the Mongols),

---

4) 역주 : 체벤 라프탄은 유명한 준가르 부장 체벤 라프탄(策妄阿喇布坦 : 1665~1727)과 동명이인이다. 『皇朝藩部要略』을 살펴보았으나 여기에 해당하는 사람을 발견하지 못했다.

1896, 1898, vols. Ⅰ, Ⅱ, 이 저작 중 특히 vol. Ⅲ(몽골의 행정조직 기록)은 문헌일 뿐이다.

Vladimirtzov, "Otchet o Komandirovke k Durbotam Kobdosskogo okruga"(Report of a Mission to the Durbots of the Kobdo Region), Proceedings of the Russ. Committee for the Study of Asia, 1909, No. 9. 제4기 전반, 즉 이른바 자치몽골의 법 지위에 대한 관념은 다음의 여러 저서를 통해 살펴볼 수 있다.

Maisky, "Sovremennaia Mongolia"(Modern Mongolia), 1921 ; *Kotvich*, "Kratki obzor istorii i sovremennogo politicheskogo polojenia Mongolii"(A Short Account of the History and Contemporary Position of Mongolia), 1914.

필자는 여기에 졸고를 덧붙이고자 한다. *Riasanovsky*, "Obychnoe pravo mongolskikh plemen"(Customary Law of the Mongol Tribes), 1924 ; "Mongolskoie pravo, preimuschestvenno obychnoe"(Mongol Law, with Special Reference to Customary Law), 1931. 이것들은 모두 이 시기에 걸 친 역사적 기록이다.

부랴트법의 문제에 대해서 주목할 만한 저술로는 다음의 것이 있다.

A. R., "O zakonakh nekotorykh Sibirskikh inorodtzev"(On the Laws of Some Siberian Natives), "Sibirsky Vestnik", 1823. 1781년 부랴트인의 스 텝 법전의 단편을 포함하고 있다.

1841년 동시베리아 유목민의 *"Svod stepnykh Zakono"*(Code of Steppe Laws) 초안.

Samokvasov, "Sbornik obychnogo prava Sibirskikh inorodtzev" (Collection of Customary Law of the Siberian Natives : 1876). 퉁구스인 · 남부랴트인 · 북부랴트인 · 야쿠트인 · 키르기스인 등의 관습법에 대한 것이다.

Hangalov, "Iuridicheskie obychai u Buriat"(Juridical Customs of the

Buriats), "Etnograficheskoe Obozrnie"(Ethnographic Review), 1894, 2.

Riasanovsky, "Obychnoie pravo Buriat"(Customary Law of the Buriats), 1921 ; "Dva pamiatnika obychnogo prava Mongolskikh plemen"(Two Records of the Customary Law of the Mongol Tribes), "Vestnik Mandjurii"(Manchurian Messenger), 1930, XI. 스텝 법령집의 기록을 포함하고 있다.

앞에서 언급한 레온토비치의 "Ancient Mongol Kalmuck or Oirat Regulations on Punishments"(1879)는 부랴트법에 관심을 집중하고 있고, 잠차라노와 투루노프의 앞의 저작에서 주대상으로 삼은 것도 부랴트법이다. 또한 필자의 저술인 "Customary Law of the Mongol Tribes"(1924)의 제2부와 "Mongol Law, with Special Reference to Customary Law"(1931)도 특별히 부랴트법을 연구한 것이라는 점에 주의할 필요가 있다.

다음의 여러 저술은 부랴트법의 연구에 보조적 자료를 제공하고 있다. "Buriaty ili bratskie"(The Buriats or Brats)는 란간스(*Langans*) 문서에 의한 것이며, 스파스키(*Spassky*)가 "Sibirski Vestnik", 1824, Parts I, II 에서 증보하였다.

Rayev, "Buriaty"(The Buriats), Journal of the Geogr. Soc., 1858. 9.

Schapov, "Buriatskaia ooloosnaia rodovaia obschina"(The Buriat Ooloos Clan Community), Proceedings of the Sib. Sec., R. Geogr. Soc., 1875, V, issues 3~4.

Jamtsarano, "O pravosoznanii u Buriat"(On the Legal Consciousness of the Buriats), "Sibirski Vestnik", 1906, 2.

Hangalov, "Zegete Aba, oblava na zveri u drevnikh Buriat"(Zegete - Aba, The Hunting of Beasts Among the Ancient Buriats), Proceedings, Sib. Sec., R. Geogr. Soc., 1888, vol. XIX, 3 ; *Klementz · Hangalov*, "Obschestvennie okhoty u severnykh Buriat"(Community Hunts Among the Northern Buriats), Materials on the Ethnography of Russia, 1910, vol. I. 이 두 연구자는 러시아 정복 이전인 13세기부터 16세기에 이르는 동안의 부랴트인의 사회구성을 복원하는 등 흥미로운 시도를 하고 있다.

Krol, "Brachnoie pravo Mongolo-Buriat"(Marriage Law of the Mongol-Buriats), "Jurnal Ministerstva Iustizii"(Journal of the Ministry of Justice), 1900, 1.

Petri, "Brachnye normy severnykh buriat"(Marriage Provisions of the Northern Buriats), Collection of Irkutsk State Univ., Ⅷ ; "Elementy rodovoi sviazi u severnykh buriat"(Elements of Clan Relations Among the Northern Buriats), "Sibirskaia Jivaia Starina"(Siberian Living Antiquity), 1924, Ⅱ.

Turunov, "Proshloie buriat-mongolskoi narodnosti"(Past History of the Buriat-Mongol Nation), 1922.

Bogdanov, "Ocherk istorii buriat-mongolskogo naroda"(Outline History of the Buriat-Mongol People), 1926.

칼묵법에 대한 기초적 연구로는 *Leontovich*, "Kalmytskoie pravo"(Kalmuck Law : 1880)가 있다. 이 안에서 저자는 '칼묵법휘찬'(1822~1827)의 원문을 다시 기술하여 칼묵인의 사회제도를 묘사하고 있다.

Strakhov, "Nyneshneie sostoianie kalmytskogo naroda, s prisovokup-leniem kalmytskikh zakonov i sudoustroistva"(The Present Condition of the Kalmuck People, With A Supplement Containing Kalmuck Laws and Court Organization), 1810. 사회제도, 관습법, 1640년 법전, 재판 수속 등에 대한 기록이다.

이와 관련해서, 앞서 언급한 골스툰스키(*Golstounsky*)의 "Mongol-Oirat Laws of 1640"은 칼묵의 칸 돈두크 다쉬의 입법을 재현한 것이고, 랴자노프스키의 두 저서(1924, 1931)의 제3부는 모두 칼묵법의 기술에 할당되었음을 상기해 주기 바란다.

보조자료(*Hyachinth*, "Historical Outline of the Oirats and Kalmucks",

1834를 제외하고)로는 다음과 같은 것이 있다.

Nefediev, "Podrobnye svedenia o voljskikh kalmykakh"(Detailed Data on the Volga Kalmucks), 1834.

N. Z, "Istoricheski obzor stravropolskikh kalmykov i neskolko dannykh o sovremennom ikh sostoianii"(Historical Outline of the Stavropol Kalmucks and Some Information Concerning Their Present Condition), "Otechestvennye Zapiski"(Fatherland Notes), 1844, vol. 35.

Kostenkov, "Statistichesko - hoziaistvennoie opisanie Kalmytskoi stepi"(Statistical and Economic Description of the kalmuck Steppe), 1868

Ochirov, "Astrakhanskie kalmyki i ikh sovremennoie ekonomicheskoie sostoianie"(The Astrakhan Kalmucks and Their Present Economic Condition), 1915

Palmov, "Ocherk istorii kalmytskogo naroda za vremia ego prebyvania v predelakh Rossii"(Outline History of the Kalmuck People During Its Sojourn Within the Borders of Russia), 1922.

2. 러시아어 이외의 저작5)

러시아어 이외의 언어로 된 몽골법 연구 저술은 대단히 적다. 외국학자들은 몽골법 문제에 거의 주목하지는 않았으나, 역사적·묘사적 서술에서는 상당히 많은 저술을 하고 있다. 그 일부는 몽골인의 생활과 관습 관계 자료를 포함하고 있는데 그 중 가장 중요한 것만을 소개하기로 한다.

de Sacy, "Chrestomathie arabe", 1828, II(대야사의 단편을 포함하고 있다).

---

5) 이하 *표는 러시아인 출신 연구자의 저작을, **표는 외국인 출신 연구자의 저작을 나타낸다.

Hammer v. Purgstall, "Geschichte der Goldnen Horde in Kiptschak", 1840.

**Erdmann*, "Temudschin der Unerschutterliche", 1862.

Howorth, "History of the Mongols", 4 vols., 1876~1927. 이상의 세 저술은 칭기즈 칸의 입법을 인용하고 있다.

***Pallas*, "Sammlungen Historischer Nachrichten uber die Mongol - Volkerschaften", 1776~1801, 2(1640년 법전의 원문과 구 차진 비치크의 단편을 기술하고 있다).

보르그(*Von der Borg*)는 히아친스(*Hyachinth*)의 "Notes on Mongolia"를 독일어로 번역했다(1832).

Alinge, "Mongolische Gesetze", 1934(대야사와 구 차진 비치크의 원문, 1640년 몽골 오이라트 법전, 1789년의 이번원칙례의 내용을 포함하고 있다).

**Riasanovsky*, "The Customary Law of the Mongol Tribes(Mongols, Buriats and Kalmucks)", 1929(남북 부랴트인 및 칼묵인의 법 개요와 몽골법의 기록 원문 그리고 개요를 포함하고 있다) ; "The Influence of Chinese Law Upon Mongolian Law", "Chinese Polit. and Social Science Review", 1931, No. 3 ; "Mongol Law and Chinese Law in the Yuan Dynasty", *Ibid.*, 1936, 2 ; "The Code of Northern Mongolia, Khalkha - Djirom", *Ibid.*, 1936, 3 ; The Influence of Ancient Mongol Culture and Law on Russian Culture and Law, *Ibid.*, Jan., 1937 ; "Les Monuments de droit Mongol", "Bulletin trimestriel de la Société de Législation comparée", 1932, No. 7~12.

***Sanang Setsen* 저, *J. Schmidt* 독역, "Geschichte der Ost - Mongolen und ihres Furstenhauses"(aus dem Mongolischen : 1829).

Abel Remusat, "Nouveaux Melanges asiatiques", II, 1829.

Aboul Ghazi 저, Baron *Desmaisons* 역 "Histoires des Mongols et de

Tatars", 1874.

　*Barthold, "Turkestan in the Epoch of the Mongol Invasion", 1928 ; "Gingiz - Khan", Enzikl. des Islams, I에 실린 항목.

　Bouvat, "L'empire Mongol", 1927.

　Bretschneider, "Mediaeval Researches From Eastern Asiatic Sources", 1888, vol. Ⅱ.

　Chavannes, "Inscriptions et piece de chancellerie chinoises de l'epoque mongole", "T'oung Pao", 1904, 1905, 1908.

　Dareste, "Etude d'histoire du droit"(2 - me serie), 1926.

　**Georgi, "Beschreibung aller Nationen der Russischen Reiches", 1776~78 ; "Bemerkungen einer Reise in Russischen Reich im Jahre 1772", 1775.

　Klaproth, "Description de la Chine sous la regne de la dinastie Mongole, traduite de Persane de Rashid Ed - din", "Journal As", 1833, XI.

　Korostowetz, "Von Chingis Khan zur Sowjetrepublik", 1926.

　*Lepekhin, "Tagebuch der Reisen durch verschiedenen Provinzen des Russischen Reiches", 1774~1777.

　d'Ohsson, "Histoire des Mongols depuis Tchingis - Khan jusqu'a Timour Beg ou Tamerlan", 1852.

　*Palladius, "Deux traversees de la Mongolie 1847~1859", "Bulletin de geographie historique et descriptive", 1884.

　**Pallas, "Reise durch verschiedene Provinzen des Russ. Reiches", 1771~1776.

　Parker, "Mongolia After the Jenghizides and Before the Manchus", "Jour. of the N. China Branch of the R. As. Soc.", V, ⅩⅬⅣ, 1913.

　Pelliot, "Mongols et la Papaute", "Revue de l'Orient Chretien", vol.

Ⅲ, Ⅳ, 1924 ; "Notes sur le 'Turkestan' de M. W. Barthold", "T'oung Pao", 1930, ⅩⅩⅦ.

Komroff 역, "The Travels of *Marco Polo*", 1928.

Komroff 역, "Contemporaries of *Marco Polo*", 1928.

Quatremère, "Histoire des Mongols de la Perse par Rashid Eddin", "Collection Oriental", vol. Ⅰ, 1836.

Vladimirtzov, "The Life of Chingis Khan", 1930.

Waley, "The Travels of an Alchemist"(the monk Ch'ang Ch'un), 1931.

랴자노프스키 논저 목록

목록은 Ⅰ. 러시아법과 법률수속, Ⅱ. 동양법, Ⅲ 러시아 역사와 문화, Ⅳ. 준비중인 연구물의 네 부분으로 이루어져 있다. 각 부분은 다시 연구물의 형태(논저, 논문)와 언어별로 세분화하였다. 아래는 인용된 정기간행물의 약칭이다.

Bb : *Bibliograficheskii bjulleten'*(Harbin)

BdlSdLC : *Bulletin de la Société de Législation Comparée*

Bs : *Bibliograficheskii sbornik*(Harbin)

GB-M : *Golos Burjat-Mongola*(Chita)

IJuFvgKh : *Izvestija Juridicheskogo Fakul'teta v g. Kharbine*(Harbin)

Juo : *Juridicheskoe pbozrenie*(Vladivostok)

NSaEQ : *Nankai Social and Economic Quarterly*

P : *Pravo*

TCSaPSR : *The Chinese Social and Political Science Review*

TIGU : *Trudy Irkutskogo Gosudarstvennogo Universiteta*(Irkutsk)

VA : *Vestnik Azii*(Harbin)

VIpISSSR : *Vestnik Instituta po Izucheniju SSSR*(Munich)

Vkp : *Vestnik kitaiskogo prava*(Harbin)

VM : *Vestnik Man'chzhurii*(Harbin)

Vp : *Vestnik prava*

Vpin : *Vestnik prava i notariata*

WLR : *Washington Law Review*

ZhMJu : *Zhurnal Ministerstva Justitsii*

Ⅰ. 러시아법과 법률수속

ⅰ. 러시아어 논저

1. *O posmertnom preemstve suprugov po russkomu pravu (Succession by Husband and Wife in Russian Law)*, Nizhnii Novgorod, 1914, 220 pp.

2. *Vymorochnoe pravo(Escheat Law)*, Nizhnii Novgorod, 1914, 75 pp.

3. *Granitsy nasledovanija(The Limits of Inheritance)*, Jaroslavl', 1915, 28 pp.

4. *Preemstvo v linii voskhodjashchei po russkomu pravu(Succession along the Ascending Line in Russian Law)*, Jaroslavl', 1916, 220 pp.

5. *Nasledovanie polnorodnykh, edinokrovnykh i edinoutrobnykh brat'ev i sester(Inheritance by Brothers and Sisters Fully and Not Fully Related by Blood)*, Jaroslavl', 1916, 95 pp.

6. *Tolkovanie 1140 st. t. X ch. 1(Interpretation of Art. 1140, Vol. X, Pt. 1)*, Jaroslavl', 1917, 50 pp.

7. *Pravovoe polozhenie russkikh v zanjatykh Japoniei mestnostjakh Sakhalinskoi oblasti(The Legal Position of Russians in Areas of the Sakhalin Region Occupied by Japan)*, Vladivostok, 1921, 58 pp.

8. *Lektsii po grazhdanskomu pravu(Lectures on Civil Law)*, Ⅰ ~ Ⅴ.

   Obshchaja chast'(General), Ⅰ, de. 1, Vladivostok, 1922, 92 pp. ; ed. 2, Harbin, 1924, 85 pp.

   Obshchaja chast'(General), Ⅱ, ed. 1, Vladivostok, 1922, 99 pp. ; ed. 2, Harbin, 1924, 113 pp.

   Prava veshchnye, prava prisvoenija, prava na produkty dukhovnogo tvorchestva(Rights over Things, Rights of Appropriation, Rights over the Products of Creative Genius), Ⅲ, Harbin, 1923, 101 pp.

   Prava objazatel'stvennye(Obligations), Ⅳ, Harbin, 1924, 108

   Prava semeinye i nasledstvennye(Family and Inheritance Law), Ⅴ, Harbin, 1924, 82 pp.

9. *Edinstvo protsessa(The Unity of Procedure)*, Harbin, 1924, 57 pp.

ii. 러시아어 논문

1. "Kto Javljaetsja sobstvennikom imushchestva, prodannogo s rassrochkoi platezha"(Who Is the Owner of Property Sold on Installment Payments), *Vpin*, 11, 1911.

2. "O prave negramotnykh byt' svideteljami pri sostavlenii dukhovnogo zaveshchanja"(On the Right of Illiterates to Serve as Witnesses when a Will Is Drawn), *Vpin*, 16-17, 1911.

3. "O dukhovnykh zaveshchanjakh, sovershaemykh russimi poddannymi zagranitseju"(On Wills Made by Russian Subject Abroad", *ZhMJu*, 3, 1912.

4. "Tolkovanie 1068 1st. t. X ch. 1"(Interpretation of Art. 1068 1. Vol. X, Pt. 1), *P*, 13, 1913.

5. "O primenenii rumynskikh grazhdanskikh zakonov v Bessarabii" (On the Application of Rumanian Civil Laws in Bessarabia), *P*, 27, 1914.

6. "Osnovnaja sdelka, veksel' i st. 1521 t. X ch. 1"(The Fundamental Transaction, the Promissory Note, and Art. 1521, Vol. X, Pt. 1), *Vp*, 27, 1914.

7. "Obespechenie iska i ponuditel'noe ispolnenie po aktam"(The Security of the Claim and the Compulsory Execution of the Acts), *Vp*, 7, 1916.

8. "Edinstvo protsessa"(The Unity of Procedure), *TIGU*, I , 1920.

9. "Administrativnaja justitsija"(Administrative Jurisprudence), *Juo*, 1-2, 1921.

10. "Organizatsija suda v Sovetskoi Rossii"(The Organization of Courts in Soviet Russia), *Juo*, 3-4, 1922.

11. "Narodnyi Sud Sovetskoi Rossii"(The People's Court of Soviet Russia), *Juo*, 8-9, 1922.

12. "Grazhdanskii Kodeks R. S. F. S. R."(The Civil Code of the R. S. F. S. R.), *VM*, 3, 1925.

Ⅱ. 동양법

ⅰ. 러시아어 논저

1. *Obychnoe pravo burjat(Customary Law of the Buriats)*, Chita, 1921, 120 pp.

2. *Sovremennoe grazhdanskoe pravo Kitaja(Modern Civil Law of China)*, Ⅰ-Ⅱ, Harbin, 1926-1927, 196 pp., 107 pp.

3. *Osnovnye nachala zemel'nogo, gornogo i lesnogo prava Kitaja(The Fundamental Principles of the Land, Mining, and Forest Law of China)*, Harbin, 1928, 135 pp.

4. *Mongol'skoe pravo, preimushchestvenno obychnoe(Mongol Law, with Special Reference to Customary Law)*, Harbin, 1931, 306+42 pp.

5. *Javljaetsja li mongol'skoe pravo pravom obychnym?(Is Mongol Law Customary Law?)*, Harbin, 1932, 30 pp.

ⅱ. 러시아어 논문

1. "O nauchnoi razrabotke i kodifikatsii burjatskogo obychnogo prava"(On the Scholarly Investigation and Codification of Buriat Customary Law), *GB-M*, 2(3), 1921.

2. "Obychnoe pravo mongol'skikh plemen : Ch. 1. Obychnoe pravo mongolov ; Ch. 2. Obychnoe pravo burjat ; Ch. 3. Obychnoe pravo kalmykov"(Customary Law of the Mongol Tribes : Pt. 1. Customary Law of the Mongols ; Pt. 2. Customary Law of the Buriats ; Pt. 3. Customary Law of the Kalmuks), *VA*, 51-52, 1923-1924.

3. "Pravootnoshenija po nedvizhim v Kitae"(Legal Relations on Immovables in China), *IJuFvgKh*, Ⅰ, 1925.

4. "Osnovnye instituty kitaiskogo grazhdanskogo prava"

(Fundamental Institutions of Chinese Civil Law), *VM*, 5-6, 1926.

5. "Novoe kitaiskoe grazhdanskoe pravo"(The New Chinese Civil Law), *IJuFvgKh*, Ⅳ, 1927.

6. "Zemel'noe pravo Kitaja"(Land Law of China), *IJuFvgKh*, Ⅵ, 1928.

7. "Gornoe pravo Kitaja"(Mining Law of China), *IJuFvgKh*, Ⅵ, 1928.

8. "Lesnoe pravo Kitaja"(Forest Law of China), *IJuFvgKh*, Ⅵ, 1928.

9. "Kitaiskoe pravo, bibliografija"(Chinese Law : Bibliography), *IJuFvgKh*, Ⅵ, 1928.

10. "Mongol'skoe pravo i sravnitel'noe pravovedenie"(Mongol Law and Comparative Jurisprudence), *IJuFvgKh*, Ⅶ, 1929.

11. "Dva pamjatnika obychnogo prava mongol'skikh plemen"(Two Monuments of the Customary Law of the Mongol Tribes), *VM*, 11, 1929, 1, 1930.

12. "O primenenii iskovoi davnosti s pbratnoi siloju po novomu kitaiskomu zakonodatel'stvu"(On the Application of Prescription with Retroactive Effect in the New Chinese Legislation), *Vkp*, 2, 1931.

13. "Nekotorye cherty obychnogo prava altaev i teleutov"(Some Characteristics of the Customary Law of the Altais and the Teleuts), *Vkp*, 3, 1931.

14. "Obzor pamjatnikov mongol'skogo prava"(A Survey of the Monuments of Mongol Law), *Bs*, Ⅰ, 1932.

15. "Velikaja Jasa Chingiz-Khana"(The Great Yassa of Genghiz-Khan), *IJuFvgKh*, X, 1933.

iii. 러시아어 편집물

1. *Proekt Grazhdanskogo Ulozhenija Respubliki(The Draft Civil Code of the Republic of China)*, trans. from Chinese K. V. Uspenskii, Ⅰ-Ⅱ Harbin, 1927.

2. *Grazhdanskii Kodeks Kitaiski Respubliki(The Civil Code of the*

Republic of China), trans. from Chinese Wang Tzen-jun, I‑V, Harbin, 1931‑1935.

iv. 영어 논저

1. *Fundamental Institutions of Chinese Civil Law*, Harbin, 1926, 74 pp.

2. *The Modern Civil Law of China*, I‑Ⅱ, Harbin, 1927-1928, 190 pp., 150 pp.

3. *Customary Law of the Mongol Tribes*, Harbin, 1929, 306 pp.

4. *Mongolian Law and Comparative Jurisprudence*, Harbin, 1933, 19 pp.

5. *Fundamental Principles of Mongol Law*, ed. 1, Tientsin, 1937, 338 pp ; ed. 2, Bloomington, 1965, 350 pp.

6. *Chinese Civil Law*, Tientsin, 1938, 310 pp.

7. *Customary Law of the Nomadic Tribes of Siberia*, Tientsin, 1938, 151 pp ; ed. 2, Bloomington(to be publ., 1965).

v. 영어 논문

1. "Fundamental Institutions of Chinese Civil Law", *VM*, 5-6, 1926.

2. "Chinese Law, Bibliography", *Bb*, 8, 1928.

3. "The Influence of Chinese Law upon the Mongolian Law", *TCSaPSR*, ⅩⅤ, 3, 1931.

4. "Mongol Law and Chinese Law in the Yuan Dynasty", *TCSaPSR*, ⅩⅩ, 2, 1936.

5. "The Code of Northern Mongolia : Khalkha Djirom", *TCSaPSR*, ⅩⅩ, 3, 1936.

6. "Customary Law of the Kirghiz", *TCSaPSR*, ⅩⅪ, 2, 1937.

7. "Customary Law of the Yakuts", *TCSaPSR*, ⅩⅪ, 2, 1937.

8. "Customary Law of the Tunguses", *NSaEQ*, Ⅹ, 2, 1937.

9. "Juristic Customs of the Voguls, Ostyaks and Samoyeds",

TCSaPSR, ⅩⅪ, 4, 1938.

10. "Conflicts of Different Laws(General Rules and Chinese Norms)", *TCSaPSR*, ⅩⅫ, 2, 1938.

11. "Application and the Interpretation of the Norms of Law", *TCSaPSR*, ⅩⅫ, 3, 1938.

12. "Mongol Law : A Concise Historical Survey", *WLR*, ⅩⅩⅢ, 2, 1948.

vi. 프랑스어 논문
1. "Les monuments de droit mongol", *BdlSdLG*, 7-12, 1932.
2. "Le driot mongol", *BdlSdLG*, 3, 1937.

vii. 일어 논저
1. *Customary Law of the Mongol Tribes*, Harbin, 1929, 306 pp., trans. from English, 1934.

2. *Mongol'skoe pravo, preimushchestvenno obychnoe(Mongol Law, with Special Reference to Customary Law)*, Harbin, 1931, 306+42 pp., from Russian, 1935.

Ⅲ. 러시아 역사와 문화

ⅰ. 러시아어 논저
1. *Ob izuchenii drevnei russkoi zhivopisi(On the Study of Ancient Russian Painting)*, Harbin, 1934, 51 pp. ; in *IJuFvGKh*, Ⅺ, 1934.

2. *Osnovnye vidy drevnei russkoi zhivopisi(The Main Types of Ancient Russian Painting)*, Harbin, 1934, 45 pp.

3. *Obzor russkoi kul'tury(Survey of Russian Culture)*, Ⅰ, New York, 1947, 639 pp. ; Ⅱ, 1, New York, 1947, 557 pp. ; Ⅱ, 2, New York, 1948, 213 pp.

4. *Razvitie russkoi nauchnoi mysli v ⅩⅧ-ⅩⅩ st. st.(nauki o*

*prirode) (The Development of Russian Scientific Thought in the Ⅹ Ⅷ–
ⅩⅩ Centuries, Natural Sciences)*, New York, 1949, 136 pp.

ii. 러시아어 논문

1. "K voprosu o vlijanii mongol'skoi kul'tury i prava na russkuju kul'turu i pravo‑Aktovaja rech"(On the Question of Influence of Mongol Culture and Law on Russian Culture and Law‑Commencement Address), *IJuFvgKh*, Ⅸ, 1931.

2. "Iz istorii nauchnogo vostokovedenija v S. S. S. R."(From the History of Orient Sutdies in the U. S. S. R.), *VIpISSR*, 3(24), 1957 ; short English, French, and German language summaries under slightly different titles also appear in *VIpISSSR*, 3(24), 1957.

iii. 영어 논문

1. "The Influence of Ancient Mongol Culture and Law on Russian Culture and Law", *TCSaPSR*, ⅩⅩ, 1937.

Ⅳ. 준비중인 논저

ⅰ. 러시아어 논저

1. *Rossica*(a collection of essays on medieval Russian history).

2. *Iz istorii nauki v S. S. S. R.*, 1918‑1963(*From the History of Science in the U. S. S. R.*)